农民专业合作社会计制度培训推荐用书

新农民专业合作社会计制度讲解

胡兴华 郭云波 编著

中国财经出版传媒集团
中国财政经济出版社

图书在版编目（CIP）数据

新农民专业合作社会计制度讲解 / 胡兴华，郭云波编著. -- 北京：中国财政经济出版社，2022.5
ISBN 978-7-5223-1319-1

Ⅰ.①新… Ⅱ.①胡… ②郭… Ⅲ.①农业合作社—专业合作社—会计制度—研究—中国 Ⅳ.①F321.42

中国版本图书馆CIP数据核字（2022）第054484号

责任编辑：陈志伟　　　　　　责任校对：徐艳丽
封面设计：卜建辰　　　　　　责任印制：史大鹏

新农民专业合作社会计制度讲解
XINNONGMIN ZHUANYE HEZUOSHE KUAIJI ZHIDU JIANGJIE

中国财政经济出版社 出版

URL：http://www.cfeph.cn
E-mail：cfeph@cfemg.cn

（版权所有　翻印必究）

社址：北京市海淀区阜成路甲28号　邮政编码：100142
营销中心电话：010-88191522
天猫网店：中国财政经济出版社旗舰店
网址：https://zgczjjcbs.tmall.com
北京时捷印刷有限公司印刷　各地新华书店经销
成品尺寸：170mm×240mm　16开　29.25印张　427 000字
2022年7月第1版　2022年7月北京第1次印刷
定价：98.00元
ISBN 978-7-5223-1319-1
（图书出现印装问题，本社负责调换，电话：010-88190548）
本社质量投诉电话：010-88190744
打击盗版举报热线：010-88191661　QQ：2242791300

前言

农民专业合作社是广大农民群众在家庭承包经营基础上自愿联合、民主管理的互助性经济组织，是实现小农户和现代农业发展有机衔接的重要载体，在带动农民致富，助力国家乡村振兴战略实施方面发挥着重要作用。

现行的《农民专业合作社财务会计制度（试行）的通知》（财会〔2007〕15号）自2008年1月1日实施以来，对规范合作社会计核算、促进合作社规范发展发挥了重要作用。但随着合作社的不断发展以及《农民专业合作社法》的修订，为了规范农民专业合作社会计工作，加强合作社会计核算，保护合作社及其成员的合法权益，财政部于2021年12月30日印发了《农民专业合作社会计制度》（财会〔2021〕37号，以下称"新制度"），自2023年1月1日起施行。

这次新制度修订，首先从制度体系上就将现行的《农民专业合作社财务会计制度（试行）》明确区分为《农民专业合作社会计制度》和《农民专业合作社财务制度》两项制度，分别对合作社的会计核算业务和日常财务管理进行具体规定。其次新制度在会计科目设置、合作社出资方式及合作社业务、涉税业务、生产成本、盈余及盈余分配等有关业务的核算等方面进行了补充完善。为了引导和帮助广大农民专业合作社会计实务工作者全面理解、准确掌握新制度修订的背景、内容及重大变化等，做好新旧会计制度衔接，推动新制度顺利落地实施，提高农民专业合作社会计核算水平和会计信息质量，规范我国新时代农民专业合作社会计核算，促进合作社精细管理，提升其经营管理能力和水平，为此，我们编写了本书，力求通过简洁明了的阐释、丰富的案例，为广大会计实务工作者答疑解惑，提供参考和帮助。

本书的特点是：

（1）内容完整。本书内容全面、结构完整，以新制度为标准，以会计核算为核心，紧跟相关最新政策，既有会计相关理论，又有经济业务事项的会计实务处理，最后直至财务报表，对农民专业合作社会计的全面业务有充分阐述。

（2）实操指导性强。具体体现在三个方面：

一是本书紧密结合本次制度修订的相关内容，从九大方面详细阐述了新旧制度的重大变化，便于读者准确掌握本次新制度修订的精髓。

二是核算部分采用"文字+表格"的形式，对新制度有关会计科目核算内容及主要经济业务事项账务处理进行了详细解读，并辅之190个丰富详实的案例，具有很强的实用性。

三是本书写有新旧制度衔接篇，并有新旧会计制度衔接实操案例，对农民专业合作社新旧制度衔接全过程及工作步骤等有详细的阐述与示例，方便读者直接借鉴运用。

本书适用于各类农民专业合作社的业务主管部门、高层管理人员、会计主管人员、会计人员和有志于对农民专业合作社会计领域进行学习和研究的其他人群，可作为新制度实施的工具用书，广大农民专业合作社会计实务工作者不断提升核算水平的参考书，也可作为农民专业合作社会计核算人员的学习教程。

本书由胡兴华同志牵头组织编写，全书的编写、校对、总审与定稿由胡兴华、郭云波两位同志共同完成。在本书编写过程中，得到了中国财政经济出版社尉敏编辑的全程指导与鼎力支持，得到了国家农业农村部有关领导的业务指导和帮助，也得到了辽宁丹东圣野浆果专业合作社刘英芝、广东省惠州市惠城区绿巨人种养专业合作社刘福平以及王崇、童雨阳、姜娜、童雨婷、于洁、叶潇璐、张小文等会计实务工作者的支持和帮助，在此一并表示衷心地感谢。

虽然我们尽了最大的努力，但由于水平有限，书中难免有疏漏与错误，敬请广大读者提出宝贵批评意见。您可以通过以下邮箱与我们取得联系：103441248@qq.com 或 653339278@qq.com，我们期待与您有更进一步的交流。

编者

2022 年 4 月 25 日

目录

第一篇　概述篇

第一章　会计相关理论 ……………………………………………… 3
　　第一节　会计法规体系 ……………………………………… 3
　　第二节　会计核算基本理论 ………………………………… 5
　　第三节　会计核算程序 ……………………………………… 17

第二章　会计工作管理 ……………………………………………… 34
　　第一节　会计工作机构 ……………………………………… 34
　　第二节　会计人员管理 ……………………………………… 37
　　第三节　会计工作交接 ……………………………………… 41
　　第四节　会计档案管理 ……………………………………… 44

第三章　农民专业合作社会计制度概述 …………………………… 52
　　第一节　农民专业合作社概述 ……………………………… 52
　　第二节　《农民专业合作社会计制度》修订概述 ………… 62

第二篇　会计核算篇

第四章　资产的核算 ………………………………………………… 81
　　第一节　资产概述 …………………………………………… 81

第二节　货币资金 ·············· 85
　　第三节　应收款项 ·············· 94
　　第四节　存货 ················ 100
　　第五节　对外投资 ·············· 116
　　第六节　生物资产 ·············· 121
　　第七节　固定资产 ·············· 146
　　第八节　在建工程 ·············· 162
　　第九节　无形资产 ·············· 169
　　第十节　长期待摊费用 ············ 179
　　第十一节　待处理财产损溢 ·········· 180

第五章　负债的核算 ················ 184
　　第一节　负债概述 ·············· 184
　　第二节　借入款项 ·············· 187
　　第三节　应付款项 ·············· 192
　　第四节　应付工资 ·············· 196
　　第五节　应付劳务费 ············· 198
　　第六节　应交税费 ·············· 200
　　第七节　应付盈余返还与应付剩余盈余 ···· 232
　　第八节　专项应付款 ············· 238

第六章　所有者权益的核算 ············· 245
　　第一节　所有者权益概述 ··········· 245
　　第二节　股金 ················ 247
　　第三节　专项基金 ·············· 251
　　第四节　资本公积 ·············· 256
　　第五节　盈余公积 ·············· 259
　　第六节　本年盈余与盈余分配 ········· 260

第七章　生产成本的核算 ·············· 268
　　第一节　生产成本概述 ············ 268
　　第二节　生产成本的归集和分配 ········ 273

第三节　生产成本的核算 ·· 287

第八章　损益的核算 ·· 298

　　　第一节　收入 ·· 298
　　　第二节　投资收益 ·· 307
　　　第三节　费用 ·· 312

第九章　财务报表 ·· 326

　　　第一节　财务报表概述 ·· 326
　　　第二节　资产负债表 ·· 328
　　　第三节　盈余及盈余分配表 ·· 342
　　　第四节　成员权益变动表 ·· 347
　　　第五节　附注 ·· 352

第三篇　新旧衔接篇

第十章　新旧会计制度衔接 ·· 357

　　　第一节　新旧会计制度衔接概述 ···································· 357
　　　第二节　会计科目的新旧衔接 ······································ 364
　　　第三节　会计报表的新旧衔接 ······································ 372
　　　第四节　新旧会计制度衔接举例 ···································· 374

附件 1　农民专业合作社会计制度 ···································· 394

附件 2　农民专业合作社新旧会计制度有关衔接问题的处理规定 ········· 450

第一篇
概述篇

第一章 会计相关理论

第一节 会计法规体系

会计法规是国家和地方立法机关以及中央、地方各级政府和行政部门制定颁布的管理会计工作的各种法律、法规、准则和制度等规范性文件的总称。它是以一定的会计理论为基础,根据国家的财经方针、政策,将会计工作所应遵循的各项原则和方法用法规的形式确定下来,保证会计工作按照一定的目标进行。

一、法规层次

我国会计法规体系按各法规之间的相互关系,可分为三个层次:

第一个层次是会计法律,即《中华人民共和国会计法》(以下简称《会计法》)。它是由全国人大常委会审议通过的,是我国会计工作的根本大法,是从事会计工作、制定其他会计法规的依据。

第二个层次是会计行政法规,它是由国务院制定发布或批准发布的有关会计工作的法律规范,如《总会计师条例》《企业财务会计报告条例》等。

第三个层次是部门规章和规范性文件，它是由主管全国会计工作的行政部门，即财政部就会计工作中的某些方面内容所制定或审核批准的规章和规范性文件，如《企业会计准则——基本准则》、各项企业具体会计准则、《农民专业合作社会计制度》等。

二、会计法规分类

我国的会计法规按照内容可分为四类：

第一类是关于会计核算方面的法规，如会计准则、会计制度等；

第二类是有关会计监督方面的法规，如《内部控制基本规范》；

第三类是有关会计机构和会计人员方面的法规，如《会计人员管理办法》《总会计师条例》；

第四类是会计工作管理方面的法规，如《会计档案管理办法》《会计电算化管理办法》等。

三、会计法

《会计法》是我国会计法律制度中层次最高的法律规范，是制定其他会计法规的依据，也是指导会计工作的最高准则。新中国成立后的第一部《会计法》是1985年1月21日第六届全国人大常委会第九次会议审议通过的，并于同年5月1日起实施。为了适应改革开放和经济发展的要求，1993年12月29日第八届全国人大常委会第五次会议通过了关于修改《会计法》的决定，对《会计法》做了第一次修订，自公布之日起施行。1999年10月31日第九届全国人大常委会第十二次会议修订《会计法》，自2000年7月1日起实施。

由于会计工作的进一步发展，2014年正式启动新一轮的《会计法》修订。2017年11月4日，中华人民共和国第十二届全国人民代表大会常务委员会第三十次会议于2017年11月4日审议通过了《全国人民代表大会常务委员会关于修改〈中华人民共和国会计法〉等十一部法律的决定》，以中华人民共和国主席令第八十一号公布，自2017年11月5日起施行。

四、会计制度

会计制度是进行会计工作所应遵循的规则、方法、程序的总称。《会计法》规定，国家实行统一的会计制度。国家统一的会计制度由国务院财政部门根据本法制定并公布。国务院有关部门可以依照本法和国家统一的会计制度，制定对会计核算和会计监督有特殊要求的行业实施国家统一的会计制度的具体办法或者补充规定，报国务院财政部门审核批准。

《农民专业合作社会计制度》是依据《会计法》《中华人民共和国农民专业合作社法》（以下简称《农民专业合作社法》）等法律法规制定的会计制度，适用于依照《农民专业合作社法》设立，并取得法人资格的农民专业合作社和农民专业合作社联合社（以下统称"合作社"）。

第二节　会计核算基本理论

会计是经济管理的重要组成部分。农民专业合作社会计是以货币为计量单位，借助一系列专门的方法，连续、系统、完整、综合地对合作社的资金活动进行核算和监督的一种经济管理活动。

一、会计核算的基本前提

会计核算前提也称会计假设，是组织合作社会计核算工作必须具备的前提条件。合作社会计核算的基本前提包括会计主体、持续经营、会计分期和货币计量。

（一）会计主体

会计主体，是指会计确认、计量、记录和报告的空间范围，也是会计为之服务的特定合作社或组织。会计主体假设从空间上明确和界定了会计活动的范围，解决了会计为谁核算、为谁记账的问题。对农民专业合作社会计主体而言，会计核算的主体就是农民专业合作社和农民专业合作社联合社。

《农民专业合作社会计制度》第三条规定，合作社应当根据本制度规定和会计业务需要，设置会计账簿，配备必要的会计人员，或者按规定委托代理记账，进行会计核算。

（二）持续经营

持续经营是指会计主体在可预见的未来，会按照当前的规模和状态继续经营下去，不会破产，也不会大规模削减业务。对合作社会计而言，持续经营假设明确了合作社会计核算的时间范围和内容范围，因为只有在合作社各项业务活动能够持续运行的前提下，其资金才会不断地进行运动，才能持续不断地发生各种经济业务，会计核算才会有其核算的内容。

《农民专业合作社会计制度》第五条规定，合作社的会计核算应当以持续经营为前提。

（三）会计分期

会计分期，是指在会计主体持续运行的过程中，人为地将其划分为一个个连续的、长短相同的期间，据以分期结算账目，按期编报财务报告，从而及时向财务报告使用者提供各期间的财务状况信息。会计期间假设是持续经营的必要补充，有了会计分期前提，才有了期初、期末、本期、非本期的区分。

《农民专业合作社会计制度》第六条规定，合作社的会计核算应当划分会计期间，分期结算账目和编制财务报表。会计期间分为年度和中期，中期是指短于一个完整的会计年度的报告期间。会计年度自公历1月1日起至12月31日止。

（四）货币计量

货币计量，是指会计主体在会计确认、计量和报告时，应当采用统一的货币单位作为计量标准。货币是商品的一般等价物，是衡量一般商品价值的共同尺度。但是，需要注意的是，会计核算只限于能够用货币来计量的经济活动。

《农民专业合作社会计制度》第七条规定，合作社的会计核算应当以货币计量，以人民币"元"为金额单位，"元"以下填至"分"。

二、会计核算基础

会计核算基础是指会计主体在确认和处理一定会计期间的收入和费用时选择的处理原则和标准。会计核算的基础有两种：权责发生制和收付实现制。

（一）权责发生制和收付实现制

1.权责发生制

权责发生制，是指以取得收取款项的权利或支付款项的义务为标志来确定本期收入和费用的会计核算基础。凡是当期已经实现的收入和已经发生的或应当负担的费用，不论款项是否收付，都应当作为当期的收入和费用；凡是不属于当期的收入和费用，即使款项已在当期收付，也不应当作为当期的收入和费用。

2.收付实现制

收付实现制，是指以现金的实际收付为标志来确定本期收入和支出的会计核算基础。凡在当期实际收到的现金收入和支出，均应作为当期的收入和支出；凡是不属于当期的现金收入和支出，均不应当作为当期的收入和支出。

（二）农民专业合作社会计核算的基础

《农民专业合作社会计制度》第八条规定，合作社的会计核算采用权责发生制。

三、会计信息质量要求

会计信息质量要求是对合作社会计所提供的会计信息的基本要求，也是会计信息满足其所有信息使用者的需求的特征总和。根据《农民专业合作社会计制度》规定，合作社会计信息质量要求主要有以下几个方面。

（一）客观性

客观性原则要求会计核算所提供的信息必须客观真实地记录、反映合作社组织的收入、支出状况及结果。《农民专业合作社会计制度》第十条规定，合作社应当以实际发生的交易或者事项为依据进行会计核算，如实反映合作社的财务状况和经营成果。

（二）可比性

可比性原则要求会计核算应当按照规定的处理方法进行，做到同一合作社在不同的会计期间的会计处理方法保持一致，不得随意变更。但是，如果与原有方法相关的因素发生变化，如新的会计制度出现或者原有方法不能合理反映经济业务时，可以对方法进行变更，但需要说明变更的理由及其影响。《农民专业合作社会计制度》第十一条规定，合作社的会计核算应当按照规定的会计处理方法进行。会计处理方法前后各期应当保持一致，不得随意变更。

（三）及时性

及时性原则要求会计主体应在经济业务发生后及时进行会计处理和报告，以便信息使用者及时利用会计信息。《农民专业合作社会计制度》第十二条规定，合作社的会计核算应当及时进行，不得提前或者延后。

（四）明晰性

明晰性原则要求会计核算与会计报告必须按照制度的统一要求进行，做到内容一致、格式统一、程序规范。《农民专业合作社会计制度》第十三条规定，合作社提供的会计信息应当清晰明了，便于理解和使用。

（五）谨慎性

谨慎性原则是指合理核算可能发生的损失和费用，不得多计资产或收益，少计负债或费用。也就是说，当某些经济业务有几种不同会计处理方法和程序可供选择时，在不影响合理选择的前提下，应当尽可能选用对所有者权益产生影响最小的方法和程序进行会计处理，合理核算可能发生的损失和费用。《农民专业合作社会计制度》第十二条规定，合作社在进行会计核算时应当保持应有的谨慎，不得多计资产或者收益、少计负债或者费用。

（六）实质重于形式

实质重于形式原则要求在进行会计核算时，由于交易或事项的外在形式或人为形式并不能完全真实地反映其实质内容，所以应当按照交易或事项的经济实质进行会计核算，而不应当仅仅以它们的法律形式作为会计核算的依据。《农民专业合作社会计制度》第十条规定，合作社应当按照交易或者事项的经济实质进行会计核算，不应仅以交易或者事项的法律形式为依据。

四、会计要素

会计要素是对会计对象进行的基本分类，是会计核算对象的具体化，也是组成会计报表的基本单位。《农民专业合作社会计制度》第九条规定，合作社的会计要素包括资产、负债、所有者权益、收入、费用和盈余。

（一）资产

合作社的资产，是指合作社过去的交易或者事项形成的、由合作社拥有或者控制的、预期会给合作社带来经济利益的资源。合作社的资产按照流动性可分为流动资产和非流动资产。

1. 流动资产

流动资产是指预计在1年内（含1年）变现、出售或耗用的资产，包括库存现金、银行存款、应收款项、存货、消耗性生物资产等。合作社的应收款项包括与成员和非成员之间发生的各项应收及暂付款项。合作社的存货包括材料、农产品、工业产成品、低值易耗品、包装物等产品物资，在产品，受托代销商品、受托代购商品、委托代销商品和委托加工物资等。消耗性生物资产包括生长中的大田作物、蔬菜、用材林以及存栏待售的牲畜、鱼虾贝类等为出售而持有的、或在将来收获为农产品的生物资产。

2.非流动资产

非流动资产是指流动资产以外的资产，包括对外投资、生产性生物资产、固定资产、无形资产、公益性生物资产、长期待摊费用等。合作社的对外投资包括依法出资设立或者加入农民专业合作社联合社，以及采用货币资金、实物资产、无形资产等向其他合作社投资等。生产性生物资产包括经济林、薪炭林、产畜和役畜等为产出农产品、提供劳务或出租等目的而持有的生物资产。合作社的固定资产包括房屋、建筑物、机器、设备、工具、器具和农业农村基础设施等。合作社的无形资产包括专利权、商标权、著作权、非专利技术、土地经营权、林权、草原使用权等。公益性生物资产包括防风固沙林、水土保持林和水源涵养林等以防护、环境保护为主要目的的生物资产。

（二）负债

合作社的负债，是指合作社过去的交易或者事项形成的、预期会导致经济利益流出合作社的现时义务。合作社的负债按照流动性可分为流动负债和非流动负债。

1.流动负债

流动负债是指偿还期在1年内（含1年）的债务，包括短期借款、应付款项、应付工资、应付劳务费、应交税费、应付利息、应付盈余返还、应付剩余盈余等。合作社的应付款项包括与成员和非成员之间发生的各项应付及暂收款项。合作社的应付工资，是指合作社为获得管理人员、固定员工等职工提供的服务而应付给职工的各种形式的报酬以及其他相关支出。合作社的应付劳务费，是指合作社为获得季节性用工等临时性工作人员提供的服务而应支付的各种形式的报酬以及其他相关支出。

2.非流动负债

非流动负债是指偿还期在1年以上的债务，包括长期借款、专项应付款等。

（三）所有者权益

合作社的所有者权益，是指合作社资产扣除负债后由成员享有的剩余权益。合作社的所有者权益包括股金、专项基金、资本公积、盈余公积、未分配盈余等。

合作社收到成员出资投入的资产，应当按照确定的成本计入相关资产，按照该成员应享有合作社成员出资总额的份额计算的金额计入股金，两者之间的差额计入资本公积。合作社按照法定程序减少成员出资总额或成员退股时，应当减少股金。合作社接受国家财政直接补助形成的生物资产、固定资产、无形资产等，以及接受他人捐赠、用途不受限制或已按约定使用的资产计入专项基金。合作社可以按照章程规定或者成员大会决议，从本年盈余中提取公积金，计入盈余公积。

（四）收入

合作社的收入，是指合作社在日常活动中形成的、会导致所有者权益增加的、与成员投入资本无关的经济利益的总流入。合作社的收入包括经营收入和其他收入。经营收入包括合作社提供农业生产资料的购买、使用，农产品的生产、销售、加工、运输、贮藏以及与农业生产经营有关的技术、信息、设施建设运营等服务，开发经营农村民间工艺及制品、休闲农业和乡村旅游资源等，以及销售本社产品取得的收入。其他收入包括盘盈收益、确实无法支付的应付款项等除经营收入以外的收入。

（五）费用

合作社的费用，是指合作社在日常活动中发生的、会导致所有者权益减少的、与向成员分配盈余无关的经济利益的总流出。合作社的费用包括经营支出、税金及附加、管理费用、财务费用和其他支出等。

经营支出包括合作社提供农业生产资料的购买、使用，农产品的生产、销售、加工、运输、贮藏以及与农业生产经营有关的技术、信息、设施建设运营等服务，开发经营农村民间工艺及制品、休闲农业和乡村旅游资源等，以及销售本社产品发生的实际支出。

税金及附加包括合作社从事生产经营活动按照税法的有关规定应负担的消费税、城市维护建设税、资源税、房产税、土地使用税、车船税、印花税、教育费附加及地方教育费附加等相关税费。

管理费用包括管理人员的工资、办公费、差旅费，业务招待费，管理用固定资产的折旧、无形资产摊销等为组织和管理生产经营活动发生的支出。

财务费用包括利息费用（减利息收入）、银行相关手续费等为筹集生产经营所需资金发生的支出。

其他支出包括生物资产的死亡毁损支出、损失，固定资产及产品物资等的盘亏、损失，防灾抢险支出，安全生产支出，环境保护支出，罚款支出，捐赠支出，确实无法收回的应收款项损失等。

（六）盈余

合作社的盈余，是指合作社在一定会计期间的经营成果。

五、会计等式

会计等式是指反映各会计要素之间基本关系的恒等式，也称会计恒等式或会计平衡式。会计等式揭示了各会计要素之间的联系，是会计主体设置账户进行复式记账、试算平衡和编制会计报表的理论依据。

1. 反映某一特定日期财务状况的会计等式

资产＝权益＝债权人权益＋所有者权益＝负债＋所有者权益

上述等式，也称财务状况等式，它反映了资产、负债和所有者权益三个会计要素之间的关系，揭示了合作社在某一特定时点的财务状况，表明了合作社在某一特定时点所拥有的各种资产以及债权人和投资者对合作社资产要求权的基本状况。

2. 反映一定会计期间经营成果的会计等式

盈余＝收入－费用

上述等式，也称财务成果等式，它反映了收入、费用和盈余三个会计要素的关系，揭示了合作社在某一特定期间的经营成果。

3. 反映各会计要素之间基本关系的恒等式

期末资产＝（期末负债＋期初所有者权益）＋（收入－费用）＝（期末负债＋期初所有者权益）＋盈余

上述等式综合反映了合作社盈余分配前财务状况等式和经营成果等式之间的关系，揭示了合作社的财务状况与经营成果之间的相互联系。

六、会计的职能

会计的职能是指会计固有的功能，它与合作社组织的经济活动密切相关。合作社会计的职能主要表现在以下两个方面。

（一）核算职能

核算职能也称反映职能，是会计最基本的职能。合作社会计以货币为主要计量单位，通过确认、计量、记录、计算、报告等环节，对合作社的经济活动进行记账、算账、报账，将收入、支出和资金活动连续、全面、系统地记录下来，为各有关方面提供会计信息。

（二）监督职能

会计的监督职能也称控制职能，是指对特定主体经济活动和相关会计核算的合法性、合理性进行审查，即指按照一定的标准和要求利用会计工作提供的信息对各合作社的运营活动进行有效的指导、控制和调节，以达到预期的目的。

1.会计监督的内容有以下五点：

（1）会计机构、会计人员应当对原始凭证进行审核和监督。对不真实、不合法的原始凭证，不予受理。对弄虚作假、严重违法的原始凭证，在不予受理的同时，应当予以扣留，并及时向有关负责人报告，请求查明原因，追究当事人的责任。对记载不准确、不完整的原始凭证，予以退回，要求经办人员更正、补充。

（2）会计机构、会计人员对伪造、变造、故意毁灭会计账簿或者账外设账行为，应当制止和纠正；制止和纠正无效的，应当向上级主管单位报告，请求作出处理。

（3）会计机构、会计人员应当对实物、款项进行监督，督促建立并严格执行财产清查制度。发现账簿记录与实物、款项不符时，应当按照国家有关规定进行处理。超出会计机构、会计人员职权范围的，应当立即向有关负责人报告，请求查明原因，作出处理。

（4）会计机构、会计人员对指使、强令编造、篡改财务报告行为，应当制止和纠正；制止和纠正无效的，应当向上级主管单位报告，请求处理。

（5）会计机构、会计人员应当对财务收支进行监督。对审批手续不全的财务收支，应当退回，要求补充、更正。对违反规定不纳入合作社统一会计核算的财务收支，应当制止和纠正。对违反国家统一的财政、财务、会计制度规定的财务收支，不予办理。

2.对认为违反国家统一的财政、财务、会计制度规定的财务收支，应当制止和纠正；制止和纠正无效的，应当向合作社负责人提出书面意见请求处理。合作社负责人应当在接到书面意见起十日内作出书面决定，并对决定承担责任。对违反国家统一的财政、财务、会计制度规定的财务收支，不予制止和纠正，又不向合作社负责人提出书面意见的，也应当承担责任。

3.对严重违反国家利益和社会公众利益的财务收支，应当向主管单位或者财政、审计、税务机关报告。

4.会计机构、会计人员对违反合作社内部会计管理制度的经济活动，应当制止和纠正；制止和纠正无效的，向合作社负责人报告，请求处理。

5.会计机构、会计人员应当对合作社制订的预算、财务计划、经济计划、业务计划的执行情况进行监督。

（1）合作社必须依照法律和国家有关规定接受财政、审计、税务等机关的监督，如实提供会计凭证、会计账簿、会计报表和其他会计资料以及有关情况，不得拒绝、隐匿、谎报。

（2）按照法律规定应当委托注册会计师进行审计的合作社，应当委托注册会计师进行审计，并配合注册会计师的工作，如实提供会计凭证、会计账簿、会计报表和其他会计资料以及有关情况，不得拒绝、隐匿、谎报，不得示意注册会计师出具不当的审计报告。

七、会计记账方法

《农民专业合作社会计制度》第八条规定，合作社会计记账方法采用借贷记账法。会计记录的文字应当使用中文，在民族自治地方，会计记录可以同时使用当地通用的一种民族文字。

（一）借贷记账法

借贷记账法是以"借"和"贷"作为记账符号，记录因经济业务发生而引起的会计要素增减变动情况的一种复式记账方法。

借贷记账法以"借"和"贷"作为记账符号，表示不同经济业务的增减变动情况，具体的含义则取决于账户的不同属性。

借贷记账法是复式记账法，故其账户的基本结构也分为左右两方：左方为借方，右方为贷方。"借方"记录资产、成本费用的增加，负债、所有者权益的减少及收入的结转及盈余的减少；"贷方"记录资产的减少、成本费用的结转，负债、所有者权益、收入及盈余的增加。

一般而言，余额出现在借方的账户属于资产类账户；余额出现在贷方的账户属于负债类、所有者权益类账户。收入类账户和成本费用类账户结转后无余额。借贷记账法各类账户的结构如表1-1所示。

表1-1　　　　　　　借贷记账法各类账户的结构表

借方	贷方	年末余额
资产增加	资产减少	借方
负债减少	负债增加	贷方
所有者权益减少	所有者权益增加	贷方
收入结转	收入增加	无
成本费用增加	成本费用结转	无
盈余减少	盈余增加	借方或贷方

（二）借贷记账法的记账规则

借贷记账法建立在复式记账法原理的基础上，借贷记账法的基本记账规则是"有借必有贷，借贷必相等"。基本记账规则如下：

对于每一笔经济业务都要在两个或两个以上相互联系的账户中进行登记，在一个账户中记借方，必须同时在一个或几个账户中记贷方；或者在一个账户中记贷方，在另一个或几个账户中记借方。

以相等的金额同时计入借方账户与贷方账户。以相等的金额登记反映因经济业务的发生而引起各项目变动，保持会计等式两端要素间的平衡关系。

采用借贷记账法，一般根据业务情况采用一借一贷的会计分录，业务较为复杂的可以采用复合会计分录，即一借多贷或多借一贷。一般不允许多借多贷。

（三）借贷记账法的试算平衡

试算平衡，就是根据"资产+支出=负债+所有者权益+收入"的平衡关系，按照"有借必有贷，借贷必相等"的记账规则要求，通过汇总计算和比较，来检查账户记录的正确性和完整性。

经济业务发生后，按照借贷记账法的记账规则来记账，每一笔经济业务的借贷发生额相等，农民合作社在一定时期内所发生的全部经济业务的借贷双方合计数也相等。

1.试算平衡公式

采用借贷记账法可以按照下列公式试算平衡：

（1）会计分录借方账户金额＝会计分录贷方账户金额

（2）全部账户本期借方发生额合计＝全部账户本期贷方发生额合计

（3）全部账户借方余额合计＝全部账户贷方余额合计

2.试算平衡表

试算平衡表公式的运用事实上也是严格按借贷记账法的记账规则来进行账务处理的。在会计实务中，通常在会计期末用试算平衡的方式进行本期发生额及期末余额的试算平衡。常用的试算平衡表有三种：本期发生额试算平衡表、总分类账期末余额试算平衡表和总分类账本期发生额及期末余额试算平衡表。

第三节 会计核算程序

一、会计核算的程序

会计核算程序是指从填制和审核原始凭证、记账凭证，登记各种账簿到编制会计报表的全过程。程序是做好会计工作的一个重要前提，它对于确保有条不紊地进行会计信息处理工作，提高会计工作的质量和效率，正确、及时地编制会计报表等，都起着非常重要的作用。

（一）记账凭证账务处理程序

记账凭证账务处理程序是指对发生的经济业务，都要以原始凭证或原始凭证汇总表为依据编制记账凭证，根据记账凭证直接登记总分类账的一种账务处理程序。

记账凭证账务处理程序是会计核算中一种最基本的账务处理程序，其基本特征是直接根据记账凭证逐笔登记总分类账。其记账凭证可以采用收款凭证、付款凭证和转账凭证三种，也可以采用单一的通用记账凭证。设置的账簿主要有现金日记账、银行存款日记账、总分类账和明细分类账。

记账凭证账务处理程序适合于手工账核算，它的具体步骤如下：

（1）会计人员根据原始凭证填制记账凭证；

（2）出纳员根据记账凭证或原始凭证登记现金、银行存款日记账；

（3）根据记账凭证和原始凭证登记各种明细账；

（4）根据记账凭证逐笔登记总账；

（5）总账与日记账、明细账定期核对；

（6）根据总账和有关明细账编制会计报表。

（二）科目汇总表账务处理程序

科目汇总表账务处理程序是指对发生的经济业务，在以原始凭证或原始凭证汇总表编制记账凭证之后，根据记账凭证定期编制科目汇总表，然后再根据科目汇总表登记总账，并据以编制会计报表的一种账务处理程序。

科目汇总表账务处理程序的主要特点是先将记账凭证按照相同的会计科目归类汇总，编制科目汇总表，然后根据科目汇总表登记总分类账。科目汇总表是一种汇总的记账凭证，它将汇总一定期间内（如每十天或半个月）的全部记账凭证，按照相同科目归类汇总。在科目汇总表上，每一会计科目的本期借方发生额和贷方发生额只反映汇总后的合计数。

科目汇总表账务处理程序的具体步骤如下：

（1）会计人员根据原始凭证填制记账凭证；

（2）出纳员根据记账凭证或原始凭证登记现金、银行存款日记账；

（3）根据记账凭证或原始凭证登记明细账；

（4）根据记账凭证定期编制科目汇总表；

（5）根据科目汇总表登记总账；

（6）期末，总账余额与日记账、明细账的余额核对相符；

（7）期末，根据总账与有关明细账编制会计报表。

以上两种方法是属于会计核算的基础理论方法，在手工核算的前提下差别较大。采用科目汇总表账务处理时，优点是可以简化总分类账的登记工作、减轻登记总分类账的工作量，还可以起到试算平衡的作用，减少记账差错。但是在这种程序下，记账凭证经过汇总后，不能明确反映账户的对应关系，不便于分析检查经济业务的来龙去脉，不便于查对账目。这种账务处理程序一般适用于经济业务量比较多的合作社。

在会计工作信息化的前提下，上述两种方法没有明确区分。在财务人员完成凭证登记后，会计信息化系统会自动完成凭证到科目的汇总以及凭证到账簿的汇总和登记。财务人员需要根据自动登记后的会计账簿编制会计报表。

二、编制会计凭证

（一）会计凭证的种类

会计凭证是记载经济业务发生、明确经济责任的书面文件，是记账的依据。每发生一项经济业务，都需要取得原始凭证，并据以编制记账凭证。通过会计凭证的填制和审核，可以保证会计核算资料的真实性、可靠性、合理性，监督各项经济业务是否遵循相关法规、制度和纪律,发挥会计的监督作用。

会计凭证按填制程序和用途分为原始凭证和记账凭证。

1. 原始凭证

原始凭证是在经济业务发生或完成时取得的书面证明,是记录证明经济业务已经发生或完成的原始凭证,是明确经济责任和记账凭证的原始资料。

(1)原始凭证的种类。原始凭证按其取得的来源不同,可分为自制原始凭证和外来原始凭证。

自制原始凭证,是由合作社内部经办业务的部门和人员在办理经济业务时所填制的凭证,如工资单、借款单、差旅费报销单等。

外来原始凭证,是经济业务发生时,从外部单位或个人取得的原始凭证,如发票、机票等。

(2)原始凭证的内容。所有的原始凭证都必须具备以下基本内容:凭证的名称;填制凭证的日期;填制凭证的单位名称或者填制人姓名;经办人员的签名或者盖章;接受凭证的单位名称;经济业务内容;数量、单价和金额。

(3)原始凭证的注意事项。财务人员在核对原始凭证时除上述凭证要件要具备外,还应该注意以下几项:凡填有大写和小写金额的原始凭证,大写与小写金额必须相符;一式几联的原始凭证,应当注明各联的用途,只能以一联作为报销凭证;经上级有关部门批准的经济业务,应当将批准文件作为原始凭证附件,如果批准文件需要单独归档的,应当在凭证上注明批准机关名称、日期和文件字号;原始凭证不得涂改、挖补。发现原始凭证有错误的,应当由开出单位重开或者更正,更正处应当加盖开出单位的公章。

2. 记账凭证

记账凭证是会计人员根据审核无误的原始凭证进行归类、整理、记载经济业务,确定会计分录,据以登记账簿的一种会计凭证。

(1)记账凭证的种类。记账凭证一般可分为收款凭证、付款凭证、转账凭证三种。对于经济业务不多的合作社，可以不区分收款凭证、付款凭证、转账凭证，而只用一种通用的记账凭证来记录各种经济业务。

（2）记账凭证的内容。记账凭证应具备以下基本内容：填制凭证的日期；凭证编号；经济业务摘要；会计科目；金额；所附原始凭证张数；填制凭证人员、稽核人员、记账人员、会计机构负责人、会计主管人员签名或者盖章。收款、付款记账凭证还应当由出纳人员签名或者盖章。

（二）会计凭证的编制和审核

1.会计凭证填写总体要求

会计凭证、会计账簿、会计报表和其他会计资料的内容和要求必须符合国家统一会计制度的规定，不得伪造、变造会计凭证和会计账簿，不得设置账外账，不得报送虚假会计报表。

合作社在编制会计凭证、登记会计账簿时，应当遵守《农民专业合作社会计制度》的要求，并符合《会计法》《会计基础工作规范》和《会计档案管理办法》等规定。应当填列会计科目的名称或者同时填列会计科目的名称和编号，不得只填列会计科目编号而不填列会计科目名称。

2.会计凭证填写的具体要求

填制会计凭证，字迹必须清晰、工整，并符合下列要求：

（1）阿拉伯数字应当一个一个地写，不得连笔写。阿拉伯金额数字前面应当书写货币币种符号或者货币名称简写和币种符号。币种符号与阿拉伯金额数字之间不得留有空白。凡阿拉伯数字前写有币种符号的，数字后面不再写货币名称。

（2）所有以"元"为单位（其他货币种类为货币基本单位，下同）的阿拉伯数字，除表示单价等情况外，一律填写到角分；无角分的，角位和分位可写"00"，或者符号"—"；有角无分的，分位应当写"0"，不得用符号"—"代替。

（3）汉字大写数字金额如零、壹、贰、叁、肆、伍、陆、柒、捌、玖、拾、佰、仟、万、亿等，一律用正楷或者行书体书写，不得用0、一、二、三、四、五、六、七、八、九、十等简化字代替，不得任意自造简化字。大写金额数字到元或者角为止的，在"元"或者"角"字之后应当写"整"字或者"正"字；大写金额数字有分的，分字后面不写"整"或者"正"字。

（4）大写金额数字前未印有货币名称的，应当加填货币名称，货币名称与金额数字之间不得留有空白。

（5）阿拉伯金额数字中间有"0"时，汉字大写金额要写"零"字；阿拉伯数字金额中间连续有几个"0"时，汉字大写金额中可以只写一个"零"字；阿拉伯金额数字元位是"0"，或者数字中间连续有几个"0"、元位也是"0"但角位不是"0"时，汉字大写金额可以只写一个"零"字，也可以不写"零"字。

（三）凭证的填制和审核

1.原始凭证的填制方法和要求

（1）符合实际情况。凭证填制的内容、数字等，必须根据实际情况填列，确保原始凭证所反映的经济业务真实可靠，符合实际情况。从外单位取得原始凭证有遗失，应取得原签发单位盖有公章的证明，并注明原来凭证的号码、金额和内容等。由合作社负责人批准后，才能代作原始凭证。如果确定不能取得证明的，由当事人写出详细情况，合作社负责人批准后，代作原始凭证。

（2）明确经济责任。自制原始凭证，必须有合作社负责人或经办人签名或盖章；对外开出的原始凭证，必须加盖本合作社的公章；从外单位取得的原始凭证，必须盖有填制单位公章；从个人取得的原始凭证，必须有填制人的签名或盖章。

（3）填写内容齐全。原始凭证的各项内容，必须详尽地填写，不得遗漏，而且凭证填写的手续必须完备，符合内部控制制度。购买实物的原始凭证，必须有验收证明；支付款项的原始凭证，必须有收款单位和收款人的收款证明。一式几联的发票和收据，必须用双面复写纸套写（发票和收据本身具备复写纸功能的除外），并且连续编号；作废时加盖"作废"戳记，连同存根一起保存，不得撕毁；退款时，必须取得对方的收款收据或汇款单，不得以退货发票代替收据；公出借款的凭据，必须附在记账凭证上；收回借款时，应当另开收据或者退回借据副本，不得退还原借据。

2.原始凭证的审核

原始凭证的审查和核对，是实行会计监督的重要一环，必须从严控制。只有经过严格审查并符合规定要求的原始凭证，才能作为编制记账凭证和登记明细账的依据。原始凭证主要从以下两个方面进行审核：

（1）从政策、法令、制度方面审核凭证的合法性、真实性。包括：原始凭证的内容是否符合国家财经制度和有关经济合同的要求；凭证日期、业务内容、金额、凭证来源、凭证本身是否真实等。对于伪造、涂改、经济业务不合法的凭证，应拒绝受理，并及时报告领导处理。

（2）从业务技术方面审核凭证填制的完整性、准确性。包括：原始凭证的基本内容是否逐项填写；经济活动内容的说明是否明确；数字计算是否准确；大小写金额是否一致；有关人员是否签章；有无刮擦挖补涂改现象。如果发现不完整、不准确、不符合规定的凭证，应退回补填或更正。

3.记账凭证的填制方法和要求

填制记账凭证，要求会计人员将各项记账凭证要素按规定方法填写齐全，便于账簿登记。各种记账凭证除严格按原始凭证的填制要求填制外，还应注意以下填制要求：

（1）凭证摘要简明。记账凭证的摘要栏要用简练明确的语句概括经济业务内容的要点，这主要是为了便于查阅凭证和登记账簿。

（2）业务记录明确。记账凭证可以根据每一张原始凭证填制，或者根据若干张同类的原始凭证汇总填列，也可以根据原始凭证汇总表填制，但不得将不同内容和类别的经济业务的原始凭证汇总填制在一张记账凭证上。以自制的原始凭证或原始凭证汇总表代替记账凭证的，必须具备记账凭证应有的项目。

（3）科目运用准确。必须按规定的会计科目及其核算内容，正确编制会计分录，确保科目的准确运用。

（4）附件数量完整。除结账和更正错账的记账凭证可以不附原始凭证外，其他记账凭证都必须附有原始凭证。如果一张原始凭证涉及几张记账凭证，可以把原始凭证附在一张主要的记账凭证后面，并在其他记账凭证上注明附有该原始凭证的记账凭证的编号或者附原始凭证复印件；一张原始凭证所列支出需要几个合作社共同负担的，应当将其他合作社负担的部分列出，并给对方原始凭证分割单进行结算；原始凭证分割单必须具备原始凭证的基本内容以及支出分摊情况等。

（5）填写内容齐全。记账凭证中的各项内容必须填写齐全，并按规定程序办理签章手续，不得简化。实行会计电算化的合作社，对于机制记账凭证，要认真审核，做到会计科目使用正确，数字准确无误；打印出的机制记账凭证要加盖制单人员、审核人员、记账人员及会计机构负责人、会计主管人员印章或者签名。

（6）凭证顺序编号。填制记账凭证时，应当对记账凭证按会计事项处理的先后顺序进行连续编号。一笔经济业务需要填制两张以上记账凭证的，可以采用分数编号法编号。

（7）填写格式规范。如果在填制记账凭证时发生错误，应当重新填制；已经登记入账的记账凭证，在当年内发现填写错误时，可以用红字填写一张与原内容相同的记账凭证，在摘要栏注明"注销某月某日某号凭证"；如果会计科目没有错误，只是金额错误，也可以将正确数字与错误数字之间的差额，另编制一张调整的记账凭证，调增金额用蓝字，调减金额用红字；发现以前年度记账凭证有错误的，应当用蓝字填制一张更正的记账凭证；记账凭证填制完经济业务事项后，如有空行，应当自金额栏最后一笔金额数字的空行处至合计数上的空行处划线注销。

4. 记账凭证的审核

只有经过审核确认无误的记账凭证，才能作为登记账簿的根据，可以从以下两个方面对记账凭证进行审核：

（1）从政策、法令、制度方面审核其合法性、真实性。记账凭证记录的内容是否和所附凭证相符，所列会计分录是否符合制度规定，对于不符合制度规定的记账凭证应及时纠正。

（2）从业务技术方面审核其完整性、准确性。包括：内容是否填写齐全；手续是否齐备；科目使用是否正确；对应科目的金额是否平衡；所附附件张数是否相符；有关人员是否签章。如发现错误，应查明原因，加以更正。

（四）会计凭证的传递

会计凭证的传递，是指从经济业务发生，取得原始凭证开始，到会计凭证归档保管为止的传递程序。会计凭证的传递程序应当科学、合理，会计凭证能否及时传递并进行处理，直接关系到会计核算工作是否正确、及时。具体办法由各合作社根据会计业务需要自行规定。

三、登记会计账簿

（一）会计账簿的作用

账簿是由具有专门格式并相互联系的若干账页所组成的，以会计凭证为依据，用来连续、系统、全面、完整地登记合作社各项经济业务的簿记。设置和登记账簿作为会计核算的一项重要内容，在经济管理中具有重要作用。账簿的主要作用如下：

（1）账簿是连续、系统、全面、完整地登记各项经济业务的工具。通过设置和登记账簿，就能把会计凭证所提供的大量分散的核算资料，按照一定的程序，分门别类地登记到各个账户中去，以便取得完整的核算资料。

（2）账簿资料是编制会计报表的主要依据。通过设置和登记账簿，可以为运营管理提供比较系统、完整的会计核算资料；账簿中总分类核算和明细分类核算的资料，是编制会计报表的主要依据。

（3）账簿资料是检查、分析经济活动的依据。通过账簿的设置与登记可以确定收入及支出的形成，提供收入与支出形成的详细内容。

（二）会计账簿的种类

账簿一般可以分为总账、明细账、日记账和其他辅助性账簿。

1. 总账

总账也叫总分类账，总分类账簿（总账）是根据总分类科目开设，用以记录全部经济业务总括核算资料的分类账簿。总账一般采用"借方""贷方""余额"三栏式账页。

2. 明细账

明细账也叫明细分类账，是根据总账科目所属的明细科目设置，用以记录某一经济业务明细核算资料的分类账。明细账能提供比较详细的核算资料，是对总账的补充。明细分类账的格式可分为三栏式、数量金额式和多栏式三种。

3. 日记账

日记账又称序时账簿，是对各项经济业务按其发生时间的先后顺序，逐日逐笔连续进行登记的账簿。主要包括现金日记账和银行存款日记账两种，这两种日记账均由出纳员负责登记，每天结出余额。日记账也称为特种明细账，采用订本式账簿。

4. 其他辅助账簿

辅助账簿又称备查账簿，是对某些不能在日记账和分类账中记录的经济事项或记录不全的经济业务进行补充登记的账簿。辅助账簿主要是为某些经济业务的管理决策提供必要的登记簿等。辅助账簿没有固定的格式，其格式可由各合作社根据管理的需要及不同经济业务情况自行设置，也可以使用分类账的账页格式。备查账簿的登记依据可以没有原始凭证和记账凭证。

（三）记账的基本规则

1. 启用账簿的规则

为了规范管理和明确记账责任，启用新账簿时，应当在账簿封面写明合作社名称和账簿名称。在账簿扉页上应当附启用表，内容包括：启用日期、账簿页数（活页账应在装订成册后填明页数）、记账人员、会计机构负责人和主管会计人员签章并加盖公章。记账人员或者会计机构负责人和会计主管人员变动时，应注明交接日期和接办人员姓名或监督交接人员的姓名，并由交接人双方签名或盖章。启用订本式账簿，应当从第一页到最后一页顺序编定页数，不得跳页、缺号。使用活页式账页，应当按账户顺序编号，并须定期装订成册。装订后再按实际使用的账页顺序编定页码。另加目录，记明每个账户的名称和页次。

2.登记账簿的规则

（1）登记会计账簿时，应当将会计凭证日期、编号、业务内容摘要、金额和其他有关资料逐项登记账内，做到数字准确、摘要清楚、登记及时、字迹工整。

（2）登记完毕后，要在记账凭证上签名或者盖章，并注明已经登账的符号，表示已经记账。

（3）账簿中书写的文字和数字上面要留有适当空格，不要写满格；一般应占格距的二分之一。

（4）登记账簿要用蓝黑墨水或者碳素墨水书写，不得使用圆珠笔（银行的复写账簿除外）或者铅笔书写。

（5）下列情况，可以用红色墨水记账：按照红字冲账的记账凭证，冲销错误记录；在不设借贷等栏的多栏式账页中，登记减少数；在三栏式账户的余额栏前，如未印明余额方向的，在余额栏内登记负数余额；根据国家统一会计制度的规定可以用红字登记的其他会计记录。

（6）各种账簿按页次顺序连续登记，不得跳行、隔页。如果发生跳行、隔页，应当将空行、空页画线注销，或者注明"此行空白""此页空白"字样，并由记账人员签名或者盖章。

（7）凡需要结出余额的账户，结出余额后，应当在"借或贷"等栏内写明"借"或者"贷"等字样。没有余额的账户，应当在"借或贷"等栏内写

"平"字，并在余额栏内用"Q"表示。现金日记账和银行存款日记账必须逐日结出余额。

（8）每一账页登记完毕结转下页时，应当结出本页合计数及余额，写在本页最后一行和下页第一行有关栏内，并在摘要栏内注明"过次页"和"承前页"字样；也可以将本页合计数及金额只写在下页第一行有关栏内，并在摘要栏内注明"承前页"字样。对需要结计本月发生额的账户，结计"过次页"的本页合计数应当为自本月初起至本页末止的发生额合计数；对需要结计本年累计发生额的账户，结计"过次页"的本页合计数应当为自年初起至本页末止的累计数；对既不需要结计本月发生额也不需要结计本年累计发生额的账户，可以只将每页末的余额结转次页。

3. 会计信息化情况下登记账簿规则

实行会计电算化的合作社，用计算机打印的会计账簿必须连续编号，经审核无误后装订成册，并由记账人员和会计机构负责人、会计主管人员签字或者盖章。

4. 错账更正的规则

账簿记录发生错误，不准涂改、挖补、刮擦或者用药水消除字迹，不准重新抄写，必须按照下列方法进行更正：

（1）登记账簿时发生错误，应当将错误的文字或者数字画红线注销，但必须使原有字迹仍可辨认；然后在画线上方填写正确的文字或者数字，并由记账人员在更正处盖章。对于错误的数字，应当全部画红线更正，不得只更正其中的错误数字。对于文字错误，可只画去错误的部分。

（2）由于记账凭证错误而使账簿记录发生错误，应当按更正的记账凭证登记账簿。

（四）结账和对账

1. 结账的目的和周期

为了总结一定时期内的运营活动及财务成果，便于及时正确地编制会计报表，必须定期进行结账和对账工作。结账的周期一般分为月、季和年。这里的年度指的是会计年度。合作社会计年度与其他制度规定的会计年度相同，按照《会计基础工作规范》的规定均为1月1日至12月31日。

2.结账

结账就是将一定时期内所发生的各项经济业务，全部登记入账，并结出本期发生额和余额。合作社应按照《农民专业合作社会计制度》要求，定期结账。

（1）结账前，必须将本期内所发生的各项经济业务全部登记入账。

（2）结账时，应当结出每个账户的期末余额。需要结出当月发生额的，应当在摘要栏内注明"本月合计"字样，并在下面通栏画单红线；需要结出本年累计发生额的，应当在摘要栏内注明"本年累计"字样，并在下面通栏画单红线；12月末的"本年累计"就是全年累计发生额，全年累计发生额下面应当通栏画双红线，年度终了结账时，所有总账账户都应当结出全年发生额和年末余额。

（3）年度终了，要把各账户的余额结转到下一会计年度，并在摘要栏注明"结转下年"字样；在下一会计年度新建有关会计账簿的第一行余额栏内填写上年结转的余额，并在摘要栏注明"上年结转"字样。

3.对账

对账是为了保证会计资料的可靠性和准确性，定期对会计账簿记录的有关数字与库存实物、货币资金、有价证券、往来单位或者个人等进行相互核对，保证账证相符、账账相符、账实相符。对账工作每年至少进行一次。

（1）账证核对。核对会计账簿记录与原始凭证、记账凭证的时间、凭证字号、内容、金额是否一致，记账方向是否相符。

（2）账账核对。核对不同会计账簿之间的账簿记录是否相符，包括：总账有关账户的余额核对，总账与明细账核对，总账与日记账核对，会计部门的财产物资明细账与财产物资保管和使用部门的有关明细账核对等。

（3）账实核对。核对会计账簿记录与财产等实有数额是否相符。包括：现金日记账账面余额与现金实际库存数相核对；银行存款日记账账面余额定期与银行对账单相核对；各种财物明细账账面余额与财物实存数额相核对；各种应收、应付款明细账账面余额与有关债务、债权单位或者个人核对等。

（五）账簿的更换

总账、日记账和大部分明细账每年更换一次，但有些明细账不需要换，如固定资产明细账或固定资产卡片等，可以跨年度连续使用，只在账户的最后余额下面画一道红线，表示已经结账，从而简化核算工作。年度终了、需要更换新账的，有余额的账户，其余额可直接记入下年新账，在新账第一行"摘要"栏内注明"上年结转"字样，在余额栏内登记上年余额数。

四、编制财务报告

（一）财务报告的内容和种类

财务报告是合作社财务状况的书面文件，也是会计核算的最终成果。合作社应该按照《农民专业合作社会计制度》的要求定期编制财务报告。财务报告可以分为对外的财务报告和合作社内部使用的财务报告。对外的财务报告是指按照相关规定定期报送的财务报告，包括会计报表及其附注。合作社内部使用的财务报告，其格式和要求由各合作社自行规定。

（二）财务报告的编制要求

1.完整准确。会计报表应当根据登记完整、核对无误的会计账簿记录和其他有关资料编制，做到数字真实、计算准确、内容完整、说明清楚。每当月度、季度、年度终了时，都应在结账的基础上根据账薄的资料来编制会计报表，并认真加以核对，以保证账表相符。

2.不得篡改。任何人不得篡改或者授意、指使、强令他人篡改会计报表的有关数字。

3.会计报表之间、会计报表各项目之间,凡有对应关系的数字,应当相互一致。本期会计报表与上期会计报表之间有关的数字应当相互衔接。如果不同会计年度会计报表中各项目的内容和核算方法有变更的,应当在年度会计报表中加以说明。

4.各合作社应当按照国家统一会计制度的规定认真编写会计报表附注及其说明,做到项目齐全,内容完整。

(三)对外报送要求

1.合作社应当按照国家规定的期限对外报送财务报告。对外报送的财务报告,应当依次编写页码,加具封面,装订成册,加盖公章。封面上应当注明:合作社名称,合作社地址,财务报告所属年度、季度、月度,送出日期,并由合作社负责人、会计机构负责人、会计主管人员签名或者盖章。

2.责任人。合作社负责人对财务报告的合法性、真实性负法律责任。

3.错报处理。如果发现对外提供的财务报告有错误,应当及时办理更正手续。除更正本单位留存的财务报告外,应同时通知接受财务报告的单位更正。错误较多的财务报告,应当重新编报。

五、会计信息化

(一)会计信息化工作规范

会计信息化,是指利用计算机、网络通信等现代信息技术手段开展会计核算,以及利用上述技术手段将会计核算与其他经营管理活动有机结合的过程。会计信息系统,是指由会计软件及其运行所依赖的软硬件环境组成的集合体。

为推动会计信息化,节约社会资源,提高会计软件和相关服务质量,规范信息化环境下的会计工作,财政部先后出台了《会计核算软件基本功能规范》(财会字〔1994〕27号)、《会计电算化工作规范》(财会字〔1996〕17号)

和《企业会计信息化工作规范》（财会〔2013〕20号）。前两者适用于行政事业单位，后者适用于企业。

（二）会计信息化工作的要求

1. 总体要求

配备会计软件，应当根据自身技术力量以及业务需求，考虑软件功能、安全性、稳定性、响应速度、可扩展性等要求，合理选择软件产品。系统数据服务器的部署、数据的备份等应当符合国家有关规定。

2. 软件技术要求

（1）应该使用标准化软件。合作社使用的会计软件应当保障其按照国家统一会计准则制度开展会计核算，不得有违背国家统一会计准则制度的功能设计。

（2）会计记账文字应该采用中文。会计软件的界面应当使用中文并且提供对中文处理的支持，在民族自治地区可以同时使用少数民族文字界面对照和处理支持。

（3）使用的科目体系符合国家规定。会计软件应当提供符合国家统一会计准则制度的会计科目分类和编码功能。

（4）软件功能符合国家规定。会计软件应当提供符合国家统一会计准则制度的会计凭证、账簿和报表的显示和打印功能，记账凭证的连续编号，不得提供对已记账凭证日期、金额、科目和操作人的修改功能等。

（5）会计软件应当具有符合国家统一标准的数据接口，满足外部会计监督需要。

（6）会计软件应当具有会计资料归档功能，提供导出会计档案的接口，在会计档案存储格式、数据采集、真实性与完整性保障方面，符合国家有关电子文件归档与电子档案管理的要求。

（7）会计软件应当记录生成用户操作日志，确保日志的安全、完整，提供按操作人员、操作时间和操作内容查询日志的功能，并能以简单易懂的形式输出。

（8）其他财政部门规定的相关会计信息化规范和标准要求。

3.管理要求

开展会计电算化的合作社应根据工作需要，建立健全包括会计电算化岗位责任制、会计电算化操作管理制度、计算机硬件和软件及数据管理制度、电算化会计档案管理制度的会计电算化内部管理制度，保证会计电算化工作的顺利开展。

第二章 会计工作管理

第一节 会计工作机构

一、会计工作管理部门

《会计法》规定，国务院财政部门主管全国的会计工作，县级以上地方各级人民政府财政部门管理本行政区域内的会计工作。这就规定了会计工作由财政部门主管，并明确在管理体制上实行"统一领导，分级管理"的原则。财政部门依照《会计法》的规定对合作社的财务会计工作进行管理和监督。此外，对会计工作的管理，除了发挥财政部门的作用外，还要发挥业务主管部门的作用。

根据《农民专业合作社法》第三十九条和第四十条规定，农民专业合作社应当按照国务院财政部门制定的财务会计制度进行财务管理和会计核算。农民专业合作社的理事长或者理事会应当按照章程规定，组织编制年度业务报告、盈余分配方案、亏损处理方案以及财务会计报告，于成员大会召开的十五日前，置备于办公地点，供成员查阅。

二、会计机构的设置

（一）基本规定

会计机构是合作社组织管理本单位会计工作，办理会计事务的职能部门。建立健全会计机构，配备与工作要求相适应，具有一定素质和数量的会计人员，是做好会计工作，充分发挥会计职能作用的重要前提条件。关于会计机构的设置，《会计法》和《会计基础工作规范》都有明确规定，单位可根据各自实际情况比照执行，具体概括如下：

（1）单位应当根据会计业务的需要设置会计机构；不具备单独设置会计机构条件的，应当在有关机构中配备专职会计人员。

（2）单位会计机构的设置和会计人员的配备，应当符合国家统一会计制度的有关规定。

（3）设置会计机构，应当配备会计机构负责人；在有关机构中配备专职会计人员，应当在专职会计人员中指定会计主管人员。

（4）没有设置会计机构或者配备会计人员的单位，应当根据《代理记账管理办法》的规定，委托会计师事务所或者持有代理记账许可证书的代理记账机构进行代理记账。

（二）行业规定

《农民专业合作社会计制度》第三条明确规定，合作社应当根据本制度规定和会计业务需要，设置会计账簿，配备必要的会计人员，或者按规定委托代理记账，进行会计核算。

三、会计机构管理

（一）会计制度建设

合作社可以结合其业务类型以及合作社组织管理的需要，建立健全相应的内部会计管理制度。合作社制定内部会计管理制度应当遵循下列原则：

（1）应当执行法律、法规和国家统一的财务会计制度。

（2）应当体现本合作社的生产经营、业务管理的特点和要求。

（3）应当全面规范本合作社的各项会计工作，建立健全会计基础，保证会计工作的有序进行。

（4）应当科学、合理，便于操作和执行。

（5）应当定期检查执行情况。

（6）应当根据管理需要和执行中的问题不断完善。

（二）会计管理体系建设

合作社应当建立内部会计管理体系。主要内容包括：合作社负责人对会计工作的领导职责；会计部门及其会计机构负责人、会计主管人员的职责、权限；会计部门与其他职能部门的关系；会计核算的组织形式等。

合作社应当建立稽核制度。主要内容包括：稽核工作的组织形式和具体分工；稽核工作的职责、权限；审核会计凭证和复核会计账簿、会计报表的方法。

（三）会计工作管理制度建设

合作社应当建立原始记录管理制度。主要内容包括：原始记录的内容和填制方法；原始记录的格式；原始记录的审核；原始记录填制人的责任；原始记录签署、传递、汇集要求。除此之外，合作社还应该结合各自的实际情况和管理需要建立定额管理制度、计量验收制度、财产清查制度、财务收支审批制度、成本核算制度和财务会计分析制度等管理制度。

第二节　会计人员管理

一、会计人员

会计人员是指根据《中华人民共和国会计法》的规定，在国家机关、社会团体、企业、事业单位和其他组织中从事会计核算、实行会计监督等会计工作的人员。会计人员包括从事下列具体会计工作的人员：①出纳；②稽核；③资产、负债和所有者权益（净资产）的核算；④收入、费用（支出）的核算；⑤财务成果（政府预算执行结果）的核算；⑥财务会计报告（决算报告）编制；⑦会计监督；⑧会计机构内会计档案管理；⑨工资核算、往来结算等其他会计工作。担任合作社会计机构负责人（会计主管人员）、总会计师的人员，也属于会计人员。

二、会计人员的从业要求

（一）对从业人员的要求

会计人员从事会计工作，应当符合下列要求：

（1）遵守《中华人民共和国会计法》和国家统一的会计制度等法律法规。

（2）具备良好的职业道德。

（3）按照国家有关规定参加继续教育，参加会计业务的培训。

（4）具备从事会计工作所需要的专业能力。会计人员具有会计类专业知识，基本掌握会计基础知识和业务技能，能够独立处理基本会计业务，表明具备从事会计工作所需要的专业能力。

（二）对合作社的要求

1.合作社应当根据国家有关法律法规和《会计人员管理办法》有关规定，判断会计人员是否具备从事会计工作所需要的专业能力。

2.合作社应当根据《会计法》等法律法规和《会计人员管理办法》有关规定，结合会计工作需要，自主任用（聘用）会计人员。

3.合作社应当合理安排会计人员的培训，保证会计人员每年有一定时间用于学习和参加培训。

4.合作社任用（聘用）的会计机构负责人（会计主管人员），应当符合《会计法》等法律法规及其他管理办法有关规定。任用（聘用）总会计师，应当符合《会计法》《总会计师条例》等法律法规和《会计人员管理办法》有关规定。

5.合作社应当根据会计业务需要配备会计人员，合作社应当对任用（聘用）的会计人员及其从业行为加强监督和管理，督促其遵守职业道德和国家统一的会计制度。

6.因发生与会计职务有关的违法行为被依法追究刑事责任的人员，合作社不得任用（聘用）其从事会计工作。因违反《会计法》有关规定受到行政处罚五年内不得从事会计工作的人员，处罚期届满前，合作社不得任用（聘用）其从事会计工作。

7.合作社应当根据有关法律法规、内部控制制度要求和会计业务需要设置会计岗位，明确会计人员职责权限。

8.合作社负责人应当支持会计机构、会计人员依法行使职权。

9.合作社设置会计机构，应当配备会计机构负责人；在有关机构中配备专职会计人员，应当在专职会计人员中指定会计主管人员。

10.会计人员违反职业道德的，由所在合作社进行处理。

三、会计机构负责人的任职条件

根据《会计基础工作规范》规定，会计机构负责人、会计主管人员的任免，应当符合《会计法》和有关法律的规定。会计机构负责人、会计主管人员应当具备下列基本条件：

（1）坚持原则，廉洁奉公；

（2）具备会计师以上专业技术职务资格或者从事会计工作不少于三年；

（3）熟悉国家财经法律、法规、规章和方针、政策，掌握本行业业务管理的有关知识；

（4）有较强的组织能力；

（5）身体状况能够适应本职工作的要求。

四、会计岗位设置

合作社应当根据会计业务需要设置会计工作岗位，会计工作岗位一般可分为：会计机构负责人或者会计主管人员，出纳，财产物资核算，工资核算，成本费用核算，财务成果核算，资金核算，往来结算，总账报表，稽核，档案管理等。开展会计电算化和管理会计的合作社，可以根据需要设置相应工作岗位，也可以与其他工作岗位相结合。

会计岗位设置以及人员配置应注意以下事项：

（1）会计工作岗位，可以一人一岗、一人多岗或者一岗多人。但出纳人员不得兼管稽核、会计档案保管和收入、费用、债权债务账目的登记工作。

（2）会计人员的工作岗位应当有计划地进行轮换。

（3）合作社任用会计人员应当实行回避制度。合作社负责人的直系亲属不得担任本合作社的会计机构负责人、会计主管人员。会计机构负责人、会计主管人员的直系亲属不得在本合作社会计机构中担任出纳工作。需要回避的直系亲属为：夫妻关系、直系血亲关系、三代以内旁系血亲以及配偶亲关系。

五、会计人员职业道德

随着改革开放的不断深入和社会经济的快速发展，我国会计职业活动的内容越来越广泛和丰富，会计在经济管理中的职能作用也在不断扩展和深化，会计职业活动从传统的记账、算账、报账、核账、查账等，逐步延伸到价值管理、资本运营、风险控制、决策支持等多个方面，社会经济发展也对承担更多责任的会计人员的职业道德提出了更高要求，会计职业道德建设同时也是我国社会主义职业道德体系建设的重要组成部分。因此，要按照新时代我国社会主义职业道德建设的新要求和会计职业发展的新变化，建立健全我国会计职业道德规范体系，全面提升我国会计人员的道德素养，不断提高会计信息质量，促进会计工作更好地服务社会经济发展。

会计人员应当遵守以下职业道德：

（1）会计人员在会计工作中应当遵守职业道德，树立良好的职业品质、严谨的工作作风，严守工作纪律，努力提高工作效率和工作质量。

（2）会计人员应当热爱本职工作，努力钻研业务，使自己的知识和技能适应所从事工作的要求。

（3）会计人员应当熟悉财经法律、法规、规章和国家统一会计制度，并结合会计工作进行广泛宣传。

（4）会计人员应当按照会计法律、法规和国家统一会计制度规定的程序和要求进行会计工作，保证所提供的会计信息合法、真实、准确、及时、完整。

（5）会计人员办理会计事务应当实事求是、客观公正。

（6）会计人员应当熟悉本合作社的生产经营和业务管理情况，运用掌握的会计信息和会计方法，为改善合作社内部管理、提高经济效益服务。

（7）会计人员应当保守本合作社的商业秘密。除法律规定和合作社负责人同意外，不能私自向外界提供或者泄露合作社的会计信息。

财政部门、业务主管部门和合作社应当定期检查会计人员遵守职业道德的情况，并作为会计人员晋升、晋级、聘任专业职务、表彰奖励的重要考核依据。会计人员违反职业道德的，由所在合作社进行处理。

六、会计人员管理制度

合作社组织应结合本合作社的实际情况，制定适合本合作社情况会计人员的管理制度。具体可以包括如下内容：

（1）岗位责任制。各合作社应当建立会计人员岗位责任制度。主要内容包括：会计人员的工作岗位设置；各会计工作岗位的职责和标准；各会计工作岗位的人员和具体分工；会计工作岗位轮换办法；对各会计工作岗位的考核办法。

（2）各合作社应当建立内部牵制制度。主要内容包括：内部牵制制度的原则；组织分工；出纳岗位的职责和限制条件；有关岗位的职责和权限。

第三节 会计工作交接

合作社会计人员因工作调动和调整离开工作岗位的，需要及时配备新会计人员，并按规定办理交接手续。

一、会计工作交接要求

1.会计人员工作调动或者因故离职，必须将本人所经管的会计工作全部移交给接替人员。没有办清交接手续的，不得调动或者离职。

2.接替人员应当认真接管移交工作，并继续办理移交的未了事项。

3.会计人员办理交接手续，必须有监交人负责监交。一般会计人员交接，由合作社会计机构负责人、会计主管人员负责监交；会计机构负责人、会计主管人员交接，由合作社负责人负责监交，必要时可由上级主管部门派人会同监交。

4.农民合作社组织撤销时，必须留有必要的会计人员，会同有关人员办理清理工作，编制决算。未移交前，不得离职。接收合作社和移交日期由主管部门确定。合作社合并、分立的，其会计工作交接手续比照上述有关规定办理。

5.会计人员临时离职或者因病不能工作且需要接替或者代理的，会计机构负责人、会计主管人员或者合作社负责人必须指定有关人员接替或者代理，并办理交接手续。临时离职或者因病不能工作的会计人员恢复工作的，应当与接替或者代理人员办理交接手续。移交人员因病或者其他特殊原因不能亲自办理移交的，经合作社负责人批准，可由移交人员委托他人代办移交，但委托人应当对所移交的会计凭证、会计账簿、会计报表和其他有关资料的合法性、真实性承担法律责任。

二、移交前的准备工作

会计人员办理移交手续前，必须及时做好以下工作：

（1）已经受理的经济业务尚未填制会计凭证的，应当填制完毕。

（2）尚未登记的账目，应当登记完毕，并在最后一笔余额后加盖经办人员印章。

（3）整理应该移交的各项资料，对未了事项写出书面材料。

（4）编制移交清册，列明应当移交的会计凭证、会计账簿、会计报表、印章、现金、有价证券、支票簿、发票、文件、其他会计资料和物品等内容；实行会计电算化的合作社，从事该项工作的移交人员还应当在移交清册中列明会计软件及密码、会计软件数据磁盘（磁带等）及有关资料、实物等内容。

三、移交过程中的工作

移交人员在办理移交时，要按移交清册逐项移交，接替人员要逐项核对点收。具体包括如下事项：

（1）现金、有价证券要根据会计账簿有关记录进行点交。库存现金、有价证券必须与会计账簿记录保持一致。不一致时，移交人员必须限期查清。

（2）会计凭证、会计账簿、会计报表和其他会计资料必须完整无缺。如有短缺，必须查清原因，并在移交清册中注明，由移交人员负责。

（3）银行存款账户余额要与银行对账单核对，如不一致，应当编制银行存款余额调节表调节相符，各种财产物资和债权债务的明细账户余额要与总账有关账户余额核对相符；必要时，要抽查个别账户的余额，与实物核对相符，或者与往来单位、个人核对清楚。

（4）移交人员经管的票据、印章和其他实物等，必须交接清楚；移交人员从事会计电算化工作的，要对有关电子数据在实际操作状态下进行交接。

（5）会计机构负责人、会计主管人员移交时，还必须将全部财务会计工作、重大财务收支和会计人员的情况等，向接替人员详细介绍。对需要移交的遗留问题，应当写出书面材料。

（6）交接完毕后，交接双方和监交人员要在移交清册上签名或者盖章。并应在移交清册上注明：合作社名称，交接日期，交接双方和监交人员的职务、姓名，移交清册页数以及需要说明的问题和意见等。移交清册一般应当填制一式三份，交接双方各执一份，存档一份。

四、移交后的有关工作

1.接替人员应当继续使用移交的会计账簿,不得自行另立新账,以保持会计记录的连续性。

2.移交人员对所移交的会计凭证、会计账簿、会计报表和其他有关资料的合法性、真实性承担法律责任。

第四节 会计档案管理

会计档案是指合作社在进行会计核算等过程中接收或形成的,记录和反映本合作社经济业务事项的,具有保存价值的文字、图表等各种形式的会计资料,包括通过计算机等电子设备形成、传输和存储的电子会计档案。合作社的会计档案的管理按照财政部发布的《会计档案管理办法》执行。

一、档案管理要求

(一)加强会计档案管理意识

合作社应当加强会计档案管理工作,建立和完善会计档案的收集、整理、保管、利用和鉴定销毁等管理制度,采取可靠的安全防护技术和措施,保证会计档案的真实、完整、可用、安全。

(二)档案管理形式

合作社可以利用计算机、网络通信等信息技术手段管理会计档案。同时满足下列条件的,合作社内部形成的属于归档范围的电子会计资料可仅以电子形式保存,形成电子会计档案。

1.形成的电子会计资料来源真实有效,由计算机等电子设备形成和传输。

2.使用的会计核算系统能够准确、完整、有效接收和读取电子会计资料,能够输出符合国家标准归档格式的会计凭证、会计账簿、财务会计报表等会计资料,设定了经办、审核、审批等必要的审签程序。

3.使用的电子档案管理系统能够有效接收、管理、利用电子会计档案,符合电子档案的长期保管要求,并建立了电子会计档案与相关联的其他纸质会计档案的检索关系。

4.采取有效措施,防止电子会计档案被篡改。

5.建立电子会计档案备份制度,能够有效防范自然灾害、意外事故和人为破坏的影响。

6.形成的电子会计资料不属于具有永久保存价值或者其他重要保存价值的会计档案。

(三)会计档案归档责任人

合作社的会计机构或会计人员所属机构按照归档范围和归档要求,负责定期将应当归档的会计资料整理立卷,编制会计档案保管清册。合作社委托中介机构代理记账的,应当在签订的书面委托合同中,明确会计档案的管理要求及相应责任。

二、会计档案的内容

下列会计资料应当进行归档:

(1)会计凭证,包括原始凭证、记账凭证。

(2)会计账簿,包括总账、明细账、日记账、固定资产卡片及其他辅助性账簿。

(3)财务会计报告,包括月度、季度、半年度、年度财务会计报告。

（4）其他会计资料，包括银行存款余额调节表、银行对账单、纳税申报表、会计档案移交清册、会计档案保管清册、会计档案销毁清册、会计档案鉴定意见书及其他具有保存价值的会计资料。常见的农民专业合作社会计档案可以包括会计凭证、会计账簿、会计报表、经济合同、重要审批文件、会计人员交接清单、会计档案销毁清册等。

三、档案管理机构

（一）常规情况

根据《会计档案管理办法》相关规定，合作社的档案机构或者档案工作人员所属机构负责管理本合作社的会计档案。保管会计档案应配备财务专用档案室（柜），专人负责，统一管理会计档案。一般由主管会计负责会计档案的整理、立卷、保管、调阅和销毁工作。会计档案不得私人保管。

（二）特殊情况

遇有因合并、撤销、分立等情况的按照以下原则处理：

（1）合作社因撤销、解散、破产或其他原因而终止的，在终止或办理注销登记手续之前形成的会计档案，按照国家档案管理的有关规定处置。

（2）合作社分立后原合作社存续的，其会计档案应当由分立后的存续方统一保管，其他方可以查阅、复制与其业务相关的会计档案。

（3）合作社分立后原合作社解散的，其会计档案应当经各方协商后由其中一方代管或按照国家档案管理的有关规定处置，各方可以查阅、复制与其业务相关的会计档案。合作社分立中未结清的会计事项所涉及的会计凭证，应当单独抽出由业务相关方保存，并按照规定办理交接手续。

（4）合作社因业务移交其他合作社办理所涉及的会计档案，应当由原合作社保管，承接业务合作社可以查阅、复制与其业务相关的会计档案。对其中未结清的会计事项所涉及的会计凭证，应当单独抽出由承接业务合作社保存，并按照规定办理交接手续。

（5）合作社合并后原各合作社解散或者一方存续其他方解散的，原各合作社的会计档案应当由合并后的合作社统一保管。合作社合并后原各合作社仍存续的，其会计档案仍应当由原各合作社保管。

四、会计档案移交

（一）移交时限

当年形成的会计档案，在会计年度终了后，可由合作社会计管理机构临时保管一年，再移交合作社档案管理机构保管。

1.因工作需要确须推迟移交的，应当经合作社档案管理机构同意。

2.合作社会计管理机构临时保管会计档案最长不超过三年。

3.临时保管期间，会计档案的保管应当符合国家档案管理的有关规定，且出纳人员不得兼管会计档案。

（二）移交规则

1.合作社会计管理机构在办理会计档案移交时，应当编制会计档案移交清册，并按照国家档案管理的有关规定办理移交手续。

2.纸质会计档案移交时应当保持原卷的封装。电子会计档案移交时应当将电子会计档案及其元数据一并移交，且文件格式应当符合国家档案管理的有关规定。特殊格式的电子会计档案应当与其读取平台一并移交。

3.合作社档案管理机构接收电子会计档案时，应当对电子会计档案的准确性、完整性、可用性、安全性进行检测，符合要求的才能接收。

4.建设合作社在项目建设期间形成的会计档案，需要移交给建设项目接收合作社的，应当在办理竣工财务决算后及时移交，并按照规定办理交接手续。

（三）档案交接手续

会计档案移交应建立交接制度，明确交接手续，合作社内部档案移交按照合作社内部档案管理制度进行。合作社之间交接会计档案时，交接双方应当办理会计档案交接手续。合作社之间交接会计档案手续如下：

（1）移交会计档案的合作社，应当编制会计档案移交清册，列明应当移交的会计档案名称、卷号、册数、起止年度、档案编号、应保管期限和已保管期限等内容。

（2）交接会计档案时，交接双方应当按照会计档案移交清册所列内容逐项交接，并由交接双方的合作社有关负责人负责监督。交接完毕后，交接双方经办人和监督人应当在会计档案移交清册上签名或盖章。

（3）电子会计档案应当与其元数据一并移交，特殊格式的电子会计档案应当与其读取平台一并移交。档案接受合作社应当对保存电子会计档案的载体及其技术环境进行检验，确保所接收电子会计档案的准确、完整、可用和安全。

五、会计档案保管

1. 保管期限

会计档案的保管期限分为永久、定期两类。定期保管期限一般分为10年和30年。

2. 保管期起算点

会计档案的保管期限，从会计年度终了后的第一天算起。会计档案保管期限可以按照表2-1所示的保管期限执行。合作社会计档案的具体名称如有同上述所列档案名称不相符的，应当比照类似档案的保管期限办理。

表2-1　　　　　　企业和其他组织会计档案保管期限表

序号	档案名称	保管期限	备注
一、	会计凭证		
1.	原始凭证	30年	
2.	记账凭证	30年	
二、	会计账簿		
3.	总账	30年	
4.	明细账	30年	
5.	日记账	30年	
6.	固定资产卡片		固定资产报废清理后保管5年
7.	其他辅助性账簿	30年	
三、	财务会计报告		
8.	月度、季度、半年度财务会计报告	10年	
9.	年度财务会计报告	永久	
四、	其他会计资料		
10.	银行存款余额调节表	10年	
11.	银行对账单	10年	
12.	纳税申报表	10年	
13.	会计档案移交清册	30年	
14.	会计档案保管清册	永久	
15.	会计档案销毁清册	永久	
16.	会计档案鉴定意见书	永久	

六、会计档案调阅

会计档案调阅应遵守以下原则。

1.妥善管理

合作社应当严格按照相关制度利用会计档案，在进行会计档案查阅、复制、借出时履行登记手续，严禁篡改和损坏。会计档案借用单位应当妥善保管和利用借入的会计档案，确保借入会计档案的安全完整，并在规定时间内归还。

2. 谨慎外借

合作社保存的会计档案一般不得对外借出。确因工作需要且根据国家有关规定必须借出的，应当严格按照规定办理相关手续。合作社的会计档案及其复制件需要携带、寄运或者传输至境外的，应当按照国家有关规定执行。

七、会计档案的销毁

（一）销毁的前置程序

1. 合作社应当定期对已到保管期限的会计档案进行鉴定，并形成会计档案鉴定意见书。经鉴定，仍须继续保存的会计档案，应当重新划定保管期限；对保管期满，确无保存价值的会计档案，可以销毁。

2. 会计档案鉴定工作应当由合作社档案管理机构牵头，组织合作社会计、审计、纪检监察等机构或人员共同进行。

（二）销毁程序

经鉴定可以销毁的会计档案，应当按照以下程序销毁：

（1）合作社档案管理机构编制会计档案销毁清册，列明拟销毁会计档案的名称、卷号、册数、起止年度、档案编号、应保管期限、已保管期限和销毁时间等内容。

（2）合作社负责人、档案管理机构负责人、会计管理机构负责人、档案管理机构经办人、会计管理机构经办人在会计档案销毁清册上签署意见。

（3）合作社档案管理机构负责组织会计档案销毁工作，并与会计管理机构共同派员监销。监销人在会计档案销毁前，应当按照会计档案销毁清册所列内容进行清点核对；在会计档案销毁后，应当在会计档案销毁清册上签名或盖章。

（4）电子会计档案的销毁还应当符合国家有关电子档案的规定，并由合作社档案管理机构、会计管理机构和信息系统管理机构共同派员监销。

（三）注意事项

档案销毁遇有特殊情况的不得销毁或者单独立卷，具体如下：

（1）保管期满但未结清的债权债务会计凭证和涉及其他未了事项的会计凭证不得销毁，纸质会计档案应当单独抽出立卷，电子会计档案单独转存，保管到未了事项完结时为止。

（2）单独抽出立卷或转存的会计档案，应当在会计档案鉴定意见书、会计档案销毁清册和会计档案保管清册中列明。

第三章
农民专业合作社会计制度概述

第一节 农民专业合作社概述

　　农民专业合作社是广大农民群众在家庭承包经营基础上自愿联合、民主管理的互助性经济组织，是实现小农户和现代农业发展有机衔接的中坚力量。自20世纪90年代开始，我国各地开始积极探索合作经济组织的发展之路，出现了大量的新型农民合作经济组织。2006年10月31日第十届全国人民代表大会常务委员会第二十四次会议通过了《中华人民共和国农民专业合作社法》自2007年7月1日起施行，这是新中国成立以来第一部农民专业合作社法。此后，在法律保障下，新型农民合作经济组织发展迅速。近年来，随着各级政府扶持力度的不断加大，我国农民专业合作社数量急剧上升，涉及产业不断拓宽，合作内容不断拓展，出现了许多新情况新问题，因此，2017年12月27日第十二届全国人民代表大会常务委员会第三十一次会议审议通过重新修订后的《农民专业合作社法》，自2018年7月1日起施行。

一、农民专业合作社的概念

（一）合作社的定义

合作社是一种制度化的经济组织。中西方在合作社的内涵和形式上有很大的差异。1995年，为了统一认识，国际合作联盟为合作社下了定义：合作社是人们自愿联合的一种民主管理的自治组织。

（二）农民专业合作社的定义

根据《农民专业合作社法》第二条的规定，农民专业合作社，是指在农村家庭承包经营基础上，农产品的生产经营者或者农业生产经营服务的提供者、利用者，自愿联合、民主管理的互助性经济组织。

农民专业合作社为其成员的农业生产经营服务，包括生产资料的采购、使用，农产品的生产、销售、加工、运输、贮藏及其他相关事项提供服务。在农民专业合作社中，其成员地位平等，入社和退社自愿，盈余按交易量的多少按比例返还到社员。

二、农民专业合作社的特点

农民专业合作社是一个由农民为主体的企业，它与以公司为代表的企业法人一样，是独立的市场经济主体，具有法人资格，享有生产经营自主权，受法律保护，任何单位和个人都不得侵犯其合法权益。

农民专业合作社作为一种全新的经济组织形态，具有以下特点：

（1）农民专业合作社是一种经济组织。只有从事经营活动的实体型农民合作经济组织才是农民专业合作社，而那些只为成员提供技术、信息等服务、不以营利为目的、无经营内容、不实行严格独立核算的农民专业技术协会、农产品行业协会等不属于农民专业合作社。

（2）农民专业合作社建立在农村家庭承包经营基础之上。农民专业合作社区别于农村集体经济组织，是由依法享有农村土地承包经营权的农村集体经济组织成员（即农民）为主体，自愿组织起来的新型合作社。也就是说，加入农民专业合作社并不改变家庭承包经营。

（3）农民专业合作社是自愿和民主的互助性经济组织。任何合作社和个人不得违背农民意愿，强迫他们成立或参加农民专业合作社；同时，农民专业合作社在运行过程中应当始终以成员为主要服务对象，体现"民办、民有、民管、民受益"的精神。

总之，农民专业合作社就是一个以农民为主体的企业，是以农民用资本（包括货币资金和可估价的非货币资产）和自身的劳动作为联合组成的合作制企业。农民通过资本和劳动参与合作社经营和管理，并通过与合作社的交易量（额）分配盈余，换言之，农民和合作社就是一个利益共同体，由社员共同承担经营中的盈余或亏损。

三、农民专业合作社应当遵循的原则

农民专业合作社应当遵循的原则有以下五项。

1. 成员以农民为主体

《农民专业合作社法》第二十条规定，农民专业合作社的成员中，农民至少应当占成员总数的百分之八十。成员总数二十人以下的，可以有一个企业、事业单位或者社会组织成员；成员总数超过二十人的，企业、事业单位和社会组织成员不得超过成员总数的百分之五。也就是说，合作社必须始终坚持为农民成员服务的宗旨，发挥其在解决"三农"问题方面的积极作用，使农民真正成为合作社的主人。

2. 以服务成员为宗旨，谋求全体成员的共同利益

农民专业合作社是以成员自我服务为目的而成立的，参加农民专业合作社的成员，都是从事同类农产品生产、经营或提供同类服务的农业生产经营者，目的是通过合作互助提高规模效益，完成单个农民办不了、办不好、办

了不合算的事。这种互助性特点，决定了它主要以服务农民为宗旨和"对成员服务不以营利为目的，为全体成员谋求共同利益"的经营原则。

3. 入社自愿、退社自由

农民专业合作社是自愿联合、民主管理的互助性经济组织。《农民专业合作社法》第十九条、第二十五条和第二十八条规定，具有民事行为能力的公民，以及从事与农民专业合作社业务直接有关的生产经营活动的企业、事业单位或者社会组织，能够利用农民专业合作社提供的服务，承认并遵守农民专业合作社章程，履行章程规定的入社手续的，可以成为农民专业合作社的成员。也就是说，农民可以自愿加入一个或者多个合作社，也可以自由退出合作社。农民专业合作社成员要求退社的，应当在会计年度终了的三个月前向理事长或者理事会提出书面申请；其中，企业、事业单位或者社会组织成员退社，应当在会计年度终了的六个月前提出；章程另有规定的，从其规定。退社成员的成员资格自会计年度终了时终止。成员资格终止的，农民专业合作社应当按照章程规定的方式和期限，退还记载在该成员账户内的出资额和公积金份额；对成员资格终止前的可分配盈余，依法向其返还。资格终止的成员应当按照章程规定分摊资格终止前本社的亏损及债务。

4. 成员地位平等，实行民主管理

根据《农民专业合作社法》相关规定，农民专业合作社成员大会由全体成员组成，是本社的权力机构。农民专业合作社成员依法平等享有表决权、选举权和被选举权，参与本社民主管理、分享盈余等权利。农民专业合作社成员大会选举和表决，实行一人一票制，成员各享有一票的基本表决权。

5. 盈余主要按照成员与农民专业合作社的交易量（额）比例返还

合作社的盈余分配方式与其他经济组织有着明显区别，根据《农民专业合作社法》第四十四条规定，在弥补亏损、提取公积金后的当年盈余，为农民专业合作社的可分配盈余。可分配盈余主要按照成员与本社的交易量（额）比例返还。可分配盈余按成员与本社的交易量（额）比例返还的返还总额不得低于可分配盈余的百分之六十；返还后的剩余部分，以成员账户中记载的出资额和公积金份额，以及本社接受国家财政直接补助和他人捐赠形成的财产平均量化到成员的份额，按比例分配给本社成员。经成员大会或者成员代表大会表决同意，可以将全部或者部分可分配盈余转为对农民专业合作社的出资，并记载在成员账户中。具体分配办法按照章程规定或者经成员大会决议确定。

四、农民专业合作社的业务范围

《农民专业合作社法》第三条规定，农民专业合作社以其成员为主要服务对象，开展以下一种或者多种业务。

1.农业生产资料的购买、使用；

2.农产品的生产、销售、加工、运输、贮藏及其他相关服务；

3.农村民间工艺及制品、休闲农业和乡村旅游资源的开发经营等；

4.与农业生产经营有关的技术、信息、设施建设运营等服务。

农民专业合作社的业务范围由其章程规定。

五、农民专业合作社的运营模式

农民专业合作社的运营模式主要包括以下四种。

1.合作社+农户

这类组织模式中，农户主要通过自己的合作社把产品销往市场，具有鲜明的"民办、民营、民受益"的特点。

2.合作社+基地+农户

采用这类模式的合作社一般都有一定数量的生产基地，合作社通过生产基地，指导农户生产，并按标准收购或代销社员产品。

3. 龙头企业+合作社+农户

这类合作社一般由农业产业化龙头企业发起。企业占合作社股份的绝大部分，社员交纳一定数量的会费，以劳动或产品入股。合作社的法人代表多数由龙头企业负责人兼任。合作社架起了龙头企业与农民之间的桥梁，成了企业的生产车间。

4. 合作联社+农户

这种组织模式由从事相关产业的不同合作社组成，形成"生产—加工—销售"一体化经营的联合体，并在各环节上带动社员和农户。

六、农民专业合作社的权利和义务

（一）农民专业合作社的权利和义务

1. 农民专业合作社对由成员出资、公积金、国家财政直接补助、他人捐赠以及合法取得的其他资产所形成的财产，享有占有、使用和处分的权利，并以上述财产对债务承担责任。

2. 由于合作社有社员的股金注入，合作社与农民的经济关系比较紧密，社员积极参与合作社的经营和管理。合作社是"弱势群体"的联合，社员的出资是有限的，合作社必须以"合作"为根本，通过生产、购销、管理等方面的合作达到以小搏大、以弱搏强的效果。农民专业合作社的主要职责是组织农产、服务产业、维护权益、化解矛盾、促进发展，其重点开展的业务包括：

（1）根据生产经营和社员的需要，统一组织农业投入品的采购和供应，降低农民专业合作社社员的生产成本。

（2）按照市场对农产品质量的要求，统一制定和实施生产技术和产品质量标准，逐步建立产品质量追溯、检测监督制度。

（3）按照产品效益的要求，统一提供组织加工、保鲜、包装、贮运和销售服务。

（4）根据市场开发的需要和提高产品竞争力的要求，统一申报和认证无公害基地、无公害农产品、绿色食品、有机食品和集体商标。

3.国家保障农民专业合作社享有与其他市场主体平等的法律地位，并通过财政支持、税收优惠和金融、科技、人才的扶持以及产业政策引导等措施，促进农民专业合作社的发展。

4.国家鼓励和支持公民、法人和其他组织为农民专业合作社提供帮助和服务，但是，具有管理公共事务职能的单位不得加入农民专业合作社。

（二）农民专业合作社成员的权利和义务

1.根据《农民专业合作社法》第二十一条的规定，农民专业合作社成员享有下列权利：（1）参加成员大会，并享有表决权、选举权和被选举权，按照章程规定对本社实行民主管理；（2）利用本社提供的服务和生产经营设施；（3）按照章程规定或者成员大会决议分享盈余；（4）查阅本社的章程、成员名册、成员大会或者成员代表大会记录、理事会会议决议、监事会会议决议、财务会计报告、会计账簿和财务审计报告；（5）章程规定的其他权利。

2.根据《农民专业合作社法》第二十三条的规定，农民专业合作社成员承担下列义务：（1）执行成员大会、成员代表大会和理事会的决议；（2）按照章程规定向本社出资；（3）按照章程规定与本社进行交易；（4）按照章程规定承担亏损；（5）章程规定的其他义务。

七、农民专业合作社的资金筹集

合作社资金筹集是指合作社筹措、集聚其自身建设和生产经营所需要的资金，包括权益资金筹集和债务资金筹集。合作社应当拟订资金筹集方案，确定筹资规模，履行内部决策程序和必要的报批手续，控制筹资成本。

（一）权益资金筹集

权益资金筹集是指合作社依法接受成员投入的股金、接受国家财政直接补助和他人捐赠形成的专项基金等。

1.接受成员投入的股金

合作社接受成员货币资金以及实物、知识产权、土地经营权、林权等非货币财产作价出资，应当按照有关规定和合作社章程规定，由全体成员评估作价或由第三方机构评估作价、成员（代表）大会表决通过，确认成员出资，计入成员账户，按享有合作社成员出资总额的份额确定股金，其差额计入资本公积。但是，合作社成员不得以对本社或者其他成员的债权，冲抵出资；不得以缴纳的出资，抵销对本社或者其他成员的债务；不得以劳务、信用、自然人姓名、商誉、特许经营权或者设定担保的财产等作价出资。

2.接受国家财政直接补助和他人捐赠形成的专项基金

合作社接受国家财政直接补助和他人捐赠形成的财产，作为专项基金处理，并依法平均量化到每个成员，计入成员账户。合作社应当对国家财政直接补助资金实行专款专用，取得生物资产、固定资产、无形资产等时，应建立资产台账，加强资产管护，严禁挤占、挪用、侵占、私分。

（二）债务资金筹集

债务资金筹集是指合作社依法以借款、应付及暂收款项等方式进行资金筹集。

合作社应当明确债务资金筹集的目的、项目、内容等，根据资金成本、债务风险和资金需求，签订书面合同，进行必要的筹资决策，控制债务比例，并制订还款计划，诚信履行债务合同。

合作社筹集债务资金应当召开成员（代表）大会进行决议，由本社成员表决权总数过半数通过，章程对表决权数有较高规定的从其规定。

八、农民专业合作社的管理架构

（一）组织管理机构

1.权力和决策机构

《农民专业合作社法》第二十九条规定，农民专业合作社成员大会由全体成员组成，是本社的权力机构，行使下列职权：（1）修改章程；（2）选举和罢免理事长、理事、执行监事或者监事会成员；（3）决定重大财产处置、对外投资、对外担保和生产经营活动中的其他重大事项；（4）批准年度业务报告、盈余分配方案、亏损处理方案；（5）对合并、分立、解散、清算，以及设立、加入联合社等作出决议；（6）决定聘用经营管理人员和专业技术人员的数量、资格和任期；（7）听取理事长或者理事会关于成员变动情况的报告，对成员的入社、除名等作出决议；（8）公积金的提取及使用；（9）章程规定的其他职权。农民专业合作社召开成员大会，出席人数应当达到成员总数三分之二以上。农民专业合作社成员大会每年至少召开一次，会议的召集由章程规定。《农民专业合作社法》第三十二条规定，农民专业合作社成员超过一百五十人的，可以按照章程规定设立成员代表大会。成员代表大会按照章程规定可以行使成员大会的部分或者全部职权。依法设立成员代表大会的，成员代表人数一般为成员总人数的百分之十，最低人数为五十一人。

2.执行和监督机构

《农民专业合作社法》第三十三条、第三十五条等规定，农民专业合作社设理事长一名，可以设理事会。理事长为本社的法定代表人。农民专业合作社可以设执行监事或者监事会。理事长、理事、经理和财务会计人员不得兼任监事。理事长、理事、执行监事或者监事会成员，由成员大会从本社成员中选举产生，依照本法和章程的规定行使职权，对成员大会负责。理事会会议、监事会会议的表决，实行一人一票。农民专业合作社的理事长或者理事会可以按照成员大会的决定聘任经理和财务会计人员，理事长或者理事可以兼任经理。经理按照章程规定或者理事会的决定，可以聘任其他人员。农民专业合作社的理事长、理事、经理不得兼任业务性质相同的其他农民专业合作社的理事长、理事、监事、经理。执行与农民专业合作社业务有关公务的人员，不得担任农民专业合作社的理事长、理事、监事、经理或者财务会计人员。经理按照章程规定和理事长或者理事会授权，负责具体生产经营活动。

（二）内部经营管理机构

内部经营管理机构上联理事会，下联农户，是农民专业合作社的具体办事机构。它可以根据需要设置相关部门，如生产部、技术部、信息部、销售部、财务部等。

1.销售部

销售部搜集市场信息，开拓销售市场，预测农产品的市场价格，负责合作社农产品的收购、销售业务，做到统一收购、统一销售；做好上联企业市场，下联农产的协调工作，搞好农产品的分级、分等，既要保证合作社社员的正常经济利益，又要保证向客商提供符合标准的农产品；对合作社社员的农产品交易额做好明细登记，配合财务部门做好销售收入的结算；搞好市场调查，把握市场行情，做好销售服务，努力促进合作社的发展壮大。

2.财务部

财务部协助理事会研究决定合作社的发展规划、生产经营活动方案、收支预算、年终结算、收益返还及收益分配方案等；做好合作社财产物质核算、工资核算、成本费用核算和往来结算，并定期做好财务报表，将财务核算情况报告理事会，为理事会的经营管理出谋划策；按照有关财务制度、会计准则、会计制度的要求，依据原始凭证做好各种账目的登记，及时记账、结账，搞好股金、收益、财产、往来、收益分配等业务的核算；建立并保管好会计档案。

3.生产部

生产部协助理事长搞好生产经营，负责与相关企业、客商、社员签订生产合作或订单，安排生产任务，落实生产计划；负责做好经济效益预测，科学安排生产计划；做好生产资料使用量的预测和统计，按照生产需求，批量购进生产资料，保障社员适时享受低成本的生产物资供应，并做好购销登记，同时与销售部门合作组织社员做好产品的适时收获，以便及时销售。

4.技术部

技术部负责引进新品种，做好新品种的试验、示范和技术推广，严格农产品的质量管理，保证生产符合合同或订单要求的合格农产品；指导社员按照合同或订单的技术要求，搞好农产品的生产。

5.信息部

信息部负责调查、搜集市场物价信息，适时向农民专业合作社社员发送种子、农药、化肥、建材等农用生产资料的最新物价信息；通过调查研究，预测当年各种农产品的需求状况，配合生产部做好生产计划；适时对外宣传、发布合作社产品的品种、产量、价格、上市时间等各种信息，通过信息的调查、搜集、查阅、发送，正确引导合作社的生产经营。

第二节 《农民专业合作社会计制度》修订概述

农民专业合作社作为带动农户进入市场的经营主体，近年来蓬勃发展，数量持续增长，产业分布广泛，加之国家各种惠农强农政策的不断出台，各种新情况、新业态不断涌现，新型农民专业合作社不断涌现，经营方式和经营体制也发生了较大变化，对其会计核算制度提出了很多新的要求。因此，根据农民专业合作社的性质和业务特点，需要有专门的会计制度来规范全国各类农民专业合作社的会计行为。

一、制度修订的背景和意义

农民专业合作社是广大农民群众在家庭承包经营基础上自愿联合、民主管理的互助性经济组织,是实现小农户和现代农业发展有机衔接的中坚力量。2006年10月31日颁布的《农民专业合作社法》(中华人民共和国主席令第五十七号)第三十二条指出"国务院财政部门依照国家有关法律、行政法规,制定农民专业合作社财务会计制度,农民专业合作社应当按照国务院财政部门制定的财务会计制度进行会计核算",第一次从法律上明确了农民专业合作社会计核算相关要求。随后,财政部于2007年12月20日出台了《农民专业合作社财务会计制度(试行)的通知》(财会〔2007〕15号),自2008年1月1日起施行。该项制度对于规范合作社会计核算、促进合作社规范发展发挥了重要作用。随着合作社的不断发展以及《农民专业合作社法》在2017年12月的修订,为了规范农民专业合作社会计工作,加强合作社会计核算,保护合作社及其成员的合法权益,财政部对财会〔2007〕15号(以下简称"原制度"或"旧制度")进行修订,制定印发了《农民专业合作社会计制度》(财会〔2021〕37号,以下简称"新制度"),自2023年1月1日起施行。

(一)相关法律法规、中央有关工作部署对加强合作社会计核算提出了明确要求

近年来,国家有关法律法规、中央有关工作部署对加强合作社会计核算提出了明确要求,例如,2017年12月27日修订后的《农民专业合作社法》规定:"农民专业合作社应当按照国务院财政部门制定的财务会计制度进行财务管理和会计核算。"2018年9月,中共中央、国务院印发《乡村振兴战略规划(2018—2022年)》,要求以乡村基础财务会计制度建设、基本财会人员选配和专业技术培训为重点,提升农民合作组织的财务会计管理水平和开展各类基本经济活动的规范管理能力。2019年9月,中央农办、农业农村部、财政部、国家税务总局、市场监管总局等11个部门和合作社联合印发《关于开展农民合作社规范提升行动的若干意见》(中农发〔2019〕18号),提出抓紧修订合作社相关配套法规,完善合作社财务制度和会计制度的要求。因此,需要对《农民专业合作社财务会计制度(试行)》(财会〔2007〕15号)科目设置及会计核算等方面的有关规定进行修订,以适应有关法律法规及中央工作部署要求。

（二）合作社的发展实践对会计核算提出了新的需求

随着经济社会的持续发展以及新业务的出现，现行《农民专业合作社会计制度》在某些方面不能满足农民专业合作社会计核算的需要，修订后的《农民专业合作社法》对合作社成员的出资方式、联合社的管理等提出新的要求，有必要对原制度作出相应调整；同时，随着农村分工分业深化和合作社的发展，合作社资产类型、业务范围等有所扩大，涉税业务日益增多，有必要对原制度进行补充明确和修订完善，满足合作社经济业务发展的需要，适应新时代农民专业合作社会计核算新要求。

二、制度修订的原则

《农民专业合作社会计制度》修订主要遵循了以下原则：

一是**依法规范**。针对新修订的《农民专业合作社法》新增内容，新制度相应地补充了有关会计处理要求。例如，针对以土地经营权、林权出资参加合作社的法律规定，增加关于土地经营权、林权出资的确认、计量等要求；针对新增的联合社组织形式，明确联合社应当适用《农民专业合作社会计制度》，并对成员社收到联合社的盈余返还、盈余分配等会计处理作出规定。

二是**问题导向**。一方面，对符合合作社互助经济组织定位、过往会计核算中已被实务广泛接受认可的做法，新制度予以保留，并适当调整完善，以有序衔接、确保稳定。例如，一方面对"成员往来"等科目进行充实完善，对外投资暂不区分长期投资和短期投资等。另一方面，对合作社发展中出现的新情况、新需要，补充完善有关会计科目和账务处理，促进合作社精细核算，提升会计核算水平和会计信息质量。再如，引入"生物资产"的分类和核算要求，增设"累计摊销""长期待摊费用""待处理财产损溢""应付劳务费""应付利息""财务费用"等13个会计科目，补充充实涉税业务、财政补助资金的有关会计核算等。

三是**务实简化**。从全国范围来看，考虑到大部分合作社规模较小、业务单一，合作社成员以农民为主，因此，参考《农民专业合作社法》修改思路，在与行业主管部门及有关专家充分沟通基础上，新制度在满足会计核算需求的前提下，适当保留相对简化的会计处理要求，力求简便易行、方便操作，例如，不计提资产减值准备、固定资产折旧方法限于平均年限法或工作量法等。

四是**协调衔接**。原制度涉及合作社财务管理和会计核算两方面内容，按照《农民专业合作社法》《关于开展农民合作社规范提升行动的若干意见》的有关要求，《农民专业合作社会计制度》聚焦规范会计核算工作，并且与正在制定中的财务制度在具体内容上实现较好的协调衔接。此外，新制度对于原制度中存在的不全面、不协调之处进行了修订，确保新制度的内在协调衔接，例如，对资产负债表的报表格式、项目和顺序等进一步优化，增进可理解性；完善盈余及盈余分配表的报表项目列报顺序，以与《农民专业合作社法》中对合作社盈余分配程序的要求相一致等。

三、制度充分继承和保留的主要内容

新制度充分继承了原制度中会计前提及科目设置等内容，继续沿用了原制度中资产、负债、所有者权益、收入、费用和盈余等六个会计要素，同时考虑到我国合作社成员以农民为主，且大部分合作社规模较小、业务简单等现实原因，适当保留相对简化的会计处理要求，力求简便易行、方便操作。会计核算仍然采用权责发生制。

四、制度修订的主要内容

本次农民专业合作社会计制度修订的主要内容体现在以下九个方面。

（一）财务制度与会计制度分别制定

1. 专门制定《农民专业合作社会计制度》

2017年12月27日修订的《农民专业合作社法》明确要求，农民专业合作社应当按照国务院财政部门制定的财务会计制度进行财务管理和会计核算。我国农民专业合作社现行的会计制度是统一执行财政部《农民专业合作社财务会计制度（试行）》（财会〔2007〕15号），自2008年1月1日起施行至今。该项制度既包括合作社财务制度的内容，又包括会计核算的内容，也就是说，合作社财务制度与会计制度合并在一起，并没有作明确区分。该项制度迄今已实施逾12年，在规范我国合作社的财务管理和会计核算工作，促进合作社规范发展方面发挥了重要作用，但是，随着合作社业务范围的不断发展，出现了不少新业务新事项，现行的制度在很多方面不够明确和具体，不能满足合作社经济业务发展的需要，因此，本次制度修订首先从制度体系上就将现行的《农民专业合作社财务会计制度（试行）》明确区分为《农民专业合作社会计制度》和《农民专业合作社财务制度》两项制度，分别对合作社的会计核算业务和日常财务管理进行具体规定，从而有利于更好地指导合作社开展财务会计工作，适应新时代农民专业合作社发展新要求。

2.《农民专业合作社会计制度》的内容组成

《农民专业合作社会计制度》由正文和附录两部分组成。正文包括总则，资产，负债，所有者权益，成本、收入和费用，盈余及盈余分配，财务报表和附则等八章内容。第一章总则阐述《制度》的制定目的和制定依据、适用范围、会计基础、会计信息质量要求等总体要求。第二章至第五章分别为资产，负债，所有者权益，成本、收入和费用，结合合作社主要生产经营活动，对相关资产、负债、所有者权益、收入和费用等会计要素的确认和计量等作出规范。第六章"盈余及盈余分配"对合作社本年盈余的形成和分配等会计处理作出规范。第七章"财务报表"对合作社会计报表类型、报表附注、编制要求、会计政策、会计估计变更和差错更正等作出规范。第八章"附则"主要规范施行日期以及与原制度的衔接问题，并对合作社会计基础工作、会计档案管理等工作提出原则要求。附录"合作社会计科目和财务报表"主要规范会计科目的具体设置、核算内容和主要账务处理，以及会计报表格式与附注及其编制要求等。

（二）对部分会计科目进行调整

为了保持科目设置和《农民专业合作社法》新增内容及其他财务管理制

度的协调一致，本次制度修订对部分会计科目进行了调整。

1. 资产类科目

新制度下设置了22个一级科目，与原制度相比，一是保留了库存现金、银行存款、应收款、成员往来、产品物资、委托加工物资、委托代销商品、受托代购商品、受托代销商品、对外投资、固定资产、累计折旧、在建工程、固定资产清理、无形资产等15个一级科目；二是将原制度下的"农业资产"统一更名为"生物性资产"，删除了原制度中牲畜（禽）资产、林木资产科目；三是为了满足合作社真实反映资产价值、加强资产管理的需要，新增了消耗性生物资产、生产性生物资产、公益性生物资产、长期待摊费用等科目，同时新增了"生产性生物资产累计折旧"和"累计摊销"两个科目，对生产性生物资产和无形资产按期进行摊销；四是增设了"待处理财产损溢"科目，核算合作社在清查财产过程中查明的各种财产盘盈、盘亏和毁损的价值；五是明确合作社在经营中涉及尚未转入银行存款的支付宝或微信收付款等第三方支付平台业务的，可增设"其他货币资金"科目（科目编号109）进行核算。新旧制度资产类科目对比如表3-1所示。

表3-1　　　　　　　　新旧制度资产类科目对比表

新制度		原制度	
编号	科目	编号	科目
101	库存现金	101	库存现金
102	银行存款	102	银行存款
113	应收款	113	应收款
114	成员往来	114	成员往来
121	产品物资	121	产品物资
124	委托加工物资	124	委托加工物资
125	委托代销商品	125	委托代销商品
127	受托代购商品	127	受托代购商品
128	受托代销商品	128	受托代销商品
131	对外投资	131	对外投资

续表

新制度		原制度	
编号	科目	编号	科目
141	消耗性生物资产*	141	牲畜（禽）资产#
142	生产性生物资产*	142	林木资产#
143	生产性生物资产累计折旧*		
144	公益性生物资产*		
151	固定资产	151	固定资产
152	累计折旧	152	累计折旧
153	在建工程	153	在建工程
154	固定资产清理	154	固定资产清理
161	无形资产	161	无形资产
162	累计摊销*		
171	长期待摊费用*		
181	待处理财产损溢*		

注：1.本表中带"*"的科目为新增科目，带"#"的科目为原制度中不再保留的科目。2.合作社在经营中涉及使用外埠存款、银行汇票存款、银行本票存款、信用卡存款、信用证保证金存款、尚未转入银行存款的支付宝或微信收付款等第三方支付平台账户余额等各种其他货币资金的，可增设"其他货币资金"科目（科目编号109）；合作社在经营中大量使用包装物，需要单独对其进行核算的，可增设"包装物"科目（科目编号122）。

2.负债类科目

新制度下设置了10个一级科目，与原制度相比，一是保留了短期借款、应付款、应付工资、应付盈余返还、应付剩余盈余、长期借款、专项应付款等7个一级明细科目；二是根据合作社业务核算需要，新增了应付劳务费、应交税费、应付利息等3个一级明细科目。新旧制度负债类科目对比详见表3-2。

3.所有者权益类科目

新制度下设置了股金、专项基金、资本公积、盈余公积、本年盈余、盈余分配等6个一级科目，与原制度基本一致，但股金、专项基金、资本公积和盈余分配等4个明细科目的核算内容发生了部分调整。

表3-2　　　　　　　新旧制度负债类科目对比表

新制度		原制度	
编号	科目	编号	科目
201	短期借款	201	短期借款
211	应付款	211	应付款
213	应付劳务费*		
214	应交税费*		
215	应付利息*		
212	应付工资	212	应付工资
221	应付盈余返还	221	应付盈余返还
222	应付剩余盈余	222	应付剩余盈余
231	长期借款	231	长期借款
235	专项应付款	235	专项应付款

注：本表中带"*"的科目为新增科目。

4.损益类科目

新制度下设置了经营收入、其他收入、投资收益、经营支出、税金及附加、管理费用、财务费用、其他支出、所得税费用等9个损益类科目，与原制度相比，新制度新增了税金及附加、财务费用和所得税费用等3个费用类科目。新旧制度损益类科目对比详见表3-3。

表3-3　　　　　　　新旧制度损益类科目对比表

新制度		原制度	
编号	科目	编号	科目
501	经营收入	501	经营收入
502	其他收入	502	其他收入
511	投资收益	511	投资收益
521	经营支出	521	经营支出
522	税金及附加*		
523	管理费用	522	管理费用

续表

新制度		原制度	
编号	科目	编号	科目
524	财务费用*	529	其他支出
529	其他支出		
531	所得税费用*		

注：本表中带"*"的科目为新增科目。

（三）新增合作社出资方式及联合社相关核算业务

1.出资方式

《农民专业合作社法》第十三条规定，农民专业合作社成员可以用货币出资，也可以用实物、知识产权、土地经营权、林权等可以用货币估价并可以依法转让的非货币财产，以及章程规定的其他方式作价出资。这项规定充分体现了合作社出资的多样性，进一步强化了对农民专业合作社及其成员的权益保护措施，增加了对农民专业合作社的扶持措施，有利于提高农户投资的积极性。因此，新制度针对上述规定，专门增加了关于土地经营权、林权出资的确认、计量等要求，将"土地经营权、林权、草原使用权等"纳入无形资产的核算范围，在资产的确认方面保持了与《农民专业合作社法》政策的衔接一致。

2.联合社核算

农民专业合作社按照自愿、平等、互利的原则设立联合社，是世界各国合作社发展的普遍做法。针对实务工作中出现了大量的"农民专业合作社联合社"，而原制度中对联合社相关业务到底适用何种会计制度并没有明确规定的实际情况，本次制度修订就专门针对上述问题做了明确。根据《农民专业合作社会计制度》第二条规定"本制度适用于依照《农民专业合作社法》设立，并取得法人资格的农民专业合作社和农民专业合作社联合社（以下统称'合作社'）"，也就是说，农民专业合作社联合社这种组织形式，仍然适用《农民专业合作社会计制度》，同时，新制度中还对成员社收到联合社的盈余返还、盈余分配等会计处理作出了具体规定。

（四）调整完善资产的分类与核算

1. 引入"生物资产"的分类和核算要求

新制度充分吸收借鉴了我国《企业会计准则第5号——生物资产》关于生物资产的有关内容，将生物资产分为消耗性生物资产、生产性生物资产和公益性生物资产三大类，并就三大类生物资产的定义、包含内容和相应的会计处理分别进行了规范。同时，删除了原制度农业资产中关于牲畜（禽）资产、林木资产的有关分类及会计处理内容。也就是说，新制度对合作社资产的核算内容和范围做了扩充性调整和完善。

2. 新增了国家财政直接补助资金或捐赠形成资产的计价内容

收到国家财政直接补助的资产（包括以前年度收到或形成但尚未入账的）或者他人捐赠的资产（生物资产、固定资产、无形资产等），应当按照有关凭据注明的金额加上相关税费、运输费等计价；没有相关凭据的，按照资产评估价值或者比照同类或类似生物资产的市场价格，加上相关税费、运输费等计价。如无法采用上述方法计价的，应当按照名义金额（人民币1元）计价，相关税费、运输费等计入其他支出，同时在备查簿中登记说明。

3. 新增了扶贫资产的有关处理

根据《农民专业合作社会计制度》第三十三条规定，合作社对接受国家财政直接补助和他人捐赠形成的扶贫项目资产，还应当设置备查簿进行登记管理。现行制度中并无此方面的相关内容。

4. 完善了"产品物资"的会计核算

一是原制度对"产品物资"科目的核算内容界定为"核算合作社库存的各种产品和物资"，很显然，这样的规定笼统且宽泛。新制度以列举的方式明确了产品物资的核算对象，即合作社库存的材料、燃料、机械零配件、低值易耗品、包装物、种子、化肥、农药、农产品、工业产成品等各种产品和物资。二是新增了取得成员出资投入的产品物资时的会计处理。即按照取得成员出资投入的产品物资确定的成本，借记"产品物资"科目，按照成员应享有合作社成员出资总额的份额计算的金额，贷记"股金"科目，按照两者之间的差额，贷记或借记"资本公积"科目。

5. 规范核算资产折旧与摊销

一是明确了固定资产必须按月进行折旧，改变了原制度中固定资产"按年或按季、按月提取固定资产折旧"的做法。新制度下，当月增加的固定资产，当月不计提折旧，从下月起计提折旧；当月减少的固定资产，当月仍计提折旧，从下月起不再计提折旧。固定资产提足折旧后，不论能否继续使用，均不再计提折旧；提前报废的固定资产，也不再补提折旧。二是调整无形资产摊销年限及会计处理。原制度要求无形资产"从使用之日起，按照不超过10年的期限平均摊销，计入管理费用"，即原制度摊销时，借记"管理费用"科目，贷记"无形资产"科目。新制度下，单独设置了"累计摊销"科目，专门核算合作社对无形资产计提的累计摊销。同时，新制度将无形资产的摊销年限调整为"在其使用寿命内采用年限平均法等合理方法进行摊销，并根据无形资产的受益对象计入相关资产成本或者当期损益。无形资产的摊销期自可供使用时起至停止使用或出售时止，并应当符合有关法律法规规定或合同约定的使用年限"。新制度下，无形资产摊销的会计处理为借记"管理费用"或"生产成本"等科目，贷记"累计摊销"科目。三是增设了"生产性生物资产累计折旧"科目，对生产性生物资产按月进行摊销处理，即合作社应当按月计提生产性生物资产折旧，当月增加的生产性生物资产，当月不计提折旧，从下月起计提折旧；当月减少的生产性生物资产，当月仍计提折旧，从下月起不再计提折旧。生产性生物资产提足折旧后，不论能否继续使用，均不再计提折旧；提前处置的生产性生物资产，也不再补提折旧。

6. 规范资产清查及处置的相关会计核算

合作社对货币性和非货币性资产要定期进行盘点核对，做到账实相符，年末必须进行一次全面的盘点清查。在原制度下，资产清查盘点过程中出现的盘盈、盘亏和毁损、报废及处置过程中产生的净收益（损失）计入相关收入（支出），不通过"待处理财产损溢"科目进行核算。新制度下，重点规范了盘盈、盘亏和毁损、报废等业务的会计核算处理，增设了"待处理财产损溢"科目，同时，设置"待处理流动资产损溢"和"待处理非流动资产损溢"两个明细科目进行明细核算。盘盈各种产品物资、消耗性生物资产、现金等流动资产和固定资产、生产性生物资产等非流动资产，以及盘亏、毁损（死亡）、短缺的各种产品物资、消耗性生物资产、现金等流动资产和固定资产、生产性生物资产等非流动资产，均通过"待处理财产损溢"科目及相关明细科目进行规范会计核算。按规定程序批准后，再将"待处理财产损溢"科目及相关明细科目余额计入其他收入或其他支出。

（五）补充了涉税业务的会计核算

农民合作社将分散的农民以合作社的形式组织起来，能够增强农民的市场主体地位，在生产过程中可以降低生产成本。但是，既然合作社作为一个市场经济主体，也要认真履行纳税义务。加之为了适应各种类型的农民专业合作社并行发展、综合化发展的趋势，《农民专业合作社法》（2018）扩大了农民专业合作社经营和服务的业务范围，合作社的许多业务都应缴纳增值税及附加和所得税等，但现行制度中没有设计税收核算相关科目。因此，本次制度修订，在负债类科目下增设了"应交税费"科目（科目编号214），在损益类科目下增加"税金及附加"科目（科目编号522）和"所得税费用"科目（科目编号531），对合作社按照税法等规定计算缴纳的各种税费，包括增值税、企业所得税、消费税、城市维护建设税、资源税、房产税、土地使用税、车船税、印花税、教育费附加及地方教育附加等以及合作社代扣代缴的个人所得税等业务进行规范的会计核算。

（六）进一步完善支出的核算内容

1. 利息支出的处理

在原制度下，合作社的利息支出计入其他支出。新制度要求合作社应当在应付利息日，对借款按照借款本金和借款合同利率计提利息费用，计入财务费用，从而真正体现权责发生制核算原则。

2.对其他支出的核算内容做了补充调整

新制度规定，其他支出包括生物资产的死亡毁损支出、损失，固定资产及产品物资等的盘亏、损失，防灾抢险支出，安全生产支出，环境保护支出，罚款支出，捐赠支出，确实无法收回的应收款项损失等。新制度对其他支出的构成做了列举式的规定，比原制度中关于其他支出的定义更加明确具体，对会计实务更具实操指导性。

3.补充完善了经营支出的核算内容

新制度明确经营支出的内容包括合作社提供农业生产资料的购买、使用，农产品的生产、销售、加工、运输、贮藏以及与农业生产经营有关的技术、信息、设施建设运营等服务，开发经营农村民间工艺及制品、休闲农业和乡村旅游资源等，以及销售本社产品发生的实际支出。与原制度相比，新增了"与农业生产经营有关设施建设运营，开发经营农村民间工艺及制品、休闲农业和乡村旅游资源等发生的支出"等内容，充分考虑了新制度与国家乡村振兴、美丽乡村建设等国家战略部署工作的衔接一致。

（七）细化了生产成本和劳务性支出的类别及构成

1.细化了生产成本的类别及构成

合作社的生产成本，是指合作社直接组织生产或对外提供服务等活动所发生的各项生产费用和服务成本。新制度将合作社的生产成本进一步细化为两大类，即直接组织生产产品的成本和对外提供服务的成本。其中，合作社直接组织生产产品的成本主要包括农产品生产成本、工业产品生产成本等。农产品生产成本包括直接材料费、直接人工费、其他直接费用和间接费用等。工业产品生产成本包括直接材料费、燃料和动力、直接人工费、其他直接费用和间接费用等。合作社对外提供服务的成本包括提供服务的直接耗费及提供服务人员的培训费、工资福利、差旅费、保险费等。同时，新制度明确提出，合作社应当强化成本意识，加强成本核算。

2.将应付工资和应付劳务费做了明确区分

新制度对合作社的应付工资做了明确定义，是指合作社为获得管理人员、固定员工等职工提供的服务而应付给职工的各种形式的报酬以及其他相关支出。应付劳务费，是指合作社为获得季节性用工等临时性工作人员提供的服务而应支付的各种形式的报酬以及其他相关支出。同时，新制度设置了"应付劳务费"科目，专门核算合作社应支付给季节性用工等临时性工作人员的劳务费总额，包括在劳务费总额内的各种劳务费、奖金、津贴、补助等，不论是否在当月支付，都通过本科目核算，对合作社应付工资和应付劳务费的核算内容和范围做了明确规定，便于开展合作社内部成本核算。

（八）明确了盈余及盈余分配有关内容及核算

1.明确了盈余的定义及计算

新制度第五十二条明确了合作社的盈余，是指合作社在一定会计期间的经营成果。合作社的本年盈余按照下列公式计算：本年盈余=经营收益+其他收入－其他支出－所得税费用。其中：经营收益=经营收入+投资收益－经营支出－税金及附加－管理费用－财务费用。与原制度相比，新制度在本年盈余的计算中考虑了扣减合作社在日常活动应负担的税金及附加，为筹集生产经营所需资金发生的财务费用，以及合作社按照税法有关规定计算的当期所得税应纳税额，因此，新制度下盈余的计算更加全面准确。

2.明确了合作社盈余分配的顺序

新制度在合作社盈余分配的顺序上与新修订的《农民专业合作社法》充分保持一致，即合作社在弥补亏损、提取公积金后剩余的本年盈余为可分配盈余。合作社按照有关法律法规和合作社章程规定向成员进行盈余返还和盈余分配、或者将全部或部分可分配盈余转为成员对合作社的出资时，应当减少可分配盈余。

（九）进一步优化了财务报表项目及列报顺序

1.明确了财务报表的定义、内容和构成等

新制度专门设置了一个章节对合作社财务报表的定义、内容和构成等进行了详细规定。新制度将合作社财务报表定义为是对合作社财务状况、经营

成果等的结构性表述，包括会计报表及其附注。其中，合作社的会计报表包括资产负债表、盈余及盈余分配表、成员权益变动表等。附注是对在资产负债表、盈余及盈余分配表、成员权益变动表等会计报表中列示项目的文字描述或明细资料，以及对未能在这些会计报表中列示项目的说明等。同时，对附注应当按顺序披露的内容进行了明确规定。

2.优化了资产负债表的报表格式、项目和顺序

新制度对于资产负债表的报表格式、项目和顺序等进一步优化，增进可理解性，具体体现在以下三个方面：

（1）从报表的格式和内容上来看，新制度删除了原会农社01表资产负债表中关于"无法收回、尚未批准核销的应收款项；盘亏、毁损和报废、尚未批准核销的存货；无法收回、尚未批准核销的对外投资；死亡毁损、尚未批准核销的农业资产；盘亏、毁损和报废、尚未批准核销的固定资产；毁损和报废、尚未批准核销的在建工程；注销和无效、尚未批准核销的无形资产"等补充资料的填报。

（2）从报表编制的具体内容上来看，一是在流动资产中新增了"消耗性生物资产"项目，因此，"流动资产合计"项目应根据本表中"货币资金""应收款项""存货""消耗性生物资产"项目金额的合计数填列。二是删除了"牲畜（禽）资产"项目、"林木资产"项目，同时新增了"生产性生物资产原值"项目、"生产性生物资产累计折旧"项目和"生产性生物资产净值"项目，反映合作社各种生产性生物资产的原价（成本）、累计折旧及账面价值。三是新增"累计摊销"项目和"无形资产净值"项目。所以，资产负债表中的"无形资产原值"项目、"累计摊销"项目和"无形资产净值"项目，分别反映合作社各种无形资产的成本、累计摊销及账面价值。四是新增"公益性生物资产"项目和"长期待摊费用"项目。"公益性生物资产"项目反映合作社各种公益性生物资产的账面余额。"长期待摊费用"项目，反映合作社尚未摊销完毕的长期待摊费用。五是新增"应付劳务费"项目，反映合作社已提取但尚未支付的季节性用工等临时性工作人员的劳务费。六是新增"应交税费"项目，反映合作社期末未缴纳、多缴纳或未抵扣的各种税费。该项目根据"应交税费"科目的期末贷方余额填列；如为借方余额，该项目数字以"-"填列。七是新增"应付利息"项目，反映合作社已提取但尚未支付的利息费用。

（3）从报表项目列报顺序上来看，新制度在盈余及盈余分配表的列报项目及顺序的设置上，充分考虑了与本制度中盈余及盈余分配有关内容、核算，及《农民专业合作社法》中对合作社盈余分配程序要求的衔接一致，对盈余及盈余分配表报表项目及列报顺序重新进行了规范调整，调整完善了经营收益、盈余总额、本年盈余、可分配盈余以及年末未分配盈余的来源计算等，应当说，调整后的盈余及盈余分配表表间逻辑关系、盈余分配顺序及内容等更加清晰明了，便于理解，更具有实务针对性。

第二篇

会计核算篇

第四章
资产的核算

第一节 资产概述

一、农民专业合作社资产的概念及特点

(一) 资产的概念

合作社的资产,是指合作社过去的交易或者事项形成的、由合作社拥有或者控制的、预期会给合作社带来经济利益的资源。

(二) 资产的特征

1. 合作社资产是一项经济资源

就合作社而言,资产应预期能够带来经济利益流入。如果某一项资产预期不能给合作社带来经济利益,就不能将其确认为合作社的资产,前期已经确认为资产的,如果不能给合作社带来经济利益,也不能再将其确认为合作社的资产。

2. 合作社资产应是由合作社拥有或者控制的经济资源

控制是资产的会计属性,合作社资产作为一项经济资源,应为农民专业合作社组织所控制,也就是说,资产所产生的经济利益能可靠地流入本组织,

为本组织带来经济利益,而不论农民专业合作社组织是否对它拥有所有权。

3.合作社资产是由过去的经济业务或者事项形成的

即使合作社拥有了某项未来经济利益,如果没有明确的经济业务或事项,也不能确认为资产。

4.合作社资产必须能够以货币计量

也就是说,纳入会计核算范畴的农民专业合作社资产还必须满足货币计量属性。只有既符合前述资产特征,又满足货币计量属性的资产,才能纳入会计核算的范畴。

二、农民专业合作社资产的分类

合作社的资产按照流动性可分为流动资产和非流动资产。

1.流动资产

流动资产是指预计在1年内(含1年)变现、出售或耗用的资产,包括库存现金、银行存款、应收款项、存货、消耗性生物资产等。合作社的应收款项包括与成员和非成员之间发生的各项应收及暂付款项。合作社的存货包括材料、农产品、工业产成品、低值易耗品、包装物等产品物资,在产品,受托代销商品、受托代购商品、委托代销商品和委托加工物资等。消耗性生物资产包括生长中的大田作物、蔬菜、用材林以及存栏待售的牲畜、鱼虾贝类等为出售而持有的,或在将来收获为农产品的生物资产。

2.非流动资产

非流动资产是指流动资产以外的资产,包括对外投资、生产性生物资产、固定资产、无形资产、公益性生物资产、长期待摊费用等。合作社的对外投资包括依法出资设立或者加入农民专业合作社联合社,以及采用货币资金、实物资产、无形资产等向其他合作社投资等。生产性生物资产包括经济林、薪炭林、产畜和役畜等为产出农产品、提供劳务或出租等目的而持有的生物资产。合作社的固定资产包括房屋、建筑物、机器、设备、工具、器具和农业农村基础设施等。合作社的无形资产包括专利权、商标权、著作权、非专利技术、土地经营权、林权、草原使用权等。公益性生物资产包括防风固沙林、水土保持林和水源涵养林等以防护、环境保护为主要目的的生物资产。

三、资产的确认与计量

（一）农民专业合作社资产的确认

符合资产定义的经济资源，在同时满足以下条件时，确认为农民专业合作社资产：（1）与该经济资源相关的服务潜力很可能实现或者经济利益很可能流入农民专业合作社；（2）该经济资源的成本或者价值能够可靠地计量。符合资产定义并确认的资产项目，应当列入资产负债表。

（二）农民专业合作社资产的计量属性

农民专业合作社资产的计量属性主要包括历史成本、重置成本、现值、公允价值和名义金额。在历史成本计量下，资产按照取得时支付的现金金额或者支付对价的公允价值计量。在重置成本计量下，资产按照现在购买相同或者相似资产所须支付的现金金额计量。在现值计量下，资产按照预计从其持续使用和最终处置中所产生的未来净现金流入量的折现金额计量。在公允价值计量下，资产按照市场参与者在计量日发生的有序交易中，出售资产所能收到的价格计量。无法采用上述计量属性的，采用名义金额（即人民币1元）计量。故名义金额的采用一定有严格的限制条件，必须是在历史成本、重置成本、现值、公允价值均无法实施的情况下才能够加以使用。农民专业合作社会计主体在对资产进行计量时，一般应当采用历史成本。采用重置成本、现值、公允价值计量的，应当保证所确定的资产金额能够持续、可靠地计量。

四、资产类会计科目的设置

合作社应按照《农民专业合作社会计制度》的规定来设置和使用会计科

目，合作社资产类一级会计科目共有22个，如表4-1所示。

表4-1　　　　　　　　　资产类科目表

序号	科目编号	科目名称
1	101	库存现金
2	102	银行存款
3	113	应收款
4	114	成员往来
5	121	产品物资
6	124	委托加工物资
7	125	委托代销商品
8	127	受托代购商品
9	128	受托代销商品
10	131	对外投资
11	141	消耗性生物资产
12	142	生产性生物资产
13	143	生产性生物资产累计折旧
14	144	公益性生物资产
15	151	固定资产
16	152	累计折旧
17	153	在建工程
18	154	固定资产清理
19	161	无形资产
20	162	累计摊销
21	171	长期待摊费用
22	181	待处理财产损溢

注：合作社在经营中涉及使用外埠存款、银行汇票存款、银行本票存款、信用卡存款、信用证保证金存款、尚未转入银行存款的支付宝或微信收付款等第三方支付平台账户余额等各种其他货币资金的，可增设"其他货币资金"科目（科目编号109）；合作社在经营中大量使用包装物，需要单独对其进行核算的，可增设"包装物"科目（科目编号122）。

在合作社会计科目使用中需要注意以下几点：（1）本制度统一规定合作社会计科目的名称和编号，以便于填制会计凭证，登记会计账簿，查阅会计账目，实行会计信息化管理。（2）合作社不存在的交易或者事项，可不设置相关会计科目；合作社在不违反本制度中确认、计量和报告规定的前提下，可以根据本社的实际情况自行增设必要的会计科目。（3）对于明细科目，合作社可以比照《农民专业合作社会计制度》附录中的规定自行设置。

第二节　货币资金

一、货币资金概述

（一）货币资金的概念及分类

货币资金是指合作社在运营过程中处于货币形态的那部分资金。合作社货币资金一般包括库存现金、银行存款。库存现金是指合作社为了保持日常零星开支需要，由出纳人员保管的现金。银行存款是指合作社存入银行或者其他金融机构的各种存款。

（二）货币资金的管理要求

1.库存现金的管理

现金是货币资产中流动性最强的资产，也是合作社日常经济业务活动中重要的管理内容之一。在合作社的现金管理中，需要严格遵循《中华人民共和国现金管理暂行条例》（以下简称《现金管理暂行条例》）《中华人民共和国现金管理暂行条例实施细则》（以下简称《现金管理暂行条例实施细则》）及其他有关规定，加强现金管理控制，确保现金安全、完整，具体要求如下：

（1）严格现金使用范围。根据《现金管理暂行条例》第五条规定，合作社可以在下列范围内使用现金：①职工工资、津贴；②个人劳务报酬；③根据国家规定颁发给个人的科学技术、文化艺术、体育等各种奖金；④各种劳保、福利费用以及国家规定的对个人的其他支出；⑤向个人收购农副产品和其他物资的价款；⑥出差人员必须随身携带的差旅费；⑦结算起点以下的零星支出；⑧中国人民银行确定需要支付现金的其他支出。结算起点定为1 000元。结算起点的调整，由中国人民银行确定，报国务院备案。因采购地点不固定，交通不便，生产或者市场急需，抢险救灾以及其他特殊情况必须使用现金的，合作社应当向开户银行提出申请，由本合作社财会部门负责人签字盖章，经开户银行审核后，予以支付现金。

（2）遵循库存现金使用限额。库存现金使用限额是指为了保证合作社日常零星开支，由开户银行核定的、允许合作社保留的库存现金的最高限额。根据《现金管理暂行条例》规定，开户银行应当根据实际需要，核定开户单位3天至5天的日常零星开支所需的库存现金限额。边远地区和交通不便地区的开户单位的库存现金限额，可以多于5天，但不得超过15天的日常零星开支。经核定的库存现金限额，开户单位必须严格遵守。需要增加或者减少库存现金限额的，应当向开户银行提出申请，由开户银行核定。合作社现金收入应当于当日送存开户银行。当日送存确有困难的，由开户银行确定送存时间。

（3）不允许"坐支"现金。所谓"坐支"，就是从合作社的现金收入中直接支付现金支出。合作社需要支付现金时，应当从库存现金限额中支付或者从开户银行提取，不得从合作社的现金收入中直接支付。因特殊情况需要坐支现金的，应当事先报经开户银行审查批准，由开户银行核定坐支范围和限额。坐支合作社应当定期向开户银行报送坐支金额和使用情况。合作社从开户银行提取现金，应当写明用途，由合作社财会部门负责人签字盖章，经开户银行审核后，予以支付现金。

合作社应当设置"库存现金日记账"，由出纳人员根据收付款凭证，按照业务发生顺序逐笔登记。每日终了，应当计算当日的现金收入合计额、现金支出合计额和结余额，将结余额与实际库存额核对，做到账款相符。

2. 银行存款的管理

合作社应按开户银行、存款种类分别设置"银行存款日记账",由出纳人员根据收付款凭证,按照业务的发生顺序逐笔登记,每日终了应结出余额。"银行存款日记账"应定期与银行对账,至少每月核对一次,如有差额,应编制"银行存款余额调节表",并调节相符。

银行存款余额调节表是在银行对账单余额与合作社账面余额的基础上,各自加上对方已收、本单位未收账项数额,减去对方已付、本单位未付账项数额,以调整双方余额使其一致的一种调节方法。计算公式包括以下三个:

合作社账面存款余额=银行对账单存款余额+合作社已收而银行未收账项-合作社已付而银行未付账项+银行已付而合作社未付账项-银行已收而合作社未收账项;

银行对账单存款余额=合作社账面存款余额+合作社已付而银行未付账项-合作社已收而银行未收账项+银行已收而合作社未收账项-银行已付而合作社未付账项;

银行对账单存款余额+合作社已收而银行未收账项-合作社已付而银行未付账项=合作社账面存款余额+银行已收而合作社未收账项-银行已付而合作社未付账项。

3. 加强货币资金业务内部控制

(1) 合作社应当建立健全货币资金业务的岗位责任制,明确相关岗位的职责、权限,经办、审批等业务流程以及风险控制措施。

(2) 合作社应当依法开立银行账户,加强资金、票据和印章管理。货币资金收付应当取得有效的原始凭据,并有经手人、证明人、审批人的签名,严禁无据收付款。

(3) 非出纳人员不得保管现金,确因工作需要委托他人代收款项的,代收人应当自收到代收款之日起三日内如数交给出纳。

（4）不得坐收坐支、白条抵库、挤占挪用、公款私存或者私款公存。

二、库存现金的核算

（一）会计科目设置

合作社应当设置"库存现金"科目，核算合作社的库存现金。本科目期末借方余额，反映合作社实际持有的库存现金。

（二）主要账务处理

1.合作社收到现金时，借记"库存现金"科目，贷记有关科目；支出现金时，借记有关科目，贷记"库存现金"科目。

2.合作社应当设置"库存现金日记账"，由出纳人员根据收付款凭证，按照业务发生顺序逐笔登记。每日终了，应当计算当日的现金收入合计额、现金支出合计额和结余额，将结余额与实际库存额核对，做到账款相符。

每日终了结算现金收支、财产清查等发现的有待查明原因的现金短缺或溢余，应当通过"待处理财产损溢"科目核算：属于现金短缺，按照实际短缺的金额，借记"待处理财产损溢——待处理流动资产损溢"科目，贷记"库存现金"科目；属于现金溢余，按照实际溢余的金额，借记"库存现金"科目，贷记"待处理财产损溢——待处理流动资产损溢"科目。

库存现金的主要账务处理如表4-2所示。

表4-2　　　　　　　　　库存现金科目核算内容

序号	业务和事项内容		账务处理
1	收付现金	收到现金	借：库存现金 　　贷：其他收入等
		支出现金	借：产品物资等 　　贷：库存现金

续表

序号	业务和事项内容		账务处理
2	发现现金溢余	转入待处理财产损溢	借：库存现金 　　贷：待处理财产损溢——待处理流动资产损溢
		属于应支付给个人或单位的部分	借：待处理财产损溢——待处理流动资产损溢 　　贷：应付款 借：应付款 　　贷：库存现金
		属于无法查明原因，报经批准后	借：待处理财产损溢——待处理流动资产损溢 　　贷：其他收入
3	发现现金短缺	转入待处理财产损溢	借：待处理财产损溢——待处理流动资产损溢 　　贷：库存现金
		属于应由责任人赔偿的部分	借：应收款 　　贷：待处理财产损溢——待处理流动资产损溢 借：库存现金 　　贷：应收款
		属于无法查明原因，报经批准后	借：其他支出 　　贷：待处理财产损溢——待处理流动资产损溢

（三）会计实务举例

【例4-1】202×年2月3日，某合作社开出现金支票从银行提取现金3 000元，以现金800元购入包装箱500个，同时，变卖废旧物资，收到现金200元。该合作社现金余额2 400元，假设合作社现金限额2 000元，将多余的400元存入银行。

相关账务处理如下：

（1）从银行提取现金时：

借：库存现金　　　　　　　　　　　　　　　　3 000
　　贷：银行存款　　　　　　　　　　　　　　　　3 000

（2）取得废旧物资变卖收入：

借：库存现金　　　　　　　　　　　　　　　　200
　　贷：其他收入　　　　　　　　　　　　　　　　200

（3）将不得坐支的废旧物资变卖收入和其他多余现金存入银行：

借：银行存款　　　　　　　　　　　　　　　　　400
　　贷：库存现金　　　　　　　　　　　　　　　　　400

【例4-2】202×年3月31日，某种植合作社接受审计，在审计过程中根据审计组安排进行现金盘点，在审计组监督下，主管会计与出纳共同对该合作社库存现金进行盘点，根据盘点结果编制了现金盘点表（见表4-3），发现现金溢余50元。经查，确实无法查明溢余原因，报经批准后核销处理。

表4-3　　　　　　　　　　　现金盘点表

被审计合作社名称：　　　　　　编制人：　　　　　　　日期：202×/4/10
截止日（会计期间）：202×/12/31　　复核人：　　　　　　日期：202×/4/10

项目		项次	人民币	面额	人民币	
					张（枚）	金额
上一日账面库存余额		1	1 530.02	100元	8	800.00
盘点日未记账单据收入金额		2	150.00	50元	5	250.00
盘点日未记账传票付出金额		3	510.00	20元	2	40.00
盘点日账面应有余额		4=1+2-3	1 170.02	10元	1	10
盘点实有现金数额		5	1 220.02	5元	19	95
盘点日应有与实际金额差异		6=4-5	-50.00	2元	1	2
差异原因分析	白条抵库			1元	20	20
				0.5元	1	0.5
				0.2元	11	2.20
				0.1元	1	0
				0.05元	0	0
				0.02元	0	0
				0.01元	32	0.32
				合计	98	1 220.02

续表

项目	项次	人民币	面额	人民币	
				张（枚）	金额
追溯至报表账面结存额	报表日至查账日现金付出总额（+）	6 872.00			
	报表日至查账日现金收入总额（-）	8 001.01			
	报表日库存现金应有金额	401.01			
	报表日余额表实际金额	401.01			
合计					

盘点人：　　　出纳：　　　会计主管：　　　监盘人：　　　审计人员：

账务处理如下：

（1）发现现金溢余时：

借：库存现金　　　　　　　　　　　　　　　　　　50

　　贷：待处理财产损溢——待处理流动资产损溢　　　　50

（2）报经批准后核销处理时：

借：待处理财产损溢——待处理流动资产损溢　　　50

　　贷：其他收入　　　　　　　　　　　　　　　　　50

三、银行存款的核算

（一）会计科目设置

合作社应当设置"银行存款"科目，核算合作社存入银行、信用社或其他金融机构的款项。本科目期末借方余额，反映合作社实际存在银行、信用社或其他金融机构的款项。

（二）明细科目设置

"银行存款"科目应按照银行、信用社或其他金融机构的名称设置明细科目，进行明细核算。

（三）主要账务处理

1.合作社将款项存入银行、信用社或其他金融机构时，借记"银行存款"科目，贷记有关科目；提取和支出存款时，借记有关科目，贷记"银行存款"科目。

2.合作社应当按照开户银行、信用社和其他金融机构、存款种类等设置"银行存款日记账"，由出纳人员根据收付款凭证，按照业务的发生顺序逐笔登记。每日终了，应结出余额。

"银行存款日记账"应定期与"银行对账单"核对，至少每月核对一次。合作社银行存款账面余额与银行对账单余额之间如有差额，应编制"银行存款余额调节表"，并调节相符。

银行存款的主要账务处理如表4-4所示。

表4-4　　　　　　　　　银行存款科目核算内容

序号	业务和事项内容	账务处理
1	将款项存入银行、信用社或其他金融机构时	借：银行存款 　贷：库存现金/经营收入等
2	提取和支出存款时	借：库存现金/产品物资/固定资产等 　贷：银行存款

（四）会计实务举例

【例4-3】202×年2月5日，某合作社将社员交来的50 000元代购款存入银行。

相关账务处理如下：
借：银行存款　　　　　　　　　　　　　　　　　50 000
　　贷：库存现金　　　　　　　　　　　　　　　　50 000

【例4-4】202×年2月，某合作社发生如下经济业务：
（1）10日，出售受托代销A商品一批，收到价款30 000元，该批商品协议价格25 000元，银行存款收讫。

（2）12日，购买农药一批已验收入库，买价10 000元，银行存款付讫。

相关账务处理如下：

（1）收到受托代销A商品价款：

借：银行存款　　　　　　　　　　　　　　　　　　30 000
　　贷：受托代销商品——A商品　　　　　　　　　　25 000
　　　　经营收入——代销收入　　　　　　　　　　　5 000

（2）支付购买农药价款时：

借：产品物资——农药　　　　　　　　　　　　　　10 000
　　贷：银行存款　　　　　　　　　　　　　　　　　10 000

【例4-5】编制银行存款余额调节表。202×9月30日，某合作社月末账面银行存款余额为516 000元，银行存款账户余额为467 200元，经核对存在以下未达账项：

（1）当月购买的农用化肥价款，银行已经付款，尚未报销完毕30 000元。

（2）收到合作社成员交来的代购款，银行已经入账，合作社因尚未收到银行回单未记账10 000元；利息收入1 200元农民专业合作社未入账。

（3）合作社收到代销C商品价款支票一张，已经存入银行，并根据银行回单入账，但是实际银行存款在途未达，金额100 000元。

（4）支付给猕猴桃树苗基地树苗移栽购买价款70 000元，合作社已经列支，银行尚未实际支出。

银行存款余额调节表（见表4-5）编制如下。

表4-5　　　　　　　　　银行存款余额调节表

开户行：某银行某支行某分理处　　　　　　　　　　账号：××××××××

截止日期	202×年9月30日				
农民专业合作社账面余额	516 000		银行对账单余额	467 200	
序号	未达账项	金额	序号	未达账项	金额
1	银行已收合作社未收	收到代购款未入账	10 000	1	合作社已收银行未收	支票收到代销C商品价款	100 000

续表

序号	未达账项		金额	序号	未达账项		金额
2	银行已收合作社未收	利息收入	1 200	2	合作社已收银行未收		
3				3			
4				4			
5				5			
	小计		11 200		小计		100 000
6	银行已付合作社未付	农用化肥价款未报销	30 000	6	合作社已付银行未付	支付猕猴桃树苗购买款	70 000
7				7			
8				8			
9				9			
10				10			
11				11			
	小计		30 000		小计		70 000
调整后账面余额			497 200	调整后银行余额			497 200

复核人：　　　　　　　　　　　　　　　　　　编表人：

第三节　应收款项

一、应收款项概述

（一）应收款项的概念及分类

合作社的应收款项包括与成员和非成员之间发生的各项应收及暂付款项。合作社的应收款项包括两类：一是外部应收款项，即合作社与非成员之间发生的各种应收及暂付款项，包括因销售产品物资、提供服务应收取的款项以及应收的各种赔款、罚款、利息等。二是内部应收款项，即合作社与成员之间发生的应收款项和应付款项等经济往来业务。

（二）应收款项的管理要求

1.合作社应当建立健全应收及暂付款项管理制度，对成员往来、应收及暂付款设立明细账，详细反映应收及暂付款项的发生、增减变动、余额、应收及暂付款单位或个人、账期等财务信息，评估信用风险，跟踪履约情况，减少坏账损失。

2.应收款项应当按照发生额入账。确实无法收回的应收款项，应当计入其他支出。

3.每年年度终了，合作社应当对应收款项进行全面清查，对于已发生损失但尚未批准核销的相关资产，应当在财务报表附注中予以披露。

二、应收款的核算

（一）会计科目设置

合作社应当设置"应收款"科目，核算合作社与非成员之间发生的各种应收及暂付款项，包括因销售产品物资、提供服务应收取的款项以及应收的各种赔款、罚款、利息等。

（二）明细科目设置

"应收款"科目应按照发生应收及暂付款项的非成员合作社和个人设置明细账，进行明细核算。

（三）主要账务处理

1.合作社与非成员之间发生各种应收及暂付款项时，借记"应收款"科目，贷记"库存现金""银行存款""经营收入"等科目。收回应收款时，借记"库存现金""银行存款"等科目，贷记"应收款"科目。取得用暂付款购得的产品物资、服务时，借记"产品物资"等科目，贷记"应收款"科目。

2.对确实无法收回的应收及暂付款项，按规定程序批准核销时，借记"其他支出"科目，贷记"应收款"科目。

应收款的主要账务处理如表4-6所示。

表4-6　　　　　　　　　应收款科目核算内容

序号	业务和事项内容		账务处理
1	合作社与非成员之间发生各种应收及暂付款项	发生时	借：应收款 　贷：库存现金/银行存款/经营收入等
		收回时	借：库存现金/银行存款等 　贷：应收款
2	确实无法收回的应收及暂付款项	按规定程序批准核销时	借：其他支出 　贷：应收款

（四）会计实务举例

【例4-6】202×年2月，某玉米合作社受托为本合作社社员代销玉米一批，代销合同约定价格为75 000元，合作社以87 500元的价格售卖给本地的×养殖场，货款尚未收到。次月初收到上述货款。

相关账务处理如下：

（1）受托为本合作社社员代销玉米时：

借：应收款——×养殖场　　　　　　　　　　　　87 500
　　贷：受托代销商品——玉米　　　　　　　　　　75 000
　　　　经营收入——代销收入　　　　　　　　　　12 500

（2）收到代销玉米款时：

借：银行存款　　　　　　　　　　　　　　　　　87 500
　　贷：应收款——×养殖场　　　　　　　　　　　87 500

【例4-7】202×年3月，某种植合作社销售一批自产的花生给C超市，成本12 000元，售价15 000元，双方约定，先付10 000元，尾款待6个月后结清。

相关账务处理如下：

（1）销售实现时：

```
借：应收款——C超市                    15 000
    贷：经营收入                        15 000
```
（2）结转销售成本时：
```
借：经营支出                          12 000
    贷：产品物资——花生                 12 000
```
（3）收到应收款时：
```
借：银行存款                          10 000
    贷：应收款——C超市                  10 000
```

【例4-8】接例4-7，C超市因经营不善倒闭，经反复追讨确认尾款无法追回，产生的应收款损失5 000元，经成员大会批准作核销处理。

相关账务处理如下：
```
借：其他支出                           5 000
    贷：应收款——C超市                   5 000
```

三、成员往来的核算

（一）会计科目设置

合作社应当设置"成员往来"科目，核算合作社与成员之间发生的应收款项和应付款项等经济往来业务。

（二）明细科目设置

"成员往来"科目应按照合作社成员设置明细科目，进行明细核算。本科目下属各明细科目的期末借方余额合计数反映成员欠合作社的款项总额；期末贷方余额合计数反映合作社欠成员的款项总额。各明细科目期末借方余额合计数应在资产负债表"应收款项"项目反映；期末贷方余额合计数应在资产负债表"应付款项"项目反映。

（三）主要账务处理

1.合作社与成员之间发生应收款项和偿还应付款项时，借记"成员往来"

科目，贷记"库存现金""银行存款""经营收入"等科目。收回应收款项和发生应付款项时，借记"库存现金""银行存款"等科目，贷记"成员往来"科目。

2.为成员提供农业生产资料购买服务时，按照实际支付或应付的款项，借记"成员往来"科目，贷记"库存现金""银行存款""应付款"等科目；按照为成员提供农业生产资料购买服务而应收取的服务费，借记"成员往来"科目，贷记"经营收入"等科目；收到成员给付的农业生产资料购买款项和服务费时，借记"库存现金""银行存款"等科目，贷记"成员往来"科目。

3.为成员提供农产品销售服务，收到成员交来的产品时，按照合同或协议约定的价格，借记"受托代销商品"等科目，贷记"成员往来"科目；向成员给付代销商品款时，借记"成员往来"科目，贷记"库存现金""银行存款"等科目。

成员往来的主要账务处理如表4-7所示。

表4-7　　　　　　　　　成员往来科目核算内容

序号	业务和事项内容		账务处理
1	合作社与成员之间发生应收款项和偿还应付款项时	发生时	借：成员往来 　贷：库存现金/银行存款/经营收入等
		收回时	借：库存现金/银行存款等 　贷：成员往来
2	为成员提供农业生产资料购买服务	按照实际支付或应付的款项	借：成员往来 　贷：库存现金/银行存款/应付款等
		按照为成员提供农业生产资料购买服务而应收取的服务费	借：成员往来 　贷：经营收入等
		收到成员给付的农业生产资料购买款项和服务费时	借：库存现金/银行存款等 　贷：成员往来
3	为成员提供农产品销售服务	收到成员交来的产品时	借：受托代销商品 　贷：成员往来
		向成员给付代销商品款时	借：成员往来 　贷：库存现金/银行存款等

（四）会计实务举例

【例4-9】 202×年3月，某合作社发生下列经济业务：

（1）为本社成员张某提供农药购买服务，协议价格8 000元。10日，收到张某支付的现金8 000元，当日已送存银行。

（2）12日，合作社为张某购买农药，实际付款7 500元，余下的500元为代购服务费，银行存款付讫。上述代购的农药交给张某，张某签收确认。

（3）17日，收到本社成员李某之前拖欠的樱桃树苗款2 000元，银行存款收讫。

相关账务处理如下：

（1）收到张某给付的农药购买款项：

借：银行存款　　　　　　　　　　　　　　　　　　8 000
　　贷：成员往来——张某　　　　　　　　　　　　　　　8 000

（2）购买的农药验收入库：

借：产品物资——农药　　　　　　　　　　　　　　7 500
　　贷：银行存款　　　　　　　　　　　　　　　　　　7 500

（3）将农药交给张某：

借：成员往来——张某　　　　　　　　　　　　　　8 000
　　贷：产品物资——农药　　　　　　　　　　　　　　7 500
　　　　经营收入——代购收入　　　　　　　　　　　　　500

（4）收到李某交来的樱桃树苗款：

借：银行存款　　　　　　　　　　　　　　　　　　2 000
　　贷：成员往来——李某　　　　　　　　　　　　　　　2 000

【例4-10】 某辣椒合作社受托为本社35户社员代销辣椒一批，协议价格90 000元，收到代销商品清单。该批辣椒由合作社售卖给某酱菜厂，取得辣椒销售价款共计100 000元。当月25日，合作社与35户社员现金结算代销商品款。上述款项已通过银行存款收付完毕。

相关账务处理如下：

（1）收到代销商品清单时：

借：受托代销商品——辣椒　　　　　　　　　　　　90 000

　　　　贷：成员往来——各委托社员　　　　　　　　　　90 000
（2）取得辣椒销售价款时：
借：银行存款　　　　　　　　　　　　　　　　　　100 000
　　　　贷：受托代销商品——辣椒　　　　　　　　　　90 000
　　　　　　经营收入——代销收入　　　　　　　　　　10 000
（3）向成员给付代销商品款时：
借：成员往来——各委托社员　　　　　　　　　　　　90 000
　　　　贷：银行存款　　　　　　　　　　　　　　　　90 000

第四节　存　货

一、存货概述

（一）存货的概念和分类

存货是指合作社在日常活动中持有以备出售的产成品或商品、处在生产过程中的在产品、在生产过程或提供劳务过程中耗用的材料或物料等，包括各类材料、在产品、半成品、产成品或库存商品以及包装物、低值易耗品、委托加工物资等。

农民专业合作社的存货包括材料、农产品、工业产成品、低值易耗品、包装物等产品物资，在产品，受托代销商品、受托代购商品、委托代销商品和委托加工物资等。

（二）存货的特征

存货在物质形态、流动性、储存目的等方面具有显著特征。

1.从物质形态来看，存货具有物质实体，是有形资产，与无形资产、投资等没有实物形态的资产具有明显区别。

2.从流动性来看，存货具有很强的流动性，通常会在短期内被耗用，并不断地被重置，具有较强的变现能力和流动性，这与固定资产、在建工程有着显著区别。

3.从储存目的来看，存货储存是为了在农民专业合作社日常活动中被耗用，因此，一项资产是否属于存货，主要取决于其用途，如果此项资产不是用于合作社日常活动，而是为建造固定资产等各项工程而储存的各种材料，虽然也具备存货的某些特征，但它并不符合存货的概念，因此，也不能作为存货核算。

（三）存货的计量

1.存货的初始计量

（1）购入的物资应当按照购买价款、应支付的相关税费、运输费、装卸费、运输途中的合理损耗以及外购过程发生的其他直接费用计价。

（2）受托代购商品视同购入的物资计价。

（3）生产入库的农产品和工业产成品，应当按照生产过程中发生的实际支出计价。

（4）委托加工物资验收入库时，应当按照委托加工物资的成本和实际支付的全部费用计价。

（5）受托代销商品应当按照合同或协议约定的价格计价，出售受托代销商品时，实际收到的价款大于合同或协议约定价格的差额计入经营收入，实际收到的价款小于合同或协议约定价格的差额计入经营支出。

（6）委托代销商品应当按照委托代销商品的实际成本计价。

（7）成员出资投入的存货，应当根据有关规定和合作社章程的规定，按照有关凭据注明的金额加上相关税费、运输费等计价；没有相关凭据的，经过全体成员评估作价或由第三方机构评估作价，成员大会或者成员代表大会表决通过后，按照全体成员确认的价值计价。

（8）盘盈的存货，应当按照同类或类似存货的市场价格或评估价值计价。

2.存货的后续计量

合作社应当采用先进先出法、加权平均法或者个别计价法确定领用或出售的出库存货成本。计价方法一经确定，不得随意变更。

（1）先进先出法。先进先出法是以先购入的存货应先发出（销售或耗用）这样一种存货实物流转假设为前提，对发出存货进行计价的一种方法。采用这种方法，先购入的存货成本在后购入存货成本之前转出，据此确定发出存货和期末存货的成本。

采用先进先出法，购入存货时，须逐笔登记购入存货的数量、单价和金额；发出存货时，按照先进先出的原则逐笔登记存货的发出成本和结存金额。这种方法的优点是，符合需要保鲜、容易变质和有效期短的存货流转的规律；期末存货成本是按最近购货确定的，比较接近现行的市场价值；对发出的存货及时计价，利于均衡计价工作量，加速月末结账速度。但是，这种方法也有缺点，具体是，在合作社存货收发业务较多、库存物品单价不稳定时，工作量较大。在物价上涨的情况下，期末存货成本接近于市价，而发出存货所计算的成本偏低，会高估合作社当期盈余和存货价值；反之，在物价下跌的情况下，会低估合作社存货价值和当期盈余。因此，先进先出法适合于时效性强的存货以及存货收发业务量不大的合作社。

【例4-11】某合作社202×年10月1日结存蜂蜜加工辅料100千克，每千克实际成本为6元；10月6日购入蜂蜜加工辅料400千克，每千克实际成本为6.5元；10月12日发出蜂蜜加工辅料300千克；10月17日购入蜂蜜加工辅料600千克，每千克实际成本为7元；10月24日发出蜂蜜加工辅料500千克。按照先进先出法核算发出和结存蜂蜜加工辅料的成本。

先进先出法下，发出和结存蜂蜜加工辅料的成本如下：

本月发出蜂蜜加工辅料成本=（100×6+200×6.5）+（200×6.5+300×7）=5 300（元）

本月末库存蜂蜜加工辅料成本=300×7=2 100（元）

（2）月末一次加权平均法。月末一次加权平均法是指以当月全部存货数量加上月初存货数量作为权数，去除当月全部进货成本加上月初存货成本，计算出存货的加权平均单位成本，以此为基础计算当月发出存货的成本和期末存货的成本的一种方法。

其计算公式为：

加权平均单位成本＝[月初存货成本＋$\sum$（本月各批存货实际单位成本 × 本月各批进货数量）] ÷（月初存货数量＋$\sum$本月各批进货数量）

发出存货的成本＝本月发出存货的数量 × 加权平均单位成本

月末存货的成本＝月末存货的数量 × 加权平均单位成本

或者

月末存货的成本＝月初存货的实际成本＋本月购入存货的实际成本－本月发出存货的实际成本

采用月末一次加权平均法，平时领用存货只在存货明细账中登记数量，不登记单价和金额，月末一次性计算全月领用存货的实际成本。这样，可以减少日常核算的工作量，而且在市场价格上涨或下跌时所计算出来的单位成本较为平均，有利于消除物价变动对存货成本计算的不利影响。但是，这种方法将领用存货实际成本的计算工作集中在月末进行，影响了核算的及时性；此外，由于平时从存货明细账内看不出存货的结存金额，因此，不利于加强对存货的日常管理。为克服这一缺陷，在各月存货的实际单价变动不大的情况下，可以按上月的加权平均单价计算本月所领用存货的实际成本，以对本月领用存货及时计价，同时减轻月末核算的工作量。

【例4-12】接例4-11，若采用月末一次加权平均法，计算本月发出和结存蜂蜜加工辅料的成本。

月末一次加权平均法下，发出和结存蜂蜜加工辅料的成本如下：

加权平均单位成本＝（400 × 6.5＋600 × 7）÷（100＋400＋600）≈ 6.18（元）

本月发出蜂蜜加工辅料成本＝（300＋500）× 6.18＝4 944（元）

本月末库存蜂蜜加工辅料成本＝300 × 6.18＝1 854（元）

（3）移动加权平均法。移动加权平均法，是指以本次进货的成本加上原有存货的成本，除以本次进货数量与原有存货的数量之和，据以计算加权平均单位成本,并对作为在下次进货前计算各次发出存货成本的依据。

移动加权平均法是加权平均法的一种特殊形式。这种方法下,每次购入存货后,需要计算新的存货单价和存货成本;领用存货时,按前一次进货后确定的存货单位成本计算领用成本和领用后的存货成本。由于移动加权平均单价随购入价格的变动而变动,因此,结果比较准确,且能随时计算所领用存货的实际成本,及时了解合作社存货的结存情况,但每购入一批存货都要重新计算一次加权平均单价(指购入存货单价与结存存货单价不一致的情况),因此,计算工作量较大。

其计算公式如下:

存货单位成本=(原有存货的实际成本+本次进货的实际成本)÷(原有存货的数量+本次进货的数量)

本次发出存货的成本=本次发出存货的数量×本次发出存货前存货的单位成本

本月月末存货的成本=月末存货的数量×本月月末存货单位成本

【例4-13】接例4-11,若采用移动加权平均法,计算本月发出和结存蜂蜜加工辅料的成本。

移动加权平均法下,发出和结存蜂蜜加工辅料的成本如下:

第一次购入蜂蜜加工辅料后的加权平均单位成本=(100×6+400×6.5)÷(100+400)=6.4(元)

第一批发出蜂蜜加工辅料成本=300×6.4=1 920(元)

当时结存的蜂蜜加工辅料实际成本=200×6.4=1 280(元)

第二次购入蜂蜜加工辅料后的加权平均单位成本=(1 280+600×7)÷(200+600)=6.85(元)

第二批发出蜂蜜加工辅料成本=500×6.85=3 425(元)

本月末库存蜂蜜加工辅料成本=300×6.85=2 055(元)

(4)个别计价法。个别计价法又称个别认定法、具体辨认法、分批实际法,是假设存货具体项目的实物流转与成本流转相一致,按照各种存货逐一辨认各批发出存货和期末存货所属的购进批别或生产批别,分别按购入或生产时所确定的单位成本计算各批发出存货成本和期末存货成本的一种方法。

这种方法把每一种存货的实际成本作为计算发出存货成本和期末存货成本的基础。对于不能替代使用的存货、为特定项目专门购入或加工的存货，通常采用个别计价法确定发出存货的成本。

其计算公式为：

发出存货的实际成本＝所发出存货的数量×该存货的实际单位成本

个别计价法可以及时对发出存货进行计价，符合实际情况，且计算结果准确，但因采用此法必须以购入的存货分批存放和保管为前提，而且在存货收发频繁的情况下，其发出成本分辨的工作量较大。实务工作中，由于信息化技术的广泛应用，越来越多的合作社采用计算机系统进行会计处理，个别计价法可以广泛应用于发出存货的计价，并且个别计价法确定的存货成本最为准确。

合作社的存货发生毁损或报废时，处置收入、可收回的责任人和保险公司赔偿的金额扣除其成本、相关税费和清理费用后的净额，应当计入其他收入或其他支出。

盘盈存货实现的收益应当计入其他收入。盘亏存货发生的损失应当计入其他支出。

（四）存货的管理要求

1.合作社应当建立健全存货管理制度，明确相关岗位的职责、权限，经办、审批等业务流程以及风险控制措施。存货入库时，应当办理清点验收手续，填写入库单，根据合同的约定以及内部审批制度支付货款。存货领用或出库时，应当办理出库手续，填写领用单或出库单。

2.合作社应当定期或不定期对存货进行清查盘点，每年至少全面盘点一次。对于盘盈、盘亏或报废、毁损的存货，应当及时查明原因，报经批准认定后及时进行会计处理。对于已发生损失但尚未批准核销的相关资产，应当在财务报表附注中予以披露。

3.合作社应当明确销售、采购业务审批人和经办人的权限、程序、责任和相关控制措施，按照章程规定办理销售、采购业务，及时做好销售、采购记录，严格销售和采购合同、出库和入库凭证、销售和采购发票、验收证明等核对和管理。

4. 合作社对接受国家财政直接补助和他人捐赠形成的扶贫项目存货，还应当设置备查簿进行登记管理。

二、产品物资的核算

（一）会计科目设置

农民专业合作社应当设置"产品物资"科目，核算合作社库存的材料、燃料、机械零配件、低值易耗品、包装物、种子、化肥、农药、农产品、工业产成品等各种产品和物资。本科目期末借方余额，反映合作社库存产品物资的实际成本。

合作社为本社成员服务取得的委托代销商品、受托代购商品、受托代销商品以及委托加工物资不在"产品物资"科目核算。

（二）明细科目设置

"产品物资"科目应按照产品物资品名设置明细科目，进行明细核算。

（三）主要账务处理

1. 购入并已验收入库的产品物资，按照实际成本，借记"产品物资"科目，贷记"库存现金""银行存款""成员往来""应付款"等科目。

2. 生产完工以及委托外合作社加工完成并已验收入库的产品物资，按照实际成本，借记"产品物资"科目，贷记"生产成本""委托加工物资"等科目。

3. 取得成员出资投入的产品物资，按照确定的成本，借记"产品物资"科目，按照成员应享有合作社成员出资总额的份额计算的金额，贷记"股金"科目，按照两者之间的差额，贷记或借记"资本公积"科目。

4. 产品物资销售时，按照实现的销售收入，借记"库存现金""银行存款""应收款""成员往来"等科目，贷记"经营收入"科目；按照销售产品物资的实际成本，借记"经营支出"科目，贷记"产品物资"科目。

5.产品物资领用时,借记"在建工程""生产成本""管理费用"等科目,贷记"产品物资"科目。

6.发给外合作社加工的产品物资,按照委托加工物资的实际成本,借记"委托加工物资"科目,贷记"产品物资"科目。

7.清查盘点,发现盘盈、盘亏、毁损、报废的产品物资,按照实际成本(或估计价值),借记或贷记"产品物资"科目,贷记或借记"待处理财产损溢——待处理流动资产损溢"科目。

产品物资的主要账务处理如表4-8所示。

表4-8 产品物资科目核算内容

序号	业务和事项内容		账务处理
1	取得产品物资	外购 验收入库时	借:产品物资 贷:库存现金/银行存款/成员往来/应付款等
		自行生产以及委托外合作社加工 验收入库时	借:产品物资 贷:生产成本/委托加工物资等

		成员出资投入产品物资 取得时	借:产品物资
			  贷:股金[成员应享有合作社成员出资总额的份额]
			    资本公积[差额]

2	发出产品物资	产品物资销售时	借:库存现金/银行存款/应收款/成员往来等
			  贷:经营收入
			借:经营支出
			  贷:产品物资

		产品物资领用时	借:在建工程/生产成本/管理费用等 贷:产品物资
		发给外合作社加工产品物资	借:委托加工物资 贷:产品物资
3	产品物资定期盘点及毁损、报废	盘盈库存物品	借:产品物资 贷:待处理财产损溢——待处理流动资产损溢
		盘亏或者报废、毁损库存物品	借:待处理财产损溢——待处理流动资产损溢 贷:产品物资

（四）会计实务举例

【例4-14】接例4-11，该合作社当月购入蜂蜜加工辅料两批，金额为6 800元，蜂蜜加工辅料已验收入库，银行存款付讫。同时，按照先进先出法计算，当月合作社加工领用发出蜂蜜加工辅料成本为5 300元，月末库存蜂蜜加工辅料成本为2 100元。

相关账务处理如下：

（1）购入蜂蜜加工辅料验收入库时：

借：产品物资——蜂蜜加工辅料　　　　　　　　　　6 800

　　贷：银行存款　　　　　　　　　　　　　　　　　　　6 800

（2）领用蜂蜜加工辅料时：

借：生产成本——蜂蜜　　　　　　　　　　　　　　5 300

　　贷：产品物资——蜂蜜加工辅料　　　　　　　　　　　5 300

【例4-15】接例4-14，该合作社组织盘点，发现少入账2件蜂蜜成品，每件单价300元。经查，少入账的原因系开单计算差错。上述盘盈事项报经批准后作补充登记入账处理。

相关账务处理如下：

（1）盘盈蜂蜜成品时：

借：产品物资——蜂蜜　　　　　　　　　　　　　　　600

　　贷：待处理财产损溢——待处理流动资产损溢　　　　　600

（2）报经批准后作补充登记入账处理：

借：待处理财产损溢——待处理流动资产损溢　　　　　600

　　贷：其他收入　　　　　　　　　　　　　　　　　　　600

三、委托加工物资的核算

（一）会计科目设置

农民专业合作社应当设置"委托加工物资"科目，核算合作社委托外合作社加工的各种物资的实际成本。本科目期末借方余额，反映合作社委托外合作社加工但尚未加工完成物资的实际成本。

（二）明细科目设置

"委托加工物资"科目应按照加工合同和受托加工合作社等设置明细账，进行明细核算。

（三）主要账务处理

1.发给外合作社加工的物资，按照委托加工物资的实际成本，借记"委托加工物资"科目，贷记"产品物资"等科目。

按照合作社支付该项委托加工的全部费用（加工费、运杂费等），借记"委托加工物资"科目，贷记"库存现金""银行存款"等科目。

2.加工完成验收入库的物资，按照加工收回物资的实际成本和剩余物资的实际成本，借记"产品物资"等科目，贷记"委托加工物资"科目。

委托加工物资的主要账务处理如表4-9所示。

表4-9　　　　　　　委托加工物资科目核算内容

序号	业务和事项内容	账务处理
1	发给外合作社加工的物资	借：委托加工物资 　贷：产品物资等
2	支付委托加工相关费用（加工费、运杂费等）	借：委托加工物资 　贷：库存现金/银行存款等
3	加工完成并验收入库时	借：产品物资 　贷：委托加工物资

（四）会计实务举例

【例4-16】某合作社加工橙汁饮料，委托外单位进行灌装，发出半成品A材料一批，价值100 000元，加工完成后收回，确认应承担加工费用12 000元，运输费用1 500元。上述款项银行存款付讫。

相关账务处理如下：

（1）发出委托加工物资时：

借：委托加工物资——灌装　　　　　　　　　100 000
　　贷：产品物资——A材料　　　　　　　　　　　100 000

（2）支付加工、运输费用时：

借：委托加工物资——灌装　　　　　　　　　 13 500
　　贷：银行存款　　　　　　　　　　　　　　　　 13 500

（3）加工完成并验收入库时：

借：产品物资——橙汁饮料　　　　　　　　　113 500
　　贷：委托加工物资——灌装　　　　　　　　　　113 500

四、委托代销商品的核算

（一）会计科目设置

农民专业合作社应当设置"委托代销商品"科目，核算合作社委托外合作社销售的各种商品的实际成本。本科目期末借方余额，反映合作社委托外合作社销售但尚未收到代销商品款的商品的实际成本。

（二）明细科目设置

"委托代销商品"科目应按照代销商品或委托合作社等设置明细账，进行明细核算。

（三）主要账务处理

1.发给外合作社销售的商品，按照委托代销商品的实际成本，借记"委托代销商品"科目，贷记"产品物资"等科目。

2.收到代销合作社报来的代销清单时，按照应收金额，借记"应收款"科目，按照应确认的收入，贷记"经营收入"科目；按照应支付的手续费等，借记"经营支出"科目，贷记"应收款"科目；同时，按照代销商品的实际成本（或售价），借记"经营支出"等科目，贷记"委托代销商品"

科目。收到代销款时，借记"银行存款"等科目，贷记"应收款"科目。

委托代销商品的主要账务处理如表4-10所示。

表4-10　　　　　　　　委托代销商品科目核算内容

序号	业务和事项内容		账务处理
1	发出委托代销商品时		借：委托代销商品 　贷：产品物资等
2	收到代销合作社报来的代销清单时	按照应确认的收入	借：应收款 　贷：经营收入
		按照应支付的手续费等	借：经营支出 　贷：应收款
		按照代销商品的实际成本（或售价）	借：经营支出 　贷：委托代销商品
3	收到代销款时		借：银行存款 　贷：应收款

（四）会计实务举例

【例4-17】某蜂业合作社委托B合作社代销蜂蜜500件，每件售价198元，双方协议约定，B合作社按蜂蜜销售收入的5%收取手续费。每件蜂蜜实际成本140元。

相关账务处理如下：

（1）发出委托代销商品时：

借：委托代销商品——B合作社（蜂蜜）（500×140=70 000）70 000
　　贷：产品物资——蜂蜜　　　　　　　　　　　　　　　　70 000

（2）收到B合作社报来的代销清单时：

借：应收款——B合作社　　　　（500×198=99 000）99 000
　　贷：经营收入　　　　　　　　　　　　　　　　　　　99 000

（3）提取应支付的手续时：

借：经营支出——代销手续费　（500×198×5%=4 950）4 950
　　贷：应收款——B合作社　　　　　　　　　　　　　　　4 950

（4）结转代销商品的实际成本：

借：经营支出 70 000
    贷：委托代销商品——B合作社（蜂蜜） 70 000
（5）收到代销款时：
借：银行存款 94 050
    贷：应收款——B合作社 94 050

五、受托代购商品的核算

（一）会计科目设置

农民专业合作社应当设置"受托代购商品"科目，核算合作社接受委托代为采购商品的实际成本。本科目期末借方余额，反映合作社受托采购尚未交付商品的实际成本。

（二）明细科目设置

"受托代购商品"科目应按照受托方设置明细账，进行明细核算。

（三）主要账务处理

1.合作社收到受托代购商品款时，借记"库存现金""银行存款"等科目，贷记"成员往来""应付款"等科目。

2.受托采购商品时，按照采购商品的价款，借记"受托代购商品"科目，贷记"库存现金""银行存款""应付款"等科目。

3.将受托代购商品交付给委托方时，按照收到的受托代购商品款，借记"成员往来""应付款"等科目，按照代购商品的实际成本，贷记"受托代购商品"科目，差额借记或贷记"库存现金""银行存款"等科目；如果受托代购商品收取手续费，按照应收取的手续费，借记"成员往来""应收款"等科目，贷记"经营收入"科目；收到手续费时，借记"库存现金""银行存款"等科目，贷记"成员往来""应收款"等科目。

受托代购商品的主要账务处理如表4-11所示。

表4-11　　　　　　　　　　受托代购商品科目核算内容

序号	业务和事项内容		账务处理
1	收到受托代购商品款时		借：库存现金/银行存款等 　贷：成员往来/应付款等
2	受托采购商品时		借：受托代购商品 　贷：库存现金/银行存款/应付款等
3	将受托代购商品交付给委托方时		借：成员往来/应付款［收到的受托代购商品款］ 　贷：受托代购商品［代购商品的实际成本］ 　　　库存现金/银行存款［差额］
4	受托代购商品收取手续费	确认时	借：成员往来/应收款［应收取的手续费］ 　贷：经营收入
		实际收到时	借：库存现金/银行存款 　贷：成员往来/应收款

（四）会计实务举例

【例4-18】某合作社接受委托统一购买黄金百香果种苗10万株，每株单价5元。其中：接受本社成员委托购买种苗8万株，接受C蔬果基地（非本社会员）委托购买种苗2万株。经约定，合作社按会员0.1元/株、非会员0.2元/株收取手续费。上述代购款项及手续费银行存款收讫，受托采购黄金百香果种苗价款也已通过银行支付完毕。黄金百香果种苗如期完成采购，并分别交付至各委托人手中。

相关账务处理如下：

（1）收到受托代购商品款时：

借：银行存款　　　　　　　　　　　　　　　　　512 000
　　贷：成员往来——各本社成员　（80 000×5.1=408 000）408 000
　　　　应付款——C蔬果基地　　　（20 000×5.2=104 000）104 000

（2）受托采购商品时：

借：受托代购商品——黄金百香果种苗　　　　　　500 000
　　贷：银行存款　　　　　　　　　　　　　　　500 000

（3）确认应收代购手续费时：

借：成员往来——各本社成员　　　（80 000×0.1=8 000）8 000
　　应付款——C蔬果基地　　　　（20 000×0.2=4 000）4 000

　　　　贷：经营收入　　　　　　　　　　　　　　　　　12 000
（4）将受托代购商品交付给委托方时：
　　借：成员往来——各本社成员　　（80 000×5=400 000）400 000
　　　　应付款——C蔬果基地　　　　（20 000×5=100 000）100 000
　　　　贷：受托代购商品——黄金百香果种苗　　　　　　500 000

六、受托代销商品的核算

（一）会计科目设置

　　农民专业合作社应当设置"受托代销商品"科目，核算合作社接受委托代销商品的实际成本。本科目期末借方余额，反映合作社尚未售出的受托代销商品的实际成本。

（二）明细科目设置

　　"受托代销商品"科目应按照委托代销方设置明细账，进行明细核算。

（三）主要账务处理

　　1.合作社收到受托代销商品时，按合同或协议约定的价格，借记"受托代销商品"科目，贷记"成员往来"等科目。

　　2.售出受托代销商品时，按照实际收到的价款，借记"库存现金""银行存款"等科目，按照合同或协议约定的价格，贷记"受托代销商品"科目，如果实际收到的价款大于合同或协议约定的价格，按照其差额，贷记"经营收入"等科目；如果实际收到的价款小于合同或协议约定的价格，按照其差额，借记"经营支出"等科目。

　　3.支付委托方代销商品款时，借记"成员往来"等科目，贷记"库存现金""银行存款"等科目。

　　受托代销商品的主要账务处理如表4-12所示。

表4-12　　　　　　　　受托代销商品科目核算内容

序号	业务和事项内容		账务处理
1	收到受托代销商品时		借：受托代销商品 　　贷：成员往来等
2	售出受托代销商品时	实际收到的价款大于合同或协议约定的价格	借：库存现金/银行存款 　　贷：受托代销商品 　　　　经营收入
		实际收到的价款小于合同或协议约定的价格	借：库存现金/银行存款 　　　经营支出 　　贷：受托代销商品
3	支付委托方代销商品款时		借：成员往来等 　　贷：库存现金/银行存款等

（四）会计实务举例

【例4-19】某合作社委托本社社员王某的委托代销柑橘600件，协议价格60元/件。双方协议约定，柑橘全部售完后结清代销款。合作社当月全部实现销售，对外售出价格70元/件。上述相关款项已通过银行存款收付讫。

相关账务处理如下：

（1）收到受托代销商品时：

借：受托代销商品——柑橘　　　（600×60=36 000）36 000
　　贷：成员往来——王某　　　　　　　　　　　　　　36 000

（2）售出柑橘收到价款时：

借：银行存款　　　　　　　　　（600×70=42 000）42 000
　　贷：受托代销商品——柑橘　　　　　　　　　　　　36 000
　　　　经营收入——代销收入　　　　　　　　　　　　 6 000

（3）支付委托方代销商品款时：

借：成员往来——王某　　　　　　　　　　　　　　　36 000
　　贷：银行存款　　　　　　　　　　　　　　　　　　36 000

【例4-20】接例4-19，假设因市场行情变化，合作社对外售出价格55元/件，相关款项已通过银行存款收付讫。

相关账务处理如下：

（1）收到受托代销商品时：

借：受托代销商品——柑橘　　　　　　（600×60=36 000）36 000
　　　贷：成员往来——王某　　　　　　　　　　　　　　　36 000

（2）售出柑橘收到价款时：

借：银行存款　　　　　　　　　　　　（600×55=33 000）33 000
　　经营支出——代销损失　　　　　　　　　　　　　　　 3 000
　　　贷：受托代销商品——柑橘　　　　　　　　　　　　　36 000

（3）支付委托方代销商品款时：

借：成员往来——王某　　　　　　　　　　　　　　　　　36 000
　　　贷：银行存款　　　　　　　　　　　　　　　　　　　36 000

第五节　对外投资

一、对外投资概述

（一）对外投资的概念

对外投资是指合作社依法出资设立或者加入联合社，以及采用货币资金、实物资产、无形资产等向其他单位的投资。

（二）对外投资的计量

1.对外投资的初始计量

（1）以现金、银行存款等货币资金方式向联合社或其他合作社投资的，应当按照实际支付的款项和相关税费计价。

（2）以实物资产（含生物资产，下同）、无形资产等非货币性资产方式向联合社或其他合作社投资的，应当按照评估确认或者合同、协议约定的价值和相关税费计价，实物资产、无形资产等重估确认价值与其账面价值之间的差额，计入资本公积。

2.对外投资的后续计量

（1）合作社对外投资取得的盈余返还和盈余分配、分得的现金股利或盈余、利息等计入投资收益。

（2）到期收回或中途转让对外投资时，按照实际收到的价款与其账面余额的差额，计入投资收益。

（三）对外投资的管理要求

1.合作社应当建立健全对外投资业务内部控制制度，明确审批人和经办人的权限、程序、责任和相关控制措施。

2.合作社的对外投资业务（包括对外投资决策、评估及其收回、转让与核销），应当由理事会提交成员大会决策，严禁任何个人擅自决定对外投资或者改变成员大会的决策意见。

3.合作社应当建立对外投资责任追究制度，对在对外投资中出现重大决策失误、未履行集体审批程序和不按规定执行对外投资业务的人员，应当追究相应的责任。

4.合作社应当对对外投资业务各环节设置相应的记录或凭证，加强对审批文件、投资合同或协议、投资方案书、对外投资有关权益证书、对外投资处置决议等文件资料的管理，明确各种文件资料的取得、归档、保管、调阅等各个环节的管理规定及相关人员的职责权限。

5.合作社应当加强对投资收益的控制，对外投资获取的利息、股利以及其他收益，均应纳入会计核算，严禁设置账外账。

6.每年年度终了，合作社应当对对外投资进行全面清查，对于已发生损失但尚未批准核销的对外投资，应当在财务报表附注中予以披露。

二、对外投资的核算

（一）会计科目设置

农民专业合作社应当设置"对外投资"科目，核算合作社持有的各种对外投资，包括依法出资设立或者加入联合社，以及采用货币资金、实物资产、无形资产等向其他合作社的投资等。本科目期末借方余额，反映合作社对外投资的实际成本。

（二）明细科目设置

"对外投资"科目应按照对外投资的种类设置明细科目，进行明细核算。

（三）主要账务处理

1.合作社以现金、银行存款等货币资金方式对外投资时，按照实际支付的价款和相关税费，借记"对外投资"科目，贷记"库存现金""银行存款"科目，按照应支付的相关税费，贷记"应交税费"等科目。

以实物资产、无形资产等非货币性资产方式对外投资时，按照评估确认或者合同、协议约定的价值和相关税费，借记"对外投资"科目，按照已计提的累计折旧或摊销，借记"生产性生物资产累计折旧""累计折旧""累计摊销"科目，按照投出资产的原价（成本），贷记"消耗性生物资产""生产性生物资产""固定资产""无形资产"等科目，按照应支付的相关税费，贷记"应交税费"等科目，按照其差额，借记或贷记"资本公积"科目。

2.到期收回或中途转让对外投资时，按照实际收回的价款或价值，借记"库存现金""银行存款"等科目，按照对外投资的账面余额，贷记"对外投资"科目，按照实际收回的价款或价值与账面余额的差额，借记或贷记"投资收益"科目。

3.被投资合作社宣告分配现金股利或盈余、联合社返还和分配盈余等时，借记"应收款"等科目，贷记"投资收益"科目；实际收到现金股利或盈余、盈余返还、盈余分配等时,借记"库存现金""银行存款"等科目,贷记"应收款"科目;获得股票股利时,不作账务处理,但应在备查簿中登记所增加的股份。

4.对外投资发生损失时,按规定程序批准后,按照可收回的责任人和保险公司赔偿的金额,借记"应收款""成员往来"等科目,按照扣除由责任人和保险公司赔偿的金额后的净损失,借记"投资收益"科目,按照发生损失的对外投资账面余额,贷记"对外投资"科目。

对外投资的主要账务处理如表4-13所示。

表4-13　　　　　　　　　　对外投资科目核算内容

序号	业务和事项内容		账务处理
1	以现金、银行存款等货币资金方式对外投资时		借:对外投资〔实际支付的价款和相关税费〕 贷:库存现金/银行存款 　　应交税费
2	以实物资产、无形资产等非货币性资产方式对外投资时		借:对外投资〔评估确认或者合同、协议约定的价值和相关税费〕 　　生产性生物资产累计折旧/累计折旧/累计摊销 贷:消耗性生物资产/生产性生物资产/固定资产/无形资产等 　　应交税费 　　资本公积〔差额,借方或贷方〕
3	到期收回或中途转让对外投资时		借:库存现金/银行存款 贷:对外投资〔账面余额〕 　　投资收益〔差额,借方或贷方〕
4	被投资合作社宣告分配现金股利或盈余、联合社返还和分配盈余等时	确认时	借:应收款等 贷:投资收益
		实际收到时	借:库存现金/银行存款 贷:应收款
		获得股票股利时	不作账务处理,但应在备查簿中登记所增加的股份
5	对外投资发生损失时		借:应收款/成员往来等 　　投资收益 贷:对外投资

（四）会计实务举例

【例4-21】202×年，某合作社发生以下业务：

（1）用其自有的3台收割机进行投资，加入当地W联合社，占股比例15%。该收割机账面原值30万元，已提折旧5万元，账面价值25万元，双方协议作价20万元。

（2）W联合社宣告分配股利分配4万元，按份额确认投资收益。次月收到上述股利，存入银行。

（3）次年将上述股份转让给C合作社，转让价格21万元，银行存款收讫。

相关账务处理如下：

（1）投资时：

借：对外投资——W联合社　　　　　　　　　　200 000
　　累计折旧　　　　　　　　　　　　　　　　 50 000
　　资本公积　　　　　　　　　　　　　　　　 50 000
　　贷：固定资产　　　　　　　　　　　　　　 300 000

（2）被投资方宣告分配股利时：

借：应收款——W联合社　　　（40 000×15%=6 000）6 000
　　贷：投资收益　　　　　　　　　　　　　　 6 000

（3）收到宣告分配的股利时：

借：银行存款　　　　　　　　　　　　　　　　 6 000
　　贷：应收款——W联合社　　　　　　　　　　 6 000

（4）股权转让时：

借：银行存款　　　　　　　　　　　　　　　　 210 000
　　贷：对外投资——W联合社　　　　　　　　　 200 000
　　　　投资收益　　　　　　　　　　　　　　 10 000

【例4-22】A蔬菜加工合作社以温室大棚对B蔬菜种植专业合作社投资，温室大棚账面原价80 000元，已计提折旧15 000元，双方协商确认价值为60 000元。

相关账务处理如下：

借：对外投资——B蔬菜种植合作社　　　　　　 60 000

累计折旧　　　　　　　　　　　　　　　　　　　　15 000
　　　资本公积　　　　　　　　　　　　　　　　　　　　 5 000
　　　贷：固定资产——温室大棚　　　　　　　　　　　　80 000

【例4-23】接例4-22，B蔬菜种植专业合作社因经营不善倒闭，预计尚可收回20 000元，经会员大会决议，同意对净损失40 000元进行核销处理。
　　　借：应收款——B蔬菜种植合作社　　　　　　　　 20 000
　　　　　投资收益　　　　　　　　　　　　　　　　　　40 000
　　　贷：对外投资——B蔬菜种植合作社　　　　　　　　60 000

第六节　生物资产

一、生物资产概述

（一）生物资产的概念

生物资产，是指有生命的动物和植物。生物资产与合作社的存货、固定资产等一般资产不同，其具有特殊的自然增值性，因此导致其在会计确认、计量和相关信息披露等方面的特殊性。对合作社而言，生物资产通常是其资产的重要组成部分，对生物资产进行正确的确认、计量和相关信息披露，将有助于如实反映合作社的财务状况和经营成果。

（二）生物资产的分类

合作社的生物资产包括消耗性生物资产、生产性生物资产和公益性生物资产。

1.消耗性生物资产

消耗性生物资产，是指为出售而持有的，或在将来收获为农产品的生物资产，包括生长中的大田作物、蔬菜、用材林以及存栏待售的牲畜、鱼虾贝类等。

2.生产性生物资产

生产性生物资产，是指为产出农产品、提供劳务或出租等目的而持有的生物资产，包括经济林、薪炭林、产畜和役畜等。

3.公益性生物资产

公益性生物资产，是指以防护、环境保护为主要目的的生物资产，包括防风固沙林、水土保持林和水源涵养林等。

（三）生物资产的特征

1.转化性和自然增殖性

生物资产最基本的特征是具有生物转化性和自然增殖性。生物资产是有生命的动物或植物，有生命的动物和植物具有能够进行生物转化的能力。生物转化，是指导致生物资产质量或数量发生变化的生长、蜕化、生产和繁殖的过程。在生物转化的过程中，生物自身的价值往往又会增加。这种生物转化能力、自然增殖的特性是其他通常意义上的资产（如存货、固定资产、无形资产等）所不具有的。

2.阶段性

生物资产在生长的过程中，都会经历繁育、成长、成熟、蜕化、消亡这几个阶段。

3.周期性

生物资产的生物学年、生命周期与会计年度可能不一致，对其进行会计期间假设时必须考虑生命周期的特点。

4.多样性

不同类型的生物资产生长、发育、繁殖规律和周期差异十分显著，例如，动物和植物具有完全不同的生长发育规律，畜禽通过养殖及自身生长由种苗变成成年畜禽，并可以不断进行繁殖成群；花苗通过培植由幼苗长成花卉等。

5. 双重资产特性

生物资产具有流动资产和长期资产的双重特性，而且可以相互转化。

6. 未来经济利益不确定性

生物资产在存续期间具有较大的风险，如农作物受自然条件的制约，特别是自然灾害如洪水、瘟疫等对农作物的生长发育以及产出危害较大，动物的疾病发生等使得生物资产的未来经济利益具有很大的不确定性。

7. 存续期间的不断投入

生物资产在存续期间需要连续不断地投入，才能维持生物资产活体的存在，如果中断投入，将影响生物资产的生存及其收获品的数量和质量，因此生物资产的后续支出数额通常比较大。

（四）生物资产的计量

1. 购入的生物资产应当按照购买价款、应支付的相关税费、运输费以及外购过程发生的其他直接费用计价。

2. 自行栽培、营造、繁殖或养殖的消耗性生物资产，应当按照下列规定确定其成本：

（1）自行栽培的大田作物和蔬菜的成本，包括在收获前耗用的种子、肥料、农药等材料费、人工费和应分摊的间接费用等必要支出。

（2）自行营造的林木类消耗性生物资产的成本，包括郁闭前发生的造林费、抚育费、营林设施费、良种试验费、调查设计费和应分摊的间接费用等必要支出。

注：郁闭为林学概念，通常是指一块林地上的林木的树干、树冠生长达到一定标准，林木成活率和保持率达到一定的技术规程要求。

（3）自行繁殖的育肥畜的成本，包括出售前发生的饲料费、人工费和应分摊的间接费用等必要支出。

（4）水产养殖的动物和植物的成本，包括在出售或入库前耗用的苗种、饲料、肥料等材料费、人工费和应分摊的间接费用等必要支出。

3.自行营造或繁殖的生产性生物资产，应当按照下列规定确定其成本：

（1）自行营造的林木类生产性生物资产的成本，包括达到预定生产经营目的前发生的造林费、抚育费、营林设施费、良种试验费、调查设计费和应分摊的间接费用等必要支出。

（2）自行繁殖的产畜和役畜的成本，包括达到预定生产经营目的（成龄）前发生的饲料费、人工费和应分摊的间接费用等必要支出。

注：达到预定生产经营目的，是指生产性生物资产进入正常生产期，可以多年连续稳定产出农产品、提供劳务或出租。

4.自行营造的公益性生物资产，应当按照郁闭前发生的造林费、抚育费、森林保护费、营林设施费、良种试验费、调查设计费和应分摊的间接费用等必要支出计价。

5.成员出资投入的生物资产，应当根据有关规定和合作社章程规定，按照有关凭据注明的金额加上相关税费、运输费等计价；没有相关凭据的，经过全体成员评估作价或由第三方机构评估作价、成员（代表）大会表决通过后，按照全体成员确认的价值计价。

6.收到国家财政直接补助的生物资产（包括以前年度收到或形成但尚未入账的）或者他人捐赠的生物资产，应当按照有关凭据注明的金额加上相关税费、运输费等计价；没有相关凭据的，按照资产评估价值或者比照同类或类似生物资产的市场价格，加上相关税费、运输费等计价。如无法采用上述方法计价的，应当按照名义金额（人民币1元）计价，相关税费、运输费等计入其他支出，同时在备查簿中登记说明。

（五）生物资产的管理要求

1.合作社应当建立健全生物资产管理制度，设立生物资产台账、建立人员岗位责任制，加强对生物资产的成本、增加、减少、折旧、出售、死亡毁损核算及管理。

2.合作社对接受国家财政直接补助和他人捐赠形成的扶贫项目生物资产，还应当设置备查簿进行登记管理。

3.每年年度终了，合作社应当对生物资产进行全面清查，对于已发生损失但尚未批准核销的相关资产，应当在财务报表附注中予以披露。

二、消耗性生物资产的核算

（一）会计科目设置

农民专业合作社应当设置"消耗性生物资产"科目，核算合作社持有的消耗性生物资产的实际成本。本科目期末借方余额，反映合作社持有的消耗性生物资产的实际成本。

（二）明细科目设置

"消耗性生物资产"科目应按照消耗性生物资产的种类、群别、是否属于扶贫项目资产等设置明细科目，进行明细核算。

（三）主要账务处理

1.消耗性生物资产应按照取得时的实际成本计价。合作社按照下列原则确定取得消耗性生物资产的实际成本，并进行账务处理：

（1）购入的消耗性生物资产，按照应计入消耗性生物资产成本的金额，借记"消耗性生物资产"科目，贷记"库存现金""银行存款""应付款"等科目。

（2）自行栽培的大田作物和蔬菜等，按照收获前发生的必要支出，借记"消耗性生物资产"科目，贷记"库存现金""银行存款""产品物资""应付工资""应付劳务费"等科目。

自行营造的林木类消耗性生物资产（如非经济林木），按照郁闭前发生的必要支出，借记"消耗性生物资产"科目，贷记"库存现金""银行存款""产品物资""应付工资""应付劳务费"等科目。

自行繁殖的育肥畜、水产养殖的鱼虾贝类等，按照出售或入库前发生的必要支出，借记"消耗性生物资产"科目，贷记"库存现金""银行存款""产品物资""应付工资""应付劳务费"等科目。

（3）取得成员出资投入的消耗性生物资产，按照确定的成本，借记"消耗性生物资产"科目，按照成员应享有合作社成员出资总额的份额计算的金额，贷记"股金"科目，按照两者之间的差额，贷记或借记"资本公积"科目。

（4）收到国家财政直接补助的消耗性生物资产（包括以前年度收到或形成但尚未入账的）或者他人捐赠的消耗性生物资产，按照有关凭据注明的金额加上相关税费、运输费等，借记"消耗性生物资产"科目，贷记"专项基金"等科目。没有相关凭据的，按照资产评估价值或者比照同类或类似消耗性生物资产的市场价格，加上相关税费、运输费等，借记"消耗性生物资产"科目，贷记"专项基金"等科目。如无法采用上述方法计价的，应当按照名义金额，借记"消耗性生物资产"科目，贷记"专项基金"科目，并设置备查簿进行登记和后续管理。按照实际发生的运输费和应支付的相关税费等，借记"其他支出"科目，贷记"库存现金""银行存款""应付款""应交税费"等科目。

（5）产畜或役畜淘汰转为育肥畜的，按照转群时的账面价值，借记"消耗性生物资产"科目，按照已计提的累计折旧，借记"生产性生物资产累计折旧"科目，按照其账面余额，贷记"生产性生物资产"科目。

幼畜成龄转为产畜或役畜、育肥畜转为产畜或役畜的，按照其账面余额，借记"生产性生物资产"科目，贷记"消耗性生物资产"科目。

（6）盘盈的消耗性生物资产，按照同类或类似消耗性生物资产的市场价格或评估价值，借记"消耗性生物资产"科目，贷记"待处理财产损溢——待处理流动资产损溢"科目。

2.择伐、间伐或抚育更新性质采伐而补植林木类消耗性生物资产发生的后续支出，借记"消耗性生物资产"科目，贷记"库存现金""银行存款""产品物资""应付工资""应付劳务费"等科目。

林木类消耗性生物资产达到郁闭后发生的管护费用等后续支出，借记"其他支出"科目，贷记"库存现金""银行存款""产品物资""应付工资""应付劳务费"等科目。

3.生产经营过程中发生的应归属于消耗性生物资产的费用，按照应分配的金额，借记"消耗性生物资产"科目，贷记"生产成本"科目。

4.消耗性生物资产收获时，按照其账面余额，借记"产品物资"科目，贷记"消耗性生物资产"科目。

5.出售消耗性生物资产时，按照实现的销售收入，借记"库存现金""银行存款""应收款"等科目，贷记"经营收入"等科目。按照其账面余额，借记"经营支出"等科目，贷记"消耗性生物资产"科目。

6.以幼畜及育肥畜、消耗性林木资产等消耗性生物资产对外投资时，按照评估确认或者合同、协议约定的价值和相关税费，借记"对外投资"科目，按照消耗性生物资产的账面余额，贷记"消耗性生物资产"科目，按照应支付的相关税费，贷记"应交税费"等科目，按照其差额，借记或贷记"资本公积"科目。

7.消耗性生物资产死亡毁损、盘亏时，按照其账面余额，借记"待处理财产损溢——待处理流动资产损溢"科目，贷记"消耗性生物资产"科目。按规定程序批准后处理时，按照可收回的责任人和保险公司赔偿的金额，借记"应收款""成员往来"等科目，按照残料价值，借记"产品物资"等科目，按照"待处理财产损溢——待处理流动资产损溢"科目相应余额，贷记"待处理财产损溢——待处理流动资产损溢"科目，按照其差额，借记"其他支出"科目。

消耗性生物资产的主要账务处理如表4-14所示。

表4-14　　　　　　　　　消耗性生物资产科目核算内容

序号	业务和事项内容			账务处理
1	外购			借：消耗性生物资产 　贷：库存现金/银行存款/应付款等
2		自行栽培的大田作物和蔬菜等		借：消耗性生物资产 　贷：库存现金/银行存款/产品物资/ 　　　应付工资/应付劳务费等
2		自行营造的林木类消耗性生物资产（如非经济林木）		
2		自行繁殖的育肥畜、水产养殖的鱼虾贝类等		
3	取得成员出资投入的消耗性生物资产			借：消耗性生物资产 　贷：股金［出资份额］ 　　　资本公积［差额，贷方或借方］
4	取得消耗性生物资产	收到国家财政直接补助的消耗性生物资产（包括以前年度收到或形成但尚未入账的）或者他人捐赠的消耗性生物资产	有相关凭据的，按照有关凭据注明的金额加上相关税费、运输费等入账	借：消耗性生物资产 　贷：专项基金
4			没有相关凭据的，按照资产评估价值或者比照同类或类似消耗性生物资产的市场价格，加上相关税费、运输费等入账	
4			无法采用上述方法计价的，按照名义金额入账	借：消耗性生物资产［名义金额，人民币1元］ 　贷：专项基金 借：其他支出［相关费用］ 　贷：库存现金/银行存款/应付款/应交税费等
5		产畜或役畜淘汰转为育肥畜的		借：消耗性生物资产 　　生产性生物资产累计折旧 　贷：生产性生物资产
5		幼畜成龄转为产畜或役畜、育肥畜转为产畜或役畜的		借：生产性生物资产 　贷：消耗性生物资产
6	盘盈消耗性生物资产			借：消耗性生物资产 　贷：待处理财产损溢——待处理流动资产损溢
7	发生后续支出	择伐、间伐或抚育更新性质采伐而补植林木类消耗性生物资产发生的后续支出		借：消耗性生物资产 　贷：库存现金/银行存款/产品物资/ 　　　应付工资/应付劳务费等
7		林木类消耗性生物资产达到郁闭后发生的管护费用等后续支出		借：其他支出 　贷：库存现金/银行存款/产品物资/ 　　　应付工资/应付劳务费等

续表

序号	业务和事项内容	账务处理
8	生产经营过程中发生的应归属于消耗性生物资产的费用	借：消耗性生物资产 　　贷：生产成本
9	消耗性生物资产收获时	借：产品物资 　　贷：消耗性生物资产
10	出售消耗性生物资产时	借：库存现金/银行存款/应收款等 　　贷：经营收入等 借：经营支出 　　贷：消耗性生物资产
11	以幼畜及育肥畜、消耗性林木资产等消耗性生物资产对外投资时	借：对外投资 　　贷：消耗性生物资产 　　　　应交税费 　　　　资本公积［差额，借方或贷方］
12	消耗性生物资产死亡毁损、盘亏 —— 消耗性生物资产死亡毁损、盘亏时	借：待处理财产损溢——待处理流动资产损溢［账面余额］ 　　贷：消耗性生物资产
	按规定程序批准后处理时	借：应收款/成员往来等［可收回的责任人和保险公司赔偿］ 　　产品物资［残料价值］ 　　其他支出［差额］ 　　贷：待处理财产损溢——待处理流动资产损溢

（四）会计实务举例

【例4-24】202×年1月，某养殖合作社从市场上购买了10头幼牛，单价分别为3 000元/头，此外，发生运输费为1 500元，保险费为1 000元，装卸费为500元，款项全部以银行存款支付。

相关账务处理如下：

借：消耗性生物资产——幼牛　　　　　　　　　　33 000
　　贷：银行存款　　　　　　　　　　　　　　　　33 000

【例4-25】接例4-24，当月发生饲养费如下：人工工资2 500元，饲料3 000元，现付其他费用500元。

相关账务处理如下：

借：消耗性生物资产——幼牛　　　　　　　　　　　　6 000
　　贷：应付工资　　　　　　　　　　　　　　　　　2 500
　　　　产品物资——饲料　　　　　　　　　　　　　3 000
　　　　库存现金　　　　　　　　　　　　　　　　　　500

【例4-26】接例4-24，10头幼牛出栏，养殖总成本65 000元，其中：6头作为肉牛出售，4头作为奶牛。该合作社将6头肉牛出售给本地W食品厂，出售单价为9 000元/头，款项银行存款收讫。

相关账务处理如下：

（1）幼畜成龄转为产畜：
借：生产性生物资产——产畜（奶牛）　（4×6 500=26 000）26 000
　　贷：消耗性生物资产——幼牛　　　　　　　　　　26 000

（2）销售肉牛时：
借：银行存款　　　　　　　　　　　　　　　　　　54 000
　　贷：经营收入　　　　　　　　　（6×9 000=54 000）54 000
借：经营支出　　　　　　　　　　（6×6 500=39 000）39 000
　　贷：消耗性生物资产——幼牛　　　　　　　　　　39 000

【例4-27】某合作社对其种植的用材林进行择伐补植，应支付人员工资20 000元，领用C材料17 000元。

相关账务处理如下：
借：消耗性生物资产——用材林　　　　　　　　　　37 000
　　贷：应付工资　　　　　　　　　　　　　　　　20 000
　　　　产品物资——C材料　　　　　　　　　　　　17 000

【例4-28】某养殖合作社202×年3月，2头幼猪死亡，账面价值为1 000元。经认定，保险公司赔偿500元，饲养人员张某（本社成员）赔偿300元。已按程序报经批准，余下的200元损失由合作社承担。银行存款收到保险公司赔款，饲养人员张某赔款现金收讫。

相关账务处理如下：

（1）发生消耗性生物资产死亡时：
借：待处理财产损溢——待处理流动资产损溢　　　　　1 000

　　　　贷：消耗性生物资产——幼猪　　　　　　　　　　1 000
（2）按规定程序批准后处理时：
　　借：应收款——保险公司　　　　　　　　　　　　　500
　　　　成员往来——张某　　　　　　　　　　　　　　300
　　　　其他支出　　　　　　　　　　　　　　　　　　200
　　　　贷：待处理财产损溢——待处理流动资产损溢　　1 000
（3）收到保险公司赔付款时：
　　借：银行存款　　　　　　　　　　　　　　　　　　500
　　　　贷：应收款——保险公司　　　　　　　　　　　500
（4）收到饲养人员赔款时：
　　借：库存现金　　　　　　　　　　　　　　　　　　300
　　　　贷：成员往来——张某　　　　　　　　　　　　300

三、生产性生物资产的核算

（一）会计科目设置

　　农民专业合作社应当设置"生产性生物资产"科目，核算合作社持有的生产性生物资产的原价（成本）。本科目期末借方余额，反映合作社持有的生产性生物资产的原价（成本）。

（二）明细科目设置

　　"生产性生物资产"科目应按照生产性生物资产的种类、群别、所属部门、是否属于扶贫项目资产等设置明细科目，进行明细核算。

（三）主要账务处理

　　1.生产性生物资产应按照取得时的实际成本计价。合作社按照下列原则确定取得生产性生物资产的实际成本，进行账务处理。

　　（1）购入的生产性生物资产，按照应计入生产性生物资产成本的金额，借记"生产性生物资产"科目，贷记"库存现金""银行存款""应付款"等科目。

（2）自行营造的林木类生产性生物资产、自行繁殖的产畜和役畜等，按照达到预定生产经营目的前发生的必要支出，借记"生产性生物资产"科目，贷记"库存现金""银行存款""产品物资""应付工资""应付劳务费"等科目。

（3）取得成员出资投入的生产性生物资产，按照确定的成本，借记"生产性生物资产"科目，按照成员应享有合作社成员出资总额的份额计算的金额，贷记"股金"科目，按照两者之间的差额，贷记或借记"资本公积"科目。

（4）收到国家财政直接补助的生产性生物资产（包括以前年度收到或形成但尚未入账的）或者他人捐赠的生产性生物资产，按照有关凭据注明的金额加上相关税费、运输费等，借记"生产性生物资产"科目，贷记"专项基金"等科目。没有相关凭据的，按照资产评估价值或者比照同类或类似生产性生物资产的市场价格，加上相关税费、运输费等，借记"生产性生物资产"科目，贷记"专项基金"等科目。如无法采用上述方法计价的，应当按照名义金额，借记"生产性生物资产"科目，贷记"专项基金"科目，并设置备查簿进行登记和后续管理。按照实际发生的运输费和应支付的相关税费等，借记"其他支出"科目，贷记"库存现金""银行存款""应付款""应交税费"等科目。

（5）幼畜成龄转为产畜或役畜、育肥畜转为产畜或役畜的，按照其账面余额，借记"生产性生物资产"科目，贷记"消耗性生物资产"科目。

产畜或役畜淘汰转为育肥畜的，按照转群时的账面价值，借记"消耗性生物资产"科目，按照已计提的累计折旧，借记"生产性生物资产累计折旧"科目，按照其账面余额，贷记"生产性生物资产"科目。

（6）盘盈的生产性生物资产，按照同类或类似生产性生物资产的市场价格或评估价值扣除按照该项生产性生物资产状况估计的折旧后的余额，借记"生产性生物资产"科目，贷记"待处理财产损溢——待处理非流动资产损溢"科目。

2.择伐、间伐或抚育更新等生产性采伐而补植林木类生产性生物资产发生的后续支出,借记"生产性生物资产"科目,贷记"库存现金""银行存款""产品物资""应付工资""应付劳务费"等科目。

生产性生物资产达到预定生产经营目的后发生的管护、饲养费用等后续支出,借记"经营支出"科目,贷记"库存现金""银行存款""产品物资""应付工资""应付劳务费"等科目。

3.出售生产性生物资产时,按照取得的价款,借记"库存现金""银行存款"等科目,按照已计提的累计折旧,借记"生产性生物资产累计折旧"科目,按照生产性生物资产原价(成本),贷记"生产性生物资产"科目,按照其差额,借记"其他支出"科目或贷记"其他收入"科目。

4.以生产性生物资产对外投资时,按照评估确认或者合同、协议约定的价值和相关税费,借记"对外投资"科目,按照已计提的累计折旧,借记"生产性生物资产累计折旧"科目,按照生产性生物资产原价(成本),贷记"生产性生物资产"科目,按照应支付的相关税费,贷记"应交税费"等科目,按照其差额,借记或贷记"资本公积"科目。

5.生产性生物资产死亡毁损、盘亏时,按照生产性生物资产账面价值,借记"待处理财产损溢——待处理非流动资产损溢"科目,按照已计提的累计折旧,借记"生产性生物资产累计折旧"科目,按照生产性生物资产原价(成本),贷记"生产性生物资产"科目。按规定程序批准后处理时,按照可收回的责任人和保险公司赔偿的金额,借记"应收款""成员往来"等科目,按照残料价值,借记"产品物资"等科目,按照"待处理财产损溢——待处理非流动资产损溢"科目相应余额,贷记"待处理财产损溢——待处理非流动资产损溢"科目,按照其差额,借记"其他支出"科目。

生产性生物资产的主要账务处理如表4-15所示。

表4-15　　　　　　　　生产性生物资产科目核算内容

序号	业务和事项内容			账务处理
1	外购			借：生产性生物资产 　贷：库存现金/银行存款/应付款等
2	自行营造的林木类生产性生物资产、自行繁殖的产畜和役畜等			借：生产性生物资产 　贷：库存现金/银行存款/产品物资/应付工资/应付劳务费等
3	取得成员出资投入的生产性生物资产			借：生产性生物资产 　贷：股金 　　　资本公积［差额，贷方或借方］
4	取得生产性生物资产	收到国家财政直接补助的生产性生物资产（包括以前年度收到或形成但尚未入账的）或者他人捐赠的生产性生物资产	有相关凭据的	借：生产性生物资产［凭据注明的金额加上相关税费、运输费等］ 　贷：专项基金
			没有相关凭据的	借：生产性生物资产［资产评估价值或者比照同类或类似资产的市场价格］ 　贷：专项基金
			无法采用上述方法计价的	借：生产性生物资产［名义金额，人民币1元］ 　贷：专项基金 借：其他支出［实际发生的运输费和应支付的相关税费］ 　贷：库存现金/银行存款/应付款/应交税费等
5	产畜或役畜转化	幼畜成龄转为产畜或役畜、育肥畜转为产畜或役畜的		借：生产性生物资产 　贷：消耗性生物资产
		产畜或役畜淘汰转为育肥畜的		借：消耗性生物资产［转群时的账面价值］ 　　生产性生物资产累计折旧［已计提的累计折旧］ 　贷：生产性生物资产［账面余额］
6	盘盈生产性生物资产			借：生产性生物资产 　贷：待处理财产损溢——待处理非流动资产损溢

续表

序号	业务和事项内容		账务处理
7	发生后续支出	择伐、间伐或抚育更新等生产性采伐而补植林木类生产性生物资产发生的后续支出	借：生产性生物资产 　贷：库存现金/银行存款/产品物资/应付工资/ 　　　应付劳务费等
		生产性生物资产达到预定生产经营目的后发生的管护、饲养费用等后续支出	借：经营支出 　贷：库存现金/银行存款/产品物资/应付工资/ 　　　应付劳务费等
8	出售生产性生物资产	出售所得小于生产性生物资产账面价值的	借：库存现金/银行存款等 　　生产性生物资产累计折旧 　　其他支出 　贷：生产性生物资产
		出售所得大于生产性生物资产账面价值的	借：库存现金/银行存款等 　　生产性生物资产累计折旧 　贷：生产性生物资产 　　　其他收入
9	以生产性生物资产对外投资时		借：对外投资［评估确认或者合同、协议约定的价值和相关税费］ 　　生产性生物资产累计折旧 　贷：生产性生物资产［账面余额］ 　　　应交税费 　　　资本公积［差额，借方或贷方］
10	生产性生物资产死亡毁损、盘亏	生产性生物资产死亡毁损、盘亏时	借：待处理财产损溢——待处理非流动资产损溢 　　　［账面价值］ 　　生产性生物资产累计折旧 　贷：生产性生物资产
		按规定程序批准后处理时	借：应收款/成员往来等［可收回的责任人和保险公司赔偿］ 　　产品物资［残料价值］ 　　其他支出［差额］ 　贷：待处理财产损溢——待处理非流动资产损溢

（四）会计实务举例

【例4-29】某合作社购入樱桃树苗一批，购买价格5万元，发生应由合作社承担的运费600元，银行存款付讫。

相关账务处理如下：

借：生产性生物资产——樱桃树　　　　　　　　　　　　　　50 600
　　贷：银行存款　　　　　　　　　　　　　　　　　　　　　50 600

【例4-30】接例4-29，樱桃树苗育苗管护期间，当月领用本社仓库化肥5 000元，应支付育苗工人工资3 000元。款项通过银行存款支付完毕。

相关账务处理如下：

（1）发生支出时：

借：生产性生物资产——樱桃树　　　　　　　　　　　　　　8 000
　　贷：产品物资——化肥　　　　　　　　　　　　　　　　　5 000
　　　　应付工资　　　　　　　　　　　　　　　　　　　　　3 000

（2）实际发放工资时：

借：应付工资　　　　　　　　　　　　　　　　　　　　　　　3 000
　　贷：银行存款　　　　　　　　　　　　　　　　　　　　　3 000

【例4-31】接例4-30，3年后，樱桃树挂果正常进入售卖。樱桃采摘完成后，合作社领用本社仓库化肥共计6 000元为樱桃树施肥，应支付育苗工人工资3 500元。款项通过银行存款支付完毕。

相关账务处理如下：

（1）发生支出时：

借：经营支出——果树管护　　　　　　　　　　　　　　　　9 500
　　贷：产品物资——化肥　　　　　　　　　　　　　　　　　6 000
　　　　应付工资　　　　　　　　　　　　　　　　　　　　　3 500

（2）实际发放工资时：

借：应付工资　　　　　　　　　　　　　　　　　　　　　　　3 500
　　贷：银行存款　　　　　　　　　　　　　　　　　　　　　3 500

【例4-32】某合作社以种植板栗为主要业务，202×年租入本村山地100亩，用于建造板栗种植园。根据租赁协议约定，第1—3年租金为每年150元/亩，从第4年开始，每年租金250元/亩，租赁期25年。租金每年年末支付。该合作社发生如下经济业务：

（1）1月，购入板栗树6 000棵植入果园，买价4元/棵，共计24 000元，银行存款支付。

（2）种植板栗树，临时聘请本社成员15人，人工费120元/天，共种植10天。

（3）长期聘请本社成员5人作为板栗种植园的管理人员，月工资1 500元/人。

（4）板栗树投产前，每年须施用化肥350公斤，买价15元/千克。

（5）每年年末，按租赁协议支付租金。

（6）板栗园板栗树最终成活5 900株，三年后，板栗树开始挂果，预计折旧年限15年，预计残值率5%。第一年收获板栗60 000千克，全部对外销售，售价10元/千克。

（7）为采摘板栗，临时聘用本社成员20人，人工费按计件计算，单价为0.7元/千克。另发生给A公司销售费用20 000元。

（8）因管理不善，5棵板栗树死亡，由责任人李某赔偿200元，按程序报批后进行账务处理。注：板栗树已提折旧20个月。

相关账务处理如下：

（1）购入板栗树苗时：

借：产品物资——板栗树苗　　　　　　　　　　24 000
　　贷：银行存款　　　　　　　　　　　　　　　　24 000

（2）发出板栗树苗、发生种植板栗树临聘人员工时费：

借：生产性生物资产——经济林木　　　　　　　42 000
　　贷：产品物资——板栗树苗　　　　　　　　　　24 000
　　　　成员往来——××　　　　　　　　　　　　18 000

应付工时费=15×120×10=18 000（元）

实际发放临聘人员工时费时：

借：成员往来——××　　　　　　　　　　　　18 000
　　贷：库存现金　　　　　　　　　　　　　　　　18 000

（3）计提管理人员月工资时：

借：生产性生物资产——经济林木　　　　　　　 7 500
　　贷：应付工资——××　　　　　　　　　　　　 7 500

实际发放管理人员工资时：

借：应付工资——××　　　　　　　　　　　　 7 500

　　　　贷：库存现金　　　　　　　　　　　　　　　　　　　　7 500

（4）每年发生化肥支出时：

　　借：生产性生物资产——经济林木　　　　　　　　　　　5 250

　　　　贷：产品物资——化肥　　　　　　　　　　　　　　　5 250

（5）年末支付租金时（第1—3年）：

　　借：生产性生物资产——经济林木　　　　　　　　　　　15 000

　　　　贷：产品物资——化肥　　　　　　　　　　　　　　　15 000

注：从第4年开始，每年租金支付额为25 000元。

（6）对板栗树计提折旧（假定按15年计提折旧）：

① 计算板栗树的原始成本，如表4-16所示：

② 板栗树每月折旧额=372 750×（1-5%）÷（15×12）=1 967.29（元）

　　借：经营支出　　　　　　　　　　　　　　　　　　　　1 967.29

　　　　贷：生产性生物资产累计折旧　　　　　　　　　　　　1 967.29

表4-16　　　　　　　　　板栗树原始成本计算表

项目	树苗费用	人工费用	化肥费用	租金	合计
第一年	24 000	108 000	5 250	15 000	152 250
第二年		90 000	5 250	15 000	110 250
第三年		90 000	5 250	15 000	110 250
总成本	24 000	288 000	15 750	45 000	372 750
单位成本	4.07	48.81	2.67	7.63	63.18

（7）发生采摘板栗人工费及销售费用：

　　借：经营支出　　　　　　　　　　　　　　　　　　　　62 000

　　　　贷：成员往来——××　　　　　　　　　　　　　　　42 000

　　　　　　应付款——A公司　　　　　　　　　　　　　　　20 000

（8）板栗树死亡时：

　　借：待处理财产损溢——待处理非流动资产损溢　　　　　282.55

　　　　生产性生物资产累计折旧　　　　　　　　　　　　　33.34

　　　　贷：生产性生物资产　　　　　　　　　　　　　　　　315.89

5棵树已提折旧=（1 967.29÷5 900）×20×5=33.34（元）

5棵树账面原值=372 750÷5 900×5=315.89（元）

（9）按规定程序批准后处理时：

借：成员往来——李某　　　　　　　　　　　　　200
　　其他支出　　　　　　　　　　　　　　　　　82.55
　　贷：待处理财产损溢——待处理非流动资产损溢　282.55

四、生产性生物资产累计折旧的核算

（一）生产性生物资产累计折旧概述

1. 折旧的计提范围

生产性生物资产是指经济林、薪炭林、产畜和役畜等为产出农产品、提供劳务或出租等目的而持有的生物资产。在生产性生物资产的预计使用年限内，应当按照确定的方法对应计的折旧额进行系统分摊。合作社应当对所有达到预定生产经营目的的生产性生物资产计提折旧，但以名义金额计价的生产性生物资产除外。

2. 折旧的计提方法

对于达到预定生产经营目的的生产性生物资产，合作社应当对生产性生物资产原价（成本）扣除其预计净残值后的部分在生产性生物资产使用寿命内按照年限平均法或工作量法计提折旧，并根据其受益对象计入相关资产成本或者当期损益。合作社应当根据生产性生物资产的性质和使用情况，合理确定生产性生物资产的使用寿命和预计净残值。生产性生物资产的使用寿命、预计净残值和折旧方法一经确定，不得随意变更。

（1）年限平均法。年限平均法又称直线法，是指将生产性生物资产的应计折旧额均衡地分摊到生产性生物资产预计使用寿命内的一种方法。其计算公式是：

年折旧额=［固定资产原值−（预计残值收入−预计清理费用）］÷预计使用年限=固定资产应计提折旧总额÷预计使用年限

月折旧额=年折旧额÷12

或者

年折旧率=（1-预计净残值率）÷预计使用年限

月折旧率=年折旧率÷12

月折旧额=固定资产原值×月折旧率

注：预计净残值率一般按照其成本的5%确定。

（2）工作量法。工作量法是指某项生产性生物资产的使用是以一定的工作量为单位来计提相应折旧额的方法。其计算公式是：

单位工作量折旧额=生产性生物资产原值÷总计划工作量

生产性生物资产月折旧额=单位工作量折旧额×当月工作量

3.折旧的计提时点

合作社应当按月计提生产性生物资产折旧，当月增加的生产性生物资产，当月不计提折旧，从下月起计提折旧；当月减少的生产性生物资产，当月仍计提折旧，从下月起不再计提折旧。生产性生物资产提足折旧后，不论能否继续使用，均不再计提折旧；提前处置的生产性生物资产，也不再补提折旧。

4.折旧的计提年限

参照《中华人民共和国企业所得税法实施条例》（中华人民共和国国务院令第512号）第六十四条规定，生产性生物资产计算折旧的最低年限如下：（1）林木类生产性生物资产为10年；（2）畜类生产性生物资产为3年。

（二）会计科目设置

农民专业合作社应当设置"生产性生物资产累计折旧"科目，核算合作社持有的达到预定生产经营目的的生产性生物资产的累计折旧。本科目期末贷方余额，反映合作社达到预定生产经营目的的生产性生物资产的累计折旧额。

（三）明细科目设置

"生产性生物资产累计折旧"科目应按照生产性生物资产的种类、群别、所属部门、是否属于扶贫项目资产等设置明细科目，进行明细核算。

（四）主要账务处理

1.达到预定生产经营目的的生产性生物资产计提的折旧，借记"生产成本""经营支出"等科目，贷记"生产性生物资产累计折旧"科目。

2.因出售、对外投资、死亡毁损等原因处置生产性生物资产，还应同时结转生产性生物资产累计折旧。

生产性生物资产累计折旧的主要账务处理如表4-17所示。

表4-17　　　　　生产性生物资产累计折旧科目核算内容

序号	业务和事项内容	账务处理
1	达到预定生产经营目的的生产性生物资产计提的折旧	借：生产成本/经营支出等 　　贷：生产性生物资产累计折旧
2	因出售、对外投资、死亡毁损等原因处置生产性生物资产	参见本章"生产性生物资产的主要账务处理"相关内容

（五）会计实务举例

【例4-33】某合作社培育经济林木投产，培育成本120 000元，预计产果年限10年，预计净残值率5%，按月计提折旧，按直线法摊销。

相关账务处理如下：

借：经营支出　　　　　　　　　　　　　　　　　950
　　贷：生产性生物资产累计折旧　　　　　　　　　　950

相关计算过程如下：

经济林木培育成本年折旧额=120 000×（1-5%）÷10=11 400（元）

经济林木培育成本月折旧额=11 400÷12=950（元）

【例4-34】因死亡毁损等原因处置生产性生物资产相关账务处理，参见本章例4-32，此处略。

五、公益性生物资产的核算

（一）会计科目设置

农民专业合作社应当设置"公益性生物资产"科目，核算合作社持有的公益性生物资产的实际成本。本科目期末借方余额，反映合作社持有的公益性生物资产的实际成本。

（二）明细科目设置

"公益性生物资产"科目应按照公益性生物资产的种类或项目、是否属于扶贫项目资产等设置明细科目，进行明细核算。

（三）主要账务处理

1.公益性生物资产应按照取得时的实际成本计价。合作社按照下列原则确定取得公益性生物资产的实际成本，进行账务处理：

（1）购入的公益性生物资产，按照应计入公益性生物资产成本的金额，借记"公益性生物资产"科目，贷记"库存现金""银行存款""应付款"等科目。

（2）自行营造的林木类公益性生物资产，按照郁闭前发生的必要支出，借记"公益性生物资产"科目，贷记"库存现金""银行存款""产品物资""应付工资""应付劳务费"等科目。

（3）取得成员出资投入的公益性生物资产，按照确定的成本，借记"公益性生物资产"科目，按照成员应享有合作社成员出资总额的份额计算的金额，贷记"股金"科目，按照两者之间的差额，贷记或借记"资本公积"科目。

（4）收到国家财政直接补助的公益性生物资产（包括以前年度收到或形成但尚未入账的）或者他人捐赠的公益性生物资产，按照有关凭据注明的金额加上相关税费、运输费等，借记"公益性生物资产"科目，贷记"专项基金"等科目。没有相关凭据的，按照资产评估价值或者比照同类或类似公益性生物资产的市场价格,加上相关税费、运输费等,借记"公益性生物资产"科目,贷记"专项基金"等科目。如无法采用上述方法计价的,应当按照名义金额,借记"公益性生物资产"科目,贷记"专项基金"科目,并设置备查簿进行登记和后续管理。按照实际发生的运输费和应支付的相关税费等,借记"其他支出"科目,贷记"库存现金""银行存款""应付款""应交税费"等科目。

(5)消耗性生物资产、生产性生物资产转为公益性生物资产的,按照其账面余额或账面价值,借记"公益性生物资产"科目,按照已计提的生产性生物资产累计折旧,借记"生产性生物资产累计折旧"科目,按照其账面余额,贷记"消耗性生物资产""生产性生物资产"等科目。

2.择伐、间伐或抚育更新等生产性采伐而补植林木类公益性生物资产发生的后续支出,借记"公益性生物资产"科目,贷记"库存现金""银行存款""产品物资""应付工资""应付劳务费"等科目。

林木类公益性生物资产郁闭后发生的管护费用等其他后续支出,借记"其他支出"科目,贷记"库存现金""银行存款""产品物资""应付工资""应付劳务费"等科目。

公益性生物资产的主要账务处理如表4-18所示。

表4-18 公益性生物资产科目核算内容

序号	业务和事项内容		账务处理
1	取得公益性生物资产	外购	借:公益性生物资产 贷:库存现金/银行存款/应付款等
2		自行营造的林木类公益性生物资产	借:公益性生物资产 贷:库存现金/银行存款/产品物资/应付工资/应付劳务费等
3		取得成员出资投入的公益性生物资产	借:公益性生物资产 贷:股金[出资份额] 资本公积[差额,贷方或借方]

续表

序号	业务和事项内容		账务处理
4	取得公益性生物资产	收到国家财政直接补助的公益性生物资产（包括以前年度收到或形成但尚未入账的）或者他人捐赠的公益性生物资产	
		有相关凭据的，凭据注明的金额加上相关税费、运输费等入账	借：公益性生物资产 　贷：专项基金
		没有相关凭据的，按照资产评估价值或者比照同类或类似公益性生物资产的市场价格，加上相关税费、运输费等入账	
		无法采用上述方法计价的	借：公益性生物资产［名义金额，人民币1元］ 　贷：专项基金 借：其他支出［相关费用］ 　贷：库存现金/银行存款/应付款/应交税费等
5	消耗性生物资产、生产性生物资产转为公益性生物资产的		借：公益性生物资产 　　生产性生物资产累计折旧 　贷：消耗性生物资产/生产性生物资产等
6	发生后续支出	择伐、间伐或抚育更新等生产性采伐而补植林木类公益性生物资产发生的后续支出	借：公益性生物资产 　贷：库存现金/银行存款/产品物资/应付工资/应付劳务费等
		林木类公益性生物资产郁闭后发生的管护费用等其他后续支出	借：其他支出 　贷：库存现金/银行存款/产品物资/应付工资/应付劳务费等

（四）会计实务举例

【例4-35】某合作社自行营造公益林，当月发生种苗费10万元，平整土地和定植所需的机械作业费5万元，领用本社肥料及农药费6万元，固定人员工资4万元，外聘人员工资3万元，上述以银行存款支付。

相关账务处理如下：

（1）发生各种支出时：

借：公益性生物资产——公益林　　　　　　　　　280 000
　　贷：产品物资——种苗　　　　　　　　　　　　100 000
　　　　　　　　——肥料及农药　　　　　　　　　 60 000
　　　　应付工资　　　　　　　　　　　　　　　　 40 000
　　　　应付劳务费　　　　　　　　　　　　　　　 30 000
　　　　应付款　　　　　　　　　　　　　　　　　 50 000

（2）实际支付时：

借：应付工资　　　　　　　　　　　　　　　　　 40 000
　　应付劳务费　　　　　　　　　　　　　　　　　 30 000
　　应付款　　　　　　　　　　　　　　　　　　　 50 000
　　贷：银行存款　　　　　　　　　　　　　　　　120 000

【例4-36】接例4-35，公益林郁闭后发生的管护费用如下：固定人员工资1万元，领用本社肥料及农药费1.5万元，上述以银行存款支付。

相关账务处理如下：

借：其他支出　　　　　　　　　　　　　　　　　 25 000
　　贷：应付工资　　　　　　　　　　　　　　　　 10 000
　　　　产品物资——肥料及农药　　　　　　　　　 15 000

【例4-37】由于区域生态环境治理的需要，某合作社的15公顷杨树（造纸原材料）和8公顷板栗树林被划为防风固沙林。杨树林的账面余额为10万元，板栗树林的账面余额为12万元，其中，板栗树已提折旧5万元。该片树林划为防风固沙林后仍由该合作社管理。

相关账务处理如下：

借：公益性生物资产——防风固沙林——杨树　　　 100 000
　　　　　　　　　　　　　　　　　——板栗树　　 70 000
　　生产性生物资产累计折旧　　　　　　　　　　　 50 000
　　贷：消耗性生物资产——杨树　　　　　　　　　100 000
　　　　生产性生物资产——板栗树　　　　　　　　120 000

第七节　固定资产

一、固定资产概述

（一）固定资产概述

合作社的固定资产是指使用年限在一年以上，单位价值在2 000元以上，并在使用过程中基本保持原有物质形态的资产，包括房屋、建筑物、机器、设备、工具、器具和农业农村基础设施等。单位价值虽未达到规定标准，但使用年限在一年以上的也可列为固定资产。

合作社以经营租赁方式租入和以融资租赁方式租出的固定资产，不应列作合作社的固定资产。

（二）固定资产的初始计量

1.购入的固定资产，不需要安装的，应当按照购买价款和采购费、应支付的相关税费、包装费、运输费、装卸费、保险费以及外购过程发生的其他直接费用计价；需要安装或改装的，还应当加上安装费或改装费。

2.新建的房屋及建筑物、农业农村基础设施等固定资产，应当按照竣工验收的决算价计价。

3.成员出资投入的固定资产，应当根据有关规定和合作社章程规定，按照有关凭据注明的金额加上相关税费、运输费等计价；没有相关凭据的，经过全体成员评估作价或由第三方机构评估作价、成员（代表）大会表决通过后，按照全体成员确认的价值计价。

4.收到国家财政直接补助的固定资产（包括以前年度收到或形成但尚未入账的）或者他人捐赠的固定资产，应当按照有关凭据注明的金额加上相关税费、运输费等计价；没有相关凭据的，按照资产评估价值或者比照同类或类似固定资产的市场价格，加上相关税费、运输费等计价。如无法采用上述方法计价的，应当按照名义金额计价，相关税费、运输费等计入其他支出，同时在备查簿中登记说明。

5.盘盈的固定资产，应当按照同类或类似固定资产的市场价格或评估价值，扣除按照该项固定资产新旧程度估计的折旧后的余额计价。

（三）固定资产折旧

1.折旧的计提范围

折旧，是指在固定资产的预计使用年限内，按照确定的方法对应计的折旧额进行系统分摊。合作社应当对所有的固定资产计提折旧，但以名义金额计价的固定资产除外。

2.折旧的计提年限

固定资产折旧年限是指计算固定资产折旧时所用的年限。参照《中华人民共和国企业所得税法实施条例》（中华人民共和国国务院令第512号）第六十条规定，除国务院财政、税务主管部门另有规定外，固定资产计算折旧的最低年限如下：

（1）房屋、建筑物，为20年；

（2）飞机、火车、轮船、机器、机械和其他生产设备，为10年；

（3）与生产经营活动有关的器具、工具、家具等，为5年；

（4）飞机、火车、轮船以外的运输工具，为4年；

（5）电子设备，为3年。

农民专业合作社应当根据相关规定以及固定资产的性质和使用情况，合理确定固定资产的使用年限。固定资产的使用年限一经确定，不得随意变更。

3.折旧的计提方法

合作社应当对固定资产原价（成本）扣除其预计净残值后的部分在固定

资产使用寿命内按照年限平均法或工作量法计提折旧，并根据固定资产的受益对象计入相关资产成本或者当期损益。

合作社应当根据固定资产的性质和使用情况，合理确定固定资产的使用寿命和预计净残值。固定资产的使用寿命、预计净残值和折旧方法一经确定，不得随意变更。

关于年限平均法、工作量法的计算公式，参见本章第六节生产性生物资产累计折旧计提方法相关内容，此处不赘述。

4.折旧的计提时点

合作社应当按月计提固定资产折旧，当月增加的固定资产，当月不计提折旧，从下月起计提折旧；当月减少的固定资产，当月仍计提折旧，从下月起不再计提折旧。固定资产提足折旧后，不论能否继续使用，均不再计提折旧；提前报废的固定资产，也不再补提折旧。

（四）固定资产的后续支出

1.固定资产的修理费用直接计入有关支出项目。

2.固定资产的改建支出，应当计入固定资产的成本，并按照重新确定的固定资产成本以及重新确定的折旧年限计算折旧额；但已提足折旧的固定资产改建支出应当计入长期待摊费用，并按照固定资产预计尚可使用年限采用年限平均法分期摊销。固定资产的改建支出，是指改变房屋或者建筑物结构、延长使用年限等发生的支出。

（五）固定资产处置

合作社处置固定资产时，处置收入扣除其账面价值、相关税费和清理费用后的净额，应当计入其他收入或其他支出。固定资产的账面价值，是指固定资产原价（成本）扣减累计折旧后的金额。

（六）固定资产的管理要求

1.合作社应当建立健全固定资产购建、使用、折旧、处置制度以及人员岗位责任制。应当明确固定资产购建的决策依据、程序、审批权限和责任制度，制定并严格执行可行性研究和预决算、付款及竣工验收等制度。

2.合作社的在建工程达到交付使用状态时，应当按照有关规定办理工程竣工财务决算和资产验收交付使用。

3.农民专业合作社应当定期或不定期地对固定资产进行清查盘点，每年至少全面盘点一次。盘盈固定资产实现的收益应当计入其他收入。盘亏固定资产发生的损失应当计入其他支出。对于已发生损失但尚未批准核销的固定资产，应当在财务报表附注中予以披露。

4.合作社对接受国家财政直接补助和他人捐赠形成的扶贫项目固定资产，还应当设置备查簿进行登记管理。

二、固定资产的核算

（一）会计科目设置

农民专业合作社应当设置"固定资产"科目，核算合作社固定资产的原价（成本）。本科目期末借方余额，反映合作社持有的固定资产的原价（成本）。

（二）明细科目设置

合作社应当设置"固定资产登记簿"和"固定资产卡片"，按照固定资产类别和项目、是否属于扶贫项目资产等设置明细科目，进行明细核算。

（三）主要账务处理

1.固定资产应按照取得时的实际成本计价。合作社按照下列原则确定取得固定资产的实际成本，进行账务处理：

（1）购入不需要安装的固定资产，按照购买价款和采购费、应支付的相关税费、包装费、运输费、装卸费、保险费以及外购过程发生的其他直接费用，借记"固定资产"科目，贷记"库存现金""银行存款""应付款"等科目。购入需要安装的固定资产，先记入"在建工程"科目，待安装完毕交付使用时，按照其实际成本，借记"固定资产"科目，贷记"在建工程"科目。

（2）自行建造完成交付使用的固定资产，按照建造该固定资产的实际成本，借记"固定资产"科目，贷记"在建工程"科目。

（3）取得成员出资投入的固定资产，按照确定的成本，借记"固定资产"科目，按照成员应享有合作社成员出资总额的份额计算的金额，贷记"股金"科目，按照两者之间的差额，贷记或借记"资本公积"科目。

（4）收到国家财政直接补助的固定资产（包括以前年度收到或形成但尚未入账的）或者他人捐赠的固定资产，按照有关凭据注明的金额加上相关税费、运输费等，借记"固定资产"科目，贷记"专项基金"等科目。没有相关凭据的，按照资产评估价值或者比照同类或类似固定资产的市场价格，加上相关税费、运输费等，借记"固定资产"科目，贷记"专项基金"等科目。如无法采用上述方法计价的，应当按照名义金额，借记"固定资产"科目，贷记"专项基金"科目，并设置备查簿进行登记和后续管理。按照实际发生的运输费和应支付的相关税费等，借记"其他支出"科目，贷记"库存现金""银行存款""应付款""应交税费"等科目。

（5）盘盈的固定资产，按照同类或类似固定资产的市场价格或评估价值扣除按照该项固定资产新旧程度估计的折旧后的余额，借记"固定资产"科目，贷记"待处理财产损溢——待处理非流动资产损溢"科目。

2.生产经营用的固定资产的修理费用，借记"经营支出"等科目，贷记"库存现金""银行存款"等科目；管理用的固定资产的修理费用，借记"管理费用"等科目，贷记"库存现金""银行存款"等科目；用于公益性用途的固定资产的修理费用，借记"其他支出"等科目，贷记"库存现金""银行存款"等科目。

3.对固定资产进行改建时，按照该项固定资产账面价值，借记"在建工程"科目，按照已计提的累计折旧，借记"累计折旧"科目，按照固定资产原价（成本），贷记"固定资产"科目。改建完成交付使用时，按照确定的固定资产成本，借记"固定资产"科目，贷记"在建工程"科目。

4.固定资产出售、报废和毁损等时，按照固定资产账面价值，借记"固定资产清理"科目，按照可收回的责任人和保险公司赔偿的金额，借记"应收款""成员往来"等科目，按照已计提的累计折旧，借记"累计折旧"科目，按照固定资产原价（成本），贷记"固定资产"科目。

盘亏的固定资产，按照固定资产账面价值，借记"待处理财产损溢——待处理非流动资产损溢"科目，按照已计提的累计折旧，借记"累计折旧"科目，按照固定资产原价（成本），贷记"固定资产"科目。

5.以固定资产对外投资时，按照评估确认或者合同、协议约定的价值和相关税费，借记"对外投资"科目，按照已计提的累计折旧，借记"累计折旧"科目，按照固定资产原价（成本），贷记"固定资产"科目，按照应支付的相关税费，贷记"应交税费"等科目，按照其差额，借记或贷记"资本公积"科目。

6.捐赠转出固定资产时，按照固定资产账面价值，转入"固定资产清理"科目，应支付的相关税费及其他费用，也通过"固定资产清理"科目进行归集，捐赠项目完成后，按照"固定资产清理"科目的余额，借记"其他支出"科目，贷记"固定资产清理"科目。

固定资产的主要账务处理如表4-19所示。

表4-19　　　　　　　　固定资产科目核算内容

序号	业务和事项内容			账务处理
1	取得固定资产	外购	不需要安装	借：固定资产 　贷：库存现金/银行存款/应付款等
			需要安装	参见"在建工程"科目相关账务处理
2		自行建造完成交付使用的固定资产		借：固定资产 　贷：在建工程

续表

序号	业务和事项内容		账务处理
3	取得成员出资投入的固定资产		借：固定资产 　贷：股金 　　　资本公积［差额，贷方或借方］
4	取得固定资产	收到国家财政直接补助的固定资产（包括以前年度收到或形成但尚未入账的）或者他人捐赠的固定资产	
		有相关凭据的，凭据注明的金额加上相关税费、运输费等入账	借：固定资产 　贷：专项基金
		没有相关凭据的，按照资产评估价值或者比照同类或类似固定资产的市场价格，加上相关税费、运输费等入账	
		无法采用上述方法计价的	借：固定资产［名义金额，人民币1元］ 　贷：专项基金 借：其他支出［相关费用］ 　贷：库存现金/银行存款/应付款/应交税费等
5	盘盈固定资产		借：固定资产 　贷：待处理财产损溢——待处理非流动资产损溢
6	发生修理费用	生产经营用固定资产	借：经营支出 　贷：库存现金/银行存款等
		管理用固定资产	借：管理费用 　贷：库存现金/银行存款等
		公益性用途的固定资产	借：其他支出 　贷：库存现金/银行存款等
7	固定资产改建	进行改建时	借：在建工程 　　累计折旧 　贷：固定资产
		改建完成交付使用时	借：固定资产 　贷：在建工程

续表

序号	业务和事项内容		账务处理
8	固定资产出售、报废和毁损	固定资产出售、报废和毁损等时	借：固定资产清理 　　应收款/成员往来 　　累计折旧 　贷：固定资产
		盘亏固定资产	借：待处理财产损溢——待处理非流动资产损溢 　　累计折旧 　贷：固定资产
9	以固定资产对外投资时		借：对外投资 　　累计折旧 　贷：固定资产 　　应交税费 　　资本公积［差额，贷方或借方］
10	捐赠转出固定资产	捐赠的固定资产转入清理时	借：固定资产清理 　　累计折旧 　贷：固定资产
		捐赠过程中发生的相关费用	借：固定资产清理 　贷：库存现金/银行存款/应交税费等
		捐赠项目完成后	借：其他支出 　贷：固定资产清理

（四）会计实务举例

【例4-38】202×年3月15日，某合作社购入需要安装的灌溉设备一台，以银行存款支付购置费60 000元，以现金支付运输费800元、安装费用1 000元。

相关账务处理如下：

（1）支付设备价款、运输费用、安装费用等时：

借：在建工程　　　　　　　　　　　　　　　　61 800
　贷：银行存款　　　　　　　　　　　　　　　60 000
　　　库存现金　　　　　　　　　　　　　　　 1 800

（2）安装完工、验收合格交付使用时：

借：固定资产——灌溉设备　　　　　　　　　　61 800

贷：在建工程　　　　　　　　　　　　　　　　　　61 800

【例4-39】某生态旅游合作社接受对口扶贫援助单位捐赠的电脑5台，根据对方提供的购物发票，接受捐赠的电脑价格5 000元/台。假设固定资产折旧年限8年。补充信息：该合作社共有成员20户，预计残值率5%。

相关账务处理如下：

（1）收到对口扶贫援助单位捐赠的电脑时：

借：固定资产——扶贫援助捐赠电脑　　　　　　　25 000
　　贷：专项基金——扶贫援助——各成员　　　　　　25 000

注：根据《农民专业合作社法》规定，接受他人捐赠形成非货币性资产时，应平均量化到各成员，并记入各成员账户。为简化处理，本例中未一一列出各成员量化金额，特此说明。下同。

（2）按月计提折旧时：

每月应计提折旧=25 000×（1-5%）÷（8×12）=247.40（元）

借：管理费用　　　　　　　　　　　　　　　　　247.40
　　贷：累计折旧　　　　　　　　　　　　　　　　　247.40

【例4-40】某养殖合作社收到成员李某投入七成新复印机一台，确认价格为3 000元，经过成员大会批准，李某拥有以合作社注册资本份额计算的资本金额2 400元。补充信息：固定资产折旧年限6年，预计残值率5%。

相关账务处理如下：

（1）收到李某投入的复印机时：

借：固定资产——复印机　　　　　　　　　　　　3 000
　　贷：股金——李某　　　　　　　　　　　　　　　2 400
　　　　资本公积　　　　　　　　　　　　　　　　　600

（2）按月计提折旧时：

每月应计提折旧=3 000×（1-5%）÷（6×12）=39.58（元）

借：管理费用　　　　　　　　　　　　　　　　　39.58
　　贷：累计折旧　　　　　　　　　　　　　　　　　39.58

【例4-41】某合作社对本地某农业种植有限公司投资一辆运输车，协议价格15万元，运输车账面原值285 000元，已提折旧40 000元。

相关账务处理如下：

借：对外投资 150 000
　　累计折旧 40 000
　　资本公积 95 000
　　贷：固定资产——运输车 285 000

【例4-42】某合作社年终对固定资产进行全面清查，发现盘盈笔记本电脑一台，七成新。盘亏一台施肥机，原价3 000元，已提折旧1 450元。经查，电脑系驻村工作队员赠送的纪念品，因工作疏忽未及时登记入账所致，该台笔记本电脑参考市值估值2 500元。施肥机属于保管人员张某失职，经合作社理事会研究决定由其赔偿现金500元。

相关账务处理如下：

（1）固定资产盘盈时：
借：固定资产——笔记本电脑 2 500
　　贷：待处理财产损溢——待处理非流动资产损溢 2 500

（2）盘盈报经批准后处理时：
贷：待处理财产损溢——待处理非流动资产损溢 2 500
　　贷：其他收入——资产盘盈 2 500

（3）固定资产盘亏时：
借：待处理财产损溢——待处理非流动资产损溢 1 550
　　累计折旧 1 450
　　贷：固定资产 3 000

（4）盘亏报经批准后处理时：
借：应收款——张某 500
　　其他支出 1 050
　　贷：待处理财产损溢——待处理非流动资产损溢 1 550

（5）收到赔款时：
借：库存现金 500
　　贷：应收款——张某 500

【例4-43】对外捐出固定资产的账务处理，参见本章例4-50，此处略。

三、累计折旧的核算

（一）会计科目设置

农民专业合作社应当设置"累计折旧"科目，核算合作社固定资产计提的累计折旧。本科目的期末贷方余额，反映合作社固定资产的累计折旧额。

（二）明细科目设置

"累计折旧"科目应按照相应固定资产的类别和项目、是否属于扶贫项目资产等设置明细科目，进行明细核算。

（三）主要账务处理

1.生产经营用的固定资产计提的折旧，借记"生产成本"等科目，贷记"累计折旧"科目；管理用的固定资产计提的折旧，借记"管理费用"科目，贷记"累计折旧"科目；用于公益性用途的固定资产计提的折旧，借记"其他支出"科目，贷记"累计折旧"科目。

2.对固定资产进行改建时，按照该项固定资产账面价值，借记"在建工程"科目，按照已计提的累计折旧，借记"累计折旧"科目，按照固定资产原价（成本），贷记"固定资产"科目。

3.固定资产出售、报废和毁损等时，按照固定资产账面价值，借记"固定资产清理"科目，按照可收回的责任人和保险公司赔偿的金额，借记"应收款""成员往来"等科目，按照已计提的累计折旧，借记"累计折旧"科目，按照固定资产原价（成本），贷记"固定资产"科目。

盘亏的固定资产，按照固定资产账面价值，借记"待处理财产损溢——待处理非流动资产损溢"科目，按照已计提的累计折旧，借记"累计折旧"科目，按照固定资产原价，贷记"固定资产"科目。

4.以固定资产对外投资时，按照评估确认或者合同、协议约定的价值和相关税费，借记"对外投资"科目，按照已计提的累计折旧，借记"累计折旧"科目，按照固定资产原价（成本），贷记"固定资产"科目，按照应支付的相关税费，贷记"应交税费"等科目，按照其差额，借记或贷记"资本公积"科目。

固定资产累计折旧的主要账务处理如表4-20所示。

表4-20　　　　　　　　　累计折旧科目核算内容

序号	业务和事项内容		账务处理
1	固定资产计提折旧	生产经营用的固定资产	借：生产成本 　　贷：累计折旧
		管理用的固定资产	借：管理费用 　　贷：累计折旧
		用于公益性用途的固定资产	借：其他支出 　　贷：累计折旧
2	固定资产改建	对固定资产进行改建时	借：在建工程 　　累计折旧 　　贷：固定资产
		改建完成交付使用时	借：固定资产 　　贷：在建工程
3	固定资产出售、报废和毁损	固定资产出售、报废和毁损等时	借：固定资产清理 　　应收款/成员往来 　　累计折旧 　　贷：固定资产
		盘亏固定资产	借：待处理财产损溢——待处理非流动资产损溢 　　累计折旧 　　贷：固定资产
4	以固定资产对外投资时		借：对外投资 　　累计折旧 　　贷：固定资产 　　　　应交税费 　　　　资本公积［差额，贷方或借方］

（四）会计实务举例

【例4-44】某合作社202×年7月份计提折旧17 700元，其中生产经营性用固定资产折旧12 300元，管理用固定资产折旧2 000元，公益性固定资产折旧3 400元。

相关账务处理如下：

借：生产成本　　　　　　　　　　　　　　　　　12 300
　　管理费用　　　　　　　　　　　　　　　　　 2 000
　　其他支出　　　　　　　　　　　　　　　　　 3 400
　　贷：累计折旧　　　　　　　　　　　　　　　17 700

【例4-45】某养殖合作社202×年9月将2辆不需要用的农用拖拉机出售给本社成员陈某，账面原价7 000元，已提折旧2 500元，双方协议作价4 000元，现付相关费用300元。出售价款银行存款收讫。

相关账务处理如下：

（1）将固定资产转入清理：

借：固定资产清理　　　　　　　　　　　　　　　4 500
　　累计折旧　　　　　　　　　　　　　　　　　2 500
　　贷：固定资产——农用拖拉机　　　　　　　　7 000

（2）发生相关费用：

借：固定资产清理　　　　　　　　　　　　　　　　300
　　贷：库存现金　　　　　　　　　　　　　　　　300

（3）收到出售价款：

借：银行存款　　　　　　　　　　　　　　　　　4 000
　　贷：固定资产清理　　　　　　　　　　　　　4 000

（4）结转清理净损益：

借：银行存款　　　　　　　　　　　　　　　　　　800
　　贷：固定资产清理　　　　　　　　　　　　　　800

净损失＝（4 500+300）- 4 000=800（元）

【例4-46】固定资产改建相关业务的账务处理，参见本章例4-53，此处略。

【例4-47】固定资产盘亏相关业务的账务处理，参见本章例4-42，此处略。

【例4-48】固定资产对外投资相关业务的账务处理，参见本章例4-21、例4-22和例4-41，此处略。

四、固定资产清理的核算

（一）会计科目设置

农民专业合作社应当设置"固定资产清理"科目，核算合作社因出售、捐赠、报废和毁损等原因转入清理的固定资产的账面价值及其在清理过程中所发生的费用等。本科目期末借方余额，反映合作社尚未清理完毕的固定资产清理净损失；本科目期末贷方余额，反映合作社尚未清理完毕的固定资产清理净收益。

（二）明细科目设置

"固定资产清理"科目应按照被清理的固定资产、是否属于扶贫项目资产等设置明细科目，进行明细核算。

（三）主要账务处理

1.出售、捐赠、报废和毁损的固定资产转入清理时，按照固定资产账面价值，借记"固定资产清理"科目，按照已计提的累计折旧，借记"累计折旧"科目，按照固定资产原价（成本），贷记"固定资产"科目。

清理过程中发生的相关税费及其他费用，借记"固定资产清理"科目，贷记"库存现金""银行存款""应交税费"等科目；收回出售固定资产的价款、残料价值和变价收入等，借记"银行存款""产品物资"等科目，贷记"固定资产清理"科目；按照可收回的责任人和保险公司赔偿的金额，借记"应收款""成员往来"等科目，贷记"固定资产清理"科目。

2.清理完毕后发生的净收益，借记"固定资产清理"科目，贷记"其他收入"科目；清理完毕后发生的净损失，借记"其他支出"科目，贷记"固定资产清理"科目。

固定资产清理的主要账务处理如表4-21所示。

表4-21　　　　　　　　　固定资产清理科目核算内容

序号	业务和事项内容		账务处理
1	固定资产出售、报废和毁损	出售、捐赠、报废和毁损的固定资产转入清理时	借：固定资产清理 　　累计折旧 贷：固定资产
		清理过程中发生的相关费用	借：固定资产清理 贷：库存现金/银行存款/应交税费等
		收回出售固定资产的价款、残料价值和变价收入	借：银行存款/产品物资等 贷：固定资产清理
		按照可收回的责任人和保险公司赔偿	借：应收款/成员往来等 贷：固定资产清理
2	清理完毕后	清理完毕后发生的净收益	借：固定资产清理 贷：其他收入
		清理完毕后发生的净损失	借：其他支出 贷：固定资产清理

（四）会计实务举例

【例4-49】某合作社将一组不需要用的灌溉设备对外出售，账面原值为120 000元，累计折旧42 000元，协议价50 000元，款项已通过银行存款收讫。另以现金支付运杂费1 000元。

相关账务处理如下：

（1）固定资产转入清理时：

借：固定资产清理　　　　　　　　　　　　　　　78 000
　　累计折旧　　　　　　　　　　　　　　　　　42 000
　　贷：固定资产　　　　　　　　　　　　　　　　　　120 000

（2）发生清理费用时：

借：固定资产清理　　　　　　　　　　　　　　　 1 000
　　贷：库存现金　　　　　　　　　　　　　　　　　　 1 000

（3）出售旧灌溉设备时：

借：银行存款　　　　　　　　　　　　　　　　　50 000
　　贷：固定资产清理　　　　　　　　　　　　　　　　 50 000

（4）结转清理净损失：

清理净损失=（78 000+1 000）–50 000=29 000（元）

借：其他支出	29 000
贷：固定资产清理	29 000

【例4-50】因疫情防控需要，某合作社捐赠邻村村委会一台喷雾机，用于疫情防控喷雾消毒，喷雾机账面价值70 000元，累计折旧15 000元。

相关账务处理如下：

（1）捐赠时：

借：固定资产清理	55 000
累计折旧	15 000
贷：固定资产	70 000

（2）捐赠完成时：

借：其他支出	55 000
贷：固定资产清理	55 000

【例4-51】某农产品加工合作社因库房损坏严重，决定拆除重建。库房账面价值15万元，已提折旧12万元。拆除过程中回收废料收入4 000元，银行存款收讫。发生清理工人劳务费（非本社成员）5 500元，现金支付。

相关账务处理如下：

（1）固定资产转入清理时：

借：固定资产清理	30 000
累计折旧	120 000
贷：固定资产	150 000

（2）收到回收废料收入时：

借：银行存款	4 000
贷：固定资产清理	4 000

（3）发生清理费用时：

借：固定资产清理	5 500
贷：应付劳务费	5 500

（4）支付清理费用时：

借：应付劳务费 4 000
　　贷：库存现金 4 000
（5）结转清理净损失：
清理净损失=30 000-4 000+5 500=31 500（元）
借：其他支出 31 500
　　贷：固定资产清理 31 500

第八节　在建工程

一、在建工程概述

（一）在建工程的概念

合作社的在建工程是指尚未完工的工程项目。

（二）在建工程的特征

1.从建设进度来看，合作社的在建工程一般是尚未交付使用的建设项目工程，且该项工程已经发生了一些必要支出。

2.从涵盖范围来看，合作社的在建工程主要涵盖的是建设项目工程，既包括各种建筑项目工程，如农业农村基础设施建造、固定资产改建等，又包括设备安装项目。

3.从建设方式来看，建设项目的新建、改建、扩建、修缮，以及技术改造、设备更新等所发生的各种建筑和安装支出都属于资本性支出，都属于在建工程的核算范围，所形成的资产都属于固定资产。

4.从核算要求来看，合作社建设项目应区分项目分别核算，并保证项目资料完整。

（三）在建工程的计量

1.在建工程按实际发生的支出或应支付的工程价款计价。

2.形成固定资产的在建工程完工交付使用时，计入固定资产。

3.在建工程部分发生报废或者毁损，按照扣除残料价值、责任人和保险公司赔偿后的净损失，计入工程成本。单项工程报废以及由于自然灾害等非正常原因造成的报废或者毁损，其净损失计入其他支出。

（四）在建工程的管理要求

1.合作社的在建工程达到交付使用状态时，应当按照有关规定办理工程竣工财务决算和资产验收交付使用。

2.每年年度终了，合作社应当对在建工程进行全面清查，对于已发生损失但尚未批准核销的相关资产，应当在财务报表附注中予以披露。

二、在建工程的核算

（一）会计科目设置

合作社应当设置"在建工程"科目，核算合作社进行工程建设、设备安装、农业农村基础设施建造、固定资产改建等发生的实际支出。购入不需要安装的固定资产，不通过本科目核算。

（二）明细科目设置

"在建工程"科目应按照工程项目、是否属于扶贫项目资产等设置明细科目，进行明细核算。

（三）主要账务处理

1.购入需要安装的固定资产，按照购买价款和采购费、应支付的相关税费、包装费、运输费、装卸费、保险费以及外购过程发生的其他直接费用，借记"在建工程"科目，贷记"库存现金""银行存款""应付款"等科目。

2.建造固定资产和兴建农业农村基础设施购买专用物资以及发生的相关费用，按照实际支出，借记"在建工程"科目，贷记"库存现金""银行存款""产品物资"等科目。

发包工程建设，根据合同规定向承包企业预付工程款时，按照实际预付的价款，借记"在建工程"科目，贷记"银行存款"等科目；以拨付材料抵作工程款的，按照材料的实际成本，借记"在建工程"科目，贷记"产品物资"等科目；将需要安装的设备交付承包企业进行安装时，按照该设备的成本，借记"在建工程"科目，贷记"产品物资"等科目。与承包企业办理工程价款结算时，补付的工程款，借记"在建工程"科目，贷记"银行存款""应付款"等科目。

自营的工程，领用物资或产品时，按照领用物资或产品的实际成本，借记"在建工程"科目，贷记"产品物资"等科目。工程应负担的员工工资、劳务费等人员费用，借记"在建工程"科目，贷记"成员往来""应付工资""应付劳务费"等科目。

3.对固定资产进行改建时，按照该项固定资产账面价值，借记"在建工程"科目，按照已计提的累计折旧，借记"累计折旧"科目，按照固定资产原价（成本），贷记"固定资产"科目。发生的改建支出，借记"在建工程"科目，贷记"库存现金""银行存款""应付款""成员往来""应付工资""应付劳务费"等科目。改建完成交付使用时，按照确定的固定资产成本，借记"固定资产"科目，贷记"在建工程"科目。

4.购建和安装工程完成并交付使用时，借记"固定资产"科目，贷记"在建工程"科目。

5.工程完成未形成固定资产时，借记"其他支出"等科目，贷记"在建工程"科目。

在建工程的主要账务处理如表4–22所示。

表4-22　　　　　　　　　在建工程科目核算内容

序号	业务和事项内容		账务处理
1	购入需要安装的固定资产		借：在建工程 　贷：库存现金/银行存款/应付款等
2	建造固定资产和兴建农业农村基础设施购买专用物资以及发生的相关费用		借：在建工程 　贷：库存现金/银行存款/产品物资等
3	发包工程建设	向承包企业预付工程款时	借：在建工程 　贷：银行存款等
		以拨付材料抵作工程款的	借：在建工程 　贷：产品物资等
		将需要安装的设备交付承包企业进行安装时	借：在建工程 　贷：产品物资等
		与承包企业办理工程价款结算，补付工程款时	借：在建工程 　贷：银行存款/应付款等
4	自营工程	领用物资或产品时	借：在建工程 　贷：产品物资等
		工程应负担的员工工资、劳务费等人员费用	借：在建工程 　贷：成员往来/应付工资/应付劳务费等
5	固定资产改建	进行改建时	借：在建工程 　　累计折旧 　贷：固定资产
		发生的改建支出	借：在建工程 　贷：库存现金/银行存款/应付款/成员往来/应付工资/应付劳务费等
		改建完成交付使用时	借：固定资产 　贷：在建工程
6	购建和安装工程完成并交付使用时		借：固定资产 　贷：在建工程
7	工程完成未形成固定资产时		借：其他支出等 　贷：在建工程

（四）会计实务举例

【例4-52】某合作社新建蔬菜种植大棚10个，购入钢筋、水泥、石子等建筑材料一批共计320 000元，全部用银行存款支付。建设过程中领用本社存货B材料25 000元，为大棚建设支付李某劳务费用40 000元，尚未付款，另支付工程水电费3 500元，现金支付。工程完工，验收并交付使用。补充信息：预计使用年限5年，预计残值率5%。

相关账务处理如下：

（1）购入工程用建筑材料时：

借：在建工程　　　　　　　　　　　　　　　　　320 000
　　贷：银行存款　　　　　　　　　　　　　　　　　320 000

（2）领用本社存货时：

借：在建工程　　　　　　　　　　　　　　　　　25 000
　　贷：产品物资——B材料　　　　　　　　　　　25 000

（3）应付建设工程劳务费用：

借：在建工程　　　　　　　　　　　　　　　　　40 000
　　贷：应付劳务费——李某　　　　　　　　　　　40 000

（4）支付工程水电费时：

借：在建工程　　　　　　　　　　　　　　　　　3 500
　　贷：库存现金　　　　　　　　　　　　　　　　　3 500

（5）工程完工交付使用时：

交付使用的固定资产总价值=320 000+25 000+40 000+3 500=388 500（元）

借：固定资产——蔬菜种植大棚　　　　　　　　388 500
　　贷：在建工程　　　　　　　　　　　　　　　　　388 500

（6）工程完工交付使用后，下月起开始计提折旧：

每月折旧额=388 500×（1-5%）÷（5×12）=6 151.25（元）

借：生产成本　　　　　　　　　　　　　　　　　6 151.25
　　贷：累计折旧　　　　　　　　　　　　　　　　　6 151.25

【例4-53】某合作社为扩大生产规模，决定对原有分拣加工车间进行改扩建，该车间的原值为750 000元，已提折旧225 000元，以银行存款支付拆除费用40 000元，收回材料变价收入11 000元存入银行。该车间扩建承包给本地的X建筑公司，合同约定，该项目采取包工包料方式承建，合作社应付材料、人工及管理费等价款共计400 000元，扣留10%质保金未付，其余工程款已通过银行存款支付。工程完工，验收并交付使用。

补充信息：预计残值率5%，采用年限平均法计提折旧，原预计使用年限为10年，已使用3年，经改扩建后，重新确定新的预计使用年限为10年。

相关账务处理如下：

（1）将固定资产转入在建工程：

借：在建工程　　　　　　　　　　　　　525 000
　　累计折旧　　　　　　　　　　　　　225 000
　　贷：固定资产　　　　　　　　　　　　　750 000

（2）支付拆除费用时：

借：在建工程　　　　　　　　　　　　　 40 000
　　贷：银行存款　　　　　　　　　　　　　 40 000

（3）收到拆除材料的变价收入时：

借：银行存款　　　　　　　　　　　　　 11 000
　　贷：在建工程　　　　　　　　　　　　　 11 000

（4）支付承包费用时：

借：在建工程　　　　　　　　　　　　　400 000
　　贷：银行存款　　　　　　　　　　　　　360 000
　　　　应付款——×建筑公司　　　　　　　 40 000

（5）工程完工交付使用时：

交付使用的固定资产总价值=525 000+40 000-11 000+400 000=954 000（元）

借：固定资产——分拣车间　　　　　　　954 000
　　贷：在建工程　　　　　　　　　　　　　954 000

（6）工程完工交付使用后，继续计提折旧时：

每月折旧额=954 000×（1-5%）÷（10×12）=7 552.5（元）

借：生产成本　　　　　　　　　　　　　7 552.5
　　贷：累计折旧　　　　　　　　　　　　　7 552.5

【例4-54】某合作社接受国家补助资金项目300 000元，按项目规定，该项资金全部用于建造冷库，合作社购买建设冷库用建筑材料150 000元，制冷设备200 000元，为需要安装设备。在建设冷库过程中，应付建筑工人劳务费

50 000元、制冷设备安装费用5 000元。工程施工过程中发生水电费6 000元，银行存款支付。冷库建设完毕验收合格，投入使用。补充信息：该合作社共有成员50人；冷库预计使用年限6年，预计残值率5%。

相关账务处理如下：

（1）收到国家补助资金时：

借：银行存款　　　　　　　　　　　　　　300 000
　　贷：专项应付款　　　　　　　　　　　　　　300 000

（2）购买建筑材料时：

借：在建工程　　　　　　　　　　　　　　150 000
　　贷：银行存款　　　　　　　　　　　　　　150 000

（3）购买制冷设备时：

借：在建工程　　　　　　　　　　　　　　200 000
　　贷：银行存款　　　　　　　　　　　　　　200 000

（4）发生工人劳务费、安装费用时：

借：在建工程　　　　　　　　　　　　　　55 000
　　贷：应付劳务费　　　　　　　　　　　　　　55 000

（5）支付工程水电费时：

借：在建工程　　　　　　　　　　　　　　6 000
　　贷：银行存款　　　　　　　　　　　　　　6 000

（6）工程交付使用时：

交付使用的固定资产总价值=150 000+200 000+55 000+6 000=411 000（元）

借：固定资产——冷库及设备　　　　　　　411 000
　　贷：在建工程　　　　　　　　　　　　　　411 000

借：专项应付款　　　　　　　　　　　　　300 000
　　贷：专项基金——国家补助资金——各成员　　300 000

注：接受国家补助资金形成资产的财政补助资金转入"专项基金"科目时，应平均量化到成员，并计入成员账户。

（7）工程完工交付使用后，从下月起开始计提折旧：

每月折旧额=411 000×（1-5%）÷（6×12）=5 422.92（元）

借：生产成本　　　　　　　　　　　　　　　　　　5 422.92
　　贷：累计折旧　　　　　　　　　　　　　　　　　　5 422.92

第九节　无形资产

一、无形资产概述

（一）无形资产的概念

无形资产是指农民专业合作社长期使用但是没有实物形态的资产，包括专利权、商标权、著作权、非专利技术、土地经营权、林权、草原使用权等。

（二）无形资产的确认

无形资产同时满足下列条件的，应当予以确认：（1）与该无形资产相关的服务潜力很可能实现或者经济利益很可能流入合作社会计主体；（2）该无形资产的成本或者价值能够可靠地计量。合作社会计主体在判断无形资产的服务潜力或经济利益是否很可能实现或流入时，应当对无形资产在预计使用年限内可能存在的各种社会、经济、科技因素作出合理估计，并且应当有确凿的证据支持。

（三）无形资产的初始计量

1.购入的无形资产应当按照购买价款、应支付的相关税费以及相关的其他直接费用计价。

2.自行开发并按法律程序申请取得的无形资产，应当按照依法取得时发生的注册费、律师费等实际支出计价。

3.成员出资投入的无形资产，应当根据有关规定和合作社章程规定，按照有关凭据注明的金额加上相关税费等计价；没有相关凭据的，经过全体成员评估作价或由第三方机构评估作价、成员（代表）大会表决通过后，按照全体成员确认的价值计价。

4.收到国家财政直接补助的无形资产（包括以前年度收到或形成但尚未入账的）或者他人捐赠的无形资产，应当按照有关凭据注明的金额加上相关税费等计价；没有相关凭据的，按照资产评估价值或者比照同类或类似无形资产的市场价格，加上相关税费等计价。如无法采用上述方法计价的，应当按照名义金额计价，相关税费等计入其他支出，同时在备查簿中登记说明。

（四）无形资产摊销

1.无形资产摊销范围

摊销是指在无形资产使用年限内，按照确定的方法对应摊销金额进行系统分摊。合作社的无形资产应当从使用之日起进行摊销，但以名义金额计价的无形资产除外。

2.无形资产摊销时点

合作社应当按月进行摊销。当月增加的无形资产，当月进行摊销；当月减少的无形资产，当月不再进行摊销。无形资产提足摊销后，无论是否继续使用，均不再进行摊销；核销的无形资产，也不再补提摊销。

因发生后续支出而增加无形资产成本的，对于使用年限有限的无形资产，合作社应当按照重新确定的无形资产成本以及重新确定的摊销年限计算摊销额。

3.无形资产摊销年限

无形资产的摊销期自可供使用时起至停止使用或出售时止，并应当符合有关法律法规规定或合同约定的使用年限。合同规定了受益年限的，按不超过受益年限的期限摊销；合同没有规定受益年限的而法律规定了有效年限的，按不超过法律规定的有效年限摊销；经营期短于有效年限的，按不超过经营期的年限摊销；合同没有规定受益年限，且法律也没有规定有效年限的，按不超过10年的期限摊销。

4. 无形资产摊销方法

合作社应当对无形资产在其使用寿命内采用年限平均法等合理方法进行摊销，并根据无形资产的受益对象计入相关资产成本或者当期损益。无形资产的使用寿命和摊销方法一经确定，不得随意变更。

年限平均法的计算公式参见本章第六节"生产性生物资产"折旧计提方法中的相关内容，此处不赘述。

（五）无形资产处置

合作社处置无形资产时，处置收入扣除其账面价值、相关税费等后的净额，应当计入其他收入或其他支出。无形资产的账面价值，是指无形资产成本扣减累计摊销后的金额。

（六）无形资产的管理要求

1.合作社应当设立无形资产台账，依法明确权属，落实有关经营、管理的财务责任，对无形资产进行分类核算和管理。

2.合作社对接受国家财政直接补助和他人捐赠形成的扶贫项目无形资产，还应当设置备查簿进行登记管理。

3.每年年度终了，合作社应当对无形资产进行全面清查，对于已发生损失但尚未批准核销的无形资产，应当在财务报表附注中予以披露。

二、无形资产的核算

（一）会计科目设置

合作社应当设置"无形资产"科目，核算合作社持有的无形资产的成本。本本科目期末借方余额，反映合作社持有的无形资产的成本。

（二）明细科目设置

"无形资产"科目应按照相应无形资产的类别、是否属于扶贫项目资产等设置明细科目，进行明细核算。

（三）主要账务处理

1.无形资产应按照取得时的实际成本计价。合作社按照下列原则确定取得无形资产的实际成本，进行账务处理：

（1）购入的无形资产，按照购买价款、相关税费以及相关的其他直接费用，借记"无形资产"科目，贷记"库存现金""银行存款""应付款"等科目。

（2）自行开发并按照法律程序申请取得的无形资产，按照依法取得时发生的注册费、律师费等实际支出，借记"无形资产"科目，贷记"库存现金""银行存款"等科目。

（3）取得成员出资投入的无形资产，按照确定的成本，借记"无形资产"科目，按照成员应享有合作社成员出资总额的份额计算的金额，贷记"股金"科目，按照两者之间的差额，贷记或借记"资本公积"科目。

（4）收到国家财政直接补助的无形资产（包括以前年度收到或形成但尚未入账的）或者他人捐赠的无形资产，按照有关凭据注明的金额加上相关税费等，借记"无形资产"科目，贷记"专项基金"等科目。没有相关凭据的，按照资产评估价值或者比照同类或类似无形资产的市场价格，加上相关税费等，借记"无形资产"科目，贷记"专项基金"等科目。如无法采用上述方法计价的，应当按照名义金额，借记"无形资产"科目，贷记"专项基金"科目，并设置备查簿进行登记和后续管理。按照应支付的相关税费等，借记"其他支出"科目，贷记"库存现金""银行存款""应付款""应交税费"等科目。

2.因出售、报废等原因处置无形资产，按照取得的转让价款，借记"库存现金""银行存款"等科目，按照已计提的累计摊销，借记"累计摊销"科目，按照无形资产的成本，贷记"无形资产"科目，按照应支付的相关税费及其他费用，贷记"应交税费""库存现金""银行存款"等科目，按照其差额，借记"其他支出"科目或贷记"其他收入"科目。

3.以无形资产对外投资时，按照评估确认或者合同、协议约定的价值和相关税费，借记"对外投资"科目，按照已计提的累计摊销，借记"累计摊销"科目，按照无形资产的成本，贷记"无形资产"科目，按照应支付的相关税费，贷记"应交税费"等科目，按照其差额，借记或贷记"资本公积"科目。

无形资产的主要账务处理如表4-23所示。

表4-23　　　　　　　　　无形资产科目核算内容

序号	业务和事项内容		账务处理
1	取得无形资产	购入的无形资产	借：无形资产 　贷：库存现金/银行存款/应付款等
		自行开发并按照法律程序申请取得的无形资产	借：无形资产 　贷：库存现金/银行存款等
		取得成员出资投入的无形资产	借：无形资产 　贷：股金 　　　资本公积［差额，贷方或借方］
		收到国家财政直接补助的无形资产（包括以前年度收到或形成但尚未入账的）或者他人捐赠的无形资产	有相关凭据的，按照有关凭据注明的金额加上相关税费入账	借：无形资产 　贷：专项基金
			没有相关凭据的，按照资产评估价值或者比照同类或类似无形资产的市场价格，加上相关税费入账	借：无形资产 　贷：专项基金
			无法采用上述方法计价的	借：无形资产［名义金额，人民币1元］ 　贷：专项基金 借：其他支出［相关费用］ 　贷：库存现金/银行存款/应付款/应交税费等

续表

序号	业务和事项内容		账务处理
2	处置无形资产	因出售、报废等原因处置无形资产时	
		处置形成净收益	借：库存现金/银行存款 　　累计摊销 贷：无形资产 　　应交税费/库存现金/银行存款等 　　其他收入［差额］
		处置形成净损失	借：库存现金/银行存款 　　累计摊销 　　其他支出［差额］ 贷：无形资产 　　应交税费/库存现金/银行存款等
3	以无形资产对外投资时		借：对外投资 　　累计摊销 贷：无形资产 　　应交税费 　　资本公积［差额，贷方或借方］

（四）会计实务举例

【例4-55】某合作社自行研制一项种苗培植技术，研究费用20 000元，其中：固定技术人员工资6 000元，相关材料支出14 000元。按法律程序取得种苗培植专利权，支付注册费6 500元、律师费1 500元，以银行存款支付。按5年时间进行摊销。

相关账务处理如下：

（1）发生研究费用时：

借：管理费用　　　　　　　　　　　　　　　20 000
　　贷：应付工资　　　　　　　　　　　　　　 6 000
　　　　产品物资　　　　　　　　　　　　　　14 000

（2）支付专利注册费、律师费时：

借：无形资产——种苗培植专利权　　　　　　 8 000
　　贷：银行存款　　　　　　　　　　　　　　 8 000

（3）当月摊销无形资产时：

无形资产当月摊销额=8 000÷（5×12）=133.33（元）

借：管理费用 133.33
　　贷：累计摊销——种苗培植专利权 133.33

【例4-56】接例4-55，该合作社将种苗培植专利权出租给其他单位使用，取得租金收入10 000元存入银行，另发生咨询服务等相关费用1 700元，以银行存款支付（注：未考虑相关税费）。

相关账务处理如下：

（1）取得租金收入时：

借：银行存款 10 000
　　贷：其他收入——专利权出租收入 10 000

（2）发生出租业务相关费用时：

借：其他支出——专利权出租支出 1 700
　　贷：银行存款 1 700

【例4-57】某合作社社员杜某以某项专利技术投资入股。经双方协商作价25 000元，享有本社注册资本份额20 000元。按照6年时间进行摊销。

相关账务处理如下：

（1）取得成员出资投入的无形资产时：

借：无形资产——专利技术 25 000
　　贷：股金——杜某 20 000
　　　　资本公积 5 000

（2）当月摊销无形资产时：

无形资产当月摊销额=25 000÷（6×12）=347.22（元）

借：管理费用 347.22
　　贷：累计摊销——专利技术 347.22

【例4-58】某合作社为增值税一般纳税人，拥有一项非专利技术，账面余额45 000元，已提摊销9 000元，出售该非专利技术取得销售收入为80 000元，应交增值税4 800元，城建税240元，教育费附加144元，地方教育费附加96元。以上款项银行存款收付讫。

相关账务处理如下：

借：银行存款　　　　　　　　　　　　　　　　　　80 000
　　累计摊销　　　　　　　　　　　　　　　　　　　9 000
　　　贷：无形资产——非专利技术　　　　　　　　　45 000
　　　　　应交税费——应交增值税　　　　　　　　　4 800
　　　　　　　　　　——应交城市维护建设税　　　　　240
　　　　　　　　　　——应交教育费附加　　　　　　　144
　　　　　　　　　　——应交地方教育附加　　　　　　 96
　　　　　其他收入——无形资产处置收入　　　　　38 720

出售无形资产净收益＝80 000－（45 000－9 000＋4 800＋240＋144＋96）＝38 720元，确认为当期收益，记入"其他收入"科目。

【例4-59】接例4-58，若该合作社出售该非专利技术取得销售收入为40 000元。假设其他条件不变。

相关账务处理如下：
借：银行存款　　　　　　　　　　　　　　　　　　40 000
　　累计摊销　　　　　　　　　　　　　　　　　　　9 000
　　其他支出——无形资产处置损失　　　　　　　　　1 280
　　　贷：无形资产——非专利技术　　　　　　　　　45 000
　　　　　应交税费——应交增值税　　　　　　　　　4 800
　　　　　　　　　　——应交城市维护建设税　　　　　240
　　　　　　　　　　——应交教育费附加　　　　　　　144
　　　　　　　　　　——应交地方教育附加　　　　　　 96

出售无形资产净损失＝（45 000－9 000＋4 800＋240＋144＋96）－40 000＝1 280元，确认为当期损失，记入"其他支出"科目。

【例4-60】某合作社的一项非专利技术，账面余额为30 000元，因该项非专利技术被其他新技术所替代，不能为合作社带来经济利益，经理事会批准应予转销。

相关账务处理如下：
借：其他支出——无形资产处置损失　　　　　　　30 000
　　　贷：无形资产——非专利技术　　　　　　　　30 000

三、累计摊销的核算

（一）会计科目设置

合作社应当设置"累计摊销"科目，核算合作社对无形资产计提的累计摊销。本科目的期末贷方余额，反映合作社计提的无形资产摊销累计数。

（二）明细科目设置

"累计摊销"科目应按照相应无形资产的类别、是否属于扶贫项目资产等设置明细科目，进行明细核算。

（三）主要账务处理

1.土地经营权、林权等生产经营类无形资产计提的摊销，借记"生产成本"等科目，贷记"累计摊销"科目；非生产经营类无形资产计提的摊销，借记"管理费用"等科目，贷记"累计摊销"科目。

2.出租无形资产所取得的租金收入，借记"银行存款"等科目，贷记"其他收入"等科目；结转出租无形资产的成本时，借记"其他支出"等科目，贷记"累计摊销"科目。

3.因出售、报废等原因处置无形资产，按照取得的转让价款，借记"库存现金""银行存款"等科目，按照已计提的累计摊销，借记"累计摊销"科目，按照无形资产的成本，贷记"无形资产"科目，按照应支付的相关税费及其他费用，贷记"应交税费""库存现金""银行存款"等科目，按照其差额，借记"其他支出"科目或贷记"其他收入"科目。

4.以无形资产对外投资时，按照评估确认或者合同、协议约定的价值和相关税费，借记"对外投资"科目，按照已计提的累计摊销，借记"累计摊销"科目，按照无形资产的成本，贷记"无形资产"科目，按照应支付的相关税费，贷记"应交税费"等科目，按照其差额，借记或贷记"资本公积"科目。

无形资产累计摊销的主要账务处理如表4-24所示。

表4-24　　　　　　　累计摊销科目核算内容

序号	业务和事项内容		账务处理
1	按月计提摊销	土地经营权、林权等生产经营类无形资产	借：生产成本等 　贷：累计摊销
		非生产经营类无形资产计提的摊销	借：管理费用 　贷：累计摊销
2	出租无形资产	出租无形资产取得租金收入	借：银行存款等 　贷：其他收入等
		结转出租无形资产的成本时	借：其他支出等 　贷：累计摊销
3	处置无形资产	因出售、报废等原因处置无形资产时	处置形成净收益： 借：库存现金/银行存款 　　累计摊销 　贷：无形资产 　　　应交税费/库存现金/银行存款等 　　　其他收入〔差额〕
			处置形成净损失： 借：库存现金/银行存款 　　累计摊销 　　其他支出〔差额〕 　贷：无形资产 　　　应交税费/库存现金/银行存款等
4	以无形资产对外投资时		借：对外投资 　　累计摊销 　贷：无形资产 　　　应交税费 　　　资本公积〔差额，贷方或借方〕

（四）会计实务举例

【例4-61】按月摊销无形资产相关账务处理，参见本章例4-55和例4-57，此处略。

【例4-62】出租无形资产相关账务处理，参见本章例4-56，此处略。

【例4-63】处置无形资产相关账务处理，参见本章例4-58，此处略。

第十节 长期待摊费用

一、长期待摊费用概述

长期待摊费用是合作社已经支出，但应由本期和以后各期负担的分摊期限在1年以上（不含1年）的各项支出，具体包括以经营租赁方式租入固定资产的改良支出、一次性缴纳土地承包费、一次性缴纳固定资产经营租赁费等。

长期待摊费用不能全部计入合作社当年损益，应当按实际发生数额，在受益期限平均摊销。

二、长期待摊费用的核算

（一）会计科目设置

合作社应当设置"长期待摊费用"科目，核算合作社已提足折旧的固定资产的改建支出和其他长期待摊费用等。本科目期末借方余额，反映合作社尚未摊销完毕的长期待摊费用。

（二）明细科目设置

"长期待摊费用"科目应按照支出项目进行明细核算。

（三）主要账务处理

合作社发生长期待摊费用时，借记"长期待摊费用"科目，贷记"库存现金""银行存款""产品物资"等科目。摊销长期待摊费用时，借记"生产成本""管理费用""其他支出"等科目,贷记"长期待摊费用"科目。

长期待摊费用的主要账务处理如表4-25所示。

表4-25　　　　　　长期待摊费用科目核算内容

序号	业务和事项内容	账务处理
1	发生长期待摊费用	借：长期待摊费用 　　贷：库存现金/银行存款/产品物资等
2	摊销长期待摊费用	借：生产成本/管理费用/其他支出等 　　贷：长期待摊费用

(四) 会计实务举例

【例4-64】某合作社采用经营租赁方式租入办公用房一间,租期为10年。202×年4月该合作社对其进行装修,发生装修费用55 000元。在租赁期间内平均摊销。

相关账务处理如下：

(1) 发生长期待摊费用：

借：长期待摊费用——租入固定资产改良支出　　55 000
　　贷：银行存款　　　　　　　　　　　　　　　　55 000

(2) 在受益期间摊销长期待摊费用：

每期摊销额=55 000÷(10×12)=458.33(元)

借：管理费用　　　　　　　　　　　　　　　　　458.33
　　贷：长期待摊费用——租入固定资产改良支出　　458.33

第十一节　待处理财产损溢

一、待处理财产损溢概述

待处理财产损溢是指合作社在资产清查过程中查明的各种资产盘盈、盘亏和报废、毁损的价值。

合作社的资产发生以下情形，一般应当作为待处理财产损溢处理：

（1）自然损耗、意外灾害造成的毁损；

（2）管理不善或责任者的过失造成的毁损；

（3）因制度制定或执行不严密造成的资产盘盈或盘亏；

（4）由于计量或检验不准确，造成多收多付或少收少付等。

待处理财产损溢应及时查明原因，按照规定程序报批处理。

二、待处理财产损溢的核算

（一）会计科目

合作社应当设置"待处理财产损溢"科目，核算合作社在清查财产过程中查明的各种财产盘盈、盘亏和毁损的价值。合作社的财产损溢，应当查明原因，在期末结账前处理完毕，处理后本科目应无余额。

（二）明细科目

"待处理财产损溢"科目应按照待处理流动资产损溢和待处理非流动资产损溢进行明细核算。

（三）主要账务处理

1.盘盈的各种产品物资、消耗性生物资产、现金等，按照同类或类似资产的市场价格或评估价值、实际溢余的金额，借记"产品物资""消耗性生物资产""库存现金"等科目，贷记"待处理财产损溢"科目（待处理流动资产损溢）。盘亏、毁损、短缺的各种产品物资、消耗性生物资产、现金等，按照其账面余额、实际短缺的金额，借记"待处理财产损溢"科目（待处理流动资产损溢），贷记"产品物资""消耗性生物资产""库存现金"等科目。

盘盈的固定资产、生产性生物资产，按照同类或类似资产的市场价格或评估价值扣除按照该项资产新旧程度或状况估计的折旧后的余额，借记"固定资产""生产性生物资产"科目，贷记"待处理财产损溢"科目（待处理非流动资产损溢）。盘亏的固定资产以及盘亏、死亡毁损的生产性生物资产，按照其账面价值，借记"待处理财产损溢"科目（待处理非流动资产损溢），按照已计提的累计折旧，借记"累计折旧""生产性生物资产累计折旧"科目，按照其原价（成本），贷记"固定资产""生产性生物资产"科目。

2.盘亏、毁损、报废的各项资产，按规定程序批准后处理时，按照残料价值，借记"产品物资"等科目，按照可收回的责任人和保险公司赔偿的金额，借记"应收款""成员往来"等科目，按照"待处理财产损溢"科目余额，贷记"待处理财产损溢"科目（待处理流动资产损溢、待处理非流动资产损溢），按照其差额，借记"其他支出"科目。

盘盈的各项资产，按规定程序批准后处理时，按照"待处理财产损溢"科目余额，借记"待处理财产损溢"科目（待处理流动资产损溢、待处理非流动资产损溢），贷记"其他收入"科目。

待处理财产损溢的主要账务处理如表4-26所示。

表4-26 待处理财产损溢科目核算内容

序号	业务和事项内容		账务处理
1	盘盈各类资产	盘盈各种产品物资、消耗性生物资产、现金等	借：产品物资/消耗性生物资产/库存现金等 贷：待处理财产损溢——待处理流动资产损溢
		盘盈固定资产、生产性生物资产	借：固定资产/生产性生物资产 贷：待处理财产损溢——待处理非流动资产损溢
		按规定程序批准后处理时	借：待处理财产损溢——待处理流动资产损溢/待处理非流动资产损溢 贷：其他收入
2	盘亏、毁损、短缺资产	盘亏、毁损、短缺各种产品物资、消耗性生物资产、现金等	借：待处理财产损溢——待处理流动资产损溢 贷：产品物资/消耗性生物资产/库存现金等

续表

序号	业务和事项内容		账务处理
2	盘亏、毁损、短缺资产	盘亏固定资产以及盘亏、死亡毁损生产性生物资产	借：待处理财产损溢——待处理非流动资产损溢 　　累计折旧/生产性生物资产累计折旧 贷：固定资产/生产性生物资产
		按规定程序批准后处理时	借：产品物资等［残料价值］ 　　应收款/成员往来等［可回收的赔偿金额］ 　　其他支出［差额］ 贷：待处理财产损溢——待处理流动资产损溢/ 　　待处理非流动资产损溢

（四）会计实务举例

【例4-65】现金盘盈盘亏的账务处理，参见本章例4-2，此处略。

【例4-66】产品物资、固定资产盘盈盘亏的账务处理，参见本章例4-15和例4-42，此处略。

【例4-67】生物性资产死亡、毁损、核销业务的账务处理，参见本章例4-32，此处略。

第五章
负债的核算

第一节 负债概述

一、负债的概念及特点

（一）负债的概念

合作社的负债是指合作社过去的交易或者事项形成的、预期会导致经济利益流出合作社的现时义务。

现时义务是指合作社在现行条件下已承担的义务。未来发生的经济业务或者事项形成的义务不属于现时义务，不应当确认为负债。

（二）负债的特点

负债是合作社须承担的清偿责任，清偿的预期将导致合作社资产的减少。它具有以下特点：

（1）负债是基于过去的交易或事项而产生的。会计的基本属性是对特定主体已经发生的经济业务或者事项进行确认、计量和报告。对尚未发生或者正在发生的经济业务，不得作为会计核算的内容，除非有足够证据表明，正在发生或尚未发生的业务已经在事实上形成了会计核算主体的某种权利或者义务，并且权利与义务的金额能够较为准确地估计。合作社负债也是一样，也是基于过去业务而发生的现实义务。

（2）负债是合作社承担的现时义务。所谓现时业务是就当前的状态而言，这种业务具有不可撤销性，在将来约定的某个时间必须偿还。

（3）债务的偿还会导致未来资产的减少或者负债的增加。负债通常是在未来某一时日通过交付资产（包括现金和其他资产）或提供劳务来清偿，这样可能导致资产的减少或者以新的债务来进行替换。

二、负债的分类

合作社的负债按照流动性可分为流动负债和非流动负债。

1.流动负债

流动负债是指偿还期在1年内（含1年）的债务，包括短期借款、应付款项、应付工资、应付劳务费、应交税费、应付利息、应付盈余返还、应付剩余盈余等。合作社的应付款项包括与成员和非成员之间发生的各项应付及暂收款项。合作社的应付工资，是指合作社为获得管理人员、固定员工等职工提供的服务而应付给职工的各种形式的报酬以及其他相关支出。合作社的应付劳务费，是指合作社为获得季节性用工等临时性工作人员提供的服务而应支付的各种形式的报酬以及其他相关支出。

2.非流动负债

非流动负债是指偿还期在1年以上的债务，包括长期借款、专项应付款等。

三、负债的确认与计量

（一）负债的确认

符合负债定义的现时义务，在同时满足以下条件时，确认为负债：（1）履行该义务很可能导致含有服务潜力或者经济利益的经济资源流出农民专业合作社;(2)该义务的金额能够可靠计量。符合负债定义并确认的负债项目,应当列入资产负债表。

(二)负债的计量

合作社的各项负债应当按照实际发生额入账。

四、负债类会计科目的设置

合作社应按照《农民专业合作社会计制度》的规定来设置和使用会计科目,合作社负债类一级会计科目共有10个,如表5–1所示。关于在合作社会计科目使用中需要注意的事项,参见本书第三章第一节"资产类会计科目的设置"中相关表述,此处不赘述。

表5–1 负债类科目表

序号	科目编号	科目名称
1	201	短期借款
2	211	应付款
3	212	应付工资
4	213	应付劳务费
5	214	应交税费
6	215	应付利息
7	221	应付盈余返还
8	222	应付剩余盈余
9	231	长期借款
10	235	专项应付款

第二节 借入款项

一、借入款项概述

（一）借入款项的概念及分类

合作社的借入款项是指合作社从银行等金融机构及外部合作社和个人借入的款项。按照借款期限长短，合作社的借入款项分为短期借款和长期借款。

短期借款是指合作社从银行、信用社或其他金融机构，以及外部合作社和个人借入的期限在1年内（含1年）的各种借款。

长期借款是指合作社从银行等金融机构及外部合作社和个人借入的期限在1年以上（不含1年）的各项借款。

（二）借款的管理要求

1.合作社应当建立健全借款业务内部控制制度，明确审批人和经办人的权限、程序、责任和相关控制措施。不得由同一人办理借款业务的全过程。

2.合作社应当对借款业务按章程的规定进行决策和审批，并保留完整的书面记录。要在借款各环节设置相关的记录、填制相应的凭证，并加强有关单据和凭证的相互核对工作。加强对借款合同等文件和凭证的管理。

3.合作社向金融机构申请借款，应优先选择金融机构的优惠贷款。需要提供担保的，应当注意担保物价值与借款金额的匹配性。对于已经全部或者部分归还的借款，应当及时解除全部或者部分担保，并在借款合同中约定。

4.合作社应当定期或不定期对借款业务内部控制进行监督检查，对发现的薄弱环节，应当及时采取措施加以纠正和完善。

二、短期借款的核算

（一）会计科目设置

合作社应当设置"短期借款"科目，核算合作社从银行、信用社或其他金融机构，以及外部合作社和个人借入的期限在1年内（含1年）的各种借款。本科目期末贷方余额，反映合作社尚未偿还的短期借款本金。

（二）明细科目设置

"短期借款"科目应按照借款合作社和个人设置明细科目，进行明细核算。

（三）主要账务处理

1.合作社借入各种短期借款时，借记"库存现金""银行存款"科目，贷记"短期借款"科目。

2.在应付利息日，按照借款本金和借款合同利率计算确定的利息费用，借记"财务费用"科目，贷记"应付利息"科目。

实际支付短期借款利息时，借记"应付利息"科目，贷记"库存现金""银行存款"科目。

3.偿还短期借款时，借记"短期借款"科目，贷记"库存现金""银行存款"科目。

短期借款的主要账务处理如表5-2所示。

表5-2　　　　　　　　　短期借款科目核算内容

序号	业务和事项内容		账务处理
1	借入各种短期借款时		借：库存现金/银行存款 　贷：短期借款
2	计算利息费用	应付利息日，按照借款本金和借款合同利率计算确定利息费用	借：财务费用 　贷：应付利息
		实际支付短期借款利息时	借：应付利息 　贷：库存现金/银行存款
3	偿还短期借款时		借：短期借款 　贷：库存现金/银行存款

（四）会计实务举例

【例5-1】因业务拓展需要，某合作社向本地农村信用社办理短期借款，借款金额100 000元，借款期限为6个月，年利率为4.6%，每月付息到期还本。款项已通过银行存款收讫。

相关账务处理如下：

（1）收到短期借款时：

借：银行存款　　　　　　　　　　　　　　　　　　　100 000
　　贷：短期借款——农村信用社　　　　　　　　　　　100 000

（2）每月计算利息费用时：

每月应付利息=100 000×4.6%÷12=383.33（元）

借：财务费用　　　　　　　　　　　　　　　　　　　383.33
　　贷：应付利息——农村信用社　　　　　　　　　　　383.33

（3）实际支付短期借款利息时：

借：应付利息——农村信用社　　　　　　　　　　　　383.33
　　贷：银行存款　　　　　　　　　　　　　　　　　　383.33

（4）偿还短期借款时：

借：短期借款——农村信用社　　　　　　　　　　　　100 000
　　贷：银行存款　　　　　　　　　　　　　　　　　　100 000

三、长期借款的核算

（一）会计科目设置

合作社应当设置"长期借款"科目，核算合作社从银行等金融机构及外部合作社和个人借入的期限在1年以上（不含1年）的各项借款。本科目期末贷方余额，反映合作社尚未偿还的长期借款本金。

（二）明细科目设置

"长期借款"科目应按照借款合作社和个人设置明细账，进行明细核算。

（三）主要账务处理

1.合作社借入长期借款时，借记"银行存款"等科目，贷记"长期借款"科目。

2.在应付利息日，按照借款本金和借款合同利率计算确定的利息费用，借记"财务费用"科目，贷记"应付利息"科目。实际支付利息时，借记"应付利息"科目，贷记"银行存款"等科目。

3.偿还长期借款时，借记"长期借款"科目，贷记"银行存款"等科目。

长期借款的主要账务处理如表5-3所示。

表5-3　　　　　　　　长期借款科目核算内容

序号	业务和事项内容		账务处理
1	借入长期借款时		借：银行存款 贷：长期借款
2	计算利息费用	应付利息日，按照借款本金和借款合同利率计算确定利息费用	借：财务费用 贷：应付利息
		实际支付利息时	借：应付利息 贷：银行存款
3	偿还长期借款时		借：长期借款 贷：银行存款

(四)会计实务举例

【例5-2】某合作社为购置农机设备,向本地农村信用合作社借款200 000元,期限三年,借款年利率为5%,每季度偿还一次利息,到期时偿还本金和剩余利息。款项已通过银行存款收讫。

相关账务处理如下:

(1)收到长期借款时:

借:银行存款　　　　　　　　　　　　　　　200 000
　　贷:长期借款——农村信用社　　　　　　　　　　200 000

(2)每季度末计算利息费用时:

每季度应付利息=200 000×5%÷4=2 500(元)

借:财务费用　　　　　　　　　　　　　　　2 500
　　贷:应付利息——农村信用社　　　　　　　　　　2 500

(3)每季度实际支付长期借款利息时:

借:应付利息——农村信用社　　　　　　　　　2 500
　　贷:银行存款　　　　　　　　　　　　　　　　2 500

(4)偿还长期借款本金及最后一期利息时:

借:长期借款——农村信用社　　　　　　　　　200 000
　　应付利息——农村信用社　　　　　　　　　　2 500
　　贷:银行存款　　　　　　　　　　　　　　　　202 500

四、应付利息的核算

(一)会计科目设置

合作社应当设置"应付利息"科目,核算合作社按照合同约定应支付的利息费用。本科目期末贷方余额,反映合作社应付未付的利息费用。

(二)明细科目设置

"应付利息"科目应按照借款合作社和个人设置明细账,进行明细核算。

（三）主要账务处理

1.在应付利息日，按照借款本金和借款合同利率计算确定的利息费用，借记"财务费用"科目，贷记"应付利息"科目。

2.实际支付利息时，借记"应付利息"科目，贷记"库存现金""银行存款"科目。

应付利息的主要账务处理如表5-4所示。

表5-4　　　　　　　　　应付利息科目核算内容

序号	业务和事项内容	账务处理
1	计算利息费用	借：财务费用 　贷：应付利息
2	实际支付利息时	借：应付利息 　贷：库存现金/银行存款

（四）会计实务举例

【例5-3】短期借款应付利息的计算及账务处理，参见本章例5-1，此处略。

【例5-4】长期借款应付利息的计算及账务处理，参见本章例5-2，此处略。

第三节　应付款项

一、应付款项概述

（一）应付款项的概念

合作社的应付款项包括与成员和非成员之间发生的各项应付及暂收款

项，包括因购买产品物资和接受服务等应付的款项以及应付的赔款等。

（二）应付款项的管理要求

1.合作社应当建立健全应付及暂收款项管理制度，完善款项审批手续，及时入账，定期对账，按合同约定的时间适时付款和提供产品及劳务。

2.合作社应当对成员往来、应付及暂收款设立明细账，详细反映应付及暂收款项的发生、增减变动、余额、应付及暂收款单位或个人、账期等财务信息，确保款项的安全。

3.应付款项应当按照发生额入账。对发生因债权人特殊原因等确实无法支付的或者债权人对合作社债务豁免的应付款项，应当计入其他收入。

二、应付款项的核算

（一）会计科目设置

合作社应当设置"应付款"科目，核算合作社与非成员之间发生的各种应付及暂收款项，包括因购买产品物资和接受服务等应付的款项以及应付的赔款等。本科目期末贷方余额，反映合作社应付但尚未付给非成员的应付及暂收款项。

（二）明细科目设置

"应付款"科目应按照发生应付及暂收款项的非成员合作社和个人设置明细账，进行明细核算。

（三）主要账务处理

1.合作社与非成员之间发生各种应付及暂收款项时，借记"库存现金""银行存款""产品物资""经营支出""其他支出"等科目，贷记"应付款"科目。

2.偿还应付及暂收款项时,借记"应付款"科目,贷记"库存现金""银行存款"等科目。

3.因债权人特殊原因等确实无法支付的应付款或获得债权人的债务豁免时,按规定程序批准后,借记"应付款"科目,贷记"其他收入"科目。

应付款的主要账务处理如表5-5所示。

表5-5　　　　　　　　应付款科目核算内容

序号	业务和事项内容	账务处理
1	发生各种应付及暂收款项时	借:库存现金/银行存款/产品物资/经营支出/其他支出等 贷:应付款
2	偿还应付及暂收款项时	借:应付款 贷:库存现金/银行存款等
3	因债权人特殊原因等确实无法支付的应付款或获得债权人的债务豁免时	借:应付款 贷:其他收入

(四)会计实务举例

【例5-5】某合作社接受非成员农户李某委托代购农机一台,合同约定价款4 000元,李某已用现金支付。该笔现金已于当日存入银行。

相关账务处理如下:

(1)收到现金时:

借:库存现金　　　　　　　　　　　　　　　　　　　4 000
　　贷:应付款——李某　　　　　　　　　　　　　　　　4 000

(2)送存银行时:

借:银行存款　　　　　　　　　　　　　　　　　　　4 000
　　贷:库存现金　　　　　　　　　　　　　　　　　　　4 000

【例5-6】接例5-5,该合作社按约定如期完成采购,并将农机交付至李某手中。

相关账务处理如下：

（1）受托采购商品时：

借：受托代购商品——农机　　　　　　　　　　　　4 000
　　贷：银行存款　　　　　　　　　　　　　　　　　　　4 000

（2）将受托代购商品交付给委托方时：

借：应付款——李某　　　　　　　　　　　　　　　4 000
　　贷：受托代购商品——农机　　　　　　　　　　　　4 000

【例5-7】某合作社从A公司购进木材100立方，价格70 000元，承担运费1 500元。该批木材已经运达合作社并验收入库。已收到供货单位随同木材一起转来的发票、运费单据及收货单，但相关结算凭证尚未达到。

相关账务处理如下：

借：产品物资——木材　　　　　　　　　　　　　71 500
　　贷：应付款——A公司　　　　　　　　　　　　　　71 500

【例5-8】某合作社从××种子公司购入种子3 000斤，每斤20元，共计60 000元。双方约定，先以银行存款支付60%，共36 000元，剩余款项24 000元等种子播种出苗后再付款。

借：产品物资——种子　　　　　　　　　　　　　60 000
　　贷：银行存款　　　　　　　　　　　　　　　　　　36 000
　　　　应付款——××种子公司　　　　　　　　　　　24 000

【例5-9】接例5-8，该合作社播种后出苗良好，按合同规定，结清剩余款项。

借：应付款——××种子公司　　　　　　　　　　24 000
　　贷：银行存款　　　　　　　　　　　　　　　　　　24 000

【例5-10】某合作社应付款账户中，欠A食品加工厂的款项1 000元，因该加工厂企业改制，停止经营，款项无法归还，经理事会研究决定，同意进行核销处理。

借：应付款——A食品加工厂　　　　　　　　　　1 000
　　贷：其他收入　　　　　　　　　　　　　　　　　　1 000

第四节　应付工资

一、应付工资概述

（一）应付工资的概念

合作社的应付工资，是指合作社为获得管理人员、固定员工等职工提供的服务而应付给职工的各种形式的报酬以及其他相关支出。

（二）应付工资的管理

合作社应当按照劳动工资制度规定，编制"工资表"，计算各种工资，再将"工资表"进行汇总，编制"工资汇总表"。

二、应付工资的核算

（一）会计科目设置

合作社应当设置"应付工资"科目，核算合作社应支付给管理人员、固定员工等职工的工资总额。包括在工资总额内的各种工资、奖金、津贴、补助、社会保险费等，不论是否在当月支付，都应通过本科目核算。本科目期末一般应无余额，如有贷方余额，反映合作社已提取但尚未支付的工资额。

（二）明细科目设置

"应付工资"科目应当设置"应付工资明细账"，按照管理人员、固定员工等职工的姓名、类别以及应付工资的组成内容等，进行明细核算。

（三）主要账务处理

1.提取工资时，根据人员岗位进行工资分配，借记"在建工程""生产成本""经营支出""管理费用"等科目，贷记"应付工资"科目。

2.实际支付工资时，借记"应付工资"科目，贷记"库存现金""银行存款"等科目。

应付工资薪酬的主要账务处理如表5-6所示。

表5-6　　　　　　　　应付工资科目核算内容

序号	业务和事项内容	账务处理
1	提取工资时	借：在建工程/生产成本/经营支出/管理费用等 　贷：应付工资
2	实际支付工资时	借：应付工资 　贷：库存现金/银行存款等

（四）会计实务举例

【例5-11】某农产品加工合作社202×年10月计提工作人员工资31 000元，其中：甲产品生产工人工资12 000元，乙产品生产工人工资14 000元，车间管理人员工资5 000元。上述人员工资通过银行存款发放完毕。

相关账务处理如下：

（1）计提本月工资时：

借：生产成本——甲产品　　　　　　　　　　　　12 000
　　　　　——乙产品　　　　　　　　　　　　14 000
　　　　　——制造费用　　　　　　　　　　　　5 000
　　贷：应付工资　　　　　　　　　　　　　　　31 000

（2）实际发放工资时：

借：应付工资　　　　　　　　　　　　　　　　　31 000
　　贷：银行存款　　　　　　　　　　　　　　　31 000

【例5-12】某苹果合作社编制202×年12月工资表，应付工资总额共计36 000元，其中：分拣、包装、冷藏苹果的固定员工工资21 000元，管理人员工资5 000元，销售人员工资6 000元，正在扩建中的仓库基建人员工资是4 000元。上述人员工资现金发放完毕。

相关账务处理如下：

（1）计提本月工资时：

借：生产成本——苹果　　　　　　　　　　　21 000
　　经营支出　　　　　　　　　　　　　　　6 000
　　管理费用　　　　　　　　　　　　　　　5 000
　　在建工程——冷库　　　　　　　　　　　4 000
　　贷：应付工资　　　　　　　　　　　　　36 000
（2）从银行取款备发工资时：
借：库存现金　　　　　　　　　　　　　　　36 000
　　贷：银行存款　　　　　　　　　　　　　36 000
（3）实际发放工资时：
借：应付工资　　　　　　　　　　　　　　　36 000
　　贷：库存现金　　　　　　　　　　　　　36 000

第五节　应付劳务费

一、应付劳务费概述

合作社的应付劳务费，是指合作社为获得季节性用工等临时性工作人员提供的服务而应支付的各种形式的报酬以及其他相关支出。

二、应付劳务费的核算

（一）会计科目设置

合作社应当设置"应付劳务费"科目，核算合作社应支付给季节性用工等临时性工作人员的劳务费总额。包括在劳务费总额内的各种劳务费、奖金、津贴、补助等，不论是否在当月支付，都应通过本科目核算。本科目期末一般应无余额，如有贷方余额，反映合作社已提取但尚未支付的劳务费金额。

（二）明细科目设置

合作社应当设置"应付劳务费明细账"，按照临时性工作人员的姓名、类别以及应付劳务费的组成内容等，进行明细核算。

（三）主要账务处理

1.提取劳务费时，根据人员岗位进行劳务费分配，借记"在建工程""生产成本""经营支出"等科目，贷记"应付劳务费"科目。

2.实际支付劳务费时，借记"应付劳务费"科目，贷记"库存现金""银行存款"等科目。

应付劳务费的主要账务处理如表5-7所示。

表5-7　　　　　　　　应付劳务费科目核算内容

序号	业务和事项内容	账务处理
1	提取劳务费时	借：在建工程/生产成本/经营支出等 　贷：应付劳务费
2	实际支付劳务费时	借：应付劳务费 　贷：库存现金/银行存款等

（四）会计实务举例

【例5-13】某蓝莓合作社202×年6月雇用20名临时工采摘蓝莓，每人每天工资是130元，采摘20天，共支出工资52 000元，现金付讫。

相关账务处理如下：

（1）计提工资时：

借：生产成本——蓝莓　　　　　　　　　　　52 000
　　贷：应付劳务费　　　　　　　　　　　　　　52 000

（2）从银行取款备发劳务费时：

借：库存现金　　　　　　　　　　　　　　　52 000
　　贷：银行存款　　　　　　　　　　　　　　　52 000

（3）实际发放工资时：

借：应付劳务费　　　　　　　　　　　　　　52 000

贷：库存现金 52 000

第六节 应交税费

一、应交税费概述

应交税费是指合作社按照税法等规定计算应缴纳的各种税费，包括增值税、企业所得税、消费税、城市维护建设税、资源税、房产税、土地使用税、车船税、印花税、教育费附加及地方教育附加等。

二、增值税概述

（一）增值税的概念

增值税是以商品（含应税劳务）在流转过程中产生的增值额作为计税依据而征收的一种流转税。从计税原理上说，增值税是对商品生产、流通、劳务服务中多个环节的新增价值或商品的附加值征收的一种流转税。实行价外税，也就是由消费者负担，有增值才征税，无增值不征税。增值税是我国目前最大的税种。

（二）应纳增值税的计算

在中华人民共和国境内销售货物或者提供加工、修理修配劳务以及进口货物的单位和个人，为增值税的纳税人。按照应税销售额的大小和会计核算的规范性，我国将增值税纳税人划分为一般纳税人和小规模纳税人。

1.增值税一般纳税人

增值税一般纳税人指的是连续12个月应征增值税销售额超过财政部、国家税务总局规定的小规模纳税人标准（500万元以上）的企业和企业性单位。

会计核算健全，能够提供准确的税务资料且连续12个月应征增值税销售额未超过规定标准的企业，可自行向主管税务机关办理增值税一般纳税人登记。

一般纳税人应纳增值税的计算公式为：

应纳税额＝当期销项税额－当期进项税额＝当期销售额×适用税率－当期进项税额

我国增值税实行扣税法。一般纳税人凭增值税专用发票及其他合法扣税凭证注明的税款进行抵扣，当期销项税额小于进项税额时，其不足抵扣的部分可以结转到下期继续抵扣。

销项税额是指纳税人销售货物或者提供应税劳务，按照销售额或应税劳务收入和规定的税率计算，并向购买方收取的增值税税额。销项税额的计算公式为：

销项税额＝不含税销售额×适用税率

注：2016年全面"营改增"后，我国一般纳税人计算销项税额时适用的税率包括13%、9%、6%、零税率四档。

纳税人购进货物或者接受应税劳务所支付或者负担的增值税额为进项税额。进项税额是与销项税额相对应的另一个概念。在开具增值税专用发票的情况下，它们之间的对应关系是，销售方收取的销项税额，就是购买方支付的进项税额。对于任何一个一般纳税人而言，由于其在经营活动中，既会发生销售货物或提供应税劳务，又会发生购进货物或接受应税劳务，因此，每一个一般纳税人都会有收取的销项税额和支付的进项税额，但需要注意的是，并不是纳税人支付的所有进项税额都可以从销项税额中抵扣。进项税额必须取得增值税专用发票以及其他扣税凭证，才能按规定抵扣税款。进项税额的计算公式为：

进项税额＝不含税购进额×适用税率

注：根据财政部、税务总局、海关总署的公告（2019年第39号）规定，对增值税一般纳税人购进农产品，原适用10%扣除率的，扣除率调整为9%。

对增值税一般纳税人购进用于生产或者委托加工13%税率货物的农产品,按照10%扣除率计算进项税额。

2.增值税小规模纳税人

增值税小规模纳税人是指年应征增值税销售额在500万元及以下,并且会计核算不健全,不能按规定报送有关税务资料的增值税纳税人。所称会计核算不健全是指不能正确核算增值税的销项税额、进项税额和应纳税额。

小规模纳税人应按照不含税销售额和征收率计算应纳税额,且不得抵扣进项税额。小规模纳税人增值税应纳税额计算公式为:

应纳税额=不含税销售额×征收率=含税销售额÷(1+征收率)×征收率

注:小规模纳税人大多数业务均适用3%征收率,但如销售不动产、出租不动产、劳务派遣等可以选择按5%征收率差额缴纳增值税。自2020年3月1日至2022年3月31日,小规模纳税人适用3%征收率的应税销售收入,减按1%征收率征收增值税。根据财政部、税务总局公告2022年第15号规定,自2022年4月1日至2022年12月31日,小规模纳税人适用3%征收率的应税销售收入,免征增值税。

(三)农民专业合作社增值税优惠政策

1.合作社销售自产农产品免征增值税

根据《中华人民共和国增值税暂行条例》《关于农民专业合作社有关税收政策的通知》(财税〔2008〕81号)和《关于印发〈农业产品征税范围注释〉的通知》(财税字〔1995〕52号)等规定,农民合作社销售本社成员生产的农产品,视同农业生产者销售自产农产品,免征增值税。农业产品是指种植业、养殖业、林业、牧业、水产业生产的各种植物、动物的初级产品。

享受这项优惠政策的条件为:(1)农产品应当是列入《农业产品征税范围注释》(财税字〔1995〕52号)的初级农业产品;(2)依照《农民专业合作社法》规定设立和登记的农民专业合作社。(3)销售本社成员生产的农产品。

2.合作社向本社成员销售部分农用物资免征增值税

根据《关于农民专业合作社有关税收政策的通知》(财税〔2008〕81号)规定,农民合作社向本社社员销售的农膜、种子、种苗、化肥、农药、农机,免征增值税。

享受这项优惠政策的条件为:(1)纳税人为农民合作社;(2)农用物资销售给本社成员;(3)农膜、种子、种苗、化肥、农药、农机以外的其他类型农用物资销售暂不享受税收优惠政策。

3.合作社对外开展农业服务免征增值税

根据《关于全面推开营业税改征增值税试点的通知》(财税〔2016〕36号)附件3《营业税改征增值税试点过渡政策的规定》第一条第十项的规定:从事农业服务项目的增值税纳税人,包括农民合作社,从事农业机耕、排灌、病虫害防治、植物保护、农牧保险以及相关技术培训业务,家禽、牲畜、水生动物的配种和疾病防治,免征增值税。

享受这项优惠政策的条件为:(1)农业机耕,是指在农业、林业、牧业中使用农业机械进行耕作(包括耕耘、种植、收割、脱粒、植物保护等)的业务;(2)排灌,是指对农田进行灌溉或者排涝的业务;(3)病虫害防治,是指从事农业、林业、牧业、渔业的病虫害测报和防治的业务;(4)农牧保险,是指为种植业、养殖业、牧业种植和饲养的动植物提供保险的业务;(5)相关技术培训,是指与农业机耕、排灌、病虫害防治、植物保护业务相关以及为使农民获得农牧保险知识的技术培训业务;(6)家禽、牲畜、水生动物的配种和疾病防治业务的免税范围,包括与该项服务有关的提供药品和医疗用具的业务。

4.承包地流转给农业生产者用于农业生产免征增值税

根据《关于建筑服务等营改增试点政策的通知》(财税〔2017〕58号)第四条规定,土地股份合作社采取转包、出租、互换、转让、入股等方式,将承包地流转给农业企业等农业生产者用于农业生产,免征增值税。

享受这项优惠政策的条件为:(1)采取转包、出租、互换、转让、入股等方式将承包地流转给农业生产者;(2)农业生产者取得土地使用权后用于农业生产。

5. 增值税一般纳税人购进农民专业合作社销售的免税农产品可以抵扣进项税额

根据《关于印发〈农业产品征税范围注释〉的通知》(财税字〔1995〕52号)《关于农民专业合作社有关税收政策的通知》(财税〔2008〕81号)《关于深化增值税改革有关政策的公告》(财政部 税务总局 海关总署公告2019年第39号)规定:增值税一般纳税人购进农产品,原适用10%扣除率的,扣除率调整为9%。纳税人购进用于生产或者委托加工13%税率货物的农产品,按照10%的扣除率计算进项税额。

享受这项优惠政策的条件为:(1)纳税人为增值税一般纳税人;(2)从农民合作社购进免税农产品;(3)农产品应当是列入《农业产品征税范围注释》(财税字〔1995〕52号)的农业产品。

6. 农民合作社对外销售蔬菜免征增值税

根据《关于免征蔬菜流通环节增值税有关问题的通知》(财税〔2011〕137号)规定,对农民合作社以批发、零售方式销售的蔬菜免征增值税。蔬菜是指可作副食的草本、木本植物,包括各种蔬菜、菌类植物和少数可作副食的木本植物,蔬菜的主要品种参照《蔬菜主要品种目录》执行。经挑选、清洗、切分、晾晒、包装、脱水、冷藏、冷冻等工序加工的蔬菜,属于免税蔬菜范围。

7. 小规模纳税人免征增值税政策

根据《国家税务总局关于小规模纳税人免征增值税政策征管问题的公告》(国家税务总局公告2021年第5号)规定,小规模纳税人发生增值税应税销售行为,合计月销售额未超过15万元(以1个季度为1个纳税期的,季度销售额未超过45万元)的,免征增值税。小规模纳税人发生增值税应税销售行为,合计月销售额超过15万元,但扣除本期发生的销售不动产的销售额后未超过15万元的,其销售货物、劳务、服务、无形资产取得的销售额免征增值税。

为进一步支持小微企业发展，根据《财政部 税务总局关于对增值税小规模纳税人免征增值税的公告》（财政部 税务总局公告年2022第15号）规定，自2022年4月1日至2022年12月31日，增值税小规模纳税人适用3%征收率的应税销售收入，免征增值税；适用3%预征率的预缴增值税项目，暂停预缴增值税。

三、企业所得税概述

（一）企业所得税的概念

企业所得税是对我国境内的企业和其他取得收入的组织的生产、经营所得和其他所得依法征收的一种税。

（二）企业所得税居民企业和非居民企业

企业所得税的纳税人包括各类企业、事业单位、社会团体、民办非企业单位和从事经营活动的其他组织。个人独资企业、合伙企业不属于企业所得税纳税义务人。企业所得税采取收入来源地管辖权和居民管辖权相结合的双管辖权，把企业分为居民企业和非居民企业，分别确定不同纳税义务。

1. 居民企业

居民企业是指依法在中国境内成立，或者依照外国（地区）法律成立但实际管理机构在中国境内的企业。居民企业应当就其来源于中国境内、境外的所得缴纳企业所得税。

2. 非居民企业

非居民企业是指依照外国（地区）法律成立且实际管理机构不在中国境内，但在中国境内设立机构、场所的，或者在中国境内未设立机构、场所，但有来源于中国境内所得的企业。非居民企业在中国境内设立机构、场所的，应当就其所设机构、场所取得的来源于中国境内的所得，以及发生在中国境外但与其所设机构、场所有实际联系的所得，缴纳企业所得税。非居民企业在中国境内未设立机构、场所的，或者虽设立机构、场所但取得的所得与其所设机构、场所没有实际联系的,应当就其来源于中国境内的所得缴纳企业所得税。

(三)企业所得税的计算

1. 应纳税额的计算

应纳税额,是指企业的应纳税所得额乘以适用税率,减除依照税收优惠的规定减免和抵免的税额后的余额。计算公式为:

应纳税额=应纳税所得额×适用税率-减免税额-抵免税额

公式中的减免税额和抵免税额,是指依照企业所得税法和国务院的税收优惠规定减征、免征和抵免的应纳税额。

2. 应纳所得税额的计算

应纳所得税额有两种计算方法:直接法和间接法。

(1)直接法。直接法是指根据企业每一个纳税年度的收入总额,减除不征税收入、免税收入、各项扣除以及允许弥补的以前年度亏损后的余额,为应纳税所得额。计算公式如下:

应纳税所得额=收入总额-不征税收入-免税收入-各项扣除-以前年度亏损

(2)间接法。间接法是指在企业每一个纳税年度实现的会计利润总额的基础上,调整会计与税法在收入与成本费用、损失确认的差异后的余额,为应纳税所得额。计算公式如下:

应纳税所得额=会计利润总额±纳税调整项目金额

3. 企业所得税税率

我国企业所得税税率采用比率税率方式,目前我国企业所得税税率有以下三个档次:

(1)企业所得税的法定税率为25%;

（2）符合条件的小型微利企业，减按20%的税率征收企业所得税。

根据《中华人民共和国企业所得税法实施条例》规定，这里的小型微利企业，是指从事国家非限制和禁止行业，并符合下列条件的企业：①工业企业，年度应纳税所得额不超过30万元，从业人数不超过100人，资产总额不超过3 000万元；②其他企业，年度应纳税所得额不超过30万元，从业人数不超过80人，资产总额不超过1 000万元。

（3）国家需要重点扶持的高新技术企业，减按15%的税率征收企业所得税。

（4）非居民企业在中国境内未设立机构、场所的，或者虽设立机构、场所但取得的所得与其所设机构、场所没有实际联系的，适用税率为20%。

（四）农民专业合作社企业所得税优惠政策

1.根据《企业所得税法》第二十七条及《中华人民共和国企业所得税法实施条例》第八十六条规定，企业从事农、林、牧、渔业项目的所得，可以免征、减征企业所得税。

合作社从事下列项目的所得，免征企业所得税：（1）蔬菜、谷物、薯类、油料、豆类、棉花、麻类、糖料、水果、坚果的种植；（2）农作物新品种的选育；（3）中药材的种植；（4）林木的培育和种植；（5）牲畜、家禽的饲养；（6）林产品的采集；（7）灌溉、农产品初加工、兽医、农技推广、农机作业和维修等农、林、牧、渔服务业项目；（8）远洋捕捞。

合作社从事下列项目的所得，减半征收企业所得税：（1）花卉、茶以及其他饮料作物和香料作物的种植；（2）海水养殖、内陆养殖。

2.根据《财政部 税务总局关于实施小微企业普惠性税收减免政策的通知》（财税〔2019〕13号）第二条规定，自2019年1月1日至2021年12月31日，对小型微利企业年应纳税所得额不超过100万元的部分，减按25%计入应纳税所得额，按20%的税率缴纳企业所得税；对年应纳税所得额超过100万元但不超过300万元的部分，减按50%计入应纳税所得额，按20%的税率缴纳企业所得税。上述小型微利企业是指从事国家非限制和禁止行业，且同时符合年度应纳税所得额不超过300万元、从业人数不超过300人、资产总额不超过5 000万元等三个条件的企业。

3.根据《财政部 税务总局关于实施小微企业和个体工商户所得税优惠政策的公告》（财政部 税务总局公告2021年第12号）规定，自2021年1月1日至2022年12月31日，对小型微利企业年应纳税所得额不超过100万元的部分，在《财政部 税务总局关于实施小微企业普惠性税收减免政策的通知》（财税〔2019〕13号）第二条规定的优惠政策基础上，再减半征收企业所得税。

4.根据《财政部 税务总局关于进一步实施小微企业所得税优惠政策的公告》（财政部 税务总局公告2022年第13号）规定，自2022年1月1日至2024年12月31日，对小型微利企业年应纳税所得额超过100万元但不超过300万元的部分，减按25%计入应纳税所得额，按20%的税率缴纳企业所得税。这里所称小型微利企业，是指从事国家非限制和禁止行业，且同时符合年度应纳税所得额不超过300万元、从业人数不超过300人、资产总额不超过5 000万元等三个条件的企业。从业人数，包括与企业建立劳动关系的职工人数和企业接受的劳务派遣用工人数。所称从业人数和资产总额指标，应按企业全年的季度平均值确定。具体计算公式如下：

季度平均值=（季初值+季末值）÷2

全年季度平均值=全年各季度平均值之和÷4

年度中间开业或者终止经营活动的，以其实际经营期作为一个纳税年度确定上述相关指标。

四、消费税概述

（一）消费税的概念

消费税，是指对消费品和特定的消费行为按消费流转额征收的一种税。

消费税实行价内税，只在应税消费品的生产、委托加工和进口环节缴纳，在以后的批发、零售等环节，因为价款中已包含消费税，因此不用再缴纳消费税，税款最终由消费者承担。

（二）应纳消费税的计算

消费税的计税方法主要有：从价定率征收、从量定额征收、从价定率和从量定额复合征收三种方式。

1. 从价定率计征

适用比例税率的应税消费品，其应纳税额应从价定率计征，此时的计税依据是含消费税而不含增值税的销售额。其计算公式为：

应纳税额=销售额×比例税率

如果纳税人应税消费品的销售额中未扣除增值税税款或者因不得开具增值税专用发票而发生价款和增值税税额合并收取的情况，在计算消费税时，应将含增值税的销售额换算为不含增值税税款的销售额。

2. 从量定额计征

适用定额税率的消费品，其应纳税额应从量定额计征，此时的计税依据是销售数量。其计算公式为：

应纳税额=销售数量×定额税率

3. 复合计征

既规定了比例税率，又规定了定额税率的卷烟、白酒，其应纳税实行从价定率和从量定额相结合的复合计征办法。其计算公式为：

应纳税额=销售额×比例税率+销售数量×定额税率

（注：消费税的税率有两种：比例税率和定额税率。具体税率详见《中华人民共和国消费税暂行条例》中所附的《消费税税目税率表》，此处略）

消费税的纳税期限分别为1日、3日、5日、10日、15日、1个月或者

1个季度。纳税人以1个月或者1个季度为1个纳税期的，自期满之日起15日内申报纳税；以1日、3日、5日、10日或者15日为1个纳税期的，自期满之日起5日内预缴税款，于次月1日起15日内申报纳税并结清上月应纳税款。

五、城市维护建设税概述

（一）城市维护建设税的概念

城市维护建设税，又称城建税，是以纳税人实际缴纳的增值税、消费税税额（简称两税税额）为计税依据，依法计征的一种税。

依法实际缴纳的两税税额，是指纳税人依照增值税、消费税相关法律法规和税收政策规定计算的应当缴纳的两税税额（不含因进口货物或境外单位和个人向境内销售劳务、服务、无形资产缴纳的两税税额），加上增值税免抵税额，扣除直接减免的两税税额和期末留抵退税退还的增值税税额后的金额。

直接减免的两税税额，是指依照增值税、消费税相关法律法规和税收政策规定，直接减征或免征的两税税额，不包括实行先征后返、先征后退、即征即退办法退还的两税税额。

（二）城市维护建设税的计算

城市维护建设税是以纳税人实际缴纳的流转税额为计税依据征收的一种税，纳税环节确定在纳税人缴纳的增值税、消费税的环节上，从商品生产到消费流转过程中只要发生增值税、消费税其中一种税的纳税行为，就要以这种税为依据计算缴纳城市维护建设税。其计算公式为：

应纳税额=（实际缴纳增值税+消费税）×适用税率

（注：税率按纳税人所在地分别规定为：市区7%，县城和镇5%，不在市区、县城或者镇的1%）

（三）城市维护建设税的税收优惠政策

根据《财政部 税务总局关于继续执行的城市维护建设税优惠政策的公告》（财政部 税务总局公告2021年第27号）规定，自2019年1月1日至2021年12月31日，对增值税小规模纳税人可以在50%的税额幅度内减征城市维护建设税。

根据《财政部 税务总局关于进一步实施小微企业"六税两费"减免政策的公告》（财政部 税务总局公告2022年第10号）规定，各省、自治区、直辖市人民政府根据本地区实际情况，以及宏观调控需要确定，对增值税小规模纳税人、小型微利企业和个体工商户可以在50%的税额幅度内减征资源税、城市维护建设税、房产税、城镇土地使用税、印花税（不含证券交易印花税）、耕地占用税和教育费附加、地方教育附加，执行期限为2022年1月1日至2024年12月31日。

六、资源税概述

（一）资源税的概念

资源税是对在我国境内开采应税矿产品和生产盐的单位和个人，就其应税数量征收的一种税。

（二）资源税的计算

资源税实行从价计征或者从量计征。

1.实行从价计征的，应纳税额按照应税资源产品（简称"应税产品"）的销售额乘以具体适用税率计算。应税产品为矿产品的，包括原矿和选矿产品。

应纳税额=应税产品销售额×适用税率

（注：资源税的税率有两种：比例税率和定额税率。具体税率详见《中华人民共和国资源税法》中所附的《资源税税目税率表》，此处略）

2.实行从量计征的，应纳税额按照应税产品的销售数量乘以具体适用税率计算。应税产品为矿产品的，包括原矿和选矿产品。

应纳税额=应税产品销售数量×适用税率

3.纳税人开采或者生产不同税目应税产品的，应当分别核算不同税目应税产品的销售额或者销售数量；未分别核算或者不能准确提供不同税目应税产品的销售额或者销售数量的，从高适用税率。纳税人开采或者生产应税产品自用的，应当依法缴纳资源税；但是，自用于连续生产应税产品的，不缴纳资源税。

（三）资源税的税收优惠政策

1.根据《中华人民共和国资源税法》第六条和第七条规定，有下列情形之一的，免征资源税：（1）开采原油以及在油田范围内运输原油过程中用于加热的原油、天然气；（2）煤炭开采企业因安全生产需要抽采的煤成（层）气。有下列情形之一的，减征资源税：（1）从低丰度油气田开采的原油、天然气，减征百分之二十资源税；（2）高含硫天然气、三次采油和从深水油气田开采的原油、天然气，减征百分之三十资源税；（3）稠油、高凝油减征百分之四十资源税；（4）从衰竭期矿山开采的矿产品，减征百分之三十资源税。

2.根据《中华人民共和国资源税法》第七条规定，有下列情形之一的，省、自治区、直辖市可以决定免征或者减征资源税：（1）纳税人开采或者生产应税产品过程中，因意外事故或者自然灾害等原因遭受重大损失；（2）纳税人开采共伴生矿、低品位矿、尾矿。

3.根据《财政部 税务总局关于进一步实施小微企业"六税两费"减免政策的公告》（财政部 税务总局公告2022年第10号）规定，各省、自治区、直辖市人民政府根据本地区实际情况，以及宏观调控需要确定，对增值税小规模纳税人、小型微利企业和个体工商户可以在50%的税额幅度内减征资源税、城市维护建设税、房产税、城镇土地使用税、印花税（不含证券交易印花税）、耕地占用税和教育费附加、地方教育附加，执行期限为2022年1月1日至2024年12月31日。

七、房产税概述

(一)房产税的概念

房产税是以房屋为征税对象,按房屋的计税余值或租金收入为计税依据,向产权所有人征收的一种财产税。对房产征税的目的是运用税收杠杆,加强对房产的管理,提高房产使用效率,控制固定资产投资规模和配合国家房产政策的调整,合理调节房产所有人和经营人的收入。

房产税由产权所有人缴纳。产权属于全民所有的,由经营管理的单位缴纳。产权出典的,由承典人缴纳。产权所有人、承典人不在房产所在地的,或者产权未确定及租典纠纷未解决的,由房产代管人或者使用人缴纳。

(二)房产税的计算

根据《中华人民共和国房产税暂行条例》第三条的规定,房产税依照房产原值一次减除10%—30%后的余值计算缴纳。具体减除幅度,由省、自治区、直辖市人民政府规定。房产出租的,以房产租金收入为房产税的计税依据。

1.房产原值一次减除10%至30%后的余值计算

计算公式为:年应纳税所得额=房产账面原值×(1-10%至30%)×1.2%

2.房产租金收入计算

计算公式为:年应纳税所得额=年租金收入×12%

(注:房产税的税率,依照房产余值计算缴纳的,税率为1.2%;依照房产租金收入计算缴纳的,税率为12%)

(三)房产税的税收优惠政策

1.根据《中华人民共和国房产税暂行条例》第五条规定,下列房产免纳房产税:(1)国家机关、人民团体、军队自用的房产;(2)由国家财政部门拨付事业经费的单位自用的房产;(3)宗教寺庙、公园、名胜古迹自用的房产;(4)个人所有非营业用的房产;(5)经财政部批准免税的其他房产。

2.根据《财政部 国家税务总局关于实施小微企业普惠性税收减免政策的通知》(财税〔2019〕13号)规定,各省、自治区、直辖市人民政府根据本地实际情况,以及宏观调控需要确定,对增值税小规模纳税人可以在50%的税额幅度内减征资源税、城市维护建设税、房产税、城镇土地使用税、印花税(不含证券交易印花税)、耕地占用税和教育费附加、地方教育附加。

3.根据《财政部 税务总局关于进一步实施小微企业"六税两费"减免政策的公告》(财政部 税务总局公告2022年第10号)规定,各省、自治区、直辖市人民政府根据本地区实际情况,以及宏观调控需要确定,对增值税小规模纳税人、小型微利企业和个体工商户可以在50%的税额幅度内减征资源税、城市维护建设税、房产税、城镇土地使用税、印花税(不含证券交易印花税)、耕地占用税和教育费附加、地方教育附加,执行期限为2022年1月1日至2024年12月31日。

八、城镇土地使用税概述

(一)城镇土地使用税的概念

城镇土地使用税是对使用国有土地的单位和个人,按使用的土地面积定额征收的一种税。土地使用税只在县以上城市开征,非开征地区城镇使用土地则不征税。

(二)城镇土地使用税的计算

1.城镇土地使用税的计算公式

城镇土地使用税根据实际使用土地的面积,按税法规定的单位税额缴纳。其计算公式如下:

应纳城镇土地使用税额=应税土地的实际占用面积×适用单位税额

2.城镇土地使用税的税率

城镇土地使用税采用定额税率,即采用有幅度的差别税额,按大、中、小城市和县城、建制镇、工矿区分别规定每平方米土地使用税年应纳税额。

具体标准如下：(1)大城市1.5元至30元；(2)中等城市1.2元至24元；(3)小城市0.9元至18元；(4)县城、建制镇、工矿区0.6元至12元。大、中、小城市以公安部门登记在册的非农业正式户口人数为依据，按照国务院颁布的《城市规划条例》中规定的标准划分。人口在50万以上者为大城市；人口在20万至50万之间者为中等城市；人口在20万以下者为小城市。

(三) 城镇土地使用税的税收优惠政策

根据《中华人民共和国城镇土地使用税暂行条例》第六条的规定，下列土地免缴土地使用税：(1)国家机关、人民团体、军队自用的土地；(2)由国家财政部门拨付事业经费的单位自用的土地；(3)宗教寺庙、公园、名胜古迹自用的土地；(4)市政街道、广场、绿化地带等公共用地；(5)直接用于农、林、牧、渔业的生产用地；(6)经批准开山填海整治的土地和改造的废弃土地，从使用的月份起免缴土地使用税5年至10年；(7)由财政部另行规定免税的能源、交通、水利设施用地和其他用地。因此，对农民专业合作社直接用于农、林、牧、渔的生产用地，免征城镇土地使用税。但需要注意的是，这部分土地是指直接从事于种植、养殖、饲养等的专业用地，不包括农副产品加工场地和生活办公用地。

根据《财政部 税务总局关于进一步实施小微企业"六税两费"减免政策的公告》(财政部 税务总局公告2022年第10号)规定，各省、自治区、直辖市人民政府根据本地区实际情况，以及宏观调控需要确定，对增值税小规模纳税人、小型微利企业和个体工商户可以在50%的税额幅度内减征资源税、城市维护建设税、房产税、城镇土地使用税、印花税(不含证券交易印花税)、耕地占用税和教育费附加、地方教育附加，执行期限为2022年1月1日至2024年12月31日。

九、车船税概述

(一) 车船税的概念

车船税是以车辆、船舶(以下简称"车船")为征税对象，向拥有车船的单位和个人征收的一种税。车船是指依法应当在车船管理部门登记的机动车辆和船舶或依法不需要在车船管理部门登记、在单位内部场所行驶或者作业的机动车辆和船舶。

（二）车船税的计算

车船税纳税义务发生时间为取得车船所有权或者管理权的当月。车船税应纳税额的计算公式如下：

应纳税额=辆数（或整备质量吨位数、净吨位、艇身长度）×年基准税额；

购置新车船应纳税额=年基准税额÷12×应纳税月份数

（注：车船税的适用税额，依照《中华人民共和国车船税法》所附的《车船税税目税额表》执行）

（三）车船税的税收优惠政策

根据《中华人民共和国车船税法》第三条规定，下列车船免征车船税：（1）捕捞、养殖渔船；（2）军队、武装警察部队专用的车船；（3）警用车船；（4）悬挂应急救援专用号牌的国家综合性消防救援车辆和国家综合性消防救援专用船舶。

根据《中华人民共和国车船税法》第四条规定，对节约能源、使用新能源的车船可以减征或者免征车船税；对受严重自然灾害影响、纳税困难以及有其他特殊原因确需减税、免税的，可以减征或者免征车船税。

十、印花税概述

（一）印花税的概念

印花税是对经济活动和经济交往中书立、领受具有法律效力的凭证的行为所征收的一种税。因采用在应税凭证上粘贴印花税票作为完税的标志而得名。在中华人民共和国境内书立应税凭证、进行证券交易的单位和个人，为印花税的纳税人。

（二）印花税的计算

1.印花税的应纳税额按照计税依据乘以适用税率计算，其计算公式如下：

应纳税额=计税依据 × 适用税率

注：印花税的适用税率，依照《中华人民共和国印花税法》（2022年7月1日起施行）所附的《印花税税目税率表》执行。印花税采用的比例税率共分五档：（1）借款合同，融资租赁合同，税率为万分之零点五；（2）买卖合同，承揽合同，建设工程合同，运输合同，技术合同，商标专用权、著作权、专利权、专有技术使用权转让书据，税率为万分之三；（3）租赁合同，保管合同，仓储合同，财产保险合同，证券交易，税率为千分之一；（4）土地使用权出让书据，土地使用权房屋等建筑物和构筑物所有权转让书据（不包括土地承包经营权和土地经营权转移），股权转让书（不包括应缴纳证券交易印花税的），税率为万分之五；（5）营业账簿，税率为万分之二点五。

印花税的计税依据如下：（1）应税合同的计税依据，为合同所列的金额，不包括列明的增值税税款；（2）应税产权转移书据的计税依据，为产权转移书据所列的金额，不包括列明的增值税税款；（3）应税营业账簿的计税依据，为账簿记载的实收资本（股本）、资本公积合计金额；（4）证券交易的计税依据，为成交金额。

2.同一应税凭证由两方以上当事人书立的，按照各自涉及的金额分别计算应纳税额。同一应税凭证载有两个以上税目事项并分别列明金额的，按照各自适用的税目税率分别计算应纳税额；未分别列明金额的，从高适用税率。

3.已缴纳印花税的营业账簿，以后年度记载的实收资本（股本）、资本公积合计金额比已缴纳印花税的实收资本（股本）、资本公积合计金额增加的，按照增加部分计算应纳税额。

（三）印花税的税收优惠政策

1.根据《中华人民共和国印花税法》第十二条规定，下列凭证免征印花税：（1）应税凭证的副本或者抄本；（2）依照法律规定应当予以免税的外国驻华使馆、领事馆和国际组织驻华代表机构为获得馆舍书立的应税凭证；（3）中国人民解放军、中国人民武装警察部队书立的应税凭证；（4）农民、家庭农场、农民专业合作社、农村集体经济组织、村民委员会购买农业生产资料或者销售农产品书立的买卖合同和农业保险合同；（5）无息或者贴息借款合同、国际金融组织向中国提供优惠贷款书立的借款合同；（6）财产所有权人将财产赠与政府、学校、社会福利机构、慈善组织书立的产权转移书据；（7）非营利性医疗卫生机构采购药品或者卫生材料书立的买卖合同；（8）个人与电子商务经营者订立的电子订单。

2.根据《财政部 国家税务总局关于农民专业合作社有关税收政策的通知》（财税〔2008〕81号）规定，对农民专业合作社与本社成员签订的农业产品和农业生产资料购销合同，免征印花税。

3.根据《财政部 税务总局关于进一步实施小微企业"六税两费"减免政策的公告》（财政部 税务总局公告2022年第10号）规定，各省、自治区、直辖市人民政府根据本地区实际情况，以及宏观调控需要确定，对增值税小规模纳税人、小型微利企业和个体工商户可以在50%的税额幅度内减征资源税、城市维护建设税、房产税、城镇土地使用税、印花税（不含证券交易印花税）、耕地占用税和教育费附加、地方教育附加，执行期限为2022年1月1日至2024年12月31日。

十一、教育费附加及地方教育附加概述

（一）教育费附加及地方教育附加的概念

教育费附加是由税务机关负责征收、同级教育部门统筹安排、同级财政部门监督管理、专门用于发展地方教育事业的预算外资金。教育费附加是国家为扶持教育事业发展，计征用于教育的政府性基金。

地方教育附加是指各省、自治区、直辖市根据国家有关规定，为增加地方教育的资金投入，促进本地区教育事业发展，开征的一项地方政府性基金。

（二）教育费附加及地方教育附加的计算

凡缴纳增值税、消费税的单位和个人，均为教育费附加及地方教育附加的纳税义务人。教育费附加及地方教育附加以实际缴纳的增值税、消费税的税额为计征依据，教育费附加征收率为3%，地方教育附加征收率为2%，分别与增值税、消费税同时缴纳。其计算公式为：

应纳教育费附加=（实际缴纳的增值税+消费税税额）×3%

应纳地方教育附加=（实际缴纳的增值税+消费税税额）×2%

（三）教育费附加及地方教育附加的使用

根据《国务院征收教育费附加的暂行规定》第七条和第八条规定，企业缴纳的教育费附加，一律在销售收入（或营业收入）中支付。地方征收的教育费附加，按专项资金管理，由教育部门统筹安排，提出分配方案，同级财政部门同意后，用于改善中小学教学设施和办学条件，不得用于职工福利和发放奖金。地方征收的教育费附加，主要留归当地安排使用。省、自治区、直辖市可根据各地征收教育费附加的实际情况，适当提取一部分数额，用于地区之间的调剂、平衡。

（四）教育费附加及地方教育附加的减免政策

根据《财政部 税务总局关于进一步实施小微企业"六税两费"减免政策的公告》（财政部 税务总局公告2022年第10号）规定，各省、自治区、直辖市人民政府根据本地区实际情况，以及宏观调控需要确定，对增值税小规模纳税人、小型微利企业和个体工商户可以在50%的税额幅度内减征资源税、城市维护建设税、房产税、城镇土地使用税、印花税（不含证券交易印花税）、耕地占用税和教育费附加、地方教育附加，执行期限为2022年1月1日至2024年12月31日。

十二、耕地占用税概述

（一）耕地占用税的概念

耕地占用税是对占用耕地建房或从事其他非农业建设的单位和个人征收

的税。这里所称的耕地，是指用于种植农作物的土地。占用园地、林地、草地、农田水利用地、养殖水面、渔业水域滩涂以及其他农用地建设建筑物、构筑物或者从事非农业建设的，也要依法缴纳耕地占用税。

（二）耕地占用税的计算

耕地占用税以纳税人实际占用的耕地面积为计税依据，按照规定的适用税额一次性征收，应纳税额为纳税人实际占用的耕地面积（平方米）乘以适用税额。其计算公式为：

耕地占用税应纳税额＝实际占用的耕地面积（平方米）× 适用税额

耕地占用税的税额如下：（1）人均耕地不超过1亩的地区（以县、自治县、不设区的市、市辖区为单位，下同），每平方米为10—50元；（2）人均耕地超过1亩但不超过2亩的地区，每平方米为8—40元；（3）人均耕地超过二亩但不超过3亩的地区，每平方米为6—30元；（4）人均耕地超过3亩的地区，每平方米为5—25元。

（三）耕地占用税的税收优惠政策

1.根据《中华人民共和国耕地占用税法》第二条规定，占用耕地建设农田水利设施的，不缴纳耕地占用税。因此，农民合作社占用林地、牧草地、农田水利用地、养殖水面以及渔业水域滩涂等其他农用地建设，直接为农业生产服务的生产设施的，不征收耕地占用税。

2.根据《中华人民共和国耕地占用税法》第七条规定，以下情形免征、减征耕地占用税：（1）军事设施、学校、幼儿园、社会福利机构、医疗机构占用耕地，免征耕地占用税。（2）铁路线路、公路线路、飞机场跑道、停机坪、港口、航道、水利工程占用耕地，减按每平方米2元的税额征收耕地占用税。（3）农村居民在规定用地标准以内占用耕地新建自用住宅，按照当地适用税额减半征收耕地占用税；其中农村居民经批准搬迁，新建自用住宅占用耕地不超过原宅基地面积的部分，免征耕地占用税。（4）农村烈士遗属、因公牺牲军人遗属、残疾军人以及符合农村最低生活保障条件的农村居民，在规定用地标准以内新建自用住宅，免征耕地占用税。（5）根据国民经济和社会发展的需要，国务院可以规定免征或者减征耕地占用税的其他情形，报全国人民代表大会常务委员会备案。

3.根据《财政部 税务总局关于进一步实施小微企业"六税两费"减免政策的公告》（财政部 税务总局公告2022年第10号）规定，各省、自治区、直辖市人民政府根据本地区实际情况，以及宏观调控需要确定，对增值税小规模纳税人、小型微利企业和个体工商户可以在50%的税额幅度内减征资源税、城市维护建设税、房产税、城镇土地使用税、印花税（不含证券交易印花税）、耕地占用税和教育费附加、地方教育附加，执行期限为2022年1月1日至2024年12月31日。

十三、契税概述

（一）契税的概念

契税是指不动产（土地、房屋）权属发生转移变动时，就当事人所订契约按产价的一定比例向新业主（产权承受人）征收的一次性税收。这里所指的转移土地、房屋权属，是指下列行为：（1）土地使用权出让；（2）土地使用权转让，包括出售、赠与、互换；（3）房屋买卖、赠与、互换。前款第二项土地使用权转让，不包括土地承包经营权和土地经营权的转移。以作价投资（入股）、偿还债务、划转、奖励等方式转移土地、房屋权属的，应当依法征收契税。

（二）契税的计算

契税的应纳税额按照计税依据乘以具体适用税率计算。其计算公式如下：

契税应纳税额=计税依据×适用税率

（注：契税实行3%—5%的幅度税率）

契税的计税依据：（1）土地使用权出让、出售，房屋买卖，为土地、房屋权属转移合同确定的成交价格,包括应交付的货币以及实物、其他经济利益对应的价款;(2)土地使用权互换、房屋互换,为所互换的土地使用权、房屋价格的差额;(3)土地使用权赠与、房屋赠与以及其他没有价格的转移土地、房屋权属行为,为税务机关参照土地使用权出售、房屋买卖的市场价格依法核定的价格。

(三)契税的税收优惠

根据《中华人民共和国契税法》第六条规定,有下列情形之一的,免征契税:(1)国家机关、事业单位、社会团体、军事单位承受土地、房屋权属用于办公、教学、医疗、科研、军事设施;(2)非营利性的学校、医疗机构、社会福利机构承受土地、房屋权属用于办公、教学、医疗、科研、养老、救助;(3)承受荒山、荒地、荒滩土地使用权用于农、林、牧、渔业生产;(4)婚姻关系存续期间夫妻之间变更土地、房屋权属;(5)法定继承人通过继承承受土地、房屋权属;(6)依照法律规定应当予以免税的外国驻华使馆、领事馆和国际组织驻华代表机构承受土地、房屋权属。因此,农民专业合作社承受荒山、荒沟、荒丘、荒滩土地使用权,并用于农、林、牧、渔业生产的,免征契税。

十四、个人所得税概述

(一)个人所得税的概念

个人所得税是国家对本国公民、居住在本国境内的个人的所得和境外个人来源于本国的所得征收的一种所得税。

(二)居民个人与非居民个人

在中国境内有住所,或者无住所但一个纳税年度内在中国境内居住累计满183天的个人,为居民个人。居民个人从中国境内和境外取得的所得,依法缴纳个人所得税。

在中国境内无住所又不居住,或者无住所而一个纳税年度内在中国境内居住累计不满183天的个人，为非居民个人。非居民个人从中国境内取得的所得，依法缴纳个人所得税。

（三）个人所得税的计算

1.个人所得税征税范围

根据《个人所得税法》第二条规定，下列各项个人所得，应当缴纳个人所得税：（1）工资、薪金所得；（2）劳务报酬所得；（3）稿酬所得；（4）特许权使用费所得；（5）经营所得；（6）利息、股息、红利所得；（7）财产租赁所得；（8）财产转让所得；（9）偶然所得。

2.个人所得税应纳税额的计算

个人所得税应纳税额=应纳税所得额×适用税率−速算扣除数。

注：2018年8月31日，第十三届全国人民代表大会常务委员会第五次会议《关于修改〈中华人民共和国个人所得税法〉的决定》，将个税免征额由3 500元/月提高到5 000元/月。

3.应纳税所得额的计算

根据《个人所得税法》第六条规定，应纳税所得额的计算方法如下：（1）居民个人的综合所得，以每一纳税年度的收入额减除费用6万元以及专项扣除、专项附加扣除和依法确定的其他扣除后的余额，为应纳税所得额。（2）非居民个人的工资、薪金所得，以每月收入额减除费用5 000元后的余额为应纳税所得额；劳务报酬所得、稿酬所得、特许权使用费所得，以每次收入额为应纳税所得额。（3）经营所得，以每一纳税年度的收入总额减除成本、费用以及损失后的余额，为应纳税所得额。（4）财产租赁所得，每次收入不超过4 000元的，减除费用800元；4 000元以上的，减除20%的费用，其余额为应纳税所得额。（5）财产转让所得，以转让财产的收入额减除财产原值和合理费用后的余额，为应纳税所得额。（6）利息、股息、红利所得和偶然所得，以每次收入额为应纳税所得额。劳务报酬所得、稿酬所得、特许权使用费所得以收入减除20%的费用后的余额为收入额。稿酬所得的收入额减按70%计算。

4.个人所得税的税率

根据《个人所得税法》第三条规定,个人所得税的税率如下:(1)综合所得,适用3%—45%的超额累进税率(见表5-8);(2)经营所得,适用5%—35%的超额累进税率(见表5-9);(3)利息、股息、红利所得,财产租赁所得,财产转让所得和偶然所得,适用比例税率,税率为20%。

表5-8　　　　　个人所得税税率表(综合所得适用)

级数	全年应纳税所得额	税率(%)	速算扣除数
1	不超过36 000元的	3	0
2	超过36 000元至144 000元的	10	2 520
3	超过144 000元至300 000元的	20	16 920
4	超过300 000元至420 000元的	25	31 920
5	超过420 000元至660 000元的	30	52 920
6	超过660 000元至960 000元的	35	85 920
7	超过960 000元的	45	181 920

表5-9　　　　　个人所得税税率表(经营所得适用)

级数	全年应纳税所得额	税率(%)	速算扣除数
1	不超过30 000元的	5	0
2	超过30 000元至90 000元的	10	1 500
3	超过90 000元至300 000元的	20	10 500
4	超过300 000元至500 000元的	30	40 500
5	超过500 000元的	35	65 500

(四)个人所得税的税收优惠政策

1.按照《农民专业合作社法》规定,在弥补亏损、提取公积金后的当年盈余,为农民专业合作社的可分配盈余。可分配盈余按成员与本社的交易量(额)比例返还,返还总额不得低于可分配盈余的60%;返还后的剩余部分，以成员账户中记载的出资额和公积金份额，以及本社接受国家财政直接补助和他人捐赠形成的财产平均量化到成员的份额，按比例分配给本社成员。根据《中华人民共和国个人所得税法》规定，税后利润及盈余分配给个人的，包括盈余公积金转增个人份额的，视为股息红利所得，应按20%税率缴纳个人所得税。但《财政部 国家税务总局关于农村税费改革试点地区有关个人所得税问题的通知》（财税〔2004〕30号）对个人或个体户从事种植业、养殖业、饲养业、捕捞业，且经营项目属于农业税（包括农业特产税）、牧业税征税范围的，其取得的"四业"所得暂不征收个人所得税。

2. 根据《中华人民共和国个人所得税法》第四条的规定，下列各项个人所得，免征个人所得税：（1）省级人民政府、国务院部委和中国人民解放军军以上单位，以及外国组织、国际组织颁发的科学、教育、技术、文化、卫生、体育、环境保护等方面的奖金；（2）国债和国家发行的金融债券利息；（3）按照国家统一规定发给的补贴、津贴；（4）福利费、抚恤金、救济金；（5）保险赔款；（6）军人的转业费、复员费、退役金；（7）按照国家统一规定发给干部、职工的安家费、退职费、基本养老金或者退休费、离休费、离休生活补助费；（8）依照有关法律规定应予免税的各国驻华使馆、领事馆的外交代表、领事官员和其他人员的所得；（9）中国政府参加的国际公约、签订的协议中规定免税的所得；（10）国务院规定的其他免税所得。

3. 根据《中华人民共和国个人所得税法》第五条的规定，有下列情形之一的，可以减征个人所得税，具体幅度和期限，由省、自治区、直辖市人民政府规定，并报同级人民代表大会常务委员会备案：（1）残疾、孤老人员和烈属的所得；（2）因自然灾害遭受重大损失的。

十五、应交税费的核算

（一）会计科目设置

合作社应当设置"应交税费"科目，核算合作社按照税法等规定计算应缴纳的各种税费，包括增值税、企业所得税、消费税、城市维护建设税、资源税、房产税、土地使用税、车船税、印花税、教育费附加及地方教育费附加等。合作社代扣代缴的个人所得税，也通过本科目核算。本科目期末贷方余额，反映合作社尚未缴纳的税费；期末如为借方余额，反映合作社多缴纳或尚未抵扣的税费。

（二）明细科目设置

"应交税费"科目应按照应缴纳的税费项目等进行明细核算。

注：根据《财政部关于印发〈增值税会计处理规定〉的通知》（财会〔2016〕22号）规定，增值税一般纳税人应当在"应交税费"科目下设置"应交增值税""未交增值税""预交增值税""待抵扣进项税额""待认证进项税额""待转销项税额""增值税留抵税额""简易计税""转让金融商品应交增值税""代扣代交增值税"等明细科目。增值税一般纳税人应在"应交增值税"明细账内设置"进项税额""销项税额抵减""已交税金""转出未交增值税""减免税款""出口抵减内销产品应纳税额""销项税额""出口退税""进项税额转出""转出多交增值税"等专栏。小规模纳税人只需要在"应交税费"科目下设置"应交增值税"明细科目，不需要设置上述专栏及除"转让金融商品应交增值税""代扣代交增值税"外的明细科目。

（三）主要账务处理

1.应交增值税的主要账务处理。

合作社涉及增值税会计核算的相关业务，应按照国家统一的会计制度有关增值税会计处理的规定进行账务处理。

2.应交消费税、城市维护建设税、资源税、房产税、土地使用税、车船税、印花税、教育费附加及地方教育附加等的主要账务处理。

（1）按照税法等规定应缴纳的消费税、城市维护建设税、资源税、房产税、土地使用税、车船税、印花税、教育费附加及地方教育附加等，借记"税金及附加"等科目，贷记"应交税费"科目（消费税、城市维护建设税、资源税、房产税、土地使用税、车船税、印花税、教育费附加、地方教育附加等）。

（2）缴纳的消费税、城市维护建设税、资源税、房产税、土地使用税、车船税、印花税、教育费附加及地方教育附加等，借记"应交税费"科目（消费税、资源税、房产税、土地使用税、车船税、印花税、教育费附加、地方教育附加等），贷记"银行存款"科目。

3.应交企业所得税的主要账务处理。

（1）按照税法等规定应缴纳的企业所得税，借记"所得税费用"科目，贷记"应交税费"科目（应交企业所得税）。

（2）缴纳的企业所得税，借记"应交税费"科目（应交企业所得税），贷记"银行存款"科目。

4.应交个人所得税的主要账务处理。

（1）按照税法等规定应代扣代缴的个人所得税，借记"应付工资""应付劳务费"科目，贷记"应交税费"科目（应交个人所得税）。

（2）缴纳的个人所得税，借记"应交税费"科目（应交个人所得税），贷记"银行存款"科目。

应交税费的主要账务处理如表5-10所示。

表5-10　　　　　　　　应交税费科目核算内容

序号	业务和事项内容		账务处理
1	应交增值税		按照国家统一的会计制度有关增值税会计处理的规定进行账务处理
2	应交消费税、城市维护建设税、资源税、房产税、土地使用税、车船税、印花税、教育费附加及地方教育附加等	计算应缴纳各项税金时	借：税金及附加等 　　贷：应交税费——消费税/城市维护建设税/资源税/房产税/土地使用税/车船税/印花税/教育费附加/地方教育附加等
		实际缴纳各项税金时	借：应交税费——消费税/城市维护建设税/资源税/房产税/土地使用税/车船税/印花税/教育费附加/地方教育附加等 　　贷：银行存款

续表

序号	业务和事项内容		账务处理
3	应交企业所得税	计算应缴纳的企业所得税	借：所得税费用 　　贷：应交税费——应交企业所得税
		实际缴纳企业所得税	借：应交税费——应交企业所得税 　　贷：银行存款
4	应交个人所得税	计算应代扣代缴的个人所得税	借：应付工资/应付劳务费 　　贷：应交税费——应交个人所得税
		实际缴纳个人所得税	借：应交税费——应交个人所得税 　　贷：银行存款

（四）会计实务举例

【例5-14】某合作社为小规模纳税人，202×年8月共销售小麦60 000公斤给C食品加工厂，其中：销售本社成员种植的小麦50 000公斤，销售非本社成员种植的小麦10 000公斤，销售价格为2.06元/公斤，从本社成员和非本社成员购入小麦的价格均为每千克1.5元。双方约定，收购时现付50%，余款待全部销售完毕结清。

补充信息：小规模纳税人增值税征收率执行1%，城市建设维护税、教育费附加征收率、地方教育附加征收率分别为1%、3%、2%。

相关账务处理如下：

（1）收购小麦时：

借：产品物资——小麦　　　　　　　　　　　　　　90 000
　　贷：库存现金　　　　　　　　　　　　　　　　45 000
　　　　应付款——非本社成员（10 000×1.5×50%=7 500）7 500
　　　　成员往来——各成员（50 000×1.5×50%=37 500）37 500

（2）销售实现时：

借：应收款——C食品加工厂　　　　　　　　　　　123 600
　　贷：经营收入——本社成员（免税）
　　　　　　　　　　　　（2.06×50 000=103 000）103 000
　　　　　　　——非本社成员　　　　　　　　　　 20 396
　　　　应交税费——应交增值税　　　　　　　　　　　204

借：税金及附加 12.24
　　贷：应交税费——城市维护建设税 2.04
　　　　　　　　——教育费附加 6.12
　　　　　　　　——地方教育附加 4.08

应交增值税税额=（10 000×2.06）÷（1+1%）×1%=20 394×1%=204（元）
应交城市建设维护税=204×1%=2.04（元）
应交教育费附加=204×3%=6.12（元）
应交地方教育附加=204×2%=4.08（元）

（3）结转销售成本：

借：经营支出 90 000
　　贷：产品物资——小麦 90 000

（4）收到销售款时：

借：银行存款 123 600
　　贷：应收款——C食品加工厂 123 600

（5）与成员和非成员结算款项时：

借：应付款——非本社成员 15 000
　　成员往来——各成员 75 000
　　贷：银行存款 90 000

（6）上缴增值税等各种税款时：

借：应交税费——应交增值税 204
　　　　　　——城市维护建设税 2.04
　　　　　　——教育费附加 6.12
　　　　　　——地方教育附加 4.08
　　贷：银行存款 216.24

【例5-15】接例5-14，假设该合作社当季销售额未超过45万元，经认定，根据《国家税务总局关于小规模纳税人免征增值税政策征管问题的公告》（国家税务总局公告2021年第5号）规定，免征增值税。

相关账务处理如下：

借：应交税费——应交增值税 204

——城市维护建设税　　　　　　　　　　　2.04
　　——教育费附加　　　　　　　　　　　　　6.12
　　——地方教育附加　　　　　　　　　　　　4.08
　　贷：其他收入　　　　　　　　　　　　　　216.24

　　注：根据《财政部关于印发〈增值税会计处理规定〉的通知》（财会〔2016〕22号）关于小微企业免征增值税的会计处理规定，小微企业在取得销售收入时，应当按照税法的规定计算应交增值税，并确认为应交税费，在达到增值税制度规定的免征增值税条件时，将有关应交增值税转入当期损益。本例中，该合作社经认定，已达到增值税制度规定的免征增值税条件，故将其应交增值税及各种附加税转入"其他收入"科目核算。

【例5-16】接例5-14，假设该合作社为一般纳税人，小麦的增值税税率为9%，购入农产品的进项税额扣除率为9%。其他条件不变。

相关账务处理如下：
（1）收购小麦时：
借：产品物资——小麦　　（60 000×1.5-1 350=88 650）88 650
　　应交税费——应交增值税（进项税额）
　　　　　　　　　　　（10 000×1.5×9%=1 350）1 350
　　贷：库存现金　　　　　　　　　　　　　　45 000
　　　　应付款——非本社成员（10 000×1.5×50%=7 500）7 500
　　　　成员往来——各成员（50 000×1.5×50%=37 500）37 500
（2）销售实现时：
借：应收款——C食品加工厂　　　　　　　　　123 600
　　贷：经营收入——本社成员（免税）
　　　　　　　　　　　　（2.06×50 000=103 000）103 000
　　　　　　　　——非本社成员　　　　　　　　18 899
　　　　应交税费——应交增值税（销项税额）　　1 701
应交增值税（销项税额）=（10 000×2.06）÷（1+9%）×9%=1 701（元）
（3）结转销售成本：
借：经营支出　　　　　　　　　　　　　　　　88 650

　　　　贷：产品物资——小麦　　　　　　　　　　　　　　88 650
（4）收到销售款时：
　　借：银行存款　　　　　　　　　　　　　　　　　　123 600
　　　　贷：应收款——C食品加工厂　　　　　　　　　　123 600
（5）与成员和非成员结算款项时：
　　借：应付款——非本社成员　　　　　　　　　　　　　15 000
　　　　成员往来——各成员　　　　　　　　　　　　　　75 000
　　　　贷：银行存款　　　　　　　　　　　　　　　　　90 000
（6）计算增值税及各种附加税：
　　借：应交税费——应交增值税（转出未交增值税）　　　　351
　　　　贷：应交税费——未交增值税　　　　　　　　　　　351
　　借：税金及附加　　　　　　　　　　　　　　　　　　21.06
　　　　贷：应交税费——城市维护建设税　　　　　　　　　3.51
　　　　　　　　　　——教育费附加　　　　　　　　　　10.53
　　　　　　　　　　——地方教育附加　　　　　　　　　　7.02
当月应交增值税=1 701-1 350=351（元）
应交城市建设维护税=351×1%=3.51（元）
应交教育费附加=351×10.53%=24.03（元）
应交地方教育附加=351×2%=7.02（元）
（7）实际缴纳增值税等各种税款时：
　　借：应交税费——未交增值税　　　　　　　　　　　　　351
　　　　　　　　　——城市维护建设税　　　　　　　　　　3.51
　　　　　　　　　——教育费附加　　　　　　　　　　　10.53
　　　　　　　　　——地方教育附加　　　　　　　　　　　7.02
　　　　贷：银行存款　　　　　　　　　　　　　　　　　372.06

【例5-17】某秸秆加工专业合作社为小规模纳税人，202×年取得销售收入40万元，相关销售成本10万元，各项期间费用2万元，其年度应纳税所得额、从业人数和资产总额均符合小型微利企业条件，按国家税务总局公告2021年第8号对该合作社进行所得税会计核算。

相关账务处理如下：

（1）计算应缴纳的企业所得税：

借：所得税费用　　　　　　　　　　　　　　　7 000
　　贷：应交税费——应交企业所得税　　　　　　　7 000

应纳税所得额=（40–10–2）×12.5%=3.5（万元）

应纳所得税额=3.5×20%=0.7（万元）

（2）实际缴纳企业所得税：

借：应交税费——应交企业所得税　　　　　　　7 000
　　贷：银行存款　　　　　　　　　　　　　　　7 000

注：根据《国家税务总局关于落实支持小型微利企业和个体工商户发展所得税优惠政策有关事项的公告》（国家税务总局公告2021年第8号）规定，对小型微利企业年应纳税所得额不超过100万元的部分，减按12.5%计入应纳税所得额，按20%的税率缴纳企业所得税。上述小型微利企业是指从事国家非限制和禁止行业，且同时符合年度应纳税所得额不超过300万元、从业人数不超过300人、资产总额不超过5000万元等三个条件的企业。

第七节　应付盈余返还与应付剩余盈余

一、应付盈余返还与应付剩余盈余概述

（一）应付盈余返还概述

应付盈余返还是指合作社从可分配盈余中提取的按成员与合作社的交易量（额）比例返还给成员的盈余。

根据《农民专业合作社法》规定，在弥补亏损、提取公积金后的当年盈余，为农民专业合作社的可分配盈余。可分配盈余主要按照成员与本社的交易量（额）比例返还。可分配盈余按成员与本社的交易量（额）比例返还的返还总额不得低于可分配盈余的60%。具体分配办法按照合作社章程规定或

者经成员（代表）大会决议确定。

应付盈余返还的计算公式如下：

应付盈余返还＝当年可供分配盈余 × 分配比例

（二）应付剩余盈余概述

应付剩余盈余是指合作社根据有关法律法规和合作社章程规定，分配给成员的剩余可分配盈余。根据《农民专业合作社法》规定，在弥补亏损、提取公积金以及按照成员与本社的交易量（额）比例返还不低于可分配盈余的60%后的剩余部分，以成员账户中记载的出资额和公积金份额，以及本社接受国家财政直接补助和他人捐赠形成的财产平均量化到成员的份额，按比例分配给本社成员。

二、应付盈余返还的核算

（一）会计科目设置

合作社应当设置"应付盈余返还"科目，核算合作社根据有关法律法规和合作社章程规定，返还给成员的盈余。本科目期末贷方余额，反映合作社尚未支付给成员的盈余返还。

（二）明细科目设置

"应付盈余返还"科目应按照成员设置明细账，进行明细核算。

（三）主要账务处理

1.合作社根据章程规定或者经成员（代表）大会决议确定的盈余分配方案，按照成员与本社的交易量（额）比例等提取返还盈余时，借记"盈余分配"科目，贷记"应付盈余返还"科目。实际支付时，借记"应付盈余返还"科目，贷记"库存现金""银行存款"等科目。

2.根据成员（代表）大会表决同意，将应支付的盈余返还转为成员对合作社出资的，借记"应付盈余返还"科目，贷记"股金"等科目。

应付盈余返还的主要账务处理如表5-11所示。

表5-11　　　　　　　　应付盈余返还科目核算内容

序号	业务和事项内容		账务处理
1	根据章程规定或者经成员（代表）大会决议确定的盈余分配方案	提取返还盈余时	借：盈余分配 　　贷：应付盈余返还
		实际支付时	借：应付盈余返还 　　贷：库存现金/银行存款等
2	根据成员（代表）大会表决同意	将应支付的盈余返还转为成员对合作社出资	借：应付盈余返还 　　贷：股金等

（四）会计实务举例

【例5-18】某合作社共有甲、乙、丙、丁、戊五个成员，成员每人出资10 000元。202×年，该合作社总利润为50万元，根据合作社章程规定，按10%提取盈余公积后，盈余的60%按成员与本社的交易量（额）比例返还。根据成员账户记录，当年成员与合作社的交易额为100万元，其各自的交易额分别为：甲20万元、乙15万元、丙22万元、丁19万元、戊24万元。银行存款支付。

相关账务处理如下：

（1）结转本年盈余：

借：本年盈余　　　　　　　　　　　　　　　500 000
　　贷：盈余分配——未分配盈余　　　　　　　　500 000

（2）提取盈余公积时：

借：盈余分配——各项分配　　　　　　　　　50 000
　　贷：盈余公积　　　　　　　　　　　　　　　50 000

（3）提取返还盈余时：

① 提取返还盈余额=500 000×（1-10%）×60%=270 000（元）

② 按成员与本社的交易额比例，计算每个成员应返还的盈余额

成员甲：270 000×（20÷100）=270 000×20%=54 000（元）

成员乙：270 000×（15÷100）=270 000×15%=40 500（元）

成员丙：270 000×（22÷100）=270 000×22%=59 400（元）

成员丁：270 000×（19÷100）=270 000×19%=51 300（元）

成员戊：270 000×（24÷100）=270 000×24%=64 800（元）

③根据上述计算结果进行账务处理

借：盈余分配——各项分配	270 000
贷：应付盈余返还——成员甲	54 000
——成员乙	40 500
——成员丙	59 400
——成员丁	51 300
——成员戊	64 800

（4）实际支付返还的盈余时：

借：应付盈余返还——成员甲	54 000
——成员乙	40 500
——成员丙	59 400
——成员丁	51 300
——成员戊	64 800
贷：银行存款	270 000

【例5-19】接例5-18，假设经成员大会表决一致决议，将应支付的盈余返还全部转为成员对合作社出资。

相关账务处理如下：

借：应付盈余返还——成员甲	54 000
——成员乙	40 500
——成员丙	59 400
——成员丁	51 300
——成员戊	64 800
贷：股金——成员甲	54 000
——成员乙	40 500
——成员丙	59 400
——成员丁	51 300
——成员戊	64 800

三、应付剩余盈余的核算

（一）会计科目设置

合作社应当设置"应付剩余盈余"科目，核算合作社根据有关法律法规和合作社章程规定，分配给成员的剩余可分配盈余。本科目期末贷方余额，反映合作社尚未支付给成员的剩余盈余。

（二）明细科目设置

"应付剩余盈余"科目应按照成员设置明细账，进行明细核算。

（三）主要账务处理

1.合作社提取返还盈余后，根据章程规定或者经成员（代表）大会决议确定的盈余分配方案，分配剩余盈余时，借记"盈余分配"科目，贷记"应付剩余盈余"科目。实际支付时，借记"应付剩余盈余"科目，贷记"库存现金""银行存款"等科目。

2.根据成员（代表）大会表决同意，将应支付的剩余盈余转为成员对合作社出资的，借记"应付剩余盈余"科目，贷记"股金"等科目。

应付剩余盈余的主要账务处理如表5-12所示。

表5-12　　　　应付剩余盈余科目核算内容

序号	业务和事项内容		账务处理
1	提取返还盈余后，根据章程规定或者经成员（代表）大会决议确定的盈余分配方案	分配剩余盈余时	借：盈余分配 　　贷：应付剩余盈余
		实际支付时	借：应付剩余盈余 　　贷：库存现金/银行存款等
2	根据成员（代表）大会表决同意	将应支付的剩余盈余转为成员对合作社出资	借：应付剩余盈余 　　贷：股金等

（四）会计实务举例

【例5-20】接例5-18，该合作社将剩余盈余进行分配。根据合作社章程规定，剩余盈余按成员出资和公积金份额比例返还。根据成员账户记录显示，当年成员出资额和公积金份额，以及本社接受国家财政直接补助和他人捐赠形成的财产平均量化到成员的份额为50万元，其中：甲10万元、乙15万元、丙11万元、丁8万元、戊6万元。

相关账务处理如下：

（1）分配剩余盈余时：

① 剩余盈余=50-5-27=18（万元）

② 按成员出资额和公积金份额，以及本社接受国家财政直接补助和他人捐赠形成的财产平均量化到成员的份额比例，计算每个成员应分配的剩余盈余：

成员甲：180 000×（10÷50）=180 000×20%=36 000（元）

成员乙：180 000×（15÷50）=180 000×30%=54 000（元）

成员丙：180 000×（11÷50）=180 000×22%=39 600（元）

成员丁：180 000×（8÷50）=180 000×16%=28 800（元）

成员戊：180 000×（6÷50）=180 000×12%=21 600（元）

③ 根据上述计算结果进行账务处理：

借：盈余分配——各项分配　　　　　　　　　　　180 000
　　贷：应付剩余盈余——成员甲　　　　　　　　 36 000
　　　　　　　　　　——成员乙　　　　　　　　 54 000
　　　　　　　　　　——成员丙　　　　　　　　 39 600
　　　　　　　　　　——成员丁　　　　　　　　 28 800
　　　　　　　　　　——成员戊　　　　　　　　 21 600

（2）实际支付剩余盈余时：

借：应付剩余盈余——成员甲　　　　　　　　　　 36 000
　　　　　　　——成员乙　　　　　　　　　　 54 000
　　　　　　　——成员丙　　　　　　　　　　 39 600
　　　　　　　——成员丁　　　　　　　　　　 28 800
　　　　　　　——成员戊　　　　　　　　　　 21 600
　　贷：银行存款　　　　　　　　　　　　　　　180 000

【例5-21】接例5-20,假设经成员大会表决一致决议,将应支付的剩余盈余全部转为成员对合作社出资。

相关账务处理如下:

借:应付剩余盈余——成员甲		36 000
——成员乙		54 000
——成员丙		39 600
——成员丁		28 800
——成员戊		21 600
贷:股金——成员甲		36 000
——成员乙		54 000
——成员丙		39 600
——成员丁		28 800
——成员戊		21 600

第八节　专项应付款

一、专项应付款概述

(一)专项应付款的概念

专项应付款是指合作社接受国家财政直接补助的资金。

(二)专项应付款的用途

合作社收到国家财政直接补助的资金,主要用于以下几个方面:

1.用于购买生物资产、固定资产、无形资产等非货币性资产,或用于兴建农业农村基础设施;

2.用于开展信息、培训、农产品质量标准与认证、市场营销和技术推广等；

3.用于信息、培训、农产品质量标准与认证、市场营销和技术推广等。

这里需要特别注意的是，农民专业合作社接受国家财政直接补助形成的财产，在解散、破产清算时，不得作为可分配剩余资产分配给成员，具体按照国务院财政部门有关规定执行。

二、专项应付款的核算

（一）会计科目设置

合作社应当设置"专项应付款"科目，核算合作社接受国家财政直接补助的资金。本科目期末贷方余额，反映合作社尚未使用和结转的国家财政直接补助资金数额。

（二）明细科目设置

"专项应付款"科目应按照国家财政直接补助资金项目设置明细科目，进行明细核算。

（三）主要账务处理

1.合作社收到国家财政直接补助的资金时，借记"库存现金""银行存款"等科目，贷记"专项应付款"科目。

2.按照国家财政直接补助资金的项目用途，取得生物资产、固定资产、无形资产等非货币性资产，或用于兴建农业农村基础设施时，按照实际使用国家财政直接补助资金的数额，借记"消耗性生物资产""生产性生物资产""固定资产""无形资产""在建工程"等科目，贷记"库存现金""银行存款"等科目，同时借记"专项应付款"科目，贷记"专项基金"科目；用于开展信息、培训、农产品质量标准与认证、市场营销和技术推广等项目支出时，借记"专项应付款"科目，贷记"库存现金""银行存款"等科目。

3.取得生物资产、固定资产、无形资产等非货币性资产之后收到对应用途的国家财政直接补助资金的，按照收到的金额，借记"库存现金""银行存款"等科目，贷记"专项应付款"科目，同时按照实际使用国家财政直接补助资金的数额，借记"专项应付款"科目，贷记"专项基金"科目；发生信息、培训、农产品质量标准与认证、市场营销和技术推广等项目支出之后收到对应用途的国家财政直接补助资金的，按照收到的金额，借记"库存现金""银行存款"等科目，贷记"专项应付款"科目，同时按照实际使用国家财政直接补助资金的数额，借记"专项应付款"科目，贷记"经营支出""管理费用"等科目。

4.因有结余等情况而退回国家财政直接补助资金时，借记"专项应付款"科目，贷记"库存现金""银行存款"等科目。

专项应付款的主要账务处理如表5-13所示。

表5-13　　　　　　　　专项应付款科目核算内容

序号	业务和事项内容		账务处理
1	收到国家财政直接补助的资金	收到国家财政直接补助的资金时	借：库存现金/银行存款等 贷：专项应付款
		取得生物资产、固定资产、无形资产等非货币性资产	借：消耗性生物资产/生产性生物资产/固定资产/无形资产/在建工程等 贷：库存现金/银行存款等
		用于兴建农业农村基础设施时	借：专项应付款 贷：专项基金
		用于开展信息、培训、农产品质量标准与认证、市场营销和技术推广等项目支出时	借：专项应付款 贷：库存现金/银行存款等
2	之后收到对应用途的国家财政直接补助资金	取得生物资产、固定资产、无形资产等非货币性资产之后收到对应用途的国家财政直接补助资金	借：库存现金/银行存款等 贷：专项应付款 借：专项应付款 贷：专项基金
		发生信息、培训、农产品质量标准与认证、市场营销和技术推广等项目支出之后收到对应用途的国家财政直接补助资金的	借：库存现金/银行存款等 贷：专项应付款 借：专项应付款 贷：经营支出/管理费用
3	因有结余等情况而退回国家财政直接补助资金时		借：专项应付款 贷：库存现金/银行存款等

(四)会计实务举例

【例5-22】某合作社有A、B、C、D、E五个成员,202×年发生如下经济业务:

(1)申请国家乡村振兴扶贫项目财政扶持资金15万元用于生猪养殖项目,不足部分合作社自筹解决。该项目采取按进度拨款方式,先拨付项目启动资金60%,项目建设完成验收合格后拨付剩余资金。2月10日,银行存款收到项目启动资金9万元。

(2)使用项目资金购入种猪30头,购买单价3 000元/头,共计9万元,银行存款付讫。

(3)改建猪舍粪便无公害处理设施,材料、人工费等开支共计8.5万元,其中:财政补助资金5.5万元,自筹3万元。

(4)按照项目实施方案,对合作社成员进行生猪养殖技术培训,共发生技术培训支出8 000元,其中:财政补助资金5 000元,自筹3 000元。

(5)经项目验收合格,收到剩余补助款。

相关账务处理如下:

(1)取得项目启动资金时:

借:银行存款　　　　　　　　　　　　　　　　　90 000
　　贷:专项应付款——国家乡村振兴扶贫项目　　　　90 000

(2)使用项目资金购入种猪时:

借:生产性生物资产——种猪　　　　　　　　　　90 000
　　贷:银行存款　　　　　　　　　　　　　　　　90 000

借:专项应付款——国家乡村振兴扶贫项目　　　　90 000
　　贷:专项基金——国家乡村振兴扶贫项目——成员A　18 000
　　　　　　　　　　　　　　　　　　　　——成员B　18 000
　　　　　　　　　　　　　　　　　　　　——成员C　18 000
　　　　　　　　　　　　　　　　　　　　——成员D　18 000
　　　　　　　　　　　　　　　　　　　　——成员E　18 000

注:将形成资产的财政补助资金转入"专项基金"科目时,应平均量化到成员,参见财政补助资金量化明细表(见表5-14),将该明细表附在记账

凭证后面,并将量化的金额登记到成员账户中,下同。

表5-14　　　　　　××合作社财政补助资金量化明细表

× 年 × 月 × 日　　　　　　　　　　　　金额单位:元

序号	成员姓名	量化分配比例	形成财产的财政补助资金量化份额	成员签名	备注
1	成员A	20%	18 000		
2	成员B	20%	18 000		
3	成员C	20%	18 000		
4	成员D	20%	18 000		
5	成员E	20%	18 000		
	合计	100%	90 000		

(3)改建猪舍粪便无公害处理设施时:

①可先通过"在建工程"科目核算,待全部完工再转入"固定资产"科目:

　　借:在建工程——无公害设施　　　　　　　　85 000
　　　　贷:银行存款　　　　　　　　　　　　　　　　85 000

②待猪舍粪便无公害处理设施全部完工时:

　　借:固定资产——无公害设施　　　　　　　　85 000
　　　　贷:在建工程——无公害设施　　　　　　　　85 000

(4)发生技术培训支出时:

　　借:经营支出　　　　　　　　　　　　　　　8 000
　　　　贷:银行存款　　　　　　　　　　　　　　　　8 000

(5)收到剩余补助款时:

①收到剩余补助款6万元计入专项应付款:

　　借:银行存款　　　　　　　　　　　　　　　60 000
　　　　贷:专项应付款——国家乡村振兴扶贫项目　　60 000

②将形成资产的财政补助资金5.5万元转入"专项基金"科目,并平均量化到成员:

　　借:专项应付款——国家乡村振兴扶贫项目　　55 000
　　　　贷:专项基金——国家乡村振兴扶贫项目——成员A　　11 000

	——成员B	11 000
	——成员C	11 000
	——成员D	11 000
	——成员E	11 000

③将用于技术培训的财政补助资金0.5万元冲减经营支出：

借：专项应付款——国家乡村振兴扶贫项目　　　　　5 000
　　贷：经营支出　　　　　　　　　　　　　　　　　5 000

【例5-23】某玉米加工合作社有20个成员，发生如下经济业务：

（1）202×年8月，购入一台玉米精选机，买价15万元，发生运费3 000元由合作社承担。款项银行存款付讫。

（2）202×年10月，获得省级财政项目扶持资金10万元，该项目资金实施先建后补，资金方案用于购入精选设备。合作社持玉米精选机发票到县财政报账，县财政检查验收合格予以报账，项目资金于次月拨付至合作社。

相关账务处理如下：

（1）购入设备时：

借：固定资产——玉米精选机　　　　　　　　　　153 000
　　贷：银行存款　　　　　　　　　　　　　　　　153 000

（2）取得财政直接补助资金时：

借：银行存款　　　　　　　　　　　　　　　　　100 000
　　贷：专项应付款——省级财政项目　　　　　　　100 000

借：专项应付款——省级财政项目　　　　　　　　100 000
　　贷：专项基金——财政专项补助——各成员　　　100 000

注：接受国家补助资金形成资产的财政补助资金转入"专项基金"科目时，应平均量化到成员，并计入成员账户，下同。

【例5-24】接例5-23，如果该某合作社202×年8月收到省级财政项目扶持资金10万元，之后才购入玉米精选机。

相关账务处理如下：

（1）取得财政直接补助资金时：

借：银行存款　　　　　　　　　　　　　　　　　100 000

　　　　贷：专项应付款——省级财政项目　　　　　100 000
（2）购入设备时：
　　借：固定资产——玉米精选机　　　　　　　　153 000
　　　　贷：银行存款　　　　　　　　　　　　　153 000
　　借：专项应付款——省级财政项目　　　　　　100 000
　　　　贷：专项基金——财政专项补助——各成员　100 000

第六章
所有者权益的核算

第一节　所有者权益概述

一、所有者权益的概念及特点

（一）所有者权益的概念

合作社的所有者权益，是指合作社资产扣除负债后由成员享有的剩余权益。

（二）所有者权益的管理要求

1.合作社收到成员出资投入的资产，应当按照确定的成本计入相关资产，按照该成员应享有合作社成员出资总额的份额计算的金额计入股金，两者之间的差额计入资本公积。合作社按照法定程序减少成员出资总额或成员退股时，应当减少股金。

2.合作社接受国家财政直接补助形成的生物资产、固定资产、无形资产等，以及接受他人捐赠、用途不受限制或已按约定使用的资产计入专项基金。

3.合作社可以按照章程规定或者成员大会决议,从本年盈余中提取公积金,计入盈余公积。

二、所有者权益的内容

合作社的所有者权益包括股金、专项基金、资本公积、盈余公积、未分配盈余等。股金是农民专业合作社成员实际投入合作社的各种资产的价值。专项基金是农民专业合作社通过国家财政直接补助转入和他人捐赠形成的专用基金。资本公积是合作社所有者权益的组成部分,是合作社用于扩大生产经营、承担经营风险及集体公益事业的专用基金。盈余公积是农民专业合作社按照章程规定或者大会决议从当年盈余中提取的公积。

三、所有者权益类会计科目的设置

合作社应按照《农民专业合作社会计制度》的规定来设置和使用会计科目,合作社所有者权益类一级会计科目共有6个,如表6-1所示。关于在合作社会计科目使用中需要注意的事项,参见本书第三章第一节"资产类会计科目的设置"中相关表述,此处不赘述。

表6-1　　　　　　　　所有者权益类科目表

序号	科目编号	科目名称
1	301	股金
2	311	专项基金
3	321	资本公积
4	322	盈余公积
5	331	本年盈余
6	332	盈余分配

第二节　股　金

一、股金概述

股金是农民专业合作社成员实际投入合作社的各种资产而享有的合作社注册资本的份额。股金是合作社开展生产经营活动的前提，也是农民专业合作社成员分享权益和承担义务的依据。

《农民专业合作社法》第十三条规定，农民专业合作社成员可以用货币出资，也可以用实物、知识产权、土地经营权、林权等可以用货币估价并可以依法转让的非货币财产，以及章程规定的其他方式作价出资；但是，法律、行政法规规定不得作为出资的财产除外。农民专业合作社成员不得以对该社或者其他成员的债权，冲抵出资；不得以缴纳的出资，抵销对该社或者其他成员的债务。

二、股金的核算

（一）会计科目设置

合作社应当设置"股金"科目，核算合作社通过成员投资入股、公积金转增、可分配盈余转增等所形成的股金。本科目期末贷方余额，反映合作社实有的股金数额。

（二）明细科目设置

"股金"科目应按照成员设置明细科目，进行明细核算。

（三）主要账务处理

1.合作社收到成员投资入股的货币资金，按照实际收到的金额，借记

"库存现金""银行存款"科目，按照成员应享有合作社成员出资总额的份额计算的金额，贷记"股金"科目，按照两者之间的差额，贷记"资本公积"科目。

2.收到成员投资入股的非货币性资产，按照确定的成本，借记"产品物资""消耗性生物资产""生产性生物资产""固定资产""无形资产"等科目，按照成员应享有合作社成员出资总额的份额计算的金额，贷记"股金"科目，按照两者之间的差额，贷记或借记"资本公积"科目。

3.用资本公积或盈余公积转增股金时，借记"资本公积""盈余公积"等科目，贷记"股金"科目。

4.根据成员（代表）大会表决同意，将可分配盈余转为成员对合作社出资的，借记"应付盈余返还""应付剩余盈余""盈余分配"科目，贷记"股金"科目。

5.按照法定程序减少成员出资总额或成员退股时，借记"股金"等科目，贷记"库存现金""银行存款""产品物资""固定资产"等科目，并在有关明细账及备查簿中详细记录股金发生的变动情况。

6.成员按照规定转让出资的，应在成员账户和有关明细账及备查簿中记录受让方。

股金的主要账务处理如表6-2所示。

表6-2　　　　　　　　　股金科目核算内容

序号	业务和事项内容		账务处理
1	收到成员投资入股	货币资金入股	借：库存现金/银行存款 　　贷：股金 　　　　资本公积［差额］
		非货币资产入股	借：产品物资/消耗性生物资产/生产性生物资产/固定资产/无形资产等 　　贷：股金 　　　　资本公积［差额，贷方或借方］

续表

序号	业务和事项内容	账务处理
2	用资本公积或盈余公积转增股金时	借：资本公积/盈余公积等 　　贷：股金
3	将可分配盈余转为成员对合作社出资	借：应付盈余返还/应付剩余盈余/盈余分配 　　贷：股金
4	按照法定程序减少成员出资总额或成员退股时	借：股金等 　　贷：库存现金/银行存款/产品物资/固定资产等

（四）会计实务举例

【例6-1】某果蔬合作社成立，共有6名成员，各自出资情况如下：成员A投入现金30 000元，成员B投入现金30 000元，成员C以2辆运输车出资，评估确认价为32 000元，成员D投入存款30 000元，成员E以60株苹果树出资，评估确认价为550元/株，共33 000元，成员F投入现金30 000元。按合作社章程规定，各成员应享有合作社注册资本的份额为30 000元。

相关账务处理如下：

借：银行存款　　　　　　　　　　　　　　　120 000
　　固定资产——运输车　　　　　　　　　　 32 000
　　生产性生物资产——苹果树　　　　　　　 33 000
　　贷：股金——成员A　　　　　　　　　　　30 000
　　　　　——成员B　　　　　　　　　　　　30 000
　　　　　——成员C　　　　　　　　　　　　30 000
　　　　　——成员D　　　　　　　　　　　　30 000
　　　　　——成员E　　　　　　　　　　　　30 000
　　　　　——成员F　　　　　　　　　　　　30 000
　　　　资本公积——股金溢价　　　　　　　　5 000

【例6-2】接例6-1，该合作社有新成员加入，收到成员G以15 000千克玉米投入合作社，参照市场行情，双方确认价为2.5元/吨，共计37 500元。协议约定入股份额为30 000元。

相关账务处理如下：

借：产品物资——玉米　　　　　　　　　　　　　37 500
　　贷：股金——成员 G　　　　　　　　　　　　　30 000
　　　　资本公积——股金溢价　　　　　　　　　　7 500

【例6-3】接例6-1，成员 H 以土地使用权入股该合作社，评估确认价为18万元，按合作社章程约定享有股金份额为15万元。

相关账务处理如下：

借：无形资产——土地使用权　　　　　　　　　180 000
　　贷：股金——成员 H　　　　　　　　　　　　　150 000
　　　　资本公积——股金溢价　　　　　　　　　　30 000

【例6-4】接例6-1、例6-2、例6-3，202×年5月30日，经成员大会决议通过，该合作社将上述资本公积42 500元转增股金。根据合作社章程，应平均量化增加每个成员的股金。

相关账务处理如下：

借：资本公积——股金溢价　　　　　　　　　　42 500
　　贷：股金——成员 A　　　　　　　　　　　　 5 312.50
　　　　　——成员 B　　　　　　　　　　　　　 5 312.50
　　　　　——成员 C　　　　　　　　　　　　　 5 312.50
　　　　　——成员 D　　　　　　　　　　　　　 5 312.50
　　　　　——成员 E　　　　　　　　　　　　　 5 312.50
　　　　　——成员 F　　　　　　　　　　　　　 5 312.50
　　　　　——成员 G　　　　　　　　　　　　　 5 312.50
　　　　　——成员 H　　　　　　　　　　　　　 5 312.50

【例6-5】接例6-4，202×年11月30日，成员 B 向理事会提出退社申请，经会员大会决议，同意该成员退社。减资登记手续办理完毕。退还股金30 000元，资本公积转增股金份额为5 312.50元。

相关账务处理如下：

借：股金　　　　　　　　　　　　　　　　　　35 312.50
　　贷：银行存款　　　　　　　　　　　　　　　35 312.50

【例6-6】用盈余公积转增股金时的账务处理，参见本章例6-17，此处略。

第三节　专项基金

一、专项基金概述

（一）专项基金的概念

专项基金是指合作社接受国家财政直接补助和他人捐赠形成的专项基金。国家财政直接补助包括中央财政扶持资金、省市财政扶持资金、区县财政扶持资金等；接受他人捐赠可以是货币资金、实物资金、无形资产等。

（二）专项基金的管理要求

1. 专项基金可以用于合作社的建设，形成各种固定资产、农业资产、无形资产等，也可用于合作社成员培训等。

2. 合作社必须加强专项基金的管理，要根据农业专业合作社建设的需要，制订资金使用方案，相关部门拨出资金后，必须监督资金的使用，合作社应专款专用，实行政务公开、财务公开，以确保资金的正确投向和使用效益。

二、专项基金的核算

（一）会计科目设置

合作社应当设置"专项基金"科目，核算合作社接受国家财政直接补助和他人捐赠形成的专项基金。本科目期末贷方余额，反映合作社实有的专项基金数额。

（二）明细科目设置

"专项基金"科目应按照专项基金的来源设置明细科目，进行明细核算。

（三）主要账务处理

1. 合作社使用已收到的国家财政直接补助资金取得生物资产、固定资产、无形资产等非货币性资产，或用于兴建农业农村基础设施时，按照实际使用国家财政直接补助资金的数额，借记"消耗性生物资产""生产性生物资产""固定资产""无形资产""在建工程"等科目，贷记"库存现金""银行存款"等科目，同时借记"专项应付款"科目，贷记"专项基金"科目。

2. 取得生物资产、固定资产、无形资产等非货币性资产之后收到对应用途的国家财政直接补助资金的，按照收到的金额，借记"库存现金""银行存款"等科目，贷记"专项应付款"科目，同时按照实际使用国家财政直接补助资金的数额，借记"专项应付款"科目，贷记"专项基金"科目。

3. 实际收到他人捐赠的货币资金时，借记"库存现金""银行存款"科目，贷记"专项基金"科目。

4. 收到国家财政直接补助的生物资产、固定资产、无形资产等非货币性资产（包括以前年度收到或形成但尚未入账的）或者他人捐赠的非货币性资产时，按照有关凭据注明的金额加上相关税费等，借记"消耗性生物资产""生产性生物资产""固定资产""无形资产"等科目，贷记"专项基金"科目等。没有相关凭据的，按照资产评估价值或者比照同类或类似资产的市场价格，加上相关税费等，借记"消耗性生物资产""生产性生物资产""固定资产""无形资产"等科目，贷记"专项基金"科目等。如无法采用上述方法计价的，应当按照名义金额，借记"消耗性生物资产""生产性生物资产""固定资产""无形资产"等科目，贷记"专项基金"科目，并设置备查簿进行登记和后续管理。按照应支付的相关税费等，借记"其他支出"科目，贷记"库存现金""银行存款""应付款""应交税费"等科目。

专项基金的主要账务处理如表6-3所示。

表6-3 专项基金科目核算内容

序号	业务和事项内容		账务处理
1	合作社使用已收到的国家财政直接补助资金取得生物资产、固定资产、无形资产等非货币性资产，或用于兴建农业农村基础设施时		借：消耗性生物资产/生产性生物资产/固定资产/无形资产/在建工程等 贷：库存现金/银行存款等 借：专项应付款 贷：专项基金
2	取得生物资产、固定资产、无形资产等非货币性资产之后收到对应用途的国家财政直接补助资金的		借：库存现金/银行存款等 贷：专项应付款 借：专项应付款 贷：专项基金
3	实际收到他人捐赠的货币资金时		借：库存现金/银行存款 贷：专项基金
4	收到国家财政直接补助的生物资产、固定资产、无形资产等非货币性资产（包括以前年度收到或形成但尚未入账的）或者他人捐赠的非货币性资产时	有凭据的，按照有关凭据注明的金额加上相关税费等入账	借：消耗性生物资产/生产性生物资产/固定资产/无形资产等 贷：专项基金
		没有相关凭据的，按照资产评估价值或者比照同类或类似资产的市场价格，加上相关税费等入账	
		如无法采用上述方法计价的，应当按照名义金额入账	借：消耗性生物资产/生产性生物资产/固定资产/无形资产等［名义金额，人民币1元］ 贷：专项基金 借：其他支出［相关税费］ 贷：库存现金/银行存款/应付款/应交税费等

（四）会计实务举例

【例6-7】某农机专业合作社使用财政奖补资金100 000元，购入谷物联合收割机2台，每台价格4.9万元，不需要安装，另承担运杂费等3 000元。固定资产验收完毕交付使用，款项银行存款付讫。

相关账务处理如下：

（1）收到国家财政直接补助资金时：

借：银行存款　　　　　　　　　　　　　　　　100 000
　　贷：专项应付款——财政奖补资金　　　　　　　　100 000

（2）使用国家财政直接补助资金购买固定资产时：

借：固定资产——谷物联合收割机　　　　　　　101 000

贷：银行存款　　　　　　　　　　　　　　　　　　101 000
　　借：专项应付款——财政奖补资金　　　　　　　　　　100 000
　　　贷：专项基金——财政奖补——各成员　　　　　　　100 000
　　注：接受国家补助资金或接受他人捐赠形成资产的资金转入"专项基金"科目时，应平均量化到成员，并计入成员账户，下同。

【例6-8】某蔬菜种植专业合作社收到A公司捐赠现金5 000元，用于合作社开展蔬菜种植技术推广业务培训。

　　相关账务处理如下：
　　借：库存现金　　　　　　　　　　　　　　　　　　　5 000
　　　贷：专项基金——A公司捐赠款　　　　　　　　　　 5 000

【例6-9】某合作社收到乡村振兴对口帮扶单位B公司捐赠的化肥20吨，价值30 000元。

　　相关账务处理如下：
　　借：产品物资——化肥　　　　　　　　　　　　　　　30 000
　　　贷：专项基金——B公司捐赠——各成员　　　　　　 30 000
　　注：根据《农民专业合作社法》规定，接受他人捐赠形成非货币性资产时，应平均量化到各成员，并计入各成员账户。

【例6-10】某养殖合作社202×年1月接受C公司捐赠的2头种牛，每头种牛的发票价格为7 500元。一年后，因突发自然灾害导致这2头种牛死亡，这2头种牛已提折旧5 000元。保险公司按合同应赔偿8 000元，经理事会批准，同意核销净损失。补充信息：种牛按3年计提折旧。

　　相关账务处理如下：
　　（1）接受捐赠时：
　　借：生产性生物资产——种牛　　　　　　　　　　　　15 000
　　　贷：专项基金——C公司捐赠——各成员　　　　　　 15 000
　　（2）每月计提折旧时：
　　借：生产成本　　　　　　　　　　　　　　　　　　　416.67
　　　贷：生产性生物资产累计折旧　　　　　　　　　　　 416.67
　　每月计提折旧额=15 000÷（3×12）=416.67（元），一年累计已提折旧

5 000元。

（3）种牛死亡发生损失时：

借：待处理财产损溢——待处理非流动资产损溢　　10 000
　　生产性生物资产累计折旧　　　　　　　　　　　5 000
　　贷：生产性生物资产——种牛　　　　　　　　　　　15 000

（4）按规定程序批准后处理时：

借：应收款——保险公司　　　　　　　　　　　　8 000
　　其他支出　　　　　　　　　　　　　　　　　2 000
　　贷：待处理财产损溢——待处理非流动资产损溢　　10 000

（5）收到保险公司赔款时：

借：银行存款　　　　　　　　　　　　　　　　　8 000
　　贷：应收款——保险公司　　　　　　　　　　　　8 000

【例6-11】某水稻专业合作社被评为市级示范社，获得市政府奖励插秧机1台，所附发票价格为48 000元。

相关账务处理如下：

借：固定资产——插秧机　　　　　　　　　　　48 000
　　贷：专项基金——财政奖补资金——各成员　　　　48 000

【例6-12】接例6-11，假设该合作社因设备配件损坏无法修理，须报废上述政府奖励插秧机，已提折旧20 000元，出售残料收入1 500元已存银行，以现金支付清理费1 000元，按保险合同，保险公司应赔偿损失5 000元。按规定程序批准，同意核销净损失。

相关账务处理如下：

（1）固定资产转入清理，注销原价及累计折旧时：

借：固定资产清理　　　　　　　　　　　　　　28 000
　　累计折旧　　　　　　　　　　　　　　　　20 000
　　贷：固定资产——插秧机　　　　　　　　　　　48 000

（2）发生清理费用时：

借：固定资产清理　　　　　　　　　　　　　　1 000
　　贷：库存现金　　　　　　　　　　　　　　　　1 000

（3）取得出售残料收入时：

借：银行存款　　　　　　　　　　　　　　　　1 500
　　贷：固定资产清理　　　　　　　　　　　　　1 500

（4）确认应收保险公司赔款时：

借：应收款——保险公司　　　　　　　　　　　5 000
　　贷：固定资产清理　　　　　　　　　　　　　5 000

（5）经批准，核销固定资产净损失时：

清理净损失=28 000+1 000-1 500-5 000=22 500（元）

借：其他支出　　　　　　　　　　　　　　　　22 500
　　贷：固定资产清理　　　　　　　　　　　　22 500

第四节　资本公积

一、资本公积概述

（一）资本公积的概念

资本公积是合作社所有者权益的组成部分，是合作社用于扩大生产经营、承担经营风险及集体公益事业的专用基金，主要来源于股金溢价及实物资产的重估增值等。

（二）资本公积的管理要求

1.合作社可以在章程中规定公积金提取的比例和用途，每年提取的公积金按照章程规定的比例量化为每个成员所有的份额。合作社提取及使用公积金，应当按照章程规定或者经成员（代表）大会决议通过。

2.合作社应加强资本公积的管理，严格把握资本公积形成的确认，合理使用资本公积。

3.合作社收到成员入社投入的资产，按双方确认的价值计入相关资产，按享有农民专业合作社注册资本的份额计入股金，双方确认的价值与按享有农民专业合作社注册资本的份额计算的金额的差额，形成资本公积。

4.合作社以实物资产方式对外投资，其评估确认或合同、协议确定的价值必须真实、合理，不得高估或低估资产价值。实物资产重估确认价值与其账面净值之间的差额，形成资本公积。

二、资本公积的核算

（一）会计科目设置

合作社应当设置"资本公积"科目，核算合作社形成的资本公积。本科目期末贷方余额，反映合作社实有的资本公积数额。

（二）明细科目设置

"资本公积"科目应按照资本公积的来源设置明细科目，进行明细核算。

（三）主要账务处理

1.合作社收到成员投资入股的货币资金，按照实际收到的金额，借记"库存现金""银行存款"科目，按照成员应享有合作社成员出资总额的份额计算的金额，贷记"股金"科目，按照两者之间的差额，贷记"资本公积"科目。

2.收到成员投资入股的非货币性资产，按照确定的成本，借记"产品物资""消耗性生物资产""生产性生物资产""固定资产""无形资产"等科目，按照成员应享有合作社成员出资总额的份额计算的金额，贷记"股金"科目，按照两者之间的差额，贷记或借记"资本公积"科目。

3.以实物资产、无形资产等非货币性资产方式对外投资时，按照评估确认或者合同、协议约定的价值和相关税费，借记"对外投资"科目，按照已计提的累计折旧或摊销，借记"生产性生物资产累计折旧""累计折旧""累计摊销"科目，按照投出资产的原价（成本），贷记"消耗性生物资产""生产性生物资产""固定资产""无形资产"等科目，按照应支付的相关税费，贷记"应交税费"等科目，按照其差额，借记或贷记"资本公积"科目。

4.用资本公积转增股金时，借记"资本公积"科目，贷记"股金"科目。

资本公积的主要账务处理如表6-4所示。

表6-4 资本公积科目核算内容

序号	业务和事项内容		账务处理
1	收到成员投资入股	货币资金入股	借：库存现金/银行存款 　贷：股金 　　　资本公积
		非货币性资产入股	借：产品物资/消耗性生物资产/生产性生物资产/固定资产/无形资产等 　贷：股金 　　　资本公积［差额，贷方或借方］
2	以实物资产、无形资产等非货币性资产方式对外投资时		借：对外投资 　　生产性生物资产累计折旧/累计折旧/累计摊销 　贷：消耗性生物资产/生产性生物资产/固定资产/无形资产等 　　　应交税费 　　　资本公积［差额，贷方或借方］
3	用资本公积转增股金时		借：资本公积 　贷：股金

（四）会计实务举例

【例6-13】收到成员以货币资金或非货币性资产投资入股，形成资本公积的相关账务处理，参见本章例6-1、例6-2、例6-3，此处略。

【例6-14】资本公积转增股金的账务处理，参见本章例6-4，此处略。

【例6-15】以非货币性资产对外投资形成资本公积的账务处理，参见本书第三章例4-21、例4-22，此处略。

第五节 盈余公积

一、盈余公积概述

盈余公积是农民专业合作社按照章程规定或者大会决议从当年盈余中提取的公积金。公积金用于弥补亏损、扩大生产经营或者转为成员支出。盈余公积应属于全体成员所有，但依据成员与农民合作社交易量大小及成员股金多少而有所不同，农民专业合作社可根据章程规定并经成员大会讨论决定，将盈余公积转增股金、弥补亏损或扩大生产经营。

二、盈余公积的核算

（一）会计科目设置

合作社应当设置"盈余公积"科目，核算合作社从当年盈余中提取的盈余公积。本科目期末贷方余额，反映合作社实有的盈余公积数额。

（二）明细科目设置

"盈余公积"科目应按照用途设置明细科目，进行明细核算。

（三）主要账务处理

1.合作社提取盈余公积时，借记"盈余分配"科目，贷记"盈余公积"科目。

2.用盈余公积转增股金或弥补亏损等时，借记"盈余公积"科目，贷记"股金""盈余分配"等科目。

盈余公积的主要账务处理如表6-5所示。

表6-5　　　　　　　　　盈余公积科目核算内容

序号	业务和事项内容	账务处理
1	合作社提取盈余公积时	借：盈余分配 　贷：盈余公积
2	用盈余公积转增股金或弥补亏损等时	借：盈余公积 　贷：股金/盈余分配等

（四）会计实务举例

【例6-16】合作社提取盈余公积的账务处理，参见本书第五章例5-18和本章例6-21，此处略。

【例6-17】202×年5月31日，经成员大会决议通过，某种养殖专业合作社将50 000元盈余公积转增股金。

相关账务处理如下：

借：盈余公积　　　　　　　　　　　　　　　50 000
　贷：股金——各成员　　　　　　　　　　　　50 000

【例6-18】202×年年末，经成员大会决议通过，某果蔬专业合作社将盈余公积30 000元用于弥补当年亏损。

相关账务处理如下：

借：盈余公积　　　　　　　　　　　　　　　30 000
　贷：盈余分配——未分配盈余　　　　　　　　30 000

第六节　本年盈余与盈余分配

一、盈余与盈余分配概述

（一）本年盈余概述

合作社的盈余，是指合作社在一定会计期间的经营成果。本年盈余是指合作社当期实现的盈余。合作社的本年盈余按照下列公式计算。

本年盈余＝经营收益＋其他收入－其他支出－所得税费用

其中：

经营收益＝经营收入＋投资收益－经营支出－税金及附加－管理费用－财务费用

投资收益是指投资所取得的收益扣除发生的投资损失后的数额。投资所取得的收益包括对外投资分得的盈余、盈余返还和盈余分配、现金股利和债券利息，以及对外投资到期收回或中途转让取得款项高于账面余额的差额等。投资损失包括对外投资到期收回或中途转让取得款项低于账面余额的差额等。

（二）盈余分配概述

合作社可供分配的盈余，按照下列顺序进行分配：

（1）弥补以前年度的亏损。以前年度亏损未弥补前，合作社不能提取公积金，也不能向成员进行盈余返还和盈余分配，或者将全部或部分可分配盈余转为成员对合作社的出资。

（2）提取盈余公积。合作社可以按照章程规定或者成员大会决议从当年盈余中提取公积金。公积金用于弥补亏损、扩大生产经营或者转为成员出资。每年提取的公积金按照章程规定量化为每个成员的份额。提取盈余公积的计算公式为：本年提取盈余公积＝（本年盈余－以前年度未弥补亏损）×计提比例。

（3）提取应付盈余返还。应付盈余返还是指合作社根据有关法律法规和合作社章程规定，返还给成员的盈余。根据《农民专业合作社法》规定，在弥补亏损、提取公积金后的当年盈余，为农民专业合作社的可分配盈余。可分配盈余主要按照成员与本社的交易量（额）比例返还。可分配盈余按成员与本社的交易量（额）比例返还的返还总额不得低于可分配盈余的60%。具体分配办法按照合作社章程规定或者经成员（代表）大会决议确定。

（4）剩余盈余分配。合作社的盈余在弥补亏损、提取公积金以及按照成员与本社的交易量（额）比例返还不低于可分配盈余的60%后的剩余部分，以成员账户中记载的出资额和公积金份额，以及本社接受国家财政直接补助和他人捐赠形成的财产平均量化到成员的份额，按比例分配给本社成员。

合作社在进行年终盈余分配工作以前，要准确地核算全年的收入和支出；清理财产和债权、债务，真实完整地登记成员个人账户。

二、本年盈余的核算

（一）会计科目设置

合作社应当设置"本年盈余"科目，核算合作社当期实现的盈余。本科目年末结转后应无余额。

（二）主要账务处理

1.会计期末结转盈余时，应将"经营收入""其他收入"科目的余额转入本科目的贷方，借记"经营收入""其他收入"科目，贷记"本年盈余"科目；同时将"经营支出""税金及附加""管理费用""财务费用""其他支出""所得税费用"科目的余额转入本科目的借方，借记"本年盈余"科目，贷记"经营支出""税金及附加""管理费用""财务费用""其他支出""所得税费用"科目。应将"投资收益"科目的贷方余额转入"本年盈余"科目的贷方，借记"投资收益"科目，贷记"本年盈余"科目；如为投资净损失，应将"投资收益"科目的借方余额转入"本年盈余"科目的借方，借记"本年盈余"科目，贷记"投资收益"科目。

2.年度终了，应将本年收入和支出相抵后结出的本年实现的净盈余，转入"盈余分配"科目，借记"本年盈余"科目，贷记"盈余分配——未分配盈余"科目；如为净亏损，作相反会计分录。结转后本科目应无余额。

本年盈余的主要账务处理如表6-6所示。

表6-6　　　　　　　　　　本年盈余科目核算内容

序号	业务和事项内容			账务处理
1	会计期末结转收益类科目本期发生额	结转收入科目		借：经营收入/其他收入 　贷：本年盈余
		结转投资收益	投资净收益	借：投资收益 　贷：本年盈余
			投资净损失	借：本年盈余 　贷：投资收益
2	会计期末结转支出类科目本期发生额	结转支出科目		借：本年盈余 　贷：经营支出/税金及附加/管理费用/财务费用/其他支出/所得税费用
3	年终，将本年盈余转入盈余分配	净盈余		借：本年盈余 　贷：盈余分配——未分配盈余
		净亏损		借：盈余分配——未分配盈余 　贷：本年盈余

（三）会计实务举例

【例6-19】某种养合作社202×年10月份收入和支出情况如下：经营收入50万元，其他收入6 200元，投资收益5 000元，经营支出30万元，税金及附加1 100元，管理费用2万元，财务费用8 000元，其他支出4 000元，所得税费用4 200元。对当月收支进行月末结转。

相关账务处理如下：

（1）结转收入时：

借：经营收入	500 000
其他收入	6 200
投资收益	5 000
贷：本年盈余	511 200

（2）结转支出时：

| 借：本年盈余 | 337 100 |

  贷：经营支出   300 000
    税金及附加   1 100
    管理费用   20 000
    财务费用   8 000
    其他支出   4 000
    所得税费用   4 200
  本月净盈余=511 200-337 100=174 100（元）

【例6-20】 接例6-19，该合作社年末"本年盈余"科目贷方余额为620 175元，将上述余额转入转入"盈余分配"科目。

  相关账务处理如下：
  借：本年盈余   620 175
    贷：盈余分配——未分配盈余   620 175

三、盈余分配的核算

（一）会计科目设置

  合作社应当设置"盈余分配"科目，核算合作社当年盈余的分配（或亏损的弥补）和历年分配后的结存余额。本科目余额为合作社历年积存的未分配盈余（或未弥补亏损）。

（二）明细科目设置

  "盈余分配"科目设置"各项分配"和"未分配盈余"两个二级科目，应按照盈余的用途设置明细科目，进行明细核算。年度终了，"盈余分配"科目的"各项分配"明细科目应无余额，"未分配盈余"明细科目的贷方余额表示未分配的盈余，借方余额表示未弥补的亏损。

（三）主要账务处理

  1.合作社用盈余公积弥补亏损时，借记"盈余公积"科目，贷记"盈余分配"科目（未分配盈余）。

2.按照规定提取盈余公积时，借记"盈余分配"科目（各项分配），贷记"盈余公积"科目。

3.根据章程规定或者经成员（代表）大会决议确定的盈余分配方案，提取返还盈余时，借记"盈余分配"科目（各项分配），贷记"应付盈余返还"科目。

4.根据章程规定或者经成员（代表）大会决议确定的盈余分配方案，分配剩余盈余时，借记"盈余分配"科目（各项分配），贷记"应付剩余盈余"科目。

5.根据成员（代表）大会表决同意，将可分配盈余转为成员对合作社出资的，借记"应付盈余返还""应付剩余盈余""盈余分配"科目（各项分配），贷记"股金"等科目。

6.年度终了，合作社应将全年实现的盈余总额，自"本年盈余"科目转入"盈余分配"科目，借记"本年盈余"科目，贷记"盈余分配"科目（未分配盈余）；如为净亏损，作相反会计分录。同时，将"盈余分配"科目下的"各项分配"明细科目的余额转入"盈余分配"科目下的"未分配盈余"明细科目，借记"盈余分配"科目（未分配盈余），贷记"盈余分配"科目（各项分配）。年度终了，"盈余分配"科目的"各项分配"明细科目应无余额，"未分配盈余"明细科目的贷方余额表示未分配的盈余，借方余额表示未弥补的亏损。

盈余分配的主要账务处理如表6-7所示。

表6-7　　　　　　　　盈余分配科目核算内容

序号	业务和事项内容	账务处理
1	用盈余公积弥补亏损时	借：盈余公积 　贷：盈余分配——未分配盈余
2	按照规定提取盈余公积时	借：盈余分配——各项分配 　贷：盈余公积

续表

序号	业务和事项内容		账务处理
3	提取返还盈余时		借：盈余分配——各项分配 　贷：应付盈余返还
4	分配剩余盈余时		借：盈余分配——各项分配 　贷：应付剩余盈余
5	将可分配盈余转为成员对合作社出资		借：应付盈余返还 　　应付剩余盈余 　　盈余分配——各项分配 　贷：股金等
6	年终，将本年盈余转入盈余分配	净盈余	借：本年盈余 　贷：盈余分配——未分配盈余
		净亏损	借：盈余分配——未分配盈余 　贷：本年盈余
7	年终，将"盈余分配"科目下的"各项分配"明细科目的余额转入"盈余分配"科目"未分配盈余"明细科目		借：盈余分配——未分配盈余 　贷：盈余分配——各项分配

（四）会计实务举例

【例6-21】某花生专业合作社年初未弥补亏损2万元，202×年实现净盈利20万元，按照章程规定，并经成员大会决议通过，按以下方案进行盈余分配：提取10%公积金，可分配盈余的70%按成员当年与本社交易的花生交易量返还，剩余部分的50%按成员出资额和公积金份额，以及国家财政直接补助和他人捐赠形成的财产按比例分配给全体成员。补充信息：合作社成员50名。

相关账务处理如下：

（1）结转本年盈余时：

借：本年盈余　　　　　　　　　　　　　　　　　　200 000
　　贷：盈余分配——未分配盈余　　　　　　　　　　　　200 000

（2）提取盈余公积时：

提取盈余公积金=（200 000−20 000）×10%=18 000（元）

借：盈余分配——各项分配　　　　　　　　　　　　18 000

贷：盈余公积　　　　　　　　　　　　　　　　　　　　18 000
（3）提取返还盈余时：
① 提取返还盈余额=（200 000-20 000）×（1-10%）×70%=113 400（元）
② 按成员与本社的交易额比例，分别计算每个成员应返还的盈余额，略。
③ 根据上述计算结果进行账务处理：
　　借：盈余分配——各项分配　　　　　　　　　　　　　113 400
　　　　贷：应付盈余返还——各成员　　　　　　　　　　　113 400
（4）分配剩余盈余时：
① 剩余盈余=200 000-20 000-18 000-113 400=48 600（元）
② 本年分配的剩余盈余=48 600×50%=24 300（元）
③ 按成员出资额和公积金份额，以及国家财政直接补助和他人捐赠形成的财产份额合计数作为分配比例，分别计算出每个成员应分配的剩余盈余，略。
④ 根据上述计算结果进行账务处理：
　　借：盈余分配——各项分配　　　　　　　　　　　　　24 300
　　　　贷：应付剩余盈余——各成员　　　　　　　　　　　24 300
（5）结转各项分配时：
结转各项分配金额=18 000+113 400+24 300=155 700（元）
　　借：盈余分配——未分配盈余　　　　　　　　　　　　155 700
　　　　贷：盈余分配——各项分配　　　　　　　　　　　　155 700
（6）计算本年未分配盈余：
年末未分配盈余=200 000-20 000（弥补亏损）-155 700=24 300（元）

第七章 生产成本的核算

第一节 生产成本概述

一、生产成本的概念

生产成本是指合作社直接组织生产或提供服务等活动所发生的各项生产费用和服务成本。要使农民专业合作社健康持久地发展,应当进行成本核算,加强成本管理,逐步促进生产效率提升,促进社员获得较好的收益。

二、生产成本的分类

合作社的生产成本包括合作社直接组织生产产品的成本和合作社对外提供服务的成本。合作社直接组织生产产品的成本主要包括农产品生产成本、工业产品生产成本等。农产品生产成本包括直接材料费、直接人工费、其他直接费用和间接费用等。工业产品生产成本包括直接材料费、燃料和动力、直接人工费、其他直接费用和间接费用等。合作社对外提供服务的成本包括提供服务的直接耗费及提供服务人员的培训费、工资福利、差旅费、保险费等。

三、农产品生产成本

（一）农产品生产的特点

农民专业合作社的农产品生产具有自身的特点：一是主要依托于土地，土地是农业生产的重要生产资料。二是合作社的生产具有明显的季节性和地域性，并且具有明显的周期性。三是合作社的农产品生产中部分劳动资料和劳动对象可以相互转化，有些产品可以再投入生产。四是合作社的农产品生产主要是种植业和养殖业，两者之间相互依赖、相互促进。

（二）农产品生产成本的构成

农产品生产成本分为直接成本和间接成本，具体包括直接材料费、直接人工费、其他直接费用和间接费用等。

1.直接成本

（1）种子、种苗费用。种子、种苗费用指在生产过程中直接使用的种子和种苗所产生的费用，可以是外购直接产生的费用，也可以是自身培植产生的费用。

（2）肥料材料费用。肥料材料费用指生产过程或种植过程中使用的各种化肥、农家肥产生的费用。饲养生产中消耗的精饲料、粗饲料、动物饲料和矿物饲料等费用。

（3）农药费用。农药费用指生产过程中使用的各种农药的费用。

（4）人工费。人工费指直接从事种植和养殖的人员的工资、奖金、津贴和补贴及按工资总额计提并缴纳的社会保险费用等，也包括各种季节性用工产生的短期劳务费。

（5）其他直接费。其他直接费指不属于以上各项费用的其他直接支付的费用，如灌溉费、租赁费、一次性的机械作业费等。

2.间接成本

（1）燃料动力的材料费用。生产过程中消耗用电、燃料、材料等费用。粉碎蒸煮饲料、孵化增温等耗用的燃料和动力费用等。

（2）折旧与修理费用。该批产品的生产相关的固定资产的折旧费与修理费用以及产畜折旧费。

（3）其他费用。发生的除上述费用以外的其他需要由某一批农业产品生产相关的各种费用。

四、工业产品生产成本

（一）合作社加工产品的成本特点

合作社直接组织产品制造和生产的，需要按照工业产品成本的方法进行归集和分配。这一类产品成本需要注意以下几点：一是为了正确核算产品的生产成本，必须划清各项费用支出的界限。生产单一产品的，需要正确划清完工产品和在产品的费用界限，正确划分产品生产费用支出与期间费用支出的界限；生产多种产品的，还需要正确划分各种产品之间的费用界限。二是为了保证生产成本的准确，合作社还需要建立相关的制度，做好基础工作，制度包括但不限于建立和健全材料的计量、收发、领退和盘点制度，产品盘点制度，原始记录制度，成本核算工作组织制度。

（二）合作社加工产品的生产成本构成

工业产品生产成本分为直接成本和间接成本，具体包括直接材料费、燃料和动力、直接人工费、其他直接费用和间接费用等。

1.直接成本

（1）直接材料。合作社生产经营过程中实际消耗的原材料、辅助材料等。

（2）包装物。为了保证生产的农产品能够正常销售需要进行的包装费用。

（3）直接工资。合作社直接从事产品生产人员的工资及福利费。

（4）燃料动力。直接用于产品生产的各种燃料和动力费用。

（5）其他直接成本。其他与该产品的生产直接相关的直接材料和开支费用。

2.间接成本

（1）折旧费。固定资产、生产性生物资产的折旧费。

（2）租赁费。租入固定资产租赁费。

（3）修理费。维修生产用设备产生的费用。

（4）低值易耗品。机物料消耗、低值易耗品。

（5）能源费。取暖费、水费、电费等能源成本。

（6）人工费用。和生产产品间接相关的工资成本。

（7）其他间接费用。其他和产品生产相关的办公费、差旅费、设计费、试验检验费、修理期间的停工损失费等其他制造费用。

这里需要注意的是，为了生产产品而发生的各种耗费都应该作为分配对象，主要包括原材料、燃料和动力，生产工人工资和各项费用，不包括应作为合作社"管理费用""财务费用"和"其他支出"的各项开支。也就是说，产品的生产成本是合作社的一种费用支出，但合作社发生的各项费用支出并不一定都属于产品的生产成本。

五、对外提供服务的成本

（一）合作社提供服务的成本特点

合作社直接组织各种服务的，一般应该按照服务成本的归集和分配方式方法进行成本的归集和分配。常见的农民专业合作社对外提供的服务一般有两种主要形式：一是农业技术或者劳务服务，二是适合合作社特点的乡村旅游项目服务。

（二）提供服务的生产成本构成

合作社对外提供服务的成本也可以分为直接成本和间接成本，具体包括提供服务的直接耗费及提供服务人员的培训费、工资福利、差旅费、保险费等。

1. 直接成本

（1）直接人工成本。包括和提供的服务直接相关的工资和工资附加的成本。

（2）直接材料成本。包括在提供服务过程中消耗的直接材料。

（3）直接使用的各种低值易耗品。提供服务过程中需要使用的易耗品。

（4）其他直接成本。不能通过以上成本项目进行归集的直接用于服务产品的直接成本。

2. 间接成本

（1）间接人工成本。与提供服务相关的间接人员成本。

（2）分摊的材料成本。消耗的各种物料费用需要在多种产品中进行分摊。

（3）分摊的折旧摊销成本。使用的固定资产折旧和无形资产摊销的成本。如道路、绿化摊销成本。卫生间、垃圾桶、石凳、指示牌、停车场等其他配套设施的成本。使用无形资产的消耗成本。使用的生物性资产的折旧成本等。

（4）其他间接成本。不能通过以上成本项目进行归集的直接用于服务产品的成本。

第二节 生产成本的归集和分配

一、生产成本的归集和分配方法

考虑合作社的特点，在生产成本归集和分配的过程中，可以采用适当简化的程序核算相关成本，如可以区分主要作物与次要作物。对主要作物，可以以每种作物为成本计算和归集对象，单独核算其产品成本；对次要作物，则可以以类别作为成本计算和归集的对象。另外，对不同收获期的同一种作物也应该分别核算其成本。具体的主要农产品应该由合作社根据自身的经营范围明确，如小麦、蘑菇、大豆、玉米等。

（一）成本归集和分配的周期

考虑合作社的特点，一般种植和养殖都存在一定的周期性，因此成本的归集和分配方法应该与组织的特点相匹配也应该有其周期性。在种植业中，由于农作物的生产周期较长，产品单一，收获期比较集中，在年度期间各项费用和用工发生又不均匀。适应这些特点，农产品的成本计算期，一般可以规定为一年计算一次。在养殖业中，可以根据养殖的周期确定成本归集和分配的周期，在这一周期中，根据相关品类进行归集和分配。

（二）主要成本计算时间标志点

农产品收获的具体情况不同，其生产成本确认的终止点一般也不相同。参考其他制度规定，一般时间标志节点如下：

（1）粮、豆的成本计算至入仓入库和场上能够销售为止。从仓囤出库和场上交售发生的包装费、运杂费作为"经营支出"处理。

（2）不入库入窖的鲜活产品的成本，计算至销售为止；入库入窖的鲜活产品的成本，计算至入库、入窖为止。

（3）棉花的成本计算至加工成皮棉为止。打包上交过程中发生的包装费、运输费作为"经营支出"处理。

(4)纤维作物、香料作物和水参等农产品的成本,计算至加工完成为止。

(三)农产品的成本计算与分配

发生的农产品生产的各种生产费用在"生产成本"的各个明细账户中核算,各个生产成本明细账户归集的各该作物的全部生产费用,在期末结合各种作物的种植面积和产量等有关资料,即可计算农产品的成本。分配方法和标准一经确定,一般不得随意变更。

(四)合作社加工产品的成本计算与分配

生产的成本计算对象的基本方法有三种:一是以产品品种为成本计算对象的品种法。这种方法适用于大量、大批的单步骤生产或管理上不要求分步骤计算成本的多步骤生产。二是以产品批别或订单为成本计算对象的分批法。这种方法适用于管理上不要求分步骤计算成本的单件、小批生产。三是以各种产品及其所经各生产步骤为成本计算对象的分步法。这种方法适用于管理上要求分步骤计算成本的大量、大批的多步骤生产。除上述三种基本方法外,为满足企业管理的需要和成本计算的要求,还可采用其他一些成本计算方法。如分类法、定额法或标准成本法等。

1. 品种法

品种法是以产品品种为成本计算对象归集生产费用,计算产品成本的一种方法。采用品种法计算产品成本的企业或车间中,如果只生产一种产品,成本计算对象就是该种产品。计算成本时,只需要开设一张成本计算单,发生的生产费用全部都是直接费用,直接计入这种产品的成本。如果生产多种产品,就要按产品品种开设多张成本计算单,发生的直接费用计入各种产品成本计算单中,间接费用则要采用适当的分配方法,在各成本计算对象之间分配。月末计算成本时,如果没有在产品或者在产品数量很少,则不需要计算月末在产品成本,各种产品的成本计算单中按成本项目归集的全部生产费用,就是该产品的总成本,用总成本除以产量,即可得出产品的单位成本。

如果月末有在产品，而且数量较多，则应将成本计算单内归集的生产费用采用适当的分配方法，在完工产品和月末在产品间进行分配，以便计算产成品成本和月末在产品成本。

2. 分批法

分批法是以产品批别或订单为成本计算对象归集生产费用、计算产品成本的一种方法。分批法基本上是根据购货单位的订单来确定产品的批量，一般是一张订单为一批；如果一张订单中不止一种产品时，也可将这几种产品分为几批；如果一张订单中虽只有一种产品，但数量较大，则可按最优批量将其划分为数批；如果几张订单都定有同一种产品，且数量都不多，也可将其合并为一批；如果订单中只有一件产品，但较大和复杂，生产周期长，也可按产品的组成部分将其分为数批投产。采用分批法，仍按会计结算期于月终归集生产费用。当某批产品完工时，归集在成本计算单中的生产费用就是完工产品的成本；某批产品未完工时，归集于成本计算单中的生产费用就是在产品成本。各批产品的成本计算期与生产周期一致，月末一般不存在完工产品与在产品之间分配费用的问题。但是，在一批产品跨月完工交货时，为了管理上与统计工作口径一致，并计算销售成本，月末就需要在完工产品和在产品之间分配费用，以计算产成品成本。

3. 分步法

成本计算分步法是指按照产品的生产步骤计算产品成本的一种方法。适用于多步骤的大量大批生产企业，包括连续式多步骤生产企业和装配式多步骤生产企业，如纺织、造纸、家用电器等企业。其特点是：在多步骤生产中，最后一个步骤生产的产品才是产成品，其他各个步骤生产的都属于半成品。采用分步法，如果企业只生产一种产品，则成本计算对象就是该种产品的各个生产步骤的成本，要设立各生产步骤的成本明细账，分别按照各加工步骤归集生产费用。根据对各步骤所提供成本资料的要求不同和简化成本计算的要求，分步法在结转各步骤成本时，可以采用逐步结转和平行结转两种方法。逐步结转法按照半成品成本在下一步骤成本计算单中反映的方式不同，又可分为综合结转法和分项结转法。

（五）合作社提供服务的成本计算与分配

合作社发生的提供服务的成本，由发生各种生产费用在"生产成本"的各个明细账户中核算，根据服务周期，在周期结束或者期末，结合各种服务的时间分配等有关资料，即可计算提供服务的成本。提供服务的生产成本的分配方法和标准一经确定，一般不得随意变更。

二、生产成本归集分配方法

（一）主产品和副产品的成本分配方法

一般来说，按照成本分配的计算方法，可以将农民专业合作社分配的间接生产成本的方法分为两种主要方式，一种是估价方法，另一种是按照比率进行分配。

1.估价法

估价法适用于非主要产品的价值较为固定、产销量相对稳定的情况。即对副产品的成本按市场价格进行估价，以此作为产品的成本。非主要产品的副产品成本计算出来之后，其他的成本就应该由主要作物承担，即主作物的成本计算公式为：主产品总成本＝生产费用总额－副产品价值。

2.比率法

比率法也称之为比例法，适用于成本变化较大的主产品和副产品。即按照一定的比率把生产成本总额在主产品和副产品之间进行分配的方法。计算公式为：分配率＝实际总成本／主、副产品计划成本之和×100%，主作物产品实际总成本＝主产品计划成本×分配率；副产品实际总成本＝副产品计划成本×分配率。

（二）种植作物成本计算方法

1.一年生种植作物的成本计算

一年生种植作物是指作物生长期不超过一年的农作物，一般为当年，也有少部分跨年作物。计算一年生种植作物的成本，成本计算归集的周期为作物的生长成熟周期。具体可以采用成本基本方法中的品种法。对于需要分摊的成本，可以在不同品种之间将作物成本按照面积或者产量进行分摊。也就是说需要计算单位面积成本和单位产量成本，作为分配率，进而计算该批作物成本。计算的作物成本中有副产品输入的可以用前述的主产品和副产品成本分配方法扣除副产品成本后再重新分配成本。

单位面积成本是指种植某种农作物平均每单位播种面积所支出的费用总额。其计算公式为：

某作物单位面积（亩）成本=（某作物生产费用总额–副产品价值）/某作物播种面积

单位产量成本是指种植某种农作物平均每单位产品所支出的费用总额。其计算公式为：

某作物单位产量（千克）成本=（某作物生产费用总额–副产品价值）/某作物产量

2.多年生种植作物产品成本计算

多年生农作物由于生长期和收获期的不同，生产管理要求不同，其成本计算方法也有所不同。如各类果树、桑树、茶树等是多年生的植物，都是多年生作物的典型代表。对于生长期较长的作物，其成本计算方法可采用成本计算方法中的分步法计算成本，这样在不同阶段计算不同成本，可以为不同阶段的收获实现分阶段销售提供定价依据，并计算阶段性收益。例如，果树按其生长过程一般经过育苗、幼树培育和成林管理三个阶段。苗圃育苗是生产树苗的阶段；幼树培育是从树苗起土、移植到成林投产为止的生产阶段；成林管理是正式投产后的培育管理阶段。多年生作物的成本核算分为苗圃产品的成本核算、幼树培育的成本核算、林木产品的成本核算。对于多年生的经济作物来说，各个步骤之间既相互关联又可以相互独立，也就是说，可以通过外购树苗直接越过第一个阶段，直接进入第二个阶段甚至第三个阶段。也可以专司第一个阶段或者第一和第二个阶段，向其他合作社专门提供各种树苗。

多年生作物的成本计算方法如下：

一次收获多年生作物主产品总成本＝以前年度累计发生的费用＋本年发生的截至收获年份的费用－副产品价值

多次收获多年生物主产品总成本＝以前年度累计发生的费用在本年摊销额＋本年全部费用－副产品价值

（1）育苗产品的成本计算。与一年生种植作物的成本计算方法相似，多年生的苗木成本在计算成本过程中也需要计算单位成本作为分配率。具体可以按照种植面积或者单位幼苗进行计算分配率，然后再计算树苗成本。育苗产品的成本计算对象是树苗种植区域种植的各种树苗，应按照种植面积或者树苗计算单位成本。

按照面积算单位成本分配率：

单位面积育苗成本（亩）＝累计发生的总苗木生产费用/育苗面积（亩）

部分树苗成本＝单位面积育苗成本（亩）× 起苗面积＋本次起苗费用

按照单位树苗计算单位成本分配率：

单位苗株成本＝累计发生的总苗木生产费用/育苗株数；起苗部分树苗成本＝每株苗圃成本 × 起苗数量＋本次起苗费用

（2）幼树培育成本。在树苗培育期间所发生的费用是幼树培育成本。在此期间获得副产品收入可以冲减培育费用。由树苗到成林交付生产的全部生产培育费用，形成生产性生物资产。幼树培育成本也可以按照面积和数量两种方法计算单位分配率。具体计算公式为：

① 按照面积算单位成本分配率：

单位面积幼树成本（亩）＝累计发生的总幼树培育生产费用/幼树种植面积（亩）

部分幼树成本=单位面积幼树成本（亩）× 占地面积

② 按照单位树苗计算单位成本分配率：

单位幼树成本=累计发生的总幼树培育生产费用/育苗株数

部分幼树成本=单位幼树成本 × 幼树数量

（3）生产性生物资产的产品成本计算。幼树长大后，投入生产，应转为生产性生物资产进行管理，前期发生的各种费用应该进行资本化。其后，再产生的采摘的果品、茶叶，收割的橡胶胶水等发生的生产费用，当年的培育费用，停采、停割期间的费用以及资本化的生产性生物性资产的折旧，是生产性生物资产生产产品的成本，可以按品种或类别归集计算。成本计算期一般为一年。例如，果树计算截止的时间点可以计算至树木的果品销售，橡胶算至加工成干胶片，茶树算至加工成商品茶。对于本合作社不进行加工的合作社，也可以直接到原产品状态形成，如橡胶算至鲜胶乳，茶树算至鲜叶。计算公式为：

生产性生物资产的产品成本=当年培养费用+停割停采费用－副产品价值+生产性生物资产年度折旧额

（三）畜牧业养殖的成本计算

农民合作社的畜牧业养殖一般包括养猪、养牛、养禽等畜牧业生产。畜牧业产品的成本计算，也是按照成本计算的基本方法中的产品法、分步法作为核算成本的基本思路。畜牧业中，品种法可以理解为不同的禽畜种类或者品类，如猪和羊，肉鸡和蛋鸡都属于不同的品种；分步法则是在禽畜成长的不同阶段计算分阶段成本，如鸡苗、成鸡都属于不同阶段。因此在畜牧业的成本核算中，可实行分群核算和混群核算，前者为分步法后者为品种法。实行分群核算的成本计算对象是各种家畜的群别，既按照不同禽畜的不同年龄成长阶段进行划分。混群核算是按畜禽种类划分，各类内部不再按畜禽的年龄分群，成本计算对象是畜禽种类。畜牧业成本归集计算的周期一般也为一年。一年内有多批次产品的可以采用分批法进行核算成本，周期可以按月计算。

1. 畜牧业的分步法（分群核算）

分群核算是按畜禽的不同年龄组作为成本计算对象，先计算出饲养单日成本、活重单位成本、增重单位成本等作为成本分配率，进而再计算仔畜繁殖成本、畜禽产品成本等。涉及副产品的应该将副产品的价值从总成本中剔除，作为分配的总数。计算公式如下：

单头禽畜单日成本=该群饲养费用/该群饲养日数

活重单位成本=（期初成本活重成本+购入、转入价值+本期饲养费用−副产品价值）/（期末活重总量+期内转出活重）

增重单位成本=（饲养费用−副产品价值）/（期末存栏畜群活重+期内转出畜群活重−期初结转−期内购入−期内转入畜群活重）

再根据出售不同的种群，选择不同的分配率，计算出该种群的总成本。计算公式如下：

某类销售总成本=某类畜禽销售单位成本 × 销售总重量（总数量）

2. 畜牧业的品种法（混群核算）

混群核算是为适应畜禽混群饲养的管理要求，以畜禽种类为成本计算对象的一种核算方法。这种方法相当于成本计算基本方法中的品种法，适用于养殖数量较少，目的单一的养殖业。计算公式如下：

某类畜禽销售总成本=（期初存栏畜禽价值+本期外购畜禽价值+本期饲养费用）−（期末存栏畜禽价值+副产品价值）

单位销售成本=某类畜禽销售总成本/总重量（总数量）

某类销售总成本=某类畜禽销售单位成本 × 销售总重量（总数量）

（四）渔业产品成本计算

渔业是经营水生动植物产品的行业。与其他养殖业相似，渔业生产分为三个阶段：孵化育苗、养殖幼鱼和饲养成鱼。这三个阶段既是相互关联，又是相互独立的，可以在每个阶段产生产品，因此需要在每个阶段计算成本。需要用到成本计算的基本方法中的分步法，在每个阶段计算产品成本。

1. 鱼苗成本的计算

鱼苗是孵化不久的小鱼，体型小，数量多，在数量上的计算只能采用估计或抽样清查的方法，做到大致准确，通常以万尾为成本计算单位，也就是成本分摊计算的分配率。计算公式如下：

单位成本（每万尾鱼苗成本）=育苗期全部生产费用/成活鱼苗万尾数

2. 养殖幼鱼成本计算

养殖幼鱼是放养鱼苗到成长为食用鱼的过程。成鱼的生产方式有两种：一种是多年放养、一次捕捞；另一种是逐年放养、逐年捕捞。多年放养、一次捕捞的成鱼成本包括捕捞前各年发生的生产费用和捕捞当年发生的生产费用。计算公式如下：

单位成本=（捕捞前各年发生的生产费用+当年捕捞成鱼的生产费用）/成鱼总重量（数量）

当期转入成鱼成本=单位成本×总重量（数量）

3. 成鱼饲养成本

成鱼养殖是长成成鱼后，出于生产性目的继续饲养的过程，后续有可能出售小鱼幼苗，也可能出售具有一定生产功能的成鱼。计算公式如下：

生产性生物资产的产品成本=当年培养费用−副产品价值+生产性生物资产年度折旧额

单位成本=生产性生物资产的产品成本/成鱼总数量

当期成鱼成本=单位成本×当期销售总数量

4. 捕捞成本的计算

捕捞是指在天然江河、湖泊、海洋捕捞自然生长的渔业产品。当年发生的全部捕捞费用，应完全由当年捕捞的生（动）物分摊，如果需要，可以按计划成本或销售价格的比例，将总成本在不同产品之间进行分配。计算公式为：

单位成本＝当年发生的各种捕捞费用/捕捞总重量（数量）

分批次成本＝单位成本×批次总重量（数量）

三、会计实务举例

【例7-1】202×年某合作社收获玉米300 000千克，每千克计划成本为0.4元，秸秆350 000千克，每千克计划成本为0.005元，当年发生的实际生产费用总额为76 500元。

成本分摊方法如下：

首先，用比例法分配玉米和秸秆的实际成本。某类作物计划成本某种农作物的成本＝该种农作物的计划成本×分配率。

分配率＝76 500÷（300 000×0.4+350 000×0.005）＝0.6283

玉米的成本＝300 000×0.4×0.6283＝75 400（元）

秸秆的成本＝350 000×0.005×0.6283＝1 100（元）

其次，按照估价法分配玉米和秸秆的实际成本。

假设每公斤秸秆的市场价格是0.005元。

副产品秸秆的成本＝350 000×0.005＝1 750元。

玉米的成本＝76 500-1 750＝74 750元。

合作方法社可以选择一种计算分摊，成本分摊方法也属于会计政策的一种，方法的变更属于会计政策变更，因此成本的有关方法一经确定，不得随意变更。

【例7-2】某蔬菜种植专业合作社，专业种植各种香菇、木耳和其他种类的菌类植物。本月收获香菇10 000千克，每千克计划成本4.2元，木耳15 000千克，每千克计划成本10元，金针菇10 000千克，每千克计划成本4.5元，鸡腿菇15 000斤，每公斤计划成本4元。四种菌类食物实际发生生产费用为200 000元，用计划成本比率法计算三种蔬菜的实际成本。计算结果如

表7-1所示。

表7-1　　　　　　　　　　成本分配表

×年×月　　　　　　　　　　　　　单位：元

产品名称	产量（千克）	计划成本（元）		实际成本（元）		分配率
		单价	金额	单价	金额	
香菇	10 000	4.2	42 000	2.83	28 282.83	0.673 4
木耳	15 000	10	150 000	6.73	101 010.10	0.673 4
金针菇	10 000	4.5	45 000	3.03	30 303.03	0.673 4
鸡腿菇	15 000	4	60 000	2.69	40 404.04	0.673 4
合计	50 000		297 000		200 000.00	

分配率=总成本÷估计总成本=200 000÷297 000=0.673 4

【例7-3】某专业合作社专门种植各种树苗出售。其中桃树20亩，苹果树30亩，樱桃树50亩，合计100亩。该合作社采用集中喷淋、施肥等方式对树苗进行培育。发生劳务费180 000元，租赁费20 000元，化肥100 000元，农药60 000元，成本合计360 000元。按照面积分摊成本，计算结果如表7-2所示。

表7-2　　　　　　　　　　成本分配表

×年×月　　　　　　　　　　　　　单位：元

产品名称	面积（亩）	实际成本（元）	
		每亩成本	金额
桃树	20	3 600	72 000
苹果树	30	3 600	108 000
樱桃树	50	3 600	180 000
合计	100		360 000

【例7-4】某专业合作社利用温室生产蔬菜。菠菜生产占用30天，收获40 000千克，韭菜生产占用35天，收获35 000千克，白菜生产占用40天，收获40 000千克，豆角生产占用50天，收获30 000千克。占地均为400平方米。本期共发生取暖、劳务等生产费用总额为60 000元。按照面积和占用天数分

摊成本，计算结果如表7-3所示。

表7-3　　　　　　　　　　　　成本分配表

×年×月　　　　　　　　　　　　　　单位：元

产品名称	占地平米	占用天数	产量	成本总额		实际成本（元）		分配率
				分配基数	分配金额	单价	金额	
菠菜	400	30	40 000	12 000	11 612.90	0.29	11 612.90	0.967 7
韭菜	400	35	35 000	14 000	13 548.39	0.39	13 548.39	0.967 7
白菜	400	40	40 000	16 000	15 483.87	0.39	15 483.87	0.967 7
豆角	400	50	30 000	20 000	19 354.84	0.65	19 354.84	0.967 7
合计	1 600	155	145 000	62 000	60 000.00		60 000.00	

分配率=总成本60 000元/分配基数总额62 000元=0.967 7。

【例7-5】某畜牧业农民专业合作社，养殖生猪。幼猪为本合作社自己生产的小猪，小猪一般2个月分栏，养殖至4个月左右，一部分对外出售猪仔，另一部分由本合作社继续饲养成生猪，一年左右出售。

母猪生产幼猪期间，发生总直接成本9 500元，母猪作为生产性生物资产折旧2 500元，共生产幼猪120头。养殖2个月后，转移至幼猪猪舍专门喂养，至4个月为止，发生需要分配的成本11 600元。死亡2头，对外出售40头，其余78头继续养殖至生猪，期初结转5个月小猪5头，出栏时为止，共发生养殖成本60 000元，全部出售。计算各个阶段成本归集计算结果如表7-4所示。

表7-4　　　　　　　　　　　　成本归集明细账

×年×月　　　　　　　　　　　　　　单位：元

产品名称	期初结转			当期投入			期末累计结转		
	数量	重量	结转总金额	数量	重量	金额	数量	重量	总金额
幼猪生产费用（0—2个月）	—	—	—	120		12 000	120	600	12 000
小猪生产费用（2—4个月）	—			120	600	11 600	118	2 478	23 600
生猪生产费用（4—12个月）	5	100	1 000	78	1 638	60 000	83	12 450	76 600
合计	5	100	1 000	—	—	83 600	—	—	—

第一阶段：幼猪阶段

幼猪总成本=9 500+2 500=12 000（元）

单位幼猪成本=12 000/120=100（元/头）

第二阶段：肉猪饲养阶段

按照数量计算：

总成本=上阶段成本100元/头×120头+11 600元=23 600（元）

单位成本=23 600/（120-2）=200（元/头）

按照成长的重量计算的单位重量成本=23 600元/2 478千克=9.52（元/千克）

第三阶段：生猪出栏阶段

生猪总成本=投入小猪成本23 600元/118×78+当期养殖总成本60 000元+期初结转的小猪成本1 000元=76 600（元/头）

单位重量成本=76 600元/150×83=6.15（元/千克）

计算各个阶段成本分配结果如表7-5所示。

表7-5　　　　　　　　　　成本分配表

×年×月　　　　　　　　　　　　单位：元

产品名称	阶段投入成本总额	累计投入成本	数量成本		重量成本（元）	
			分配基数	分配金额（元/头）	单头平均重量（元/千克）	单位重量成本（元/千克）
幼猪生产费用（0—2个月）	12 000	12 000	100	120	10	12.00
小猪生产费用（2—4个月）	11 600	23 600	118	200	21	9.52
生猪生产费用（4—12个月）	60 000	76 600	83	922.89	150	6.15
合计	83 600	—		1 242.89	—	—

【例7-6】某农民专业合作社专业种植茶叶。茶园共有两种品种的茶树A和B，每年折旧分别为20 000元和15 000元。当年发生的采摘人工成本500 000元。肥料、茶筐等消耗性材料成本220 000元，出售小茶树苗取得20 000元收入。按照初步加工的干毛茶计算，两种茶叶的产品的产量分别为

45 000千克和25 000千克。两种茶叶简单加工成可出售状态，均产生生产工人的成本60 000元总成本，设备折旧分别为30 000元和25 000元，厂房折旧均为30 000元，水电费等能源消耗20 000元和16 000元。人工和耗用材料均按照茶园面积进行分配。厂房按照账面价值计提折旧，能源消耗已经单独计费。加工环节人工按照实际情况计算。相关分配计算如下：

人工的分配率=500 000元/250亩=2 000元/亩

耗用材料的分配率=（220 000元–20 000元）/250亩=800元/亩

A毛茶的人工成本=2 000元/亩×150亩=300 000（元）

B毛茶的人工成本=2 000元/亩×100亩=200 000（元）

A毛茶的耗用材料成本=800元/亩×150亩=120 000（元）

B毛茶的耗用材料成本=800元/亩×100亩=80 000（元）

通过计算得知，本年A毛茶的单位成本为16.89元/千克。B毛茶的单位成本为22.44元/千克。计算各个阶段成本分配结果如表7–6所示。

表7–6　　　　　　　　　　成本分配表

×年×月　　　　　　　　　　　　　单位：元

产品名称	面积（亩）	生产成本			加工成本				总金额	产出量	单位成本
		人工	耗用材料	茶树折旧	人工	设备折旧	厂房折旧	能源消耗			
A毛茶	150	300 000	120 000	200 000	60 000	30 000	30 000	20 000	760 000	45 000	16.89
B毛茶	100	200 000	80 000	150 000	60 000	25 000	30 000	16 000	561 000	25 000	22.44
合计	250	500 000	200 000	350 000	120 000	55 000	60 000	36 000	1 321 000	70 000	

【例7–7】某农民合作社除自身经营农场外，还向所在地区的养殖户提供免费上门的科技服务，出售兽药并获得一部分政府补助。202×年提供服务人工成本奖金60 000元，相关人员工资按月领取，因此合作社的其他人工成本不计入服务成本，燃油成本20 000元，按照公里数计提折旧的成本5 000元。发生材料耗损6 000元。成本归集如下：

兽医服务成本=60 000+20 000+5 000+6 000=91 000（元）

【例7–8】某农民合作社除自身经营果园外，还在所在地区开展乡村旅游。花季将尚未投入生产的林木树林开放观光，取得部分门票收入并提供适当的农产品销售，社员提供农家饭销售服务。202×年樱花林和杏花林对外开放，发生57 000元支出，具体如下：停车场人员劳务费30 000元；卫生间、垃圾桶、长椅、园区小路、指示牌等设备设施总摊销成本20 000元；发生水电等能源费用5 000元；广告费2 000元。假设杏花20亩，桃花30亩，按照面积分摊相关成本。相关分配计算如下：

　　人工的分配率=30 000元/50亩=600元/亩

　　能源分配率=5 000元/50亩=100元/亩

　　广告成本分配率=2 000元/50亩=40元/亩

　　合计直接成本分配率=600+100+40=740元/亩

通过计算得知，本年桃林的观光成本为22 800元，杏花林的观光成本为34 200元。计算各个阶段成本分配结果如表7-7所示。

表7-7　　　　　　　　　　　成本分配表

×年×月　　　　　　　　　　　　　　　　单位：元

产品名称	面积（亩）	直接成本				折旧摊销	总成本
		停车场劳务费	能源	广告	分配率		
桃林观光	20	12 000	2 000	800		8 000	22 800
杏林观光	30	18 000	3 000	1 200		12 000	34 200
合计	50	30 000	5 000	2 000	740	20 000	57 000

第三节　生产成本的核算

一、会计科目设置

农民专业合作社应当设置"生产成本"科目，核算合作社直接组织生产或提供服务等活动所发生的各项生产费用和服务成本。"生产成本"属于成本类科目，借方反映农民专业合作社直接组织生产或提供劳务服务所发生的各项生产费用和劳务服务成本，贷方反映结转生产完工验收入库产品的成本及转出的劳务成本，本科目期末借方余额，反映合作社尚未生产完成的各项在产品和尚未完成的服务成本。

二、明细科目设置

农民专业合作社应在"生产成本"科目下按照生产费用和服务成本种类设置明细科目，进行明细核算。

三、主要账务处理

成本核算程序应该包括从归集农业生产费用到分配农业生产费用和计算农产品成本的整个过程。一般来说，农林、禽畜等各种农产品生产过程中所发生的各项生产费用，按照直接成本和间接成本直接计入或者按一定的标准分配后计入的方法计入"生产成本"的各明细科目中，期末再将完工农产品成本从"生产成本"科目转入"产品物资"科目。

1.合作社发生各项生产费用和服务成本时，应当按照成本核算对象和成本项目分别归集，借记"生产成本"科目，贷记"库存现金""银行存款""成员往来""产品物资""累计折旧""生产性生物资产累计折旧""累计摊销""长期待摊费用""应付款""应付工资""应付劳务费"等科目。

2.会计期间终了，合作社已经生产完成并已验收入库的产成品，按照实际成本，借记"产品物资"科目，贷记"生产成本"科目。

3.提供服务实现销售时，借记"经营支出"科目，贷记"生产成本"科目。

生产成本的主要账务处理如表7-8所示。

表7-8　　　　　　　　　生产成本科目核算内容

序号	业务和事项内容	账务处理
1	发生各项生产费用和服务成本时	借：生产成本 贷：库存现金/银行存款/成员往来/产品物资/累计折旧/生产性生物资产累计折旧/累计摊销/长期待摊费用/应付款/应付工资/应付劳务费等
2	会计期间终了，合作社已经生产完成并已验收入库的产成品	借：产品物资 贷：生产成本
3	提供服务实现销售时	借：经营支出 贷：生产成本

四、会计实务举例

【例7-9】辽宁省某种植专业合作社种植苹果树，领用农药一批，价值6 000元。聘用季节性用工，喷洒农药，人工成本8 000元。该合作社农药在"产品物资"科目中管理。

相关账务处理如下：

借：生产成本——苹果树　　　　　　　　　　　　6 000
　　贷：产品物资——农药　　　　　　　　　　　　　6 000
借：生产成本——苹果树　　　　　　　　　　　　8 000
　　贷：应付劳务费　　　　　　　　　　　　　　　　8 000

【例7-10】黑龙江省某农民专业合作社，聘请专业技术人员采用无人机方式对所有林区进行集中喷洒农药，劳务费15 000元，按照面积进行分配后，苹果经济林应分摊9 000元，防沙公益林应分摊6 000元。

相关账务处理如下：

借：生产成本——生产性生物资产　　　　　　　　9 000
　　　　　　——公益性生物资产　　　　　　　　6 000
　　贷：银行存款　　　　　　　　　　　　　　　 15 000

【例7-11】某农民专业合作社按照季节进行草莓摘叶掐尖，本期应支付采摘工人工资20 000元，其中：本社固定工人10 000元，本社成员5 000元，非本社成员工资5 000元。

相关账务处理如下：

借：生产成本——草莓　　　　　　　　　　　　20 000
　　贷：应付工资——固定工人　　　　　　　　　10 000
　　　　成员往来——本社成员　　　　　　　　　5 000
　　　　应付劳务费——非本社成员　　　　　　　5 000

【例7-12】某农民专业合作社，收获蘑菇验收入库，计算的生产成本为175 000元。具体是：产品成本计算单上记录农药、化肥等材料费用30 000元，工资费用45 000元，菌子50 000元、农用机器摊销成本20 000元、灌溉水费费用10 000，其他费用20 000元。结转入库产品成本。

相关账务处理如下：

借：产品物资——蘑菇　　　　　　　　　　　　175 000
　　贷：生产成本——蘑菇　　　　　　　　　　　175 000

【例7-13】某专业合作社，生产完工验收入库木耳一批，生产成本50 000元。

相关账务处理如下：

借：产品物资——木耳　　　　　　　　　　　　50 000
　　贷：生产成本——木耳　　　　　　　　　　　50 000

【例7-14】某农民专业合作社实行多品种养殖，本次生产肉鸡一批，具备出售条件，生产成本科目归集的此批次肉鸡应负担的人工成本40 000元，兽医成本5 000元，兽药使用成本5 000元。

相关账务处理如下：

借：消耗性生物资产——肉鸡　　　　　　　　　50 000
　　贷：生产成本——肉鸡　　　　　　　　　　　50 000

【例7-15】某果蔬农民专业合作社种植桃子，面积100亩。果园套种部分蔬菜。在花季对外开放部分果园观光，秋季吸引游客采摘，产品鲜果销售，也代收代售非合作社成员的桃子。建设有自己的厂房用于加工水果罐头、果干等产品。202×年合作社发生以下业务：

（1）土地年租金1 000元/亩，共计100 000元，租金已经支付。

相关账务处理如下：

借：生产成本　　　　　　　　　　　　　　　　100 000
　　贷：银行存款　　　　　　　　　　　　　　　　100 000

（2）果树资产的价值为每亩7 000元，计划折旧7年，每年每亩折旧1 000元，合计100 000元。

相关账务处理如下：

借：生产成本　　　　　　　　　　　　　　　　100 000
　　贷：生产性生物资产累计折旧　　　　　　　　100 000

（3）发生中耕松土、除草、疏除果木枝条等人工成本，产生劳务费多次，累计发生80 000元，款项已经支付完毕。

相关账务处理如下：

劳务发生时：

借：生产成本——鲜桃　　　　　　　　　　　　80 000
　　贷：应付劳务费　　　　　　　　　　　　　　80 000

支付时：

借：应付劳务费　　　　　　　　　　　　　　　80 000
　　贷：银行存款　　　　　　　　　　　　　　　80 000

（4）本期支付化肥农药采购200 000元。领用化肥，包含部分上年结转的库存数量，价值210 000元。

相关账务处理如下：

采购化肥并验收入库时：

借：产品物资　　　　　　　　　　　　　　　　200 000
　　贷：银行存款　　　　　　　　　　　　　　　200 000

领用时：

借：生产成本——鲜桃　　　　　　　　　　　　210 000
　　贷：产品物资　　　　　　　　　　　　　　　210 000

（5）收到政府补助化肥款项100 000元。

相关账务处理如下：

借：银行存款　　　　　　　　　　　　　　　　　　100 000
　　贷：专项应付款　　　　　　　　　　　　　　　　100 000
借：专项应付款　　　　　　　　　　　　　　　　　　100 000
　　贷：专项基金　　　　　　　　　　　　　　　　　100 000

（6）春节组织游客观光赏花，取得停车收入200 000元；销售罐头产品20 000瓶，单价25元，总计收入500 000元，库存的罐头产品成本为单价14元，总成本280 000元。

相关账务处理如下：

借：银行存款　　　　　　　　　　　　　　　　　　200 000
　　贷：经营收入——观光停车费收入　　　　　　　　200 000
借：银行存款　　　　　　　　　　　　　　　　　　500 000
　　贷：经营收入——A产品　　　　　　　　　　　　500 000
借：经营支出——罐头　　　　　　　　　　　　　　280 000
　　贷：产品物资——罐头　　　　　　　　　　　　　280 000

（7）当年应摊销的乡村旅游成本，包括配套设施等80 000元。

相关账务处理如下：

借：经营支出——花季观光　　　　　　　　　　　　 80 000
　　贷：累计折旧　　　　　　　　　　　　　　　　　 80 000

（8）桃子包装预定20 000个，价值20 000元，预付30%货款。包装物本年全部领用。

相关账务处理如下：

采购包装物时：

借：产品物资——包装物　　　　　　　　　　　　　 20 000
　　贷：应付账款　　　　　　　　　　　　　　　　　 14 000
　　　　银行存款　　　　　　　　　　　　　　　　　　6 000

领用包装物时：

借：经营支出——鲜桃　　　　　　　　　　　　　　 20 000
　　贷：产品物资——包装物　　　　　　　　　　　　 20 000

结算包装物尾款时：

借：应付款——包装物　　　　　　　　　　　　　　 14 000

　　　　贷：银行存款　　　　　　　　　　　　　　　　　　　　14 000

（9）网上预售桃子 8 000 份，合计 80 000 千克，10 千克/份，每份 150 元。已经通过平台预收价款 1 200 000 元。

　　相关账务处理如下：

　　借：其他货币资金——某平台账户　　　　　1 200 000
　　　　贷：经营收入——鲜桃出售　　　　　　　　　　1 200 000

（10）对外开放鲜果采摘，停车费收入 50 000 元，鲜果出售 12 500 千克，30 元/千克，收入 375 000 元，微信支付宝或现金收款，假设除 50 000 元现金外，其他均为扫码支付。款项均已存入银行。

　　相关账务处理如下：

　　收到停车费等款项时：

　　借：其他货币资金　　　　　　　　　　　　　　375 000
　　　　库存现金　　　　　　　　　　　　　　　　 50 000
　　　　贷：经营收入——停车费　　　　　　　　　　　50 000
　　　　　　　　　　——鲜桃出售　　　　　　　　　　375 000

　　存入银行时：

　　借：银行存款　　　　　　　　　　　　　　　　425 000
　　　　贷：其他货币资金　　　　　　　　　　　　　　375 000
　　　　　　库存现金　　　　　　　　　　　　　　　　50 000

（11）销售给 C 超市桃子 30 000 千克，销售收入 300 000 元。

　　相关账务处理如下：

　　销售完成时：

　　借：应收款——C 超市　　　　　　　　　　　　300 000
　　　　贷：经营收入　　　　　　　　　　　　　　　　300 000

　　收回款项时：

　　借：银行存款　　　　　　　　　　　　　　　　300 000
　　　　贷：应收款——超市　　　　　　　　　　　　　300 000

（12）计算和结转桃子生产成本。桃子生产成本归集明细账如表 7-9 所示。

表7-9　　　　　　　　　桃子种植成本明细账

×年×月　　　　　　　　　　　　　单位：元

序号	土地租金	生物性生物资产折旧	种植劳务费	化肥物资	合计
1	100 000				100 000
2		100 000			100 000
3			80 000		80 000
4				210 000	210 000
合计	100 000	100 000	80 000	210 000	490 000

部分品相较差的桃子加工成罐头，用果10 000千克。

分配率计算=总成本/分配基数=490 000÷655 000=0.7481。详细成本分配结果如表7-10所示。

表7-10　　　　　　　　　　成本分配表

×年×月　　　　　　　　　　　　　单位：元

品名	计划单位成本价格	产量	分配基础	分配率	总成本	单位成本
网上预售	5.00	80 000	400 000		299 240	3.74
采摘	8.00	12 500	100 000		74 810	5.98
商超	5.00	30 000	150 000		112 215	3.74
罐头	0.50	10 000	5 000		3 735	0.37
—	—	132 500	655 000	0.7481	490 000	—

鲜桃收获结转种植成本时：

借：产品物资——网上预售品　　　　　　　　299 240
　　　　　　——采摘品　　　　　　　　　　　74 810
　　　　　　——商超品　　　　　　　　　　　112 215
　　　　　　——次果品　　　　　　　　　　　3 735
　　贷：生产成本　　　　　　　　　　　　　　490 000

结转销售鲜桃成本时：

借：经营支出——鲜桃——网上预售　　　　　　　486 265
　　贷：产品物资——鲜桃——网上预售　　　　　　299 240
　　　　　　　　　　　——采摘品　　　　　　　　 74 810
　　　　　　　　　　　——商超品　　　　　　　　112 215

结转鲜果投入罐头生产成本：
借：生产成本——罐头　　　　　　　　　　　　　　3 735
　　贷：产品物资——鲜桃——次果品　　　　　　　 3 735

（13）收购非社员罐头加工的桃子果品100 000千克，采购价格109 000元。相关财务处理如下：
借：生产成本——罐头　　　　　　　　　　　　　100 000
　　应交税费——应交增值税（进项税额）　　　　　 9 000
　　贷：银行存款　　　　　　　　　　　　　　　　109 000

（14）罐头加工过程中产生人员工资300 000元，能源消耗100 000元，包装费用200 000元，厂房设备折旧90 000元，人工装箱劳务费10 000元，其他添加材料30 000元，合计730 000元。相关财务处理如下：
借：生产成本——罐头　　　　　　　　　　　　　730 000
　　贷：应付工资——车间　　　　　　　　　　　　300 000
　　　　应付款——水电费　　　　　　　　　　　　100 000
　　　　产品物资——包装物　　　　　　　　　　　200 000
　　　　累计折旧　　　　　　　　　　　　　　　　 90 000
　　　　应付劳务费　　　　　　　　　　　　　　　 10 000
　　　　产品物资——食品添加剂　　　　　　　　　 30 000

支付工资、劳务费和缴纳水电费时：
借：应付劳务费　　　　　　　　　　　　　　　　　10 000
　　应付工资——车间　　　　　　　　　　　　　　300 000
　　应付款——水电费　　　　　　　　　　　　　　100 000
　　贷：银行存款　　　　　　　　　　　　　　　　410 000

（15）加工完成罐头80 000瓶。无在产品。罐头成本归集明细账如表7-11所示。

表7-11　　　　　　　　　桃子种植成本明细账

×年×月　　　　　　　　　　　　　　　　单位：元

序号	桃子采购	生物性生物资产折旧	工资	能源	包装	折旧	劳务	其他配料	合计
1	3 735								3 735
2		100 000							100 000
3			300 000						300 000
4				100 000					100 000
5					200 000				200 000
6						90 000			90 000
7							10 000		10 000
8								30 000	30 000
合计	3 735	100 000	300 000	100 000	200 000	90 000	10 000	30 000	833 735

平均每瓶成本＝平均每瓶成本＝833 735/80 000＝10.4217元/瓶

相关账务处理如下：

借：产品物资——罐头　　　　　　　　　　　　　　833 735
　　贷：生产成本——罐头　　　　　　　　　　　　　　833 735

（16）本年销售罐头批发给商超70 000瓶，单价18元/瓶，取得不含税收入1 260 000元。应交增值税163 800元，城市维护建设税8 190元，教育费附加4 914元，地方教育附加3 276元。

相关账务处理如下：

确认收入时：

借：银行存款　　　　　　　　　　　　　　　　1 260 000
　　贷：经营收入——罐头　　　　　　　　　　　　　1 260 000
　　　　应交税费——应交增值税（销项税额）　　　　　163 800
借：税金及附加　　　　　　　　　　　　　　　　16 380
　　贷：应交税费——城市维护建设税　　　　　　　　　8 190
　　　　　　　　——教育费附加　　　　　　　　　　　4 914

——地方教育附加　　　　　　　　　　　　　　　　3 276

（17）结转罐头的成本时：

　　结转到"经营支出"科目的金额=销售数量70 000瓶×10.4217元/瓶=729 519元

　　　　借：经营支出　　　　　　　　　　　　　729 519
　　　　　　贷：产品物资——罐头　　　　　　　　　　　729 519

第八章 损益的核算

第一节 收 入

一、收入的概念及分类

（一）收入的概念

合作社的收入，是指合作社在日常活动中形成的、会导致所有者权益增加的、与成员投入资本无关的经济利益的总流入。

（二）收入的特点

1.合作社收入从合作社的日常活动中产生，而不是从偶发的交易或事项中产生。

2.合作社收入是与成员投入资本无关的经济利益总流入。

3.合作社收入能够带来经济利益的现金流入，直接导致农民专业合作社净资产的增加或负债的减少，最终导致农民专业合作社净资产的增加。

（三）收入的内容

合作社的收入包括经营收入和其他收入。经营收入包括合作社提供农业生产资料的购买、使用，农产品的生产、销售、加工、运输、贮藏以及与农业生产经营有关的技术、信息、设施建设运营等服务，开发经营农村民间工艺及制品、休闲农业和乡村旅游资源等，以及销售本社产品取得的收入。其他收入包括盘盈收益、确实无法支付的应付款项等除经营收入以外的收入。

二、收入的确认

1.合作社的经营收入一般应当于产品物资已经发出，服务已经提供，同时收讫价款或取得收取价款的凭据时予以确认。合作社的其他收入一般应当于收入实现时予以确认。

2.合作社应当按照从购买方已收或应收的合同或协议价款，确定收入金额。

三、收入的管理要求

1.收入是合作社开展业务活动的起点，是补偿生产经营耗费的资金来源，也是其履行职能的财力保障。因此，合作社应当对收入及时结算，切实加强管理，严禁隐瞒、截留、挤占和挪用。现金收入不得坐支。

2.合作社应当按照相关制度规定，在报告期内准确完整地记录和反映合作社收入。严格与收入相关的票据管理，做到所有收入的取得必须开具相关的业务单据，为收入的完整核算提供基础。

3.按照不相容职务分离原则，严禁收钱和开票由一个人办理。建立与完善收入定期对账与复核制度等。

四、经营收入的核算

（一）会计科目设置

合作社应当设置"经营收入"科目，核算合作社提供农业生产资料的购买、使用，农产品的生产、销售、加工、运输、贮藏以及与农业生产经营有关的技术、信息、设施建设运营等服务，开发经营农村民间工艺及制品、休闲农业和乡村旅游资源等，以及销售本社产品取得的收入。本科目期末结转后无余额。

（二）明细科目设置

"经营收入"科目应按照经营项目设置明细科目，进行明细核算。

（三）主要账务处理

1.合作社实现经营收入时，按照实际收到或应收的价款，借记"库存现金""银行存款""应收款""成员往来"等科目，贷记"经营收入"科目。

2.期末，应将"经营收入"科目的余额转入"本年盈余"科目的贷方，结转后本科目应无余额。

经营收入的主要账务处理如表8-1所示。

表8-1　　　　　　　　经营收入科目核算内容

序号	业务和事项内容	账务处理
1	合作社实现经营收入时	借：库存现金/银行存款/应收款/成员往来等 　贷：经营收入
2	期末结转时	借：经营收入 　贷：本年盈余

（四）会计实务举例

【例8-1】202×年7月，上海××瓜果专业合作社销售西瓜一批，价值1 000 000元，货款银行存款收讫。根据《财政部 国家税务总局关于农民专业合作社有关税收政策的通知》（财税〔2008〕81号）规定，该农民专业合作社此项业务享受免征增值税优惠政策。

相关账务处理如下：

借：银行存款　　　　　　　　　　　　　　　　　1 000 000
　　贷：经营收入　　　　　　　　　　　　　　　　　1 000 000

【例8-2】202×年7月，新疆阿克××畜产品专业合作社销售一批骆驼奶给A奶制品加工企业，价值88 000元。货款尚未结算，已经取得收款凭证。根据《财政部 国家税务总局关于农民专业合作社有关税收政策的通知》（财税〔2008〕81号）规定，该专业合作社此项业务享受免征增值税优惠政策。

相关账务处理如下：

借：应收款——A企业　　　　　　　　　　　　　　　88 000
　　贷：经营收入　　　　　　　　　　　　　　　　　88 000

【例8-3】202×年6月，×××水果种植农民专业合作社，大棚内设草莓采摘园，上半年以游客自由挑选采摘新鲜草莓后称重的模式，已经实现收入44 000元，现金结算5 400元，微信、支付宝支付38 600元。

相关账务处理如下：

借：库存现金　　　　　　　　　　　　　　　　　　5 400
　　其他货币资金　　　　　　　　　　　　　　　　38 600
　　贷：经营收入　　　　　　　　　　　　　　　　　44 000

【例8-4】202×年8月，辽宁省××蔬菜专业合作社，受托销售合作社成员农户的香菇，实行统一结算。合同约定的价格为3.5元/斤，预计约40 000斤，成员1、2、3、4四户每户约10 000斤，以实际销量结算。实际分三次采摘并销售，价格分别为3.4元/斤、3.6元/斤和3.8元/斤。销售量分别为9 000斤，22 000斤和11 000斤，合计总量42 000斤，分别为每户10 500斤。货款已经结算完毕。

相关账务处理如下：

（1）与成员约定代销商品时：

借：受托代销商品——香菇　　　　　　　　　　　　140 000

贷：成员往来——成员1　　　　　　　　　　　　　35 000
　　　　　　　　——成员2　　　　　　　　　　　　　35 000
　　　　　　　　——成员3　　　　　　　　　　　　　35 000
　　　　　　　　——成员4　　　　　　　　　　　　　35 000
（2）销售完成后，按照实际销售数量调整约定数量：
　　借：受托代销商品——香菇　　　　　　　　　　　　7 000
　　　贷：成员往来——成员1　　　　　　　　　　　　1 750
　　　　　　　　——成员2　　　　　　　　　　　　1 750
　　　　　　　　——成员3　　　　　　　　　　　　1 750
　　　　　　　　——成员4　　　　　　　　　　　　1 750
（3）收到价款时：
总销售价款=9 000×3.4+22 000×3.6+11 000×3.8=151 600（元）
　　借：银行存款　　　　　　　　　　　　　　　　　151 600
　　　贷：经营收入　　　　　　　　　　　　　　　　151 600
（4）将销售款项按照约定价格支付给成员时：
　　借：成员往来——成员1　　　　　　　　　　　　　36 750
　　　　　　——成员2　　　　　　　　　　　　　　　36 750
　　　　　　——成员3　　　　　　　　　　　　　　　36 750
　　　　　　——成员4　　　　　　　　　　　　　　　36 750
　　　贷：银行存款　　　　　　　　　　　　　　　　147 000
（5）结转代销商品成本时：
　　借：经营支出　　　　　　　　　　　　　　　　　147 000
　　　贷：受托代销商品——香菇　　　　　　　　　　147 000

【例8-5】202×年11月，××蔬菜专业合作社，将种植的玉米委托×超市代销20 000斤，成本为1.5元/斤，总价30 000元。实际销售价格为2.5元/斤。按代销数量0.1元/斤结算代销手续费。

相关账务处理如下：
（1）委托代销时：
　　借：委托代销商品　　　　　　　　　　　　　　　30 000

贷：产品物资——玉米　　　　　　　　　　　30 000
（2）收到代销单位报来的代销清单时：
借：应收款——某超市　　　　　　　　　　　　50 000
　　贷：经营收入　　　　　　　　　　　　　　　50 000
（3）支付代销手续费时：
借：经营支出　　　　　　　　　　　　　　　　　2 000
　　贷：应收款——某超市　　　　　　　　　　　 2 000
（4）实际收到结算的货款时：
借：银行存款　　　　　　　　　　　　　　　　48 000
　　贷：应收款——某超市　　　　　　　　　　　48 000
（5）结转代销玉米的成本时：
借：经营支出　　　　　　　　　　　　　　　　30 000
　　贷：委托代销商品　　　　　　　　　　　　　30 000

【例8-6】某合作社受托代购商品农资化肥，成员免手续费，非成员收取0.1%的手续费。收到成员的采购款80 000元，收到非成员的采购货款50 000元。

相关账务处理如下：

（1）收到成员的代购款项时：
借：银行存款　　　　　　　　　　　　　　　　80 000
　　贷：成员往来——成员　　　　　　　　　　　80 000
（2）收到非成员的代购款项时：
借：银行存款　　　　　　　　　　　　　　　　50 000
　　贷：应付款——非成员　　　　　　　　　　　50 000
（3）完成采购时：
借：受托代购商品　　　　　　　　　　　　　 130 000
　　贷：银行存款　　　　　　　　　　　　　　 130 000
（4）交付给委托代购人员时：
借：成员往来——成员　　　　　　　　　　　　80 000
　　应付款——非成员　　　　　　　　　　　　50 000

　　　　贷：受托代购商品　　　　　　　　　　　　　　　130 000
　（5）按照应收取的手续费确认收入时：
　　　　借：银行存款　　　　　　　　　　　　　　　　　　50
　　　　　　贷：经营收入　　　　　　　　　　　　　　　　　50

【例8-7】某合作社两节期间销售肉鸡3 000只，肉猪500头，价格分别为70 000元和1 350 000元。款项已通过银行存款收讫。

　相关财务处理如下：
　　　　借：银行存款　　　　　　　　　　　　　　　1 420 000
　　　　　　贷：经营收入　　　　　　　　　　　　　　1 420 000

【例8-8】202×年末，某农民专业合作社"经营收入"本期发生额为1 200 000元，作期末结转处理。

　相关账务处理如下：
　　　　借：经营收入　　　　　　　　　　　　　　　1 200 000
　　　　　　贷：本年盈余　　　　　　　　　　　　　　1 200 000

五、其他收入的核算

（一）会计科目设置

合作社应当设置"其他收入"科目，核算合作社的固定资产及产品物资等的盘盈、无法支付的应付款项等除经营收入以外的收入。本科目期末结转后无余额。

（二）明细科目设置

"其他收入"科目应按照其他收入的来源设置明细科目，进行明细核算。

（三）主要账务处理

1.合作社发生其他收入时，借记"库存现金""银行存款""固定资产清理""待处理财产损溢"等科目，贷记"其他收入"科目。

2.期末，应将"其他收入"科目的余额转入"本年盈余"科目的贷方，结转后本科目应无余额。

其他收入的主要账务处理如表8-2所示。

表8-2 其他收入科目核算内容

序号	业务和事项内容	账务处理
1	合作社发生其他收入时	借：库存现金/银行存款/固定资产清理/待处理财产损溢等 贷：其他收入
2	期末结转时	借：其他收入 贷：本年盈余

（四）会计实务举例

【例8-9】202×年2月1日，某农民专业合作社淘汰超龄母牛40头，售价640 000元。该批牛原值1 000 000元，已提取折旧950 000元。款项已经银行收讫。

相关账务处理如下：

借：银行存款　　　　　　　　　　　　　　　640 000
　　生产性生物资产累计折旧　　　　　　　　950 000
　　贷：生产性生物资产　　　　　　　　　　　1 000 000
　　　　其他收入　　　　　　　　　　　　　　　590 000

【例8-10】某合作社报废农机一套，清理完毕后，残值变现收入50 000元，固定资产原值300 000元，折旧270 000元，发生清理费用3 500元。

相关账务处理如下：

借：固定资产清理　　　　　　　　　　　　　　30 000
　　累计折旧　　　　　　　　　　　　　　　　270 000
　　贷：固定资产　　　　　　　　　　　　　　　300 000
借：固定资产清理　　　　　　　　　　　　　　3 500
　　贷：银行存款　　　　　　　　　　　　　　　3 500
借：银行存款　　　　　　　　　　　　　　　　50 000

贷：固定资产清理　　　　　　　　　　　　　　　50 000
　　借：固定资产清理　　　　　　　　　　　　　　　16 500
　　贷：其他收入　　　　　　　　　　　　　　　　　16 500

【例8-11】某合作社按规定程序出售自行研发的饲养配方一套，取得90 000元的收入，发生商标注册成本10 000元，已经摊销5 000元，其他研发支出已经计入当期成本。

相关账务处理如下：
　　借：银行存款　　　　　　　　　　　　　　　　　90 000
　　　　累计摊销　　　　　　　　　　　　　　　　　 5 000
　　贷：无形资产　　　　　　　　　　　　　　　　　10 000
　　　　其他收入　　　　　　　　　　　　　　　　　85 000

【例8-12】某合作社出租品牌使用权三年，取得收入300 000元，允许C单位与本合作社共同使用该品牌。

相关账务处理如下：
　　借：银行存款　　　　　　　　　　　　　　　　　300 000
　　贷：其他收入　　　　　　　　　　　　　　　　　300 000

【例8-13】某合作社与之合作社的家具厂因经营不善发生清算，原预定的木材无法采购，前期家具厂已经为苗木栽培投入300 000元。因合同未到期，合作社在清算期内不具备履行付款责任的条件，导致无法清偿。经过与债权人和解，家具厂与合作社达成一致意见，此批林木做价220 000元，出售给合作社，已银行付讫。其他80 000元债务豁免。合作社按规定程序批准后，进行相应处理。

相关财务处理如下：
　　借：应付款——家具厂　　　　　　　　　　　　 300 000
　　贷：银行存款　　　　　　　　　　　　　　　　　220 000
　　　　其他收入　　　　　　　　　　　　　　　　　80 000

【例8-14】某合作社对资产盘点，发现盘盈肉猪两头，目前尚不符合出栏条件。按照同样大小的其他肉猪成本价值估算，价值为1 000元。

相关账务处理如下：

借：消耗性生物资产　　　　　　　　　　　　　　　1 000
　　贷：待处理财产损溢——待处理流动资产损溢　　　1 000
借：待处理财产损溢——待处理流动资产损溢　　　　1 000
　　贷：其他收入　　　　　　　　　　　　　　　　　1 000

【例8-15】202×年年末，某农民专业合作社"其他收入"本期发生额为100 000元，作期末结转处理。

相关账务处理如下：

借：其他收入　　　　　　　　　　　　　　　　　100 000
　　贷：本年盈余　　　　　　　　　　　　　　　　100 000

第二节　投资收益

一、投资收益概述

投资收益指合作社对外投资取得的收益或发生的损失。

投资收益包括合作社对外投资取得的利息、分得的股利或盈余，以及收回投资时实际取得的价款与"对外投资"科目账面余额的差额。

二、投资收益的核算

（一）会计科目设置

合作社应当设置"投资收益"科目，核算合作社对外投资取得的收益或发生的损失。本科目期末结转后无余额。

（二）明细科目设置

"投资收益"科目应按照投资项目设置明细科目，进行明细核算。

（三）主要账务处理

1. 被投资合作社宣告分配现金股利或盈余、联合社返还和分配盈余等时，借记"应收款"等科目，贷记"投资收益"科目；获得股票股利时，不作账务处理，但应在备查簿中登记所增加的股份。

2. 到期收回或中途转让对外投资时，按照实际收回的价款或价值，借记"库存现金""银行存款"等科目，按照对外投资的账面余额，贷记"对外投资"科目，按照实际收回的价款或价值与账面余额的差额，借记或贷记"投资收益"科目。

3. 期末，应将"投资收益"科目的贷方余额转入"本年盈余"科目贷方；如为投资净损失，应将"投资收益"科目的借方余额转入"本年盈余"科目借方。结转后"投资收益"科目应无余额。

投资收益的主要账务处理如表8-3所示。

表8-3   投资收益科目核算内容

序号	业务和事项内容		账务处理
1	投资持有期间	被投资合作社宣告分配现金股利或盈余、联合社返还和分配盈余等时	借：应收款 　　贷：投资收益
		获得股票股利时	不作账务处理，但应在备查簿中登记所增加的股份
2	到期收回或中途转让对外投资时	实际收到资金时	借：库存现金/银行存款等 　　贷：对外投资 　　　　投资收益〔差额，贷方或借方〕
3	期末结转时	投资净收益	借：投资收益 　　贷：本年盈余
		投资净损失	借：本年盈余 　　贷：投资收益

（四）会计实务举例

【例8-16】202×年2月，A种植专业合作社以本合作社不使用的两个大棚，向本地另一个B种植专业合作社投资。双方约定，两个大棚账面价值140 000元，已经提取折旧40 000元，双方协议做价110 000元。占对方股份的20%，合作期3年，B种植专业合作社和日常管理和劳务均由B合作社自行承担。合作期内，A不得随意撤资，随意撤资造成B方损失的需要承担赔偿责任。B方经营不善倒闭的A方可以收回剩余资产的相应比例，合作正常到期，A种植专业合作社可以收回大棚。合作到期后，双方可就是否继续合作另行约定，如果A合作社继续出租大棚，B合作社具有同等条件下的优先权。

次年1月，A合作社接到B种植专业合作社通知书，可分得上年利润9 000元，4月收到该笔款项，存入银行。

相关账务处理如下：

（1）以固定资产对外投资时：

借：对外投资　　　　　　　　　　　　　　　110 000
　　累计折旧　　　　　　　　　　　　　　　 40 000
　　贷：固定资产　　　　　　　　　　　　　　140 000
　　　　资本公积　　　　　　　　　　　　　　 10 000

（2）接到合作盈利通知书时：

借：应收款——B种植专业合作社　　　　　　 9 000
　　贷：投资收益——B种植专业合作社　　　　 9 000

（3）收到款项并存入银行时：

借：银行存款　　　　　　　　　　　　　　　 9 000
　　贷：应收款——B种植专业合作社　　　　　 9 000

【例8-17】接例8-16，年终，A合作社结转各项损益。

相关账务处理如下：

借：投资收益——B种植专业合作社　　　　　　 9 000
　　贷：本年盈余　　　　　　　　　　　　　　 9 000

【例8-18】接例8-17，合作第二年接到B种植专业合作社财务书面通知，

A 专业合作社承担亏损 3 000 元。款项已付。

相关账务处理如下：

（1）收到通知书时：

借：投资收益——B 种植专业合作社　　　　　　　3 000

　　贷：应付款——B 种植专业合作社　　　　　　　3 000

（2）承担损失付款时：

借：应付款——B 种植专业合作社　　　　　　　　3 000

　　贷：银行存款　　　　　　　　　　　　　　　3 000

【例 8-19】接例 8-18，年终，A 合作社结转各项损益。

相关账务处理如下：

借：本年盈余　　　　　　　　　　　　　　　　3 000

　　贷：投资收益——B 种植专业合作社　　　　　　3 000

【例 8-20】接例 8-19，合作第三年接到 B 种植专业合作社直接分得盈利 8 000 元。已经存入银行。年终转账完成。

相关账务处理如下：

（1）分得收益时：

借：银行存款　　　　　　　　　　　　　　　　8 000

　　贷：投资收益——B 种植专业合作社　　　　　　8 000

（2）年末结转时：

借：投资收益——B 种植专业合作社　　　　　　　8 000

　　贷：本年盈余　　　　　　　　　　　　　　　8 000

【例 8-21】接例 8-20，第四年，合作期满，A、B 双方不再继续合作。A 合作社按照合同约定收回两座大棚，按照 20% 的比例，确定价格为 70 000 元，另外分得盈余公积 28 000 元。已经存入银行。年终转账完成。

相关账务处理如下：

（1）收回投资时：

借：固定资产——大棚　　　　　　　　　　　　70 000

　　银行存款　　　　　　　　　　　　　　　　28 000

投资收益——B种植专业合作社　　　　　　　　　12 000
　　贷：对外投资——B种植专业合作社　　　　　　　110 000
（2）年末结转时：
借：本年盈余　　　　　　　　　　　　　　　　　12 000
　　贷：投资收益——B种植专业合作社　　　　　　　12 000

【例8-22】202×年4月C养殖场专业合作社向D饲料加工厂投资150 000元。年终，D饲料加工厂向C养殖场专业合作社分红20 000元已经结算完毕。

相关账务处理如下：
借：对外投资——D饲料加工厂　　　　　　　　　150 000
　　贷：银行存款　　　　　　　　　　　　　　　　150 000
借：银行存款　　　　　　　　　　　　　　　　　20 000
　　贷：投资收益——D饲料加工厂　　　　　　　　　20 000

【例8-23】接例8-22，年终转账。

相关账务处理如下：
借：投资收益——D饲料加工厂　　　　　　　　　20 000
　　贷：本年盈余　　　　　　　　　　　　　　　　20 000

【例8-24】接例8-22，第二年有其他饲料厂商入股C合作社，C转让对D的投资。转让所得资金160 000元，银行存款收讫。

相关账务处理如下：
（1）转让投资时：
借：银行存款　　　　　　　　　　　　　　　　　160 000
　　贷：对外投资——D饲料加工厂　　　　　　　　　150 000
　　　　投资收益——D饲料加工厂　　　　　　　　　10 000
（2）年末结转时：
借：投资收益——D饲料加工厂　　　　　　　　　10 000
　　贷：本年盈余　　　　　　　　　　　　　　　　10 000

第三节　费　用

一、费用概述

（一）费用的概念

合作社的费用是指合作社在日常活动中发生的、会导致所有者权益减少的、与向成员分配盈余无关的经济利益的总流出。

（二）费用的特点

1.费用是合作社在日常活动中发生的。费用必须是合作社在其日常活动中所形成的，这些日常活动的界定与收入定义中涉及的日常活动的界定相一致。因合作社日常活动所产生的费用通常包括营业成本、管理费用等。将费用界定为日常活动所形成的，目的是将其与损失相区分，合作社非日常活动所形成的经济利益的流出不能确认为费用，而应当计入损失。

2.费用会导致所有者权益的减少。与费用相关的经济利益的流出应当会导致所有者权益的减少，不会导致所有者权益减少的经济利益的流出不符合费用的定义，不应确认为费用。

3.费用是与向成员分配盈余无关的经济利益的总流出。费用的发生应当会导致经济利益的流出，从而导致资产的减少或者负债的增加（最终也会导致资产的减少），其表现形式包括现金或者现金等价物的流出，存货、固定资产和无形资产等的流出或者耗费等。合作社向成员分配盈余也会导致经济利益的流出，但该经济利益的流出属于投资者投资回报的分配，是所有者权益的直接抵减项目，不应确认为费用，应当将其排除在费用的定义之外。

（三）费用的内容

合作社的费用包括经营支出、税金及附加、管理费用、财务费用和其他支出等。

1.经营支出包括合作社提供农业生产资料的购买、使用，农产品的生产、销售、加工、运输、贮藏以及与农业生产经营有关的技术、信息、设施建设运营等服务，开发经营农村民间工艺及制品、休闲农业和乡村旅游资源等，以及销售本社产品发生的实际支出。

2.税金及附加包括合作社从事生产经营活动按照税法的有关规定应负担的消费税、城市维护建设税、资源税、房产税、土地使用税、车船税、印花税、教育费附加及地方教育附加等相关税费。

3.管理费用包括管理人员的工资、办公费、差旅费，业务招待费，管理用固定资产的折旧、无形资产摊销等为组织和管理生产经营活动发生的支出。

4.财务费用包括利息费用（减利息收入）、银行相关手续费等为筹集生产经营所需资金发生的支出。

5.其他支出包括生物资产的死亡毁损支出、损失，固定资产及产品物资等的盘亏、损失，防灾抢险支出，安全生产支出，环境保护支出，罚款支出，捐赠支出，确实无法收回的应收款项损失等。

二、费用的确认

合作社的费用一般应当在发生时按照其发生额计入当期损益。

三、费用的管理要求

1.合作社应当加强费用支出管理，建立必要的费用开支范围、标准和报销审批等制度，控制和节约各项费用支出，不得虚列虚报。合作社应当对经营支出进行定额控制，对非经营支出实行总量控制，不得超支。

2.合作社的支出应当按照财务工作流程规范，由经办人在原始凭证上注明用途并签字后，经合作社负责人审批同意并签字盖章，由财务会计人员审核记账，按程序实行公开，接受合作社成员监督。大额支出必须经成员（代表）大会讨论通过后执行。

3.合作社不得承担属于成员和经营管理者个人的下列支出：

（1）娱乐、健身、旅游、购物、招待、馈赠等支出；

（2）购买商业保险、证券、股权、收藏品等支出；

（3）个人行为导致的罚款、赔偿等支出；

（4）购买住房、支付物业管理费、修缮费用等支出；

（5）应由个人承担的其他支出。

四、经营支出的核算

（一）会计科目设置

合作社应当设置"经营支出"科目，核算合作社提供农业生产资料的购买、使用，农产品的生产、销售、加工、运输、贮藏以及与农业生产经营有关的技术、信息、设施建设运营等服务，开发经营农村民间工艺及制品、休闲农业和乡村旅游资源等，以及销售本社产品发生的实际支出。本科目结转后应无余额。

（二）明细科目设置

"经营支出"科目应按照经营项目设置明细科目，进行明细核算。

（三）主要账务处理

1.合作社发生经营支出时，借记"经营支出"科目，贷记"成员往来""产品物资""消耗性生物资产""应付款""应付工资""应付劳务费""生产成本"等科目。

2.期末，应将"经营支出"科目的余额转入"本年盈余"科目的借方，结转后的"经营支出"科目应无余额。

经营支出的主要账务处理如表8-4所示。

表8-4　　　　　　　　　　经营支出科目核算内容

序号	业务和事项内容	账务处理
1	发生经营支出时	借：经营支出 　贷：成员往来/产品物资/消耗性生物资产/应付款/应付工资/ 　　　应付劳务费/生产成本等
2	期末结转时	借：本年盈余 　贷：经营支出

【例8-25】202×年，某水果种植合作社种植了5亩樱桃。3月，E水果种植合作社为即将上市的樱桃销售作准备，向F供应商订购专门的包装纸箱4 000个，含税价值6 000元，预付货款的30%。

相关账务处理如下：

借：包装物——樱桃　　　　　　　　　　　　　　6 000
　贷：银行存款　　　　　　　　　　　　　　　　1 800
　　　应付款——F供应商　　　　　　　　　　　 4 200

【例8-26】接例8-25，E水果种植专业合作社为销售本合作社樱桃支付广告费4 000元，以银行存款支付。

相关账务处理如下：

借：经营支出——樱桃　　　　　　　　　　　　　4 000
　贷：银行存款　　　　　　　　　　　　　　　　4 000

【例8-27】接例8-26，E水果种植专业合作社根据樱桃果生长情况预判果实的成熟期，开始在网络上零售预售。截至4月末预售2 800箱，单价120元/箱，总价款336 000元，已经通过支付宝平台暂时收取。

相关账务处理如下：

借：其他货币资金　　　　　　　　　　　　　　336 000
　贷：经营收入——樱桃　　　　　　　　　　　　336 000

【例8-28】接例8-27，本年已经为樱桃投入各类粪肥30 000元，灌溉、掐心、施肥等人工成本40 000元，农药、地膜等物资20 000元，灌溉水10 000元，其他固定资产摊销5 000元。已经结转至产品物资，现结转到经营支出。

相关账务处理如下：

借：经营支出　　　　　　　　　　　　　　　　　　　　105 000
　　贷：产品物资——樱桃　　　　　　　　　　　　　　　　105 000

【例8-29】接例8-28，202×年，需要负担的樱桃树的生物性资产的折旧58 000元。

相关账务处理如下：

借：经营支出　　　　　　　　　　　　　　　　　　　　58 000
　　贷：生物性资产累计折旧——樱桃树　　　　　　　　　　58 000

【例8-30】接例8-29，202×年5月开始，预售的樱桃2 800箱发货，前期预售价格120元/箱，同时实时销售1 000箱，售价130元/箱。组织观光采摘，40元/斤结算，免费包装，累计销售1 200斤，合计48 000元。款项收讫，支付宝结算完毕。

相关账务处理如下：

借：银行存款　　　　　　　　　　　　　　　　　　　　466 000
　　贷：经营收入——樱桃　　　　　　　　　　　　　　　　130 000
　　　　其他货币资金——支付宝　　　　　　　　　　　　　336 000
借：银行存款　　　　　　　　　　　　　　　　　　　　48 000
　　贷：经营收入——樱桃　　　　　　　　　　　　　　　　48 000

【例8-31】接例8-30，202×年樱桃剪枝后处理部分花条、枝条，收入3 000元。款项存入银行。

相关账务处理如下：

借：银行存款　　　　　　　　　　　　　　　　　　　　3 000
　　贷：其他收入　　　　　　　　　　　　　　　　　　　　3 000

【例8-32】接例8-31，计提结转应负担的樱桃山地租赁费摊销共3 800元。

相关账务处理如下：

借：经营支出　　　　　　　　　　　　　　　　　　　　3 800
　　贷：累计摊销——樱桃山地租赁　　　　　　　　　　　　3 800

【例8-33】 接例8-32,年终,合作社将本年发生的樱桃的经营收入和经营支出转入"本年盈余"科目。假设本年未发生其他与樱桃相关的经营支出。

相关账务处理如下:

结转包装物成本时:

借:经营支出   6 000

  贷:包装物——樱桃   6 000

计算经营支出总金额=6 000(包装物)+4 000(广告)+105 000(生产成本摊销)+3 800(土地租赁摊销)+58 000(苗木成本摊销)=176 800(元)

借:本年盈余   176 800

  贷:经营支出——樱桃   176 800

计算樱桃销售总金额=336 000(预售)+130 000(实时销售)+48 000(采摘)=514 000(元)

借:经营收入——樱桃   514 000

  其他收入   3 000

  贷:本年盈余   517 000

五、税金及附加的核算

(一)会计科目设置

合作社应当设置"税金及附加"科目,核算合作社从事生产经营活动按照税法的有关规定应负担的消费税、城市维护建设税、资源税、房产税、土地使用税、车船税、印花税、教育费附加及地方教育附加等相关税费。本科目结转后应无余额。

(二)明细科目设置

"税金及附加"科目应按税费种类设置明细科目,进行明细核算。

(三)主要账务处理

1.合作社按照规定计算确定的相关税费,借记"税金及附加"科目,贷记"应交税费"等科目。

2.期末，应将"税金及附加"科目的余额转入"本年盈余"科目的借方，结转后"税金及附加"科目应无余额。

税金及附加的主要账务处理如表8-5所示。

表8-5　　　　　　　　　税金及附加科目核算内容

序号	业务和事项内容	账务处理
1	按照规定计算确定相关税费时	借：税金及附加 　贷：应交税费等
2	期末结转时	借：本年盈余 　贷：税金及附加

（四）会计实务举例

【例8-34】某合作社202×年6月发生消费税50 000元，城市维护建设税税率为5%，教育费附加税率为3%，地方教育附加税率为2%。

相关账务处理如下：

（1）发生计税事项并计提税金时：

借：税金及附加——消费税　　　　　　　　　　50 000
　　　　　　——城市维护建设税　　　　　　　 2 500
　　　　　　——教育费附加　　　　　　　　　 1 500
　　　　　　——地方教育附加　　　　　　　　 1 000
　　贷：应交税费——消费税　　　　　　　　　　50 000
　　　　　　　——城市维护建设税　　　　　　　2 500
　　　　　　　——教育费附加　　　　　　　　　1 500
　　　　　　　——地方教育附加　　　　　　　　1 000

（2）缴纳税金时：

借：应交税费——消费税　　　　　　　　　　　50 000
　　　　　　——城市维护建设税　　　　　　　 2 500
　　　　　　——教育费附加　　　　　　　　　 1 500
　　　　　　——地方教育附加　　　　　　　　 1 000

         贷：银行存款   55 000

【例8-35】接例8-34，该合作社"税金及附加"期末余额86 500元，其中：消费税50 000元，城市维护建设税2 500元，教育费附加1 500元，地方教育附加1 000元，资源税30 000元，车船税1 000元，印花税500元。对"税金及附加"科目的余额作期末结转。

相关账务处理如下：

借：本年盈余   86 500
    贷：税金及附加——消费税   50 000
              ——城市维护建设税   2 500
              ——教育费附加   1 500
              ——地方教育附加   1 000
              ——资源税   30 000
              ——车船税   1 000
              ——印花税   500

六、管理费用的核算

（一）会计科目设置

合作社应当设置"管理费用"科目，核算合作社为组织和管理生产经营活动而发生的各项支出，包括管理人员的工资、办公费、差旅费、业务招待费，管理用固定资产的折旧、无形资产摊销等。本科目结转后应无余额。

（二）明细科目设置

"管理费用"科目应按管理费用的项目设置明细科目，进行明细核算。

（三）主要账务处理

1.合作社发生管理费用时，借记"管理费用"科目，贷记"库存现金""银行存款""产品物资""累计折旧""累计摊销""长期待摊费用""应付工资"等科目。

2.期末，应将"管理费用"科目的余额转入"本年盈余"科目的借方，结转后"管理费用"科目应无余额。

管理费用的主要账务处理如表8-6所示。

表8-6　　　　　　　　　　管理费用科目核算内容

序号	业务和事项内容	账务处理
1	发生管理费用时	借：管理费用 贷：库存现金/银行存款/产品物资/累计折旧/累计摊销/长期待摊费用/应付工资等
2	期末结转时	借：本年盈余 贷：管理费用

（四）会计实务举例

【例8-36】某专业合作社以银行存款支付合作社购买纸张、硒鼓、笔本等办公费5 000元。

相关账务处理如下：

借：管理费用——办公费　　　　　　　　　　　　　　　5 000
　　贷：银行存款　　　　　　　　　　　　　　　　　　　5 000

【例8-37】某合作社作为示范合作社，接待其他合作社人员参观。发生支付业务招待费2 000元，现金付讫。

相关账务处理如下：

借：管理费用——业务招待费　　　　　　　　　　　　　2 000
　　贷：库存现金　　　　　　　　　　　　　　　　　　　2 000

【例8-38】某合作社计提设备折旧6 000元，管理软件摊销10 000元。

相关账务处理如下：

借：管理费用　　　　　　　　　　　　　　　　　　　　6 000
　　贷：累计折旧——办公设备　　　　　　　　　　　　　6 000
借：管理费用　　　　　　　　　　　　　　　　　　　　10 000
　　贷：累计摊销　　　　　　　　　　　　　　　　　　10 000

【例8-39】 202×年4月，某专业合作社计提管理人员工资15 000元。

相关账务处理如下：

借：管理费用　　　　　　　　　　　　　　　　　　15 000
　　贷：应付工资　　　　　　　　　　　　　　　　　　15 000

【例8-40】 202×年年末，某专业合作社当年累计发生管理费用67 000元。

相关账务处理如下：

借：本年盈余　　　　　　　　　　　　　　　　　　67 000
　　贷：管理费用　　　　　　　　　　　　　　　　　　67 000

七、财务费用的核算

（一）会计科目设置

合作社应当设置"财务费用"科目，核算合作社为筹集生产经营所需资金发生的各项支出，包括利息费用（减利息收入）、银行相关手续费等。本科目结转后应无余额。

（二）明细科目设置

"财务费用"科目应按财务费用的项目设置明细科目，进行明细核算。

（三）主要账务处理

1.合作社发生的利息费用、银行相关手续费等，借记"财务费用"科目，贷记"应付利息""库存现金""银行存款"等科目。

2.发生的应冲减财务费用的利息收入等，借记"库存现金""银行存款"等科目，贷记"财务费用"科目。

3.期末，应将"财务费用"科目的余额转入"本年盈余"科目的借方，结转后"财务费用"科目应无余额。

财务费用的主要账务处理如表8-7所示。

表8-7　　　　　　　　　　财务费用科目核算内容

序号	业务和事项内容	账务处理
1	发生利息费用、银行相关手续费等	借：财务费用 　贷：应付利息/库存现金/银行存款等
2	发生应冲减财务费用的利息收入等	借：库存现金/银行存款等 　贷：财务费用
3	期末结转时	借：本年盈余 　贷：财务费用

（四）会计实务举例

【例8-41】202×年12月8日为某农民专业合作社长期贷款的应付利息日，该社计提长期贷款的利息。长期贷款500 000元，期限3年，利率6%，到期一次还本付息。

相关账务处理如下：

借：财务费用——长期贷款利息　　　　　　　　　30 000
　　贷：应付利息——长期贷款——×信用社　　　　　　30 000

【例8-42】202×年12月，某农民专业合作社通过银行汇款，发生手续费200元直接从基本账户支付。汇款单据工本费20元。

相关账务处理如下：

借：财务费用——手续费　　　　　　　　　　　　200
　　　　　　——工本费　　　　　　　　　　　　 20
　　贷：银行存款　　　　　　　　　　　　　　　　220

【例8-43】202×年12月6日，取得银行利息2 000元。

相关账务处理如下：

借：银行存款　　　　　　　　　　　　　　　　　2 000
　　贷：财务费用——存款利息　　　　　　　　　　　2 000

【例8-44】年末某合作社对财务费用科目进行结转。202×年12月31日，某合作社财务费用科目借方发生额6 000元，贷方发生额500元，净额5 500元。

相关账务处理如下：

借：本年盈余　　　　　　　　　　　　　　　　　5 500

贷：财务费用　　　　　　　　　　　　　　　　　　　5 500

八、其他支出的核算

（一）会计科目设置

合作社应当设置"其他支出"科目，核算合作社发生的除"经营支出""税金及附加""管理费用""财务费用"以外的其他各项支出，如生物资产死亡毁损支出、损失，固定资产及产品物资的盘亏、损失，防灾抢险支出，安全生产支出，环境保护支出，罚款支出，捐赠支出，无法收回的应收款项损失等。本科目结转后应无余额。

（二）明细科目设置

"其他支出"科目应按其他支出的项目设置明细科目，进行明细核算。

（三）主要账务处理

1.合作社发生其他支出时，借记"其他支出"科目，贷记"库存现金""银行存款""应收款""累计折旧""在建工程""固定资产清理""累计摊销""长期待摊费用""待处理财产损溢""应付款"等科目。

2.期末，应将"其他支出"科目的余额转入"本年盈余"科目的借方，结转后"其他支出"科目应无余额。

其他支出的主要账务处理如表8-8所示。

表8-8　　　　　　　　其他支出科目核算内容

序号	业务和事项内容	账务处理
1	发生其他支出时	借：其他支出 　　贷：库存现金/银行存款/应收款/累计折旧/在建工程/固定资产清理/累计摊销/长期待摊费用/待处理财产损溢/应付款等
2	期末结转时	借：本年盈余 　　贷：其他支出

（四）会计实务举例

【例8-45】某合作社按规定程序报废过时电子商务软件一套，账面原值100 000元，已经计提摊销98 000元。

相关账务处理如下：

借：累计摊销　　　　　　　　　　　　　　　　98 000
　　其他支出　　　　　　　　　　　　　　　　2 000
　　贷：无形资产　　　　　　　　　　　　　　100 000

【例8-46】202×年2月1日，某农民专业合作社因该地遭受雪灾，冻死母牛20头，原值500 000元，已提取折旧250 000元，保险公司理赔200 000元，款项已经银行收讫。

相关账务处理如下：

（1）确认损失时：

借：应收款——保险公司理赔　　　　　　　　200 000
　　生产性生物资产累计折旧　　　　　　　　250 000
　　其他支出　　　　　　　　　　　　　　　50 000
　　贷：生产性生物资产　　　　　　　　　　500 000

（2）收到保险公司理赔款时：

借：银行存款　　　　　　　　　　　　　　　200 000
　　贷：应收款——保险公司理赔　　　　　　200 000

【例8-47】202×年年末，某合作社当年"其他支出"科目余额为300 000元。结转支出。

相关账务处理如下：

借：本年盈余　　　　　　　　　　　　　　　300 000
　　贷：其他支出　　　　　　　　　　　　　300 000

九、所得税费用的核算

（一）会计科目设置

合作社应当设置"所得税费用"科目，核算合作社根据企业所得税法规定应从盈余总额中扣除的所得税费用。本科目结转后应无余额。

（二）主要账务处理

1. 合作社期末按照企业所得税法规定计算确定的当期应交所得税税额，借记"所得税费用"科目，贷记"应交税费——应交企业所得税"科目。

2. 期末，应将"所得税费用"科目的余额转入"本年盈余"科目的借方，结转后"所得税费用"科目应无余额。

所得税费用的主要账务处理如表8-9所示。

表8-9　　　　　　　　　　所得税费用科目核算内容

序号	业务和事项内容	账务处理
1	计算确定的当期应交所得税税额时	借：所得税费用 　贷：应交税费——应交企业所得税
2	期末结转时	借：本年盈余 　贷：所得税费用

（三）会计实务举例

【例8-48】202×年2季度末，某合作社计算确定应缴纳所得税额5 000元。

相关账务处理如下：

（1）季度末计算应缴纳所得税时：

借：所得税费用　　　　　　　　　　　　　　5 000
　　贷：应交税费——应交企业所得税　　　　　　　　5 000

（2）缴纳税金时：

借：应交税费——应交企业所得税　　　　　　5 000
　　贷：银行存款　　　　　　　　　　　　　　　　　5 000

【例8-49】202×年年末，结转所得税费用15 700元。

相关账务处理如下：

借：本年盈余　　　　　　　　　　　　　　　15 700
　　贷：所得税费用　　　　　　　　　　　　　　　　15 700

第九章 财务报表

第一节 财务报表概述

一、财务报表的概念

财务报表是对合作社财务状况、经营成果等的结构性表述,包括会计报表及其附注。

二、财务报表的分类

(一)按报表内容分类

合作社财务报表包括会计报表和附注。合作社的会计报表包括资产负债表、盈余及盈余分配表、成员权益变动表等。

资产负债表,是指反映合作社在某一特定日期财务状况的报表。

盈余及盈余分配表,是指反映合作社在一定会计期间内盈余实现及其分配情况的报表。

成员权益变动表，是指反映合作社成员权益增减变动和在某一特定日期权益情况的报表。

附注，是指对在资产负债表、盈余及盈余分配表、成员权益变动表等会计报表中列示项目的文字描述或明细资料，以及对未能在这些会计报表中列示项目的说明等。

（二）按报送时限分类

合作社财务报表分为年度财务报表和中期财务报表。以短于一个完整的会计年度的期间（如半年度、季度和月度）编制的财务报表称为中期财务报表。年度财务报表是以整个会计年度为基础编制的财务报表。

三、财务报表的填报要求

（一）编制内容要求

1.合作社财务报表要根据登记完整、核对无误的账簿记录和其他有关资料编制，做到数字准确、内容完整、报送及时。

（1）数字准确。要求财务报表如实反映财务状况，数字真实可靠。在编制财务报表之前本期发生的所有账务必须全部登记入账，并以账簿记录为依据编制，不能以预算数代替实际数，不能弄虚作假、隐瞒谎报。

（2）内容完整。财务报表是一套完整的指标体系，报表内容要严格按照《农民专业合作社会计制度》规定的统一种类、格式进行编制，不得漏编、漏报。

（3）报送及时。财务报表的时效性很强，如果不及时编制，就会失去财务报表应有的作用，不利于报表使用者了解情况、指导工作。合作社会计信息应定期、及时向本合作社成员公开，接受成员的监督。对于成员提出的问题，会计及管理人员应及时解答，确实存在错误的要立即纠正。

2.合作社财务报表应当由合作社的法定代表人和主管会计工作的负责人、

会计机构负责人（会计主管人员）签名并盖章。

3.合作社应当根据《农民专业合作社会计制度》有关财务报表的编制基础、编制依据、编制原则和方法的要求，提供真实、完整的财务报表，不得随意改变财务报表的编制基础、编制依据、编制原则和方法，不得随意改变《农民专业合作社会计制度》规定的财务报表有关数据的会计口径。

（二）编制时间要求

合作社财务报表须按《农民专业合作社会计制度》规定的时间要求进行编制，如表9-1所示。

表9-1　　　　　　　合作社财务报表编制时间一览表

编号	报表名称	编制期	编制主体
会农社01表	资产负债表	月度、年度	合作社
会农社02表	盈余及盈余分配表	年度	合作社
会农社03表	成员权益变动表	年度	合作社
	附注	年度	合作社

第二节　资产负债表

一、资产负债表概述

（一）资产负债表的概念

资产负债表，是指反映合作社在某一特定日期财务状况的报表。由于它反映的是某一时点的情况，所以又被称为静态报表。

合作社应当编制月度、年度资产负债表，也可以根据需要编制季度、半年度资产负债表。

（二）资产负债表的用途

资产负债表可以向报表使用者提供以下几个方面的信息：（1）合作社某一日期所掌握的经济资源以及这些经济资源的分布和结构情况；（2）合作社某一日期的负债及其结构情况；（3）合作社所有者权益的情况；（4）通过对资产负债表的分析，可以了解合作社的财务实力、短期偿债能力和支付能力；（5）将前后期的资产负债表进行对照分析，可以看出合作社资产负债变化情况及发展趋势。

二、资产负债表的格式

资产负债表的格式采用账户结构，分为左右两个部分。左方列示资产各项目，反映全部资产的分布及存在形态，右方列示负债和所有者权益各项目，反映全部负债和所有者权益的内容及构成情况。资产按照流动性从强到弱的顺序排列，具体包括货币资金、应收款项、存货、消耗性生物资产等流动性资产和对外投资、生产性生物资产、固定资产、无形资产、公益性生物资产、长期待摊费用等非流动资产；负债按到期日远近或偿付紧迫程度的顺序排列，具体包括短期借款、应付款项、应付工资、应付劳务费、应交税费、应付利息、应付盈余返还、应付剩余盈余等流动负债和长期借款、专项应付款等非流动负债；所有者权益包括股金、专项基金、资本公积、盈余公积、未分配盈余等。资产负债表左右双方相等，即资产＝负债＋所有者权益。

资产负债表的格式如表9-2所示。

表9-2　　　　　　　　　　资产负债表

会农社01表

编制合作社：　　　　　　　　年__月__日　　　　　　　　　单位：元

资产	行次	期末余额	年初余额	负债和所有者权益	行次	期末余额	年初余额
流动资产：				流动负债：			
货币资金	1			短期借款	23		
应收款项	2			应付款项	24		

续表

资产	行次	期末余额	年初余额	负债和所有者权益	行次	期末余额	年初余额
存货	3			应付工资	25		
消耗性生物资产	4			应付劳务费	26		
流动资产合计	5			应交税费	27		
非流动资产：				应付利息	28		
对外投资	6			应付盈余返还	29		
生产性生物资产原值	7			应付剩余盈余	30		
减：生产性生物资产累计折旧	8			流动负债合计	31		
生产性生物资产净值	9			非流动负债：			
固定资产原值	10			长期借款	32		
减：累计折旧	11			专项应付款	33		
固定资产净值	12			非流动负债合计	34		
在建工程	13			负债合计	35		
固定资产清理	14						
固定资产小计	15			所有者权益：			
无形资产原值	16			股金	36		
减：累计摊销	17			专项基金	37		
无形资产净值	18			资本公积	38		
公益性生物资产	19			盈余公积	39		
长期待摊费用	20			未分配盈余	40		
非流动资产合计	21			所有者权益合计	41		
资产总计	22			负债和所有者权益总计	42		

三、资产负债表的编制方法

合作社资产负债表是在期末登记完有关总账和明细账的基础上编制的。

资产负债表的编制是以日常会计核算记录的数据为基础进行归类、整理和汇总，加工成报表项目的过程。

合作社资产负债表的主体部分的各项目均列有"年初余额"和"期末余额"两个栏目，是一种比较资产负债表。表中的"资产总计"项目年初（期末）余额应当与"负债与所有者权益总计"项目年初（期末）余额相等。

（一）"年初余额"的填报

合作社资产负债表"年初余额"栏内各项目，根据上年年末资产负债表"年末余额"栏内各对应项目数字填列。如果本年度资产负债表规定的各个项目的名称和内容与上年不一致，应对上年年末资产负债表各项目的名称和数字按照本年度的规定进行调整，填入本表"年初余额"栏内，并加以书面说明。对于资产负债表的月报和年报，期初数都应当按照上年年末余额进行填列。

（二）"期末余额"的填报

"期末余额"是指某一会计期期末的数字，是根据本期期末总账各科目余额填列。编制年度资产负债表时，将"期末余额"栏改为"年末余额"栏。年度资产负债表"年末余额"栏内各项目，根据本年末总账各科目余额填列。

资产负债表"期末余额"栏各项目的内容和填列方法如下。

1. 资产类项目

（1）"货币资金"项目，反映合作社库存现金、银行结算账户存款等货币资金的合计数。本项目应根据"库存现金""银行存款"等科目的期末余额合计填列。

（2）"应收款项"项目，反映合作社应收而未收回及暂付的各种款项。本项目应根据"应收款"科目期末余额和"成员往来"各明细科目期末借方余额合计数合计填列。

（3）"存货"项目，反映合作社期末在库、在途和在加工中的各项存货的价值，包括材料、农产品、工业产成品、低值易耗品、包装物等产品物资，在产品，受托代销商品、受托代购商品、委托代销商品和委托加工物资等。本项目应根据"产品物资""委托加工物资""委托代销商品""受托代购商品""受托代销商品""生产成本"等科目的期末余额合计填列。

（4）"消耗性生物资产"项目，反映合作社各种消耗性生物资产的账面余额。本项目应根据"消耗性生物资产"科目的期末余额填列。

（5）"流动资产合计"项目，反映合作社期末流动资产的合计数。本项目应根据本表中"货币资金""应收款项""存货""消耗性生物资产"项目金额的合计数填列。

（6）"对外投资"项目，反映合作社各种对外投资的账面余额。本项目应根据"对外投资"科目的期末余额填列。

（7）"生产性生物资产原值"项目、"生产性生物资产累计折旧"项目和"生产性生物资产净值"项目，反映合作社各种生产性生物资产的原价（成本）、累计折旧及账面价值。这三个项目应根据"生产性生物资产"科目和"生产性生物资产累计折旧"科目的期末余额分析填列。

（8）"固定资产原值"项目、"累计折旧"项目和"固定资产净值"项目，反映合作社各种固定资产的原价（成本）、累计折旧及账面价值。这三个项目应根据"固定资产"科目和"累计折旧"科目的期末余额分析填列。

（9）"在建工程"项目，反映合作社各项尚未完工的工程项目实际成本。本项目应根据"在建工程"科目的期末余额填列。

（10）"固定资产清理"项目，反映合作社因出售、报废、毁损等原因转入清理但尚未清理完毕的固定资产的账面价值，以及固定资产清理过程中所发生的费用等。本项目应根据"固定资产清理"科目的期末借方余额填列；如为贷方余额，本项目数字以"-"填列。

（11）"固定资产小计"项目，反映合作社期末固定资产、在建工程、转入清理但尚未清理完毕的固定资产的小计数。本项目应根据本表中"固定资产净值""在建工程""固定资产清理"项目金额的合计数填列。

（12）"无形资产原值"项目、"累计摊销"项目和"无形资产净值"项目，反映合作社各种无形资产的成本、累计摊销及账面价值。这三个项目应根据"无形资产"科目和"累计摊销"科目的期末余额分析填列。

（13）"公益性生物资产"项目反映合作社各种公益性生物资产的账面余额。本项目应根据"公益性生物资产"科目的期末余额填列。

（14）"长期待摊费用"项目，反映合作社尚未摊销完毕的长期待摊费用。本项目应根据"长期待摊费用"科目的期末余额填列。

（15）"非流动资产合计"项目，反映合作社期末非流动资产的合计数。本项目应根据本表中"对外投资""生产性生物资产净值""固定资产小计""无形资产净值""公益性生物资产""长期待摊费用"项目金额的合计数填列。

（16）"资产总计"项目，反映合作社期末资产的合计数。本项目应根据本表中"流动资产合计"和"非流动资产合计"项目金额的合计数填列。

2. 负债类项目

（1）"短期借款"项目，反映合作社借入的期限在1年以下（含1年）、尚未偿还的借款。本项目应根据"短期借款"科目的期末余额填列。

（2）"应付款项"项目，反映合作社应付而未付及暂收的各种款项。本项目应根据"应付款"科目期末余额和"成员往来"各明细科目期末贷方余额合计数合计填列。

（3）"应付工资"项目，反映合作社已提取但尚未支付的管理人员、固定员工等职工的工资。本项目应根据"应付工资"科目的期末余额填列。

（4）"应付劳务费"项目，反映合作社已提取但尚未支付的季节性用工等临时性工作人员的劳务费。本项目应根据"应付劳务费"科目的期末余额填列。

（5）"应交税费"项目，反映合作社期末未缴纳、多缴纳或未抵扣的各种税费。本项目应根据"应交税费"科目的期末贷方余额填列；如为借方余额，本项目数字以"-"填列。

（6）"应付利息"项目，反映合作社已提取但尚未支付的利息费用。本项目应根据"应付利息"科目的期末余额填列。

（7）"应付盈余返还"项目，反映合作社应支付但尚未支付给成员的盈余返还。本项目应根据"应付盈余返还"科目的期末余额填列。

（8）"应付剩余盈余"项目，反映合作社应支付但尚未支付给成员的剩余盈余。本项目应根据"应付剩余盈余"科目的期末余额填列。

（9）"流动负债合计"项目，反映合作社期末流动负债的合计数。本项目应根据本表中"短期借款""应付款项""应付工资""应付劳务费""应交税费""应付利息""应付盈余返还""应付剩余盈余"项目金额的合计数填列。

（10）"长期借款"项目，反映合作社借入的期限在1年以上、尚未偿还的借款。本项目应根据"长期借款"科目的期末余额填列。

（11）"专项应付款"项目，反映合作社实际收到国家财政直接补助资金而尚未使用和结转的资金数额。本项目应根据"专项应付款"科目的期末余额填列。

（12）"非流动负债合计"项目，反映合作社期末非流动负债的合计数。本项目应根据本表中"长期借款"和"专项应付款"项目金额的合计数填列。

（13）"负债合计"项目，反映合作社期末负债的合计数。本项目应根据本表中"流动负债合计"和"非流动负债合计"项目金额的合计数填列。

3.所有者权益类项目

（1）"股金"项目，反映合作社实际收到成员投入的股金总额。本项目应根据"股金"科目的期末余额填列。

（2）"专项基金"项目，反映合作社接受国家财政直接补助转入和他人捐赠形成的专项基金总额。本项目应根据"专项基金"科目的期末余额填列。

（3）"资本公积"项目，反映合作社资本公积的账面余额。本项目应根据"资本公积"科目的期末余额填列。

（4）"盈余公积"项目，反映合作社盈余公积的账面余额。本项目应根据"盈余公积"科目的期末余额填列。

（5）"未分配盈余"项目，反映合作社尚未分配的历年累计盈余。本项目应根据"本年盈余"科目和"盈余分配"科目的期末余额计算填列；如未弥补的亏损，本项目数字以"-"填列。

（6）"所有者权益合计"项目，反映合作社期末所有者权益的合计数。本项目应根据本表中"股金""专项基金""资本公积""盈余公积""未分配盈余"项目金额的合计数填列。

（7）"负债和所有者权益总计"项目，反映合作社期末负债和所有者权益的合计数。本项目应根据本表中"负债合计"和"所有者权益合计"项目金额的合计数填列。

四、会计实务举例

【例9-1】某合作社202×年科目余额表如表9-3所示。

表9-3

某合作社202×年科目余额表

单位：元

序号	科目编号	科目名称	期初余额 借方	期初余额 贷方	本期发生额 借方	本期发生额 贷方	期末余额 借方	期末余额 贷方
		一、资产类科目						
1	101	库存现金	3 000.00		605 000.00	602 000.00	6 000.00	
2	102	银行存款	6 350 000.00		9 638 200.00	13 493 200.00	2 495 000.00	
3	109	其他货币资金	128 000.00		150 000.00	250 000.00	28 000.00	
4	113	应收款	—		200 001.00		200 001.00	
5	114	成员往来	70 000.00		542 200.00	436 200.00	176 000.00	
6	121	产品物资	550 000.00		9 050 000.00	7 402 000.00	2 198 000.00	
7	122	包装物	50 000.00		30 000.00	70 000.00	10 000.00	
8	124	委托加工物资	—				—	
9	125	委托代销商品	100 000.00		2 601 000.00	2 590 000.00	111 000.00	
10	127	受托代购商品	500 000.00		505 000.00	605 000.00	400 000.00	
11	128	受托代销商品	400 000.00		353 000.00	400 000.00	353 000.00	
12	131	对外投资	—		20 000.00		20 000.00	
13	141	消耗性生物资产	4 353 000.00		5 000 000.00	6 000 000.00	3 353 000.00	
14	142	生产性生物资产	6 080 000.00		280 000.00		6 360 000.00	
15	143	生产性生物资产累计折旧		200 000.00		600 000.00		800 000.00
16	144	公益性生物资产	2 805 000.00		300 000.00		3 105 000.00	

续表

序号	科目编号	科目名称	期初余额 借方	期初余额 贷方	本期发生额 借方	本期发生额 贷方	期末余额 借方	期末余额 贷方
17	151	固定资产	2 820 003.00		580 000.00	90 010.00	3 309 993.00	
18	152	累计折旧		1 279 000.00	65 010.00	600 000.00	—	1 813 990.00
19	153	在建工程	180 000.00			180 000.00	—	—
20	154	固定资产清理	—					
21	161	无形资产	1 150 000.00				1 150 000.00	—
22	162	累计摊销		500 000.00		301 000.00		801 000.00
23	171	长期待摊费用	400 000.00			100 000.00	300 000.00	—
24	181	待处理财产损溢	—		5 000.00	5 000.00	—	—
		资产发生额合计	25 939 003.00	1 979 000.00	29 924 411.00	33 724 410.00	23 574 994.00	3 414 990.00
	二、负债类科目		—					
25	201	短期借款		4 900 000.00	4 900 000.00	—	—	—
26	211	应付款		702 000.00	1 203 000.00	825 000.00	—	324 000.00
	21101	应付账款		550 000.00	550 000.00	300 000.00	—	300 000.00
	21104	应付赔款		20 000.00	20 000.00	—	—	—
	21106	其他应付款		132 000.00	633 000.00	525 000.00	—	24 000.00
27	214	应交税费		68 000.00	68 000.00	170 250.25	—	170 250.25
28	213	应付劳务费		600 000.00	497 000.00	200 000.00	—	303 000.00
29	215	应付利息		88 000.00	120 000.00	60 000.00	—	148 000.00

续表

序号	科目编号	科目名称	期初余额 借方	期初余额 贷方	本期发生额 借方	本期发生额 贷方	期末余额 借方	期末余额 贷方
30	212	应付工资		70 000.00	200 000.00	300 000.00		170 000.00
31	221	应付盈余返还		200 000.00	200 000.00	500 000.00		500 000.00
32	222	应付剩余盈余		1 000 000.00				1 000 000.00
33	231	长期借款		—				—
34	235	专项应付款		580 000.00	980 000.00	400 000.00		—
		负债发生额合计	—	8 208 000.00	8 048 000.00	2 455 250.25	—	2 615 250.25
三、所有者权益类科目								
35	301	股金		7 000 000.00				7 000 000.00
36	311	专项基金		5 575 000.00		680 000.00		6 255 000.00
37	321	资本公积		500 000.00				500 000.00
38	322	盈余公积		3 600 003.00		90 225.23		3 690 228.23
39	331	本年盈余		—	8 855 001.00	8 855 001.00		—
40	332	盈余分配		596 000.00	690 475.48	401 001.00		306 525.52
	33201	各项分配		—	690 475.48	401 001.00		—
	33202	未分配盈余		596 000.00	9 545 476.48	10 026 227.23		306 525.52
		所有者权益发生额合计	—	17 271 003.00			—	17 751 753.75
四、成本类科目								
41	401	生产成本	1 519 000.00		2 318 000.00	3 630 000.00	207 000.00	
		成本发生额合计	1 519 000.00	—	2 318 000.00	3 630 000.00	207 000.00	—

续表

序号	科目编号	科目名称	期初余额		本期发生额		期末余额	
			借方	贷方	借方	贷方	借方	贷方
		五、损益类科目						
42	501	经营收入				8 200 001.00		8 200 001.00
43	502	其他收入				650 000.00		650 000.00
44	511	投资收益				5 000.00		5 000.00
45	521	经营支出			8 161 000.00		8 161 000.00	
46	522	税金及附加			—	—	—	—
47	523	管理费用			103 000.00		103 000.00	
48	524	财务费用			135 000.00		135 000.00	
49	529	其他支出			55 000.00		55 000.00	
50	531	所得税费用			100 250.25		100 250.25	
		损益类发生额合计	—	—	17 409 251.25	17 409 251.25	17 409 251.25	17 409 251.25
		发生额合计	27 458 003.00	27 458 003.00	67 245 138.73	67 245 138.73	41 191 245.25	41 191 245.25

根据上述编制方法，编制年度资产负债表，如表9-4所示。

表9—4

资产负债表

编制合作社：　　　　　　　　　　202×年12月31日　　　　　　　　　　会农社01表
单位：元

资产	行次	期末余额	年初余额	负债和所有者权益	行次	期末余额	年初余额
流动资产				流动负债			
货币资金	1	2 529 000.00	6 481 000.00	短期借款	23	—	4 900 000.00
应收款项	2	376 001.00	70 000.00	应付款项	24	324 000.00	702 000.00
存货	3	3 279 000.00	3 119 000.00	应付工资	25	170 000.00	70 000.00
消耗性生物资产	4	3 353 000.00	4 353 000.00	应付劳务费	26	303 000.00	600 000.00
流动资产合计	5	9 537 001.00	14 023 000.00	应交税费	27	170 250.25	68 000.00
非流动资产				应付利息	28	148 000.00	88 000.00
对外投资	6	20 000.00	—	应付盈余返还	29	500 000.00	200 000.00
生产性生物资产原值	7	6 360 000.00	6 080 000.00	应付剩余盈余	30	—	—
减：生产性生物资产累计折旧	8	800 000.00	200 000.00	流动负债合计	31	1 615 250.25	6 628 000.00
生产性生物资产净值	9	5 560 000.00	5 880 000.00	非流动负债			
固定资产原值	10	3 309 993.00	2 820 003.00	长期借款	32	1 000 000.00	1 000 000.00
减：累计折旧	11	1 813 990.00	1 279 000.00	专项应付款	33	—	580 000.00
固定资产净值	12	1 496 003.00	1 541 003.00	非流动负债合计	34	1 000 000.00	1 580 000.00
在建工程	13	—	180 000.00	负债合计	35	2 615 250.25	8 208 000.00

续表

资产	行次	期末余额	年初余额	负债和所有者权益	行次	期末余额	年初余额
固定资产清理	14	—	—	所有者权益			
固定资产小计	15	7 076 003.00	7 601 003.00	股金	36	7 000 000.00	7 000 000.00
无形资产原值	16	1 150 000.00	1 150 000.00	专项基金	37	6 255 000.00	5 575 000.00
减：累计资产摊销	17	801 000.00	500 000.00	资本公积	38	500 000.00	500 000.00
无形资产净值	18	349 000.00	650 000.00	盈余公积	39	3 690 228.23	3 600 003.00
公益性生物资产	19	3 105 000.00	2 805 000.00	未分配盈余	40	306 525.52	596 000.00
长期待摊费用	20	300 000.00	400 000.00	所有者权益合计	41	17 751 753.75	17 271 003.00
非流动资产合计	21	3 754 000.00	3 855 000.00	负债和所有者权益总计	42	20 367 004.00	25 479 003.00
资产总计	22	20 367 004.00	25 479 003.00				

第三节　盈余及盈余分配表

一、盈余及盈余分配表概述

（一）盈余及盈余分配表的概念

盈余及盈余分配表，是反映合作社一定会计期间内盈余实现及其分配的实际情况的报表。合作社至少应编制年度盈余及盈余分配表。

（二）盈余及盈余分配表的用途

盈余及盈余分配表可以向报表使用者提供以下几个方面的信息：（1）合作社在一定时期内经营收益总体情况以及这些收入的来源及构成情况；（2）合作社在一定时期内费用、支出总体情况以及费用的构成情况；（3）合作社一定时期内盈余总额减去所得税费用后的差额，即本年盈余情况；（4）合作社本年盈余加上年初未分配盈余及其他转入，并提取盈余公积后形成的可分配盈余的情况；（5）可分配盈余分配的实际情况以及年末未分配盈余的情况；（6）通过对盈余及盈余分配表的分析，以及将前后期的盈余及盈余分配表进行对照分析，可以看出合作社盈余及盈余分配变化情况及发展趋势。

二、盈余及盈余分配表的格式

盈余及盈余分配表从格式上按照本年金额、上年金额分项列示，同时按照经营收入、经营收益、盈余总额、本年盈余、可分配盈余、年末未分配盈余等项目分层次排列。盈余及盈余分配表的格式如表9-5所示。

表9–5　　　　　　　　　　　盈余及盈余分配表

编制合作社：　　　　　　　　　　　年度　　　　　　　　　　　　　　　会农社02表
单位：元

项目	行次	本年金额	上年金额
一、经营收入	1		
加：投资收益	2		
减：经营支出	3		
税金及附加	4		
管理费用	5		
财务费用	6		
二、经营收益	7		
加：其他收入	8		
减：其他支出	9		
三、盈余总额	10		
减：所得税费用	11		
四、本年盈余	12		
加：年初未分配盈余	13		
其他转入	14		
减：提取盈余公积	15		
五、可分配盈余	16		
减：盈余返还	17		
剩余盈余分配	18		
转为成员出资	19		
六、年末未分配盈余	20		

三、盈余及盈余分配表的编制方法

（一）"上年金额"的填报

盈余及盈余分配表"上年金额"栏各项目数字，应根据上年度盈余及盈余分配表"本年金额"栏内各对应项目数字填列。

（二）"本年金额"的填报

盈余及盈余分配表"本年金额"栏各项目的内容和填列方法如下：

（1）"经营收入"项目，反映合作社进行生产、销售、服务等主要生产经营活动取得的收入总额。本项目应根据"经营收入"科目的发生额分析填列。

（2）"投资收益"项目，反映合作社以各种方式对外投资所取得的收益。本项目应根据"投资收益"科目的发生额分析填列。如为投资损失，本项目数字以"-"填列。

（3）"经营支出"项目，反映合作社进行生产、销售、服务等主要生产经营活动发生的支出。本项目应根据"经营支出"科目的发生额分析填列。

（4）"税金及附加"项目，反映合作社从事生产经营活动按照税法的有关规定应负担的消费税、城市维护建设税、资源税、房产税、土地使用税、车船税、印花税、教育费附加及地方教育附加等相关税费。本项目应根据"税金及附加"科目的发生额分析填列。

（5）"管理费用"项目，反映合作社为组织和管理生产经营活动而发生的费用。本项目应根据"管理费用"科目的发生额分析填列。

（6）"财务费用"项目，反映合作社为筹集生产经营所需资金发生的支出。本项目应根据"财务费用"科目的发生额分析填列。

（7）"经营收益"项目，反映合作社当期通过生产经营活动实现的收益。本项目应根据本表中"经营收入""投资收益"项目金额之和减去"经营支出""税金及附加""管理费用""财务费用"项目金额后的余额填列。如为经营亏损，本项目数字以"-"填列。

（8）"其他收入"项目和"其他支出"项目，分别反映合作社除生产经营活动以外而取得的收入和发生的支出。这两个项目应分别根据"其他收入"科目和"其他支出"科目的发生额分析填列。

（9）"盈余总额"项目，反映合作社当期实现的盈余总额。本项目应根据本表中"经营收益""其他收入"项目金额之和减去"其他支出"项目金额后的余额填列。如为亏损总额，本项目数字以"-"填列。

（10）"所得税费用"项目，反映合作社根据企业所得税法规定应从盈余总额中扣除的所得税费用。本项目应根据"所得税费用"科目的发生额分析填列。

（11）"本年盈余"项目，反映合作社本年实现的净盈余。本项目应根据本表中"盈余总额"项目金额减去"所得税费用"项目金额后的余额填列。如为净亏损，本项目数字以"-"填列。

（12）"年初未分配盈余"项目，反映合作社上年末累计未分配的盈余。本项目应根据上年度盈余及盈余分配表中"年末未分配盈余"项目的金额填列。

（13）"其他转入"项目，反映合作社按规定用公积金弥补亏损等转入的数额。本项目应根据实际转入的公积金数额填列。

（14）"提取盈余公积"项目，反映合作社按规定提取的盈余公积数额。本项目应根据实际提取的盈余公积数额填列。

（15）"可分配盈余"项目，反映合作社年末可供成员分配的盈余。本项目应根据本表中"本年盈余""年初未分配盈余""其他转入"项目金额之和减去"提取盈余公积"项目金额后的余额填列。

（16）"盈余返还"项目，反映合作社按规定返还给成员的盈余。本项目应根据"盈余分配"科目和"应付盈余返还"科目的相关发生额分析填列。

（17）"剩余盈余分配"项目，反映合作社按规定分配给成员的剩余可分配盈余。本项目应根据"盈余分配"科目和"应付剩余盈余"科目的相关发生额分析填列。

（18）"转为成员出资"项目，反映经成员（代表）大会表决同意，转为成员出资的可分配盈余数额。本项目应根据实际转为成员出资的可分配盈余数额分析填列。

（19）"年末未分配盈余"项目，反映合作社本年末累计未分配的盈余。

本项目应根据本表中"可分配盈余"项目金额减去"盈余返还""剩余盈余分配""转为成员出资"项目金额后的余额填列。如为未弥补的亏损，本项目数字以"-"填列。

【例9-2】接例9-1，根据上述编制方法，某合作社202×年盈余及盈余分配表编制如表9-6所示：

表9-6　　　　　　　　　　　　盈余及盈余分配表

编制合作社：　　　　　　　　　　202×年度　　　　　　　　　会农社02表
单位：元

项目	行次	本年金额	上年金额
一、经营收入	1	8 200 001.00	8 500 000.00
加：投资收益	2	5 000.00	—
减：经营支出	3	8 161 000.00	8 300 000.00
税金及附加	4	—	
管理费用	5	103 000.00	80 000.00
财务费用	6	135 000.00	
二、经营收益	7	-193 999.00	120 000.00
加：其他收入	8	650 000.00	600 000.00
减：其他支出	9	55 000.00	200 000.00
三、盈余总额	10	401 001.00	520 000.00
减：所得税费用	11	100 250.25	130 000.00
四、本年盈余	12	300 750.75	390 000.00
加：年初未分配盈余	13	596 000.00	476 000.00
其他转入	14	—	10 000.00
减：提取盈余公积	15	90 225.23	80 000.00
五、可分配盈余	16	806 525.52	796 000.00
减：盈余返还	17	500 000.00	200 000.00
剩余盈余分配	18	—	
转为成员出资	19		
六、年末未分配盈余	20	806 525.52	596 000.00

注：上年数据从上年报表中取数。如果是2023年编报的盈余及盈余分配表，那么上年数据应为空（因为该制度2023年起开始执行，因此无上年数据）。

第四节 成员权益变动表

一、成员权益变动表概述

（一）成员权益变动表的概念

成员权益变动表，是指反映合作社成员权益增减变动和在某一特定日期权益情况的报表。合作社应当按年度编制成员权益变动表。

合作社应当为每个成员设立成员账户。成员账户是全面反映合作社成员对合作社的出资额、量化到该成员的公积金份额、本社接受国家财政直接补助形成的财产量化到该成员的份额、本社接受他人捐赠形成的财产量化到该成员的份额、该成员与本社的交易量（额）以及本社对该成员的盈余返还和剩余盈余分配的账户。

（二）成员权益变动表的用途

成员权益变动表可以向报表使用者提供合作社的以下信息：（1）合作社一定时期内股金、专项基金、资本公积、盈余公积、未分配盈余的年初及年末余额变动情况及本期内上述各项权益增减变动信息等情况，便于报表使用者深入分析合作社成员权益的增减变化情况，并进而对合作社的资本保值增值情况作出正确判断，从而提供对决策有用的信息；（2）成员对合作社的出资额（包括来源于到户类扶贫项目资产的出资额、其他来源的出资额）、量化到该成员的公积金份额、接受国家财政直接补助形成的财产量化到该成员的份额、接受他人捐赠形成的财产量化到该成员的份额、该成员与本社的交易量（额）、本社对该成员的盈余返还和剩余盈余分配金额。

二、成员权益变动表的格式及编制方法

（一）成员权益变动表的格式

成员权益变动表从格式上按照股金、专项基金、资本公积、盈余公积、未分配盈余等分项列示，同时按照年初余额、本年增加数、本年减少数、年末余额分层次排列。

成员权益变动表的格式如表9-7所示。

表9-7　　　　　　　　　　成员权益变动表

会农社03表

编制合作社：＿＿＿＿＿＿年　　　　　　　　　　　　　　　　单位：元

项目	股金	专项基金	资本公积	盈余公积	未分配盈余	合计
年初余额						
本年增加数						
	其中：	其中：	其中：	其中：	其中：	
	资本公积转增	接受国家财政直接补助形成	股金溢价	从盈余中提取	本年盈余	
	盈余公积转增	接受他人捐赠形成	资产评估增值		其他转入	
	成员增加出资					
本年减少数						
	其中：		其中：	其中：	其中：	
	成员减少出资		转为成员出资	转为成员出资	提取盈余公积	
			弥补亏损		盈余返还	
					剩余盈余分配	
					转为成员出资	
年末余额						

（二）成员权益变动表的编制方法

成员权益变动表各栏及其对应项目的内容和填列方法如下：

1.成员权益变动表"年初余额"栏各项目数字，应根据上年度成员权益变动表"年末余额"栏内各对应项目的数字填列。

2.成员权益变动表"本年增加数""本年减少数"栏各项目应根据"股金""专项基金""资本公积""盈余公积""盈余分配"等科目的发生额分析填列。

三、成员账户的格式及编制方法

（一）成员账户的格式

成员账户从格式上按照日期、摘要、成员出资、公积金份额、接受国家财政直接补助形成财产量化份额、接受他人捐赠形成财产量化份额、交易量、交易额、盈余返还金额、剩余盈余分配金额等分项列示，同时按照年初余额、年末余额和总额分层次排列。

成员账户的格式如表9-8所示。

表9-8　　　　　　　　　　　　成员账户

年度

成员姓名（名称）：　　　　　　联系地址：　　　　　　　　　　　　第　　页

编号	日期	摘要	成员出资		公积金份额	接受国家财政直接补助形成财产量化份额	接受他人捐赠形成财产量化份额	交易量		交易额		盈余返还金额	剩余盈余分配金额
			来源于到户类扶贫项目资产的出资额	其他来源的出资额				产品1	产品2	产品1	产品2		
年初余额													
1													
2													
3													

续表

编号	日期	摘要	成员出资		公积金份额	接受国家财政直接补助形成财产量化份额	接受他人捐赠形成财产量化份额	交易量		交易额		盈余返还金额	剩余盈余分配金额
			来源于到户类扶贫项目资产的出资额	其他来源的出资额				产品1	产品2	产品1	产品2		
4													
5													
…													
年末余额/总额													

（二）成员账户的编制方法

成员账户各栏及其对应项目的内容和填列方法如下。

1.本表"年初金额"栏各项目数字，应根据上年度成员账户"年末余额/总额"栏内所列数字填列。

2.本年发生变化时，按本表中各项目的实际发生变化数填列调整。"接受国家财政直接补助形成财产量化份额""接受他人捐赠形成财产量化份额"栏在年度终了，或合作社进行剩余盈余分配时，根据实际发生情况或变化情况计算填列调整。

3.成员与合作社发生经济业务往来时，"交易量（额）"栏按实际发生数填列。

四、会计实务举例

【例9-3】接例9-1，根据上述编制方法，某合作社202×年成员及成员权益变动表如表9-9所示。

表9-9　成员权益变动表

编制合作社：某合作社　　　　202×年度　　　　　　　　　　　会农社03表
单位：元

项目	股金	专项基金	资本公积	盈余公积	未分配盈余	合计
年初余额	7 000 000.00	5 575 000.00	500 000.00	3 600 003.00	596 000.00	17 271 003.00
本年增加数						
其中：						
资本公积转增		680 000.00	股金溢价	100 000.00（从盈余中提取）	300 750.75（本年盈余）	
盈余公积转增		其中：接受国家财政直接补助形成	资产评估增值		其他转入　—	
成员增加出资		接受他人捐赠形成				
本年减少数						
其中：						
成员减少出资		转为成员出资	转为成员出资	100 000.00（提取盈余公积）		
		弥补亏损		500 000.00（盈余返还）		
					剩余盈余分配	
					转为成员出资	
年末余额	7 000 000.00	6 255 000.00	500 000.00	3 700 003.00	296 750.75	17 751 753.75

第五节 附 注

一、附注的概念

附注，是指对在资产负债表、盈余及盈余分配表、成员权益变动表等会计报表中列示项目的文字描述或明细资料，以及对未能在这些会计报表中列示项目的说明等。

二、附注的主要内容

附注是财务报表的重要组成部分。合作社应当在附注中按照下列顺序至少披露以下内容。

1.遵循农民专业合作社会计制度的声明。合作社应当声明编制的财务报表符合农民专业合作社会计制度的要求，真实、完整地反映了合作社的财务状况、经营成果等有关信息。

2.合作社的基本情况，包括：合作社的股金总额、成员总数、农民成员数及所占的比例、主要服务对象、主要经营项目等情况。

3.成员权益结构，包括：（1）理事长、理事、执行监事、监事会名单及变动情况；（2）各成员的出资额，量化到各成员的公积金份额，以及成员入社和退社情况；（3）企业、事业合作社或者社会组织成员个数及所占的比例；（4）成员权益变动情况。

4.会计报表重要项目的进一步说明，包括其主要构成、增减变动情况等。

5.已发生损失但尚未批准核销的相关资产名称、金额等情况及说明，包括：（1）确实无法收回的应收款项；（2）无法收回的对外投资；（3）毁损和报废的固定资产；（4）毁损和报废的在建工程；（5）注销和无效的无形资产；（6）已发生损失但尚未批准核销的其他资产。

6.以名义金额计量的资产名称、数量等情况，以及以名义金额计量理由的说明。

7.其他重要事项，包括：（1）变更主要生产经营项目；（2）从事的进出口贸易；（3）重大财产处理、大额举债、对外投资和担保；（4）接受捐赠；（5）国家财政支持和税收优惠；（6）与成员的交易量（额）和与利用其提供的服务的非成员的交易量（额）；（7）提取盈余公积的比例；（8）盈余分配方案、亏损处理方案；（9）未决诉讼、仲裁等。

8.对已在资产负债表、盈余及盈余分配表中列示项目与企业所得税法规定存在差异的纳税调整过程。

9.根据国家有关法律法规等规定，需要在附注中说明的其他事项。

三、会计实务举例

【例9-4】接例9-1，根据上述编制方法，会计报表附注编制如下：

1.本合作社遵循了农民专业合作社会计制度，客观、真实、完整地反映了合作社的财务状况、经营成果。

2.合作社的基本情况：合作社股金700万元。成员30人，农民成员27人，占成员总数的90%。主要经营项目为果蔬种植和牛羊养殖，还帮助包括周边非合作社成员的农技培训等技术服务项目。

3.成员权益结构：理事长为张某某，理事为赵某某、王某某等、执行监事杨某某，其他监事会成员分别为李某某、胡某某等，本年未发生变动；成员出资额（略）；企业成员1个，占股本比例51%；本年成员权益增加48.08万元，其中：专项基金增加68万元，盈余公积增加10万元，未分配利润减少29.92万元。

4.报表项目变动情况（简要描述如下）：

（1）与上年同期相比，资产总额下降20.06%。其中：货币资金下降60.98%，主要是归还短期借款导致；应收款增加437.14%，主要是应收款和产品物资增加过多所致，应收款是因为对外销售水果尚有20万元未收回导致，产品物资是因为收获的水果和宰杀的部门肉羊尚未销售完毕；消耗性生物资产减少31.99%，是因为本年出售数量大于本年养殖数量导致；无形资产减少是由于无形资产摊销导致；长期待摊费用减少是由于年度摊销导致。

（2）与上年同期相比，负债总额下降68.14%。其中：短期借款下降100%，是由于归还到期短期借款，应付款项下降53.85%，是由于结算上年采购款；应付工资增加142.86%，是由于部分人员工资计提尚未支付；应付劳务费下降49.50%，是因为劳务费已经结算完毕；应交税费上升150.37%，是由于第四季度企业所得税和尚未缴纳的个税引起；专项应付款下降100%，是因为上年财政补助经费在本年已经全部使用完毕。

（3）与上年同期相比，所有者权益总额增加2.78%。其中：专项基金增加12.20%，是由于财政补助支出形成资产入账。盈余分配下降58.57%，是由于本年盈余分配使用年初未分配盈余导致。

5.本年未发生资产损失。

6.本合作社存在接受捐赠的公益资产防护林树苗6 000株，按照名义价值入账。

7.其他事项：本年未发生经营项目变更；无进出口贸易项目；本年将一座大棚对外投资，账面净值2万元，投资作价2万元，当年取得投资收益0.50万元；本年接受政府补助农机采购40万元，已经完成采购，上年拨款按照预算开支完毕，30万元用于农技培训，28万元用于采购果苗；与成员的交易量（略）；提取盈余公积的比例30%；考虑本年负债归还顺利，为更好地提高合作社的吸引力和稳定性，本年理事会和全体社员代表大会本年盈余分配50万元；未发生诉讼和仲裁事项。

8.未发生纳税调整事项。

9.无其他需要说明的事项。

第三篇

新旧衔接篇

第十章
新旧会计制度衔接

第一节 新旧会计制度衔接概述

一、新旧制度衔接的总要求

财政部对《农民专业合作社财务会计制度（试行）》（财会〔2007〕15号，以下称"原制度"）进行了修订，于2021年12月30日发布了《农民专业合作社会计制度》（财会〔2021〕37号，以下称"新制度"），自2023年1月1日起施行。也就是说，各农民专业合作社在2022年12月31日及之前，仍应当按照原制度进行会计处理和编报会计报表。自2023年1月1日起，各农民专业合作社应当严格按照新制度进行会计处理和编报会计报表。

二、新旧制度衔接的工作内容和步骤

为了保障新旧制度的平稳过渡，财政部配套印发了《农民专业合作社新旧会计制度有关衔接问题的处理规定》（以下简称《衔接规定》），各农民专业合作社应当按照《衔接规定》的有关要求做好新旧会计制度的衔接工作。衔接工作主要包括以下几个方面：

（1）根据原账编制 2022 年 12 月 31 日的科目余额表。

（2）按照新制度设立 2023 年 1 月 1 日的新账。

（3）按照本规定要求，登记新账的科目余额，包括将原账科目余额转入新账会计科目、将未入账事项登记新账科目、对相关新账科目余额进行调整等。原账科目是指按照原制度规定设置的会计科目。

（4）按照登记及调整后新账的各会计科目余额，编制 2023 年 1 月 1 日的科目余额表，作为新账各会计科目的期初余额。

（5）根据新账各会计科目期初余额，按照新制度编制 2023 年 1 月 1 日资产负债表。

（一）衔接的前期准备工作

1.组织开展农民专业合作社资产负债的全面清查

各农民专业合作社应当成立专门的资产清查组，制订资产和负债清查盘点方案，在 2022 年年终前对本农民专业合作社的资产和负债进行全面清查、盘点和核实。在清查方案中，应明确具体的时间安排，以保证清查盘点工作的有序完成。在清查过程中，应填制相应的清查盘点表，以固定资产为例，相应的表格样式可参考表 10-1。

对清查出的流动资产盘盈、盘亏、毁损，固定资产盘盈、盘亏，以及应确认而未确认的资产、负债，应当按照本社章程和制度规定报经批准后及时进行账务处理，同时将有关情况在会计报表附注中予以说明。同时，各农民专业合作社应当对应收及应付往来款项进行全面清查，全面开展往来款项专项清理和分析，按照往来款管理有关规定进行对账、清理及核销。

2.完成各类资产的核查工作

各农民专业合作社可以通过设置核查表，完成牲畜（禽）资产、林木资产和无形资产等资产的核查工作，并进行归类统计。具体内容和要求如下：

表10-1　　　　　　　　　××农民专业合作社固定资产盘点表

编制单位：　　　　　　　　　账面截止日：　　　　　　　盘点日期：

序号	资产类别和名称	资产编号	规格型号	价值（元）	购置日期	使用（保管）人	存放地点	资产现状				清查结果			备注
								在用	闲置	待报废	其他	账实相符	有账无物	有物无账	
	一、××类别														
	……														
	××类别小计														
	二、××类别														
	……														
	××类别小计														
	三、××类别														
	……														
	××类别小计														
	合计														

参与盘点人员签字：　　　　　　盘点日期：

（1）牲畜（禽）资产。对牲畜（禽）资产进行核查，根据牲畜（禽）资产的形态、价值以及产生经济利益的方式等，对原制度下的牲畜（禽）资产进行合理分析判断，重新分类为消耗性生物资产、生产性生物资产等生物资产。为出售而持有的、或在将来收获为农产品的牲畜（禽）资产，如幼畜及育肥畜等，应当将其归类为消耗性生物资产。对于为产出农产品、提供劳务或出租等目的而持有的牲畜（禽）资产，如产畜和役畜等，应当将其归类为生产性生物资产。牲畜（禽）资产核查明细表如表10-2所示。

（2）林木资产。对林木资产进行核查，根据林木资产的形态、价值以及产生经济利益的方式等，对原制度下的林木资产进行合理分析判断，重新分类为消耗性生物资产、生产性生物资产、公益性生物资产等生物资产。对于为出售而持有的、或在将来收获为农产品的林木资产，如用材林等非经济林木，应当将其归类为消耗性生物资产。对于为产出农产品、提供劳务或出租等目的而持有的林木资产，如经济林、薪炭林等经济林木，应当将其归类为生产性生物资产。对于以防护、环境保护为主要目的的林木资产，如防风固沙林、水土保持林和水源涵养林等，应当将其归类为公益性生物资产。林木资产核查明细表如表10-3所示。

表10-2　　　　××农民专业合作社牲畜（禽）资产核查明细表

编制单位：　　　　　　　　　核查截止日：　　　　　　　　　　　　单位：元

序号	资产类别和名称	资产编号	购置日期	资产原价			折旧年限				计提折旧		备注
				合计	消耗性生物资产	生产性生物资产	消耗性资产	生产性资产			合计		
								合计	已使用年限	尚可使用年限		消耗性生物资产	生产性生物资产
	一、牲畜（禽）资产						不提折旧				0		
	……										0		
	……										0		
	……										0		
	……										0		
	合计										0		

表10-3　　　　××农民专业合作社林木资产核查明细表

编制单位：　　　　　　　　　核查截止日：　　　　　　　　　　　　单位：元

序号	资产类别和名称	资产编号	购置日期	资产原价				折旧年限					计提折旧			备注
				合计	消耗性生物资产	生产性生物资产	公益性生物资产	消耗性生物资产	生产性资产			公益性生物资产	合计	消耗性生物资产	生产性生物资产	公益性生物资产
									合计	已使用年限	尚可使用年限					
	二、林木资产							不提折旧				不提折旧				
	……													0		0
	……													0		0
	……													0		0
	……													0		0
	合计													0		0

（3）无形资产。新制度在原制度的基础上设置了"累计摊销"科目，核算合作社对无形资产计提的累计摊销。无形资产进行核查，区分不同类型的无形资产。同时，还应该对无形资产状况进行核查。区分尚未登记入账、已经登记入账但尚未摊销和已经摊销且已经按原制度分期摊销并直接冲减账面价值的无形资产。应对其原价、已经摊销金额、可使用年限等进行核查，为计算累计摊销无形资产做准备。无形资产核查明细表如表10-4所示。

表10-4　　　　　×× 农民专业合作社无形资产核查明细表

编制单位：　　　　　　　　核查截止日：　　　　　　　　单位：元

序号	资产类别和名称	资产编号	入账日期	2022年末账面价值	摊销年限			计提摊销			备注
					合计	已摊销年限	未摊销年限	合计	月摊销额	2022年度末累计摊销	
	××类别										
	……										
	……										
	……										
	××类别小计										
	……										
	……										
	……										
	……										
	××类别小计										
	合计										

对于核查截止日后新制度执行前发生的存货、生物资产、固定资产和无形资产变动，要及时做好核查明细表补充登记，最终形成核查期间为核查截止日至2022年12月31日的核查明细表。

（4）对资产清查结果进行处理。对清查中发现的各类资产的资产报废、毁损、盘盈盘亏等情况，应按合作社的资产管理办法的规定程序报经批准认定后及时进行账务处理。一般来说，应在2022年12月31日之前处理完毕，财务处理依据旧制度规定的确认和计量原则进行处理。

（二）结账

在2022年12月31日前，将资产清查发现的报废、毁损或者盘盈盘亏事项处理完毕，在账务处理的过程中依据旧制度进行处理。年末，进行年末收支结转，完成2022年度结账工作，并按照旧制度要求编制相关财务报表。结账后，收入类科目和支出类科目期末余额为零。资产、负债、所有者权益和成本科目反映根据资产清查结果处理后的合作社的实际财务状况。

（三）编制原制度下的科目余额表

根据2022年年度结账后的数据，按照原制度编制2022年12月31日的科目余额表。同时，按照《衔接规定》要求，对科目余额表中的部分科目余额进行明细拆分或合并，为原账科目转入新账做好准备。

（四）按新制度设立新账

按照新制度设立2023年1月1日的新账。各农民专业合作社应当根据自身具体情况设置总账会计科目及明细科目。

这里需要注意：（1）新制度的会计科目表中所列的一级科目和明细科目，不得减并、自行增设，不得擅自更改科目名称，不需要的科目可以不用。（2）农民专业合作社可以根据需要自行增设未规定的明细科目。（3）做好信息化准备。使用会计软件进行核算的合作社组织应当按照新制度要求，一并考虑信息化软件的科目设置与调整。需要根据新的核算体系要求及时调试，为实现数据准确转换、确保新旧账套的有序衔接做好准备工作。

（五）登记新账的科目余额

按照《衔接规定》要求，对2022年12月31日会计科目余额表进行结转及调整，形成新制度下的会计科目余额表，包括将原账科目余额转入新账会计科目、将未入账事项登记新账科目、对相关新账科目余额进行调整等。原账科目是指按照原制度规定设置的会计科目。

在具体科目衔接转换时，需要区分以下四种情况，并进行分别结转：（1）根据原账余额直接转入新账相应科目。（2）根据原账有关科目余额分析转入新账相关科目。（3）将原未入账事项登记新账科目。农民专业合作社根据新制度规定如果存在未入账的资产、负债等事项的，应当按照《衔接规定》补充登记新账的相应科目。（4）按照新制度要求对新账有关科目余额进行调整。

（六）编制新账期初科目余额表

按照登记及调整后新账的各会计科目余额，编制2023年1月1日的科目余额表，作为新账各会计科目的期初余额。

（七）编制新账期初资产负债表和成员账户

根据新账各会计科目期初余额，按照新制度编制2023年1月1日资产负债表。

将上述（一）至（七）[（二）除外]的所有原始资料整理汇总，形成农民专业合作社新旧会计制度衔接报告，按照本合作社章程、制度的有关要求，报经成员代表大会、理事会报批，经审批后的报告应作为会计档案保存。

三、及时调整会计核算账簿

农民合作社的会计核算分为手工账簿和电子账簿两种形式。以手工账为核算基础的，应该在新年度设置账簿的时候，按照前述会计核算基本理论的要求设置手工账簿，并按照新制度的要求设置相应各类明细账，达到会计核算的目的。

以电子账为核算基础的农民专业合作社应当按照新制度要求对原有会计信息系统进行及时更新和调试，实现数据正确转换，确保新旧账套的有序衔接。主要包括以下工作：

（1）做好原账数据备份。将旧制度下农民专业合作社会计核算系统中

2022年12月31日结账日以后的数据完整备份，按照会计档案管理相关规定及要求，做好会计电子档案的保管工作。

（2）更新系统。按照新制度的规定和要求，结合各自实际，更新农民专业合作社会计核算系统中的会计科目编码、会计科目及报表格式等基础工作。

（3）设置新账。按照新制度规定设置2023年农民专业合作社新账账套。

（4）衔接新旧账套。将2022年12月31日以前，按照旧制度核算的各会计科目余额及新旧会计科目对应关系，进行衔接和对应，正确实现数据转换。

第二节　会计科目的新旧衔接

会计科目的新旧衔接，主要包括三个方面的内容：一是将2022年12月31日原账会计科目余额转入新账会计科目，指的是对原账中资产、负债、所有者权益、成本类会计科目的余额的结转。由于原账中收入类、支出类损益类科目年末无余额，无须进行转账处理。二是将原未入账事项登记新账会计科目。三是对新账的相关会计科目余额按照新制度规定进行调整。

一、将原账会计科目余额转入新账会计科目

（一）资产类科目

1."牲畜（禽）资产"科目

新制度设置了"消耗性生物资产""生产性生物资产"科目。合作社应当按照新制度有关规定，根据牲畜（禽）资产的形态、价值以及产生经济利益的方式等，对原制度下的牲畜（禽）资产进行合理分析判断，重新分类为消耗性生物资产、生产性生物资产等生物资产。转账时，合作社应当根据相

关资产台账或明细账，对原账的"牲畜（禽）资产"科目余额进行分析：

（1）对于为出售而持有的，或在将来收获为农产品的牲畜（禽）资产，如幼畜及育肥畜等，应当将相应余额转入新账的"消耗性生物资产"科目。

（2）对于为产出农产品、提供劳务或出租等目的而持有的牲畜（禽）资产，如产畜和役畜等，应当将相应余额转入新账的"生产性生物资产"科目。

2."林木资产"科目

新制度设置了"消耗性生物资产""生产性生物资产""公益性生物资产"科目。合作社应当按照新制度有关规定，根据林木资产的形态、价值以及产生经济利益的方式等，对原制度下的林木资产进行合理分析判断，重新分类为消耗性生物资产、生产性生物资产、公益性生物资产等生物资产。

转账时，合作社应当根据相关资产台账或明细账，对原账的"林木资产"科目余额进行分析：

（1）对于为出售而持有的，或在将来收获为农产品的林木资产，如用材林等非经济林木，应当将相应余额转入新账的"消耗性生物资产"科目。

（2）对于为产出农产品、提供劳务或出租等目的而持有的林木资产，如经济林、薪炭林等经济林木，应当将相应余额转入新账的"生产性生物资产"科目。

（3）对于以防护、环境保护为主要目的的林木资产，如防风固沙林、水土保持林和水源涵养林等，应当将相应余额转入新账的"公益性生物资产"科目。

3."无形资产"科目

新制度设置了"无形资产""累计摊销"科目。转账时，合作社应当将原账的"无形资产"科目余额转入新账的"无形资产"科目。

4."成员往来"科目

新制度设置了"成员往来"科目,其核算内容与原账的相应科目的核算内容基本相同。转账时,合作社应当将原账的"成员往来"科目及下属各明细科目借方和贷方余额分别转入新账的"成员往来"科目及下属各明细科目借方和贷方。

5."库存现金"等科目

"库存现金"科目等核算内容与原账科目核算内容基本相同的科目。新制度设置了"库存现金""银行存款""应收款""产品物资""委托加工物资""委托代销商品""受托代购商品""受托代销商品""对外投资""固定资产""累计折旧""在建工程""固定资产清理"等科目,其核算内容与原账的上述相应科目的核算内容基本相同。转账时,合作社应当将原账的上述科目余额直接转入新账的相应科目。

(二)负债类科目

1."应付款"科目

新制度设置了"应付款""应付劳务费""应交税费""应付利息"科目。转账时,合作社应当结合交易或者事项的经济实质,对原账的"应付款"科目余额进行分析:

(1)将符合新制度规定的应付劳务费性质的相应余额转入新账的"应付劳务费"科目。

(2)将符合新制度规定的应交税费性质的相应余额转入新账的"应交税费"科目。

(3)将符合新制度规定的应付利息性质的相应余额转入新账的"应付利息"科目。

(4)将剩余余额转入新账的"应付款"科目。

2. "短期借款"等科目

"短期借款"等核算内容与原账科目核算内容基本相同的科目。新制度设置了"短期借款""应付工资""应付盈余返还""应付剩余盈余""长期借款""专项应付款"科目，其核算内容与原账的上述相应科目的核算内容基本相同。转账时，合作社应当将原账的上述科目余额直接转入新账的相应科目。

（三）所有者权益类和成本类科目

1. "股金"等科目

"股金"科目等核算内容与原账科目核算内容基本相同的科目。新制度设置了"股金""专项基金""资本公积""盈余公积""本年盈余"和"盈余分配"等所有者权益类科目，其核算内容与原账的上述相应科目的核算内容基本相同。转账时，合作社应当将原账的上述科目余额直接转入新账的相应科目。

2. "生产成本"科目

其核算内容与原账的上述相应科目的核算内容基本相同。转账时，合作社应当将原账的上述科目余额直接转入新账的相应科目。

（四）损益类科目

由于原账中收入类、支出类科目年末无余额，无须进行转账处理。自2022年1月1日起，应当按照新制度设置收入类、支出类科目并进行账务处理。

农民专业合作社存在应当将原账科目余额转销的事项的，应当按照《衔接规定》将相应科目余额转销后，再进行原账科目余额的转账工作。

（五）其他要求

农民专业合作社存在其他《衔接规定》未列举的原账科目余额的，应当比照《衔接规定》转入新账的相应科目。新账的科目设有明细科目的，应将原账中对应科目的余额加以分析，分别转入新账中相应科目的相关明细科目。

农民专业合作社在进行新旧衔接的转账时，应当编制转账的工作分录，作为转账的工作底稿，并将转入新账的对应原科目余额及分拆原科目余额的依据作为原始凭证。

二、将原未入账事项登记新账会计科目

（一）资产类科目

合作社在新旧制度转换时，应当将2022年12月31日前未入账的资产按照新制度规定记入新账。登记新账时，按照确定的资产及其成本，分别借记相关资产类科目，贷记相关所有者权益类科目。

（二）负债类科目

合作社在新旧制度转换时，应当将2022年12月31日前未入账的负债按照新制度规定记入新账。登记新账时，按照确定的负债金额，借记"盈余分配——未分配盈余"科目，贷记相关负债类科目。

（三）其他未入账事项

合作社存在2022年12月31日前未入账的其他事项的，应当比照本规定登记新账的相应科目。

（四）注意事项

合作社对新账的会计科目补记未入账事项时，应当编制记账凭证，并将补充登记事项的确认依据作为原始凭证。

三、对新账的相关会计科目余额按照新制度规定进行调整

（一）补提折旧

新制度设置了"生产性生物资产累计折旧"科目，核算合作社对生产性生物资产计提的累计折旧。合作社对尚未核销、已经按原制度分期摊销并直接冲减账面价值的产役畜、经济林木等，应当按照截至 2022 年 12 月 31 日累计摊销的金额，借记"生产性生物资产"科目，贷记"生产性生物资产累计折旧"科目。

（二）补提摊销

新制度设置了"累计摊销"科目，核算合作社对无形资产计提的累计摊销。合作社对尚未核销、已经按原制度分期摊销并直接冲减账面价值的无形资产，应当按照截至 2022 年 12 月 31 日累计摊销的金额，借记"无形资产"科目，贷记"累计摊销"科目。

（三）调整中需要注意的事项

合作社对新账的相关会计科目期初余额进行调整时，应当编制记账凭证，并将调整事项的确认依据作为原始凭证。

四、新旧会计科目对照

为了便于各级农民专业合作社顺利进行会计科目的结转，表 10-5 提供了新旧制度会计科目对照情况。

表 10-5　　　　　　　　　新旧制度会计科目对照表

序号	新制度会计科目		原制度会计科目	
	编号	名称	编号	名称
一、资产类科目				
1	101	库存现金	101	库存现金

续表

序号	新制度会计科目		原制度会计科目	
	编号	名称	编号	名称
一、资产类科目				
2	102	银行存款	102	银行存款
3	113	应收款	113	应收款
4	114	成员往来	114	成员往来
5	121	产品物资	121	产品物资
6	124	委托加工物资	124	委托加工物资
7	125	委托代销商品	125	委托代销商品
8	127	受托代购商品	127	受托代购商品
9	128	受托代销商品	128	受托代销商品
10	131	对外投资	131	对外投资
11	141	消耗性生物资产	141	牲畜（禽）资产
12	142	生产性生物资产		
13	143	生产性生物资产累计折旧	142	林木资产
14	144	公益性生物资产		
15	151	固定资产	151	固定资产
16	152	累计折旧	152	累计折旧
17	153	在建工程	153	在建工程
18	154	固定资产清理	154	固定资产清理
19	161	无形资产	161	无形资产
20	162	累计摊销		
21	171	长期待摊费用		
22	181	待处理财产损溢		
二、负债类科目				
	编号	名称	编号	名称
23	201	短期借款	201	短期借款
24	211	应付款	211	应付款
25	213	应付劳务费		
26	214	应交税费		
27	215	应付利息		

续表

序号	新制度会计科目		原制度会计科目	
二、负债类科目				
	编号	名称	编号	名称
28	212	应付工资	212	应付工资
29	221	应付盈余返还	221	应付盈余返还
30	222	应付剩余盈余	222	应付剩余盈余
31	231	长期借款	231	长期借款
32	235	专项应付款	235	专项应付款
三、所有者权益类科目				
	编号	名称	编号	名称
33	301	股金	301	股金
34	311	专项基金	311	专项基金
35	321	资本公积	321	资本公积
36	322	盈余公积	322	盈余公积
37	331	本年盈余	331	本年盈余
38	332	盈余分配	332	盈余分配
四、成本类科目				
	编号	名称	编号	名称
39	401	生产成本	401	生产成本
五、损益类科目				
	编号	名称	编号	名称
40	501	经营收入	501	经营收入
41	502	其他收入	502	其他收入
42	511	投资收益	511	投资收益
43	521	经营支出	521	经营支出
44	522	税金及附加		
45	523	管理费用	523	管理费用
46	524	财务费用	529	其他支出
47	529	其他支出		
48	531	所得税费用		

第三节　会计报表的新旧衔接

会计报表的新旧衔接，主要包括四个方面的内容：一是编制2023年1月1日的会计科目余额表，这是编制新账会计报表的基础。二是编制2023年1月1日资产负债表。三是编制2023年1月1日成员账户。四是按照新制度编制2023年财务报表。

一、编制2023年1月1日的会计科目余额表

在将原账会计科目余额转入新账会计科目、原未入账事项登记新账会计科目、对新账的相关会计科目余额按照新制度规定进行调整，按照登记及调整后新账的各会计科目余额，可以编制2023年1月1日的会计科目余额，这是编制新账会计报表的基础。为方便读者的理解，本书对农民专业合作社的会计科目余额表进行了列示，如表10-6所示。

表10-6　　2023年1月1日新账会计科目余额表

序号	科目编号	科目名称	期初余额	序号	科目编号	科目名称	期初余额
		一、资产类				二、负债类	
1	101	库存现金		25	201	短期借款	
2	102	银行存款		26	211	应付款	
3	109	其他货币资金		27	213	应付劳务费	
4	113	应收款		28	214	应交税费	
5	114	成员往来		29	215	应付利息	
6	121	产品物资		30	212	应付工资	
7	122	包装物		31	221	应付盈余返还	
8	124	委托加工物资		32	222	应付剩余盈余	
9	125	委托代销商品		33	231	长期借款	
10	127	受托代购商品		34	235	专项应付款	

续表

序号	科目编号	科目名称	期初余额	序号	科目编号	科目名称	期初余额
11	128	受托代销商品				负债合计	
12	131	对外投资					
13	141	消耗性生物资产					
14	142	生产性生物资产					
15	143	生产性生物资产累计折旧					
16	144	公益性生物资产				三、所有者权益类	
17	151	固定资产		35	301	股金	
18	152	累计折旧		36	311	专项基金	
19	153	在建工程		37	321	资本公积	
20	154	固定资产清理		38	322	盈余公积	
21	161	无形资产		39	331	本年盈余	
22	162	累计摊销		40	332	盈余分配	
23	171	长期待摊费用					
24	181	待处理财产损溢				所有者权益合计	
		资产合计					
		四、成本类					
41	401	生产成本					
		成本合计					
		资产及成本合计				负债及所有者权益合计	

注：本科目余额表中"109其他货币资金"科目和"122包装物"科目，分别核算合作社在经营中涉及使用外埠存款、银行汇票存款、银行本票存款、信用卡存款、信用证保证金存款、尚未转入银行存款的支付宝或微信收付款等第三方支付平台账户余额等各种其他货币资金的和合作社在经营中大量使用和单独核算的包装物。

二、编制2023年1月1日资产负债表

合作社应当根据2023年1月1日新账的会计科目余额，按照新制度编制2023年1月1日资产负债表（仅要求填列各项目"年初余额"）。

三、编制2023年1月1日成员账户

合作社应当根据2022年12月31日成员账户的年末余额或总额，按照新制度编制2023年1月1日成员账户（仅要求项列各项目"年初余额"）。

四、编制2023年度财务报表

农民专业合作社应当按照新制度编制2023年财务报表。在编制2023年年度盈余及盈余分配表时，不要求填列上年比较数。

第四节 新旧会计制度衔接举例

由于本次农民专业合作社会计制度修订变动幅度较大，为帮助各级农民专业合作社顺利完成新旧制度衔接工作，本书作如下实务举例。

【例10-1】××农民专业合作社的主业是林木经营，同时该合作社运用循环经济原理，还分别养殖和种植了一些相应作物。该合作社的地理位置距离防护林地较近，根据当地政府委托，也按要求负责防护林地的种植养护。该合作社按政策雇佣当地贫困农牧民，接受政府专项扶贫补助。

该合作社将于2023年1月1日起开始执行《农民专业合作社会计制度》，该合作社于2022年8月初开始制订农民专业合作社会计制度新旧衔接工作方案，逐步进行清理衔接准备工作。根据工作方案要求，需要进行资产、负债的全面清查和盘点、核实工作（盘点表略），为新旧会计制度衔接做

好准备。对于盘盈、盘亏的资产根据不同情况分别在2022年新旧衔接时处理。

1. 2022年10月农民专业合作社完成资产的全面清查工作。在本次全面清查中，发现如下经济业务事项：

（1）11月5日，固定资产盘点时，盘盈笔记本电脑2台，为合作社2021年与其他设备采购时一并采购未及时入账，相关支出列入当期费用。每台电脑市场购买价值为8 000元。已按原制度规定报经批准并进行了相应账务处理。

（2）发现2022年1月采购××管理软件一套未入账，经查，该套无形资产价值3万元（按5年期限摊销），暂未进行相应账务处理。

（3）盘亏役畜10头，价值30 000元。经查为已经转为育肥畜出售，未结转相应资产。未进行相应账务处理。

（4）包装物坏损，价值4 260元。经批准后未进行相应账务处理。

2. 上述盘点中发现（1）—（4）的盘盈盘亏事项在2022年处理完毕。

事项（1）的处理。该笔记本为以前年度盘盈资产，以前年度计入支出，因此应当冲回支出，应该调整的是本期期初的未分配盈余。因此，该盘盈笔记本的会计处理如下：

借：固定资产——笔记本电脑　　　　　　　　16 000
　　贷：盈余分配——未分配盈余　　　　　　　　16 000

事项（2）的处理。该软件资产为当年发生的未入账事项，对本年收支无影响，因此应该及时登记入账，补充登记相关账簿。因该软件已经使用了一年，当年摊销为6 000元。会计处理如下：

借：无形资产　（30 000原值–6 000摊销=24 000净值）24 000
　　贷：银行存款　　　　　　　　　　　　　　24 000

事项（3）的处理。应将本年直接按照育肥畜出售的产畜和役畜成本作为当年经营支出，计入本年相应支出。会计处理如下：

借：经营支出　　　　　　　　　　　　　　　30 000
　　贷：牲畜（禽）资产——产役畜　　　　　　30 000

事项（4）的处理。包装物坏损之后，应及时进行报废。会计处理如下：

借：其他支出　　　　　　　　　　　　　　　4 260

贷：包装物　　　　　　　　　　　　　　　　　　　　　　4 260

【例10-2】（结账）接例10-1，该农民专业合作社于2023年1月1日至1月4日按照原《农民专业合作社财务会计制度》完成了2022年度结算，结账后的2022年12月31日的科目余额表如表10-7所示。

表10-7　　2022年12月31日科目余额表（结账后）

编制单位：××农民专业合作社　　　2022年12月31日　　　　　　单位：元

序号	科目编号	科目名称	期初余额
一、资产类科目			
1	101	库存现金	3 000.00
2	102	银行存款	6 350 000.00
3	109	其他货币资金	128 000.00
4	113	应收款	
5	114	成员往来	70 000.00
6	121	产品物资	550 000.00
7	122	包装物	50 000.00
8	124	委托加工物资	
9	125	委托代销商品	100 000.00
10	127	受托代购商品	500 000.00
11	128	受托代销商品	400 000.00
12	131	对外投资	—
13	141	牲畜（禽）资产	2 580 000.00
	14101	幼畜及育肥畜	1 800 000.00
	14102	产役畜	780 000.00
14	142	林木资产	9 000 000.00
	14201	经济林木	5 000 000.00
	14202	非经济林木	4 000 000.00

续表

序号	科目编号	科目名称	期初余额
一、资产类科目			
15	149	其他农业资产	533 000.00
16	151	固定资产	2 800 003.00
17	152	累计折旧	1 256 000.00
18	153	在建工程	180 000.00
19	154	固定资产清理	—
20	161	无形资产	500 000.00
21	171	长期待摊费用	400 000.00
		资产合计	22 888 003.00
二、负债类科目			
22	201	短期借款	4 900 000.00
23	211	应付款	1 038 000.00
	21101	应付账款	130 000.00
	21102	应交税费	68 000.00
	21103	应付劳务	600 000.00
	21104	应付赔款	20 000.00
	21105	应付利息	88 000.00
	21106	其他应付款	132 000.00
24	212	应付工资	70 000.00
25	221	应付盈余返还	200 000.00
26	222	应付剩余盈余	—
27	231	长期借款	1 000 000.00
28	235	专项应付款	580 000.00
		负债合计	7 788 000.00

续表

序号	科目编号	科目名称	期初余额
三、所有者权益类科目			
29	301	股金	7 000 000.00
30	311	专项基金	4 900 000.00
31	321	资本公积	500 000.00
32	322	盈余公积	3 600 003.00
33	331	本年盈余	—
34	332	盈余分配	600 000.00
四、成本类科目			
35	401	生产成本	1 500 000.00
		成本合计	1 500 000.00
		净资产合计	16 600 003.00
		资产及成本合计	24 388 003.00
		负债及所有者权益合计	24 388 003.00

【例10-3】接例10-2，在盘点的过程中，还对各类资产按照品目和用途进行分类，特别是对接受政府补助的各类资产、对口扶贫援助的各类资产、对外合作的各类资产负债进行了仔细核查。对于影响出资人权益的事项也一并进行了清查。主要查看其是否已经登记入账，功能种类、价值是否正确，资产的使用、存续状况等。清查情况通过固定资产、无形资产、牲畜禽资产表和林木资产的表格进行了记录和说明。盘点表格如表10-1至表10-4所示，具体盘点表格略。

【例10-4】接例10-3，该农民专业合作社对于结账后的2022年12月31日的科目余额表的情况，结合例10-3中清查的情况，进一步说明如下：

（1）"牲畜（禽）资产"科目经过核查发现，有各类幼畜及育肥畜1 800 000元，产畜和役畜780 000元。

（2）"林木资产"科目经过核查发现，本单位薪碳、经济木材等林木资产5 000 000元，用材林1 200 000元，防护林2 800 000元。

（3）现有产畜和役畜资产为账面净值，经核查其已经折旧200 000元。

（4）原账面核算的其他农业资产在不影响防护林和经济林的基础上，在林边种植的专用牧草533 000元。

（5）接受对口援助的种畜，价值100 000元。计划用于生产5年，已经计提折旧19 000元（按照5%的残值率，分5年折旧，每年19 000元）。尚未入账。

（6）接受企业捐赠的防护新品种树苗5 000株。无法核定价值。尚未入账。

（7）经查，账面资产已经计提折旧500 000元，直接冲减了无形资产的账面价值。

（8）2022年12月，接受当地政府直接补助的无形资产软件一套，用于电子商务，价值150 000元。尚未入账。

（9）当地政府直接补助实物电脑两台套用于提升办公能力和电子商务，每套价值10 000元，共计20 000元。按照5年摊销，残值5%，补提折旧4 000元。尚未入账。

（10）接受对口援助的小羊1 000只，400元/只，总价400 000元。尚未入账。合作社2022年与家具生产企业签订合同，企业提供的经济林木树苗2 000株，价值420 000元，3年后须提供价值经济木材50 000立方米，按市场价收购，苗木成本直接抵减未来货款。

（11）"应付款"中含有应缴纳的税金68 000元。"应付款"中含有应付给银行的贷款利息88 000元。"应付款"中含有应付给临时用工人员的劳务费用600 000元。

【例10-5】接例10-4，根据该农民专业合作社上述资料，按照工作底稿法，将原账中各会计科目2022年12月31日的余额按《新旧会计制度衔接规定》进行调整，确定2023年1月1日的新账科目余额并转入新账。具体步骤如下：

第一步，将2022年12月31日科目余额表中的期末余额转入工作底稿的期初数栏。

第二步，对2022年12月31日科目余额进行分析并编制调整分录。

①事项（1）的新旧衔接处理。新制度不再设置"牲畜（禽）资产"科目，设置"生产性生物资产"和"消耗性生物资产"科目。根据核查结果，将各类幼畜及育肥畜转入"消耗性生物资产"科目，将产畜和役畜转入"生产性生物资产"科目。调整分录如下：

借：生产性生物资产　　　　　　　　　　　　1 800 000
　　消耗性生物资产　　　　　　　　　　　　　780 000
　贷：牲畜（禽）资产　　　　　　　　　　　2 580 000

②事项（2）的新旧衔接处理。新制度不再设置"林木资产"科目，设置"生产性生物资产"和"消耗性生物资产"科目。根据核查结果，将用材林转入"消耗性生物资产"科目，将各类果树等经济林木转入"生产性生物资产"科目，将"防护林"科目转入"公益性生物资产"科目。调整分录如下：

借：消耗性生物资产　　　　　　　　　　　　1 200 000
　　生产性生物资产　　　　　　　　　　　　5 000 000
　　公益性生物资产　　　　　　　　　　　　2 800 000
　贷：林木资产　　　　　　　　　　　　　　9 000 000

③事项（3）的衔接处理。根据新制度规定，"生产性生物资产"科目需要计提折旧，并在"生产性生物资产累计折旧"科目反映。调整分录如下：

借：生产性生物资产　　　　　　　　　　　　　200 000
　贷：生产性生物资产累计折旧　　　　　　　　200 000

④事项（4）的新旧衔接处理。原账面核算饲养专用牧草用新制度的消耗性生物资产进行核算。调整分录如下：

借：消耗性生物资产　　　　　　　　　　　　　533 000
　贷：其他农业资产　　　　　　　　　　　　　533 000

⑤事项（11）新制度设置"应交税费"科目，相应负债不再在"应付款"科目中核算。调整分录如下：

借：应付款　　　　　　　　　　　　　　　　　68 000
　贷：应交税费　　　　　　　　　　　　　　　68 000

⑥事项（11）新制度设置"应付利息"科目，相应负债不再在"应付

款"科目中核算。调整分录如下：

  借：应付款   88 000

    贷：应付利息   88 000

⑦事项（11）新制度设置"应付劳务费"科目，相应负债不再在"应付款"科目中核算。调整分录如下：

  借：应付款   600 000

    贷：应付劳务费   600 000

第三步，将原未入账事项登记新账会计科目。

⑧事项（5）的新旧衔接处理。接受对口援助的事项作为"专项基金"核算，种畜属于"生产性生物资产"，未入账事项按照新制度和新旧衔接规定的要求需要补充入账。调整分录如下：

  借：生产性生物资产   100 000

    贷：专项基金   100 000

⑨事项（6）的新旧衔接处理。接受捐赠的公益树苗，因为属于实验的新品类，防风固沙树苗。无入账依据，按照名义价值入账。一颗树苗1元，共5 000元，不提折旧。调整分录如下：

  借：公益性生物资产   5 000

    贷：专项基金   5 000

⑩事项（8）的新旧衔接处理。未入账的政府补助事项补充入账。于12月收到补助，2023年1月起计提摊销。调整分录如下：

  借：无形资产   150 000

    贷：专项基金——当地政府补助   150 000

⑪事项（8）的新旧衔接处理。补充登记固定资产。调整分录如下：

  借：固定资产——电脑   20 000

    贷：专项基金——当地政府补助   20 000

⑫事项（9）的新旧衔接处理。接受对口援助的肉羊小羊属于消耗性生物资产。按照新账和新旧衔接的规定属于尚未入账事项，应补充入账。调整分录如下：

  借：消耗性生物资产   400 000

    贷：专项基金——对口援助——某地区   400 000

⑬事项（9）的新旧衔接处理。与A家具生产公司合作事宜的衔接处理。作为未入账事项，按照新制度要求登记入账。调整分录如下：

借：消耗性生物资产　　　　　　　　　　　　　420 000
　　贷：应付款——A家具生产公司　　　　　　　420 000

第四步，对新账的相关会计科目余额按照新制度规定进行调整。

⑭事项（5）的新旧衔接处理。按照投入使用年限已经计提的折旧19 000元计入生产成本。调整分录如下：

借：生产成本　　　　　　　　　　　　　　　　19 000
　　贷：累计折旧　　　　　　　　　　　　　　　19 000

⑮事项（6）的新旧衔接处理。补提无形资产摊销。调整分录如下：

借：无形资产　　　　　　　　　　　　　　　　500 000
　　贷：累计摊销　　　　　　　　　　　　　　　500 000

⑯事项（8）的新旧衔接处理。相应的固定资产用于办公，因此折旧应该作为成本直接计入当期费用。调整分录如下：

借：盈余分配——未分配盈余　　　　　　　　　4 000
　　贷：累计折旧——电脑　　　　　　　　　　　4 000

第五步，将上述①—⑯调整分录转入新旧衔接工作底稿的相应部分，如表10-8所示，计算得出符合新制度规定的调整后的2023年1月1日期初余额。

第六步，根据新旧衔接工作底稿编制2023年1月1日新账科目期初余额表，如表10-9所示。

【例10-6】接例10-5，在调整后生成的根据新账科目期初余额表，即2023年1月1日科目余额表的基础上，编制2023年1月1日期初资产负债表。如表10-10所示。

表10-8

新旧农民专业合作社会计制度衔接工作底稿

编制单位：××农民专业合作社　　　　　　　　　　　　　　　2023年1月1日　　　　　　　　　　　　　　　　单位：元

序号	旧制度科目体系			期初余额	根据衔接规定调整数据		序号	新制度科目体系		期初余额
	科目编号	科目名称			调增	调减		科目编号	科目名称	
一、资产类科目							一、资产类科目			
1	101	库存现金		3 000.00	—	—	1	101	库存现金	3 000.00
2	102	银行存款		6 350 000.00	—	—	2	102	银行存款	6 350 000.00
3	109	其他货币资金		128 000.00	—	—	3	109	其他货币资金	128 000.00
4	113	应收款		—	—	—	4	113	应收款	—
5	114	成员往来		70 000.00	—	—	5	114	成员往来	70 000.00
6	121	产品物资		550 000.00	—	—	6	121	产品物资	550 000.00
7	122	包装物		50 000.00	—	—	7	122	包装物	50 000.00
8	124	委托加工物资		—	—	—	8	124	委托加工物资	—
9	125	委托代销商品		100 000.00	—	—	9	125	委托代销商品	100 000.00
10	127	受托代购商品		500 000.00	—	—	10	127	受托代购商品	500 000.00
11	128	受托代销商品		400 000.00	—	—	11	128	受托代销商品	400 000.00
12	131	对外投资		—	—	—	12	131	对外投资	—

续表

序号	旧制度科目体系			根据衔接规定调整数据		新制度科目体系			
	科目编号	科目名称	期初余额	调增	调减	序号	科目编号	科目名称	期初余额
一、资产类科目									
13	141	性畜（禽）资产	2 580 000.00	—	①2 580 000.00				
	14101	幼畜及育肥畜	1 800 000.00	—	①1 800 000.00				
	14102	产役畜	780 000.00	—	①780 000.00				
	142	林木资产	9 000 000.00	—	②9 000 000.00				
	14201	经济林木	5 000 000.00	—	②5 000 000.00				
	14202	非经济林木	4 000 000.00	—	④4 000 000.00				
	1420201	用材	1 200 000.00	—	②1 200 000.00				
	1420202	公益	2 800 000.00	—	②2 800 000.00				
新增科目				④533 000.00 ②1 200 000.00 ⑬1 800 000.00 ⑫420 000.00 ⑫400 000.00		13	141	消耗性生物资产	4 353 000.00
				②5 000 000.00 ①780 000.00 ⑧100 000.00 ③200 000.00		14	142	生产性生物资产	6 080 000.00

续表

	旧制度科目体系			根据衔接规定调整数据		新制度科目体系		
序号	科目编号	科目名称	期初余额	调增	调减	序号	科目编号	科目名称	期初余额
一、资产类科目						一、资产类科目			
15	149	其他农业资产	533 000.00	③ 200 000.00	④ 533 000.00	15	143	生产性生物资产累计折旧	200 000.00
16	151	固定资产	2 800 003.00	② 2 800 000.00 ⑨ 5 000.00	—	16	144	公益性生物资产	2 805 000.00
17	152	累计折旧	1 256 000.00	① 20 000.00 ⑭ 19 000.00 ⑯ 4 000.00	—	17	151	固定资产	2 820 003.00
18	153	在建工程	180 000.00	—	—	18	152	累计折旧	1 279 000.00
19	154	固定资产清理	—	—	—	19	153	在建工程	180 000.00
20	161	无形资产	500 000.00	⑩ 150 000.00 ⑮ 500 000.00	—	20	154	固定资产清理	—
新增科目						21	161	无形资产	1 150 000.00
21	171	长期待摊费用	400 000.00	—	—	22	162	累计摊销	500 000.00
新增科目						23	171	长期待摊费用	400 000.00
						24	181	待处理财产损溢	—
		资产合计	22 888 003.00	13 185 000.00	12 113 000.00			资产合计	23 960 003.00

续表

序号	旧制度科目体系 科目编号	旧制度科目体系 科目名称	旧制度科目体系 期初余额	根据衔接规定调整数据 调增	根据衔接规定调整数据 调减	序号	新制度科目体系 科目编号	新制度科目体系 科目名称	新制度科目体系 期初余额
二、负债类科目						二、负债类科目			
22	201	短期借款	4 900 000.00	—	—	25	201	短期借款	4 900 000.00
23	211	应付账款	1 038 000.00	—	756 000.00	26	211	应付账款	702 000.00
	21101	应付账款	130 000.00	⑬420 000.00	—		21101	应付账款	550 000.00
	21102	应交税费	68 000.00	—	⑤68 000.00		21102	应交税费	—
	21103	应付劳务	600 000.00	—	⑦600 000.00		21103	应付劳务	—
	21104	应付赔款	20 000.00	—	—		21104	应付赔款	20 000.00
	21105	应付利息	88 000.00	—	⑥88 000.00		21105	应付利息	—
	21106	其他应付款	132 000.00	—	—		21106	其他应付款	132 000.00
新增科目				⑤68 000.00	—	27	214	应交税费	68 000.00
				⑦600 000.00	—	28	213	应付劳务费	600 000.00
				⑥88 000.00	—	29	215	应付利息	88 000.00
24	212	应付工资	70 000.00	—	—	30	212	应付工资	70 000.00
25	221	应付盈余返还	200 000.00	—	—	31	221	应付盈余返还	200 000.00
26	222	应付剩余盈余	—	—	—	32	222	应付剩余盈余	—
27	231	长期借款	1 000 000.00	—	—	33	231	长期借款	1 000 000.00
28	235	专项应付款	580 000.00	—	—	34	235	专项应付款	580 000.00
负债合计			7 788 000.00	1 176 000.00	756 000.00	负债合计			8 208 000.00

续表

旧制度科目体系			根据衔接规定调整数据		新制度科目体系		
序号	科目编号	科目名称	期初余额	调增	调减	序号	科目编号	科目名称	期初余额

序号	科目编号	科目名称	期初余额	调增	调减	序号	科目编号	科目名称	期初余额
三、所有者权益类科目						三、所有者权益类科目			
29	301	股金	7 000 000.00	—	—	35	301	股金	7 000 000.00
30	311	专项基金	4 900 000.00	⑩150 000.00 ⑪20 000.00 ⑨5 000.00 ⑧100 000.00 ⑫400 000.00	—	36	311	专项基金	5 575 000.00
31	321	资本公积	500 000.00	—	—	37	321	资本公积	500 000.00
32	322	盈余公积	3 600 003.00	—	—	38	322	盈余公积	3 600 003.00
33	331	本年盈余	—	—	—	39	331	本年盈余	—
34	332	盈余分配	600 000.00	—	⑩4 000.00	40	332	盈余分配	596 000.00
所有者权益合计			16 600 003.00	675 000.00	4 000.00	所有者权益合计			17 271 003.00
四、成本类科目						四、成本类科目			
35	401	生产成本	1 500 000.00	⑭19 000.00	—	41	401	生产成本	1 519 000.00
成本合计			1 500 000.00	19 000.00	—	成本合计			1 519 000.00
资产及成本合计			24 388 003.00	13 204 000.00	12 113 000.00	资产及成本合计			25 479 003.00
负债及所有者权益合计			24 388 003.00	1 851 000.00	760 000.00	负债及所有者权益合计			25 479 003.00

表10-9　　2023年1月1日新账会计科目余额表

序号	科目编号	科目名称	期初余额
一、资产类科目			
1	101	库存现金	3 000.00
2	102	银行存款	6 350 000.00
3	109	其他货币资金	128 000.00
4	113	应收款	—
5	114	成员往来	70 000.00
6	121	产品物资	550 000.00
7	122	包装物	50 000.00
8	124	委托加工物资	—
9	125	委托代销商品	100 000.00
10	127	受托代购商品	500 000.00
11	128	受托代销商品	400 000.00
12	131	对外投资	—
13	141	消耗性生物资产	4 353 000.00
14	142	生产性生物资产	6 080 000.00
15	143	生产性生物资产累计折旧	200 000.00
16	144	公益性生物资产	2 805 000.00
17	151	固定资产	2 820 003.00
18	152	累计折旧	1 279 000.00
19	153	在建工程	180 000.00
20	154	固定资产清理	—
21	161	无形资产	1 150 000.00
22	162	累计摊销	500 000.00
23	171	长期待摊费用	400 000.00
24	181	待处理财产损溢	—
		资产合计	23 960 003

续表

序号	科目编号	科目名称	期初余额
二、负债类科目			
25	201	短期借款	4 900 000.00
26	211	应付款	702 000.00
	21101	应付账款	550 000.00
	21104	应付赔款	20 000.00
	21106	其他应付款	132 000.00
27	214	应交税费	68 000.00
28	213	应付劳务费	600 000.00
29	215	应付利息	88 000.00
30	212	应付工资	70 000.00
31	221	应付盈余返还	200 000.00
32	222	应付剩余盈余	—
33	231	长期借款	1 000 000.00
34	235	专项应付款	580 000.00
		负债合计	**8 208 000.00**
三、所有者权益类科目			
35	301	股金	7 000 000.00
36	311	专项基金	5 575 000.00
37	321	资本公积	500 000.00
38	322	盈余公积	3 600 003.00
39	331	本年盈余	—
40	332	盈余分配	596 000.00
		所有者权益合计	**17 271 003.00**
四、成本类科目			
41	401	生产成本	1 519 000.00
		成本合计	**1 519 000.00**
		资产及成本合计	**25 479 003.00**
		负债及所有者权益合计	**25 479 003.00**

表10-10　　　　　　　　　　资产负债表

编制单位：××农民专业合作社　　　2023年1月1日　　　　　　　　　　单位：元

资产	行次	期末余额	年初余额	负债和所有者权益	行次	期末余额	年初余额
流动资产：				流动负债：			
货币资金	1		6 481 000.00	短期借款	23		4 900 000.00
应收款项	2		70 000.00	应付款项	24		702 000.00
存货	3		3 119 000.00	应付工资	25		70 000.00
消耗性生物资产	4		4 353 000.00	应付劳务费	26		600 000.00
流动资产合计	5		14 023 000.00	应交税费	27		68 000.00
非流动资产：				应付利息	28		88 000.00
对外投资	6		—	应付盈余返还	29		200 000.00
生产性生物资产原值	7		6 080 000.00	应付剩余盈余	30		
减：生产性生物资产累计折旧	8		200 000.00	**流动负债合计**	31		6 628 000.00
生产性生物资产净值	9		5 880 000.00	非流动负债：			
固定资产原值	10		2 820 003.00	长期借款	32		1 000 000.00
减：累计折旧	11		1 279 000.00	专项应付款	33		580 000.00
固定资产净值	12		1 541 003.00	**非流动负债合计**	34		1 580 000.00
在建工程	13		180 000.00	**负债合计**	35		8 208 000.00
固定资产清理	14		—				
固定资产小计	15		7 601 003.00	所有者权益：			
无形资产原值	16		1 150 000.00	股金	36		7 000 000.00
减：累计摊销	17		500 000.00	专项基金	37		5 575 000.00
无形资产净值	18		650 000.00	资本公积	38		500 000.00
公益性生物资产	19		2 805 000.00	盈余公积	39		3 600 003.00
长期待摊费用	20		400 000.00	未分配盈余	40		596 000.00
非流动资产合计	21		3 855 000.00	**所有者权益合计**	41		17 271 003.00
资产总计	22		25 479 003.00	**负债和所有者权益总计**	42		25 479 003.00

【例10-7】接例10-6，根据调整后生成的新账科目期初余额表，即2023年1月1日科目余额表10-11的基础上，编制2023年1月1日成员权益变动表年初余额，结果如表10-12所示。

【例10-8】接例10-7，根据调整后生成的新账科目期初余额表，即2023年1月1日科目余额表10-11的基础上，编制2023年1月1日成员账户年初余额。结果如表10-12所示。

补充信息：（1）假设，除例10-4所述的事项外，无其他接受捐赠的各类资产。（2）假设仅以编制股东张某的成员账户为例。（3）该成员投资价值35万元的林地承包权，占5%。（4）根据公司章程和成员代表大会约定，出资比例低于10%的，政府补助类资金形成的资产占出资比例的60%。（5）接受他人捐赠的按照出资比例进行分配。

计算过程：因为除例10-4所述的事项外，无其他接受捐赠的各类资产，所以张某按照比例应占有的政府补助形成的专项基金计算过程如下：

（1）该成员政府补助类资产占比5%×60%=3%。

（2）专项基金——政府补助="专项基金"科目余额-其他接受捐赠=5 575 000-100 000（对口援助种畜）-5 000（企业捐赠防护林木）-400 000（对口援助小羊肉羊）=5 070 000元。

（3）"专项基金——政府补助"张某所占份额=5 070 000×3%=152 100元。

（4）到户类扶贫援助=100 000（对口援助种畜）+400 000（对口援助小羊肉羊）=500 000元。

（5）到户类扶贫援助张某占有份额=500 000×5%=25 000元。

（6）其他捐赠张某占有份额=5 000×5%=250元。

【例10-9】接例10-8，编制2023年度财务报表。合作社应当按照新制度编制2023年财务报表。在编制2023年度盈余及盈余分配表时，不要求填列上年比较数。具体报表略。

至此，我们完成了合作社的2023年度新账的初始化工作。在本综合案例中，为了更好地帮助从业人员理解新旧制度衔接，本案例采用凭证转账的方式进行数据详细拆分讲解，确保借贷平衡，拆分逻辑正确。对于业务比较简单的合作社来说，可以直接采用分析法将旧会计制度的科目余额表，直接拆分对应新会计制度的科目，直接完成新年度的期初余额初始化工作。无论采用哪一种方法都需要做好新旧制度衔接的相关工作的档案管理，留存工作底稿和会计凭证处理依据，做好备查工作。

表10–11

成员权益变动表

编制单位：××农民专业合作社　　2023年1月1日　　单位：元

项目	股金	专项基金	资本公积	盈余公积	未分配盈余	合计
年初余额	7 000 000.00	5 575 000.00	500 000.00	3 600 003.00	596 000.00	17 271 003.00
本年增加数						
其中：	资本公积转增		股金溢价	从盈余中提取	本年盈余	
	盈余公积转增	接受国家财政直接补助形成	资产评估增值		其他转入	
	成员增加出资	接受他人捐赠形成				
本年减少数						
其中：	成员减少出资		转为成员出资	转为成员出资	提取盈余公积	
			弥补亏损		盈余返还	
					剩余盈余分配	
					转为成员出资	
年末余额						

表10-12

成员账户

2023年度

成员姓名（名称）：张某
联系地址：略

编号	日期	摘要	成员出资		公积金份额	接受国家财政直接补助形成财产量化份额	接受他人捐赠形成财产量化份额	交易量		交易额		盈余返还金额	剩余盈余分配金额
			来源于到户类扶贫项目资产的出资额	其他来源的出资额				产品1	产品2	产品1	产品2		
		年初余额	25 000.00	350 000.00	205 000.15	152 100.00	250.00					10 000.00	29 800.00
1													
2													
3													
4													
5													
		年末余额/总额											

附件 1
农民专业合作社会计制度

农民专业合作社会计制度

（2021年12月30日印发，2023年1月1日起施行）

目 录

第一章　总则

第二章　资产

第三章　负债

第四章　所有者权益

第五章　成本、收入和费用

第六章　盈余及盈余分配

第七章　财务报表

第八章　附则

附　录：合作社会计科目和财务报表

第一章　总　则

第一条　为了规范农民专业合作社会计工作，加强农民专业合作社会计核算，保护农民专业合作社及其成员的合法权益，根据《中华人民共和国会计法》《中华人民共和国农民专业合作社法》等有关规定，结合农民专合作社的实际情况，制定本制度。

第二条 本制度适用于依照《中华人民共和国农民专业合作社法》设立，并取得法人资格的农民专业合作社和农民专业合作社联合社（以下统称"合作社"）。

第三条 合作社应当根据本制度规定和会计业务需要，设置会计账簿，配备必要的会计人员，或者按规定委托代理记账，进行会计核算。

第四条 合作社应当按照本制度规定，设置和使用会计科目，填制会计凭证，登记会计账簿，编制财务报表。

第五条 合作社的会计核算应当以持续经营为前提。

第六条 合作社的会计核算应当划分会计期间，分期结算账目和编制财务报表。会计期间分为年度和中期，中期是指短于一个完整的会计年度的报告期间。会计年度自公历1月1日起至12月31日止。

第七条 合作社的会计核算应当以货币计量，以人民币"元"为金额单位，"元"以下填至"分"。

第八条 合作社的会计核算采用权责发生制。会计记账方法采用借贷记账法。

第九条 合作社的会计要素包括资产、负债、所有者权益、收入、费用和盈余。

第十条 合作社应当以实际发生的交易或者事项为依据进行会计核算，如实反映合作社的财务状况和经营成果。

合作社应当按照交易或者事项的经济实质进行会计核算，不应仅以交易或者事项的法律形式为依据。

第十一条 合作社的会计核算应当按照规定的会计处理方法进行。会计处理方法前后各期应当保持一致，不得随意变更。

第十二条 合作社的会计核算应当及时进行，不得提前或者延后。

合作社在进行会计核算时应当保持应有的谨慎，不得多计资产或者收益、少计负债或者费用。

第十三条 合作社提供的会计信息应当清晰明了，便于理解和使用。

第二章 资　产

第十四条 合作社的资产，是指合作社过去的交易或者事项形成的、由合作社拥有或者控制的、预期会给合作社带来经济利益的资源。

第十五条　合作社的资产按照流动性可分为流动资产和非流动资产。合作社的资产应当按照成本计量。

流动资产是指预计在1年内（含1年）变现、出售或耗用的资产，包括库存现金、银行存款、应收款项、存货、消耗性生物资产等。

非流动资产是指流动资产以外的资产，包括对外投资、生产性生物资产、固定资产、无形资产、公益性生物资产、长期待摊费用等。

第十六条　合作社的应收款项包括与成员和非成员之间发生的各项应收及暂付款项。

应收款项应当按照发生额入账。确实无法收回的应收款项，应当计入其他支出。

第十七条　合作社的存货包括材料、农产品、工业产成品、低值易耗品、包装物等产品物资，在产品，受托代销商品、受托代购商品、委托代销商品和委托加工物资等。

存货按照下列原则计价。

（一）购入的物资应当按照购买价款、应支付的相关税费、运输费、装卸费、运输途中的合理损耗以及外购过程发生的其他直接费用计价。

（二）受托代购商品视同购入的物资计价。

（三）生产入库的农产品和工业产成品，应当按照生产过程中发生的实际支出计价。

（四）委托加工物资验收入库时，应当按照委托加工物资的成本和实际支付的全部费用计价。

（五）受托代销商品应当按照合同或协议约定的价格计价，出售受托代销商品时，实际收到的价款大于合同或协议约定价格的差额计入经营收入，实际收到的价款小于合同或协议约定价格的差额计入经营支出。

（六）委托代销商品应当按照委托代销商品的实际成本计价。

（七）成员出资投入的存货，应当根据有关规定和合作社章程规定，按照有关凭据注明的金额加上相关税费、运输费等计价；没有相关凭据的，经过全体成员评估作价或由第三方机构评估作价、成员大会或者成员代表大会［以下简称"成员（代表）大会"］表决通过后，按照全体成员确认的价值计价。

（八）盘盈的存货，应当按照同类或类似存货的市场价格或评估价值计价。

第十八条 合作社应当采用先进先出法、加权平均法或者个别计价法确定领用或出售的出库存货成本。计价方法一经确定，不得随意变更。

第十九条 合作社的存货发生毁损或报废时，处置收入、可收回的责任人和保险公司赔偿的金额扣除其成本、相关税费和清理费用后的净额，应当计入其他收入或其他支出。

盘盈存货实现的收益应当计入其他收入。盘亏存货发生的损失应当计入其他支出。

第二十条 合作社的对外投资包括依法出资设立或者加入农民专业合作社联合社（以下简称"联合社"），以及采用货币资金、实物资产、无形资产等向其他单位投资等。

对外投资按照下列原则计价。

（一）以现金、银行存款等货币资金方式向联合社或其他单位投资的，应当按照实际支付的款项和相关税费计价。

（二）以实物资产（含生物资产，下同）、无形资产等非货币性资产方式向联合社或其他单位投资的，应当按照评估确认或者合同、协议约定的价值和相关税费计价，实物资产、无形资产等重估确认价值与其账面价值之间的差额，计入资本公积。

第二十一条 合作社对外投资取得的盈余返还和盈余分配、分得的现金股利或利润、利息等计入投资收益。

到期收回或中途转让对外投资时，按照实际收到的价款与其账面余额的差额，计入投资收益。

第二十二条 合作社的生物资产包括消耗性生物资产、生产性生物资产和公益性生物资产。消耗性生物资产包括生长中的大田作物、蔬菜、用材林以及存栏待售的牲畜、鱼虾贝类等为出售而持有的、或在将来收获为农产品的生物资产。生产性生物资产包括经济林、薪炭林、产畜和役畜等为产出农产品、提供劳务或出租等目的而持有的生物资产。公益性生物资产包括防风固沙林、水土保持林和水源涵养林等以防护、环境保护为主要目的的生物资产。

生物资产按照下列原则计价。

（一）购入的生物资产应当按照购买价款、应支付的相关税费、运输费以及外购过程发生的其他直接费用计价。

（二）自行栽培、营造、繁殖或养殖的消耗性生物资产，应当按照下列规定确定其成本：

自行栽培的大田作物和蔬菜的成本，包括在收获前耗用的种子、肥料、农药等材料费、人工费和应分摊的间接费用等必要支出。

自行营造的林木类消耗性生物资产的成本，包括郁闭前发生的造林费、抚育费、营林设施费、良种试验费、调查设计费和应分摊的间接费用等必要支出。

自行繁殖的育肥畜的成本，包括出售前发生的饲料费、人工费和应分摊的间接费用等必要支出。

水产养殖的动物和植物的成本，包括在出售或入库前耗用的苗种、饲料、肥料等材料费、人工费和应分摊的间接费用等必要支出。

（三）自行营造或繁殖的生产性生物资产，应当按照下列规定确定其成本：

自行营造的林木类生产性生物资产的成本，包括达到预定生产经营目的前发生的造林费、抚育费、营林设施费、良种试验费、调查设计费和应分摊的间接费用等必要支出。

自行繁殖的产畜和役畜的成本，包括达到预定生产经营目的（成龄）前发生的饲料费、人工费和应分摊的间接费用等必要支出。

达到预定生产经营目的，是指生产性生物资产进入正常生产期，可以多年连续稳定产出农产品、提供劳务或出租。

（四）自行营造的公益性生物资产，应当按照郁闭前发生的造林费、抚育费、森林保护费、营林设施费、良种试验费、调查设计费和应分摊的间接费用等必要支出计价。

（五）成员出资投入的生物资产，应当根据有关规定和合作社章程规定，按照有关凭据注明的金额加上相关税费、运输费等计价；没有相关凭据的，经过全体成员评估作价或由第三方机构评估作价、成员（代表）大会表决通过后，按照全体成员确认的价值计价。

（六）收到国家财政直接补助的生物资产（包括以前年度收到或形成但尚未入账的）或者他人捐赠的生物资产，应当按照有关凭据注明的金额加上相关税费、运输费等计价；没有相关凭据的，按照资产评估价值或者比照同类或类似生物资产的市场价格，加上相关税费、运输费等计价。如无法采用上述方法计价的，应当按照名义金额（人民币1元，下同）计价，相关税费、运输费等计入其他支出，同时在备查簿中登记说明。

第二十三条 合作社应当对所有达到预定生产经营目的的生产性生物资产计提折旧，但以名义金额计价的生产性生物资产除外。

对于达到预定生产经营目的的生产性生物资产，合作社应当对生产性生物资产原价（成本）扣除其预计净残值后的部分在生产性生物资产使用寿命内按照年限平均法或工作量法计提折旧，并根据其受益对象计入相关资产成本或者当期损益。

合作社应当根据生产性生物资产的性质和使用情况，合理确定生产性生物资产的使用寿命和预计净残值。生产性生物资产的使用寿命、预计净残值和折旧方法一经确定，不得随意变更。

合作社应当按月计提生产性生物资产折旧，当月增加的生产性生物资产，当月不计提折旧，从下月起计提折旧；当月减少的生产性生物资产，当月仍计提折旧，从下月起不再计提折旧。生产性生物资产提足折旧后，不论能否继续使用，均不再计提折旧；提前处置的生产性生物资产，也不再补提折旧。

第二十四条 合作社的生物资产死亡毁损时，处置收入、可收回的责任人和保险公司赔偿的金额扣除其账面价值、相关税费和清理费用后的净额，应当计入其他收入或其他支出。

生产性生物资产的账面价值，是指生产性生物资产原价（成本）扣减累计折旧后的金额。

第二十五条 合作社的固定资产包括房屋、建筑物、机器、设备、工具、器具和农业农村基础设施等。

固定资产按照下列原则计价。

（一）购入的固定资产，不需要安装的，应当按照购买价款和采购费、应支付的相关税费、包装费、运输费、装卸费、保险费以及外购过程发生的其他直接费用计价；需要安装或改装的，还应当加上安装费或改装费。

（二）新建的房屋及建筑物、农业农村基础设施等固定资产，应当按照竣工验收的决算价计价。

（三）成员出资投入的固定资产，应当根据有关规定和合作社章程规定，按照有关凭据注明的金额加上相关税费、运输费等计价；没有相关凭据的，经过全体成员评估作价或由第三方机构评估作价、成员（代表）大会表决通过后，按照全体成员确认的价值计价。

（四）收到国家财政直接补助的固定资产（包括以前年度收到或形成但尚未入账的）或者他人捐赠的固定资产，应当按照有关凭据注明的金额加上相关税费、运输费等计价；没有相关凭据的，按照资产评估价值或者比照同类或类似固定资产的市场价格，加上相关税费、运输费等计价。如无法采用上述方法计价的，应当按照名义金额计价，相关税费、运输费等计入其他支出，同时在备查簿中登记说明。

（五）盘盈的固定资产，应当按照同类或类似固定资产的市场价格或评估价值，扣除按照该项固定资产新旧程度估计的折旧后的余额计价。

第二十六条 合作社应当对所有的固定资产计提折旧，但以名义金额计价的固定资产除外。

合作社应当对固定资产原价（成本）扣除其预计净残值后的部分在固定资产使用寿命内按照年限平均法或工作量法计提折旧，并根据固定资产的受益对象计入相关资产成本或者当期损益。

合作社应当根据固定资产的性质和使用情况，合理确定固定资产的使用寿命和预计净残值。固定资产的使用寿命、预计净残值和折旧方法一经确定，不得随意变更。

合作社应当按月计提固定资产折旧，当月增加的固定资产，当月不计提折旧，从下月起计提折旧；当月减少的固定资产，当月仍计提折旧，从下月起不再计提折旧。固定资产提足折旧后，不论能否继续使用，均不再计提折旧；提前报废的固定资产，也不再补提折旧。

第二十七条 固定资产的修理费用直接计入有关支出项目。

固定资产的改建支出，应当计入固定资产的成本，并按照重新确定的固定资产成本以及重新确定的折旧年限计算折旧额；但已提足折旧的固定资产改建支出应当计入长期待摊费用，并按照固定资产预计尚可使用年限采用年限平均法分期摊销。

固定资产的改建支出，是指改变房屋或者建筑物结构、延长使用年限等发生的支出。

第二十八条 合作社处置固定资产时，处置收入扣除其账面价值、相关税费和清理费用后的净额，应当计入其他收入或其他支出。

固定资产的账面价值，是指固定资产原价（成本）扣减累计折旧后的金额。

盘盈固定资产实现的收益应当计入其他收入。盘亏固定资产发生的损失应当计入其他支出。

第二十九条 合作社的在建工程是指尚未完工的工程项目。在建工程按实际发生的支出或应支付的工程价款计价。形成固定资产的在建工程完工交付使用时，计入固定资产。在建工程部分发生报废或者毁损，按照扣除残料价值、责任人和保险公司赔偿后的净损失，计入工程成本。单项工程报废以及由于自然灾害等非常原因造成的报废或者毁损，其净损失计入其他支出。

第三十条 合作社的无形资产包括专利权、商标权、著作权、非专利技术、土地经营权、林权、草原使用权等。无形资产按照下列原则计价。

（一）购入的无形资产应当按照购买价款、应支付的相关税费以及相关的其他直接费用计价。

（二）自行开发并按法律程序申请取得的无形资产，应当按照依法取得时发生的注册费、律师费等实际支出计价。

（三）成员出资投入的无形资产，应当根据有关规定和合作社章程规定，按照有关凭据注明的金额加上相关税费等计价；没有相关凭据的，经过全体成员评估作价或由第三方机构评估作价、成员（代表）大会表决通过后，按照全体成员确认的价值计价。

（四）收到国家财政直接补助的无形资产（包括以前年度收到或形成但尚未入账的）或者他人捐赠的无形资产，应当按照有关凭据注明的金额加上相关税费等计价；没有相关凭据的，按照资产评估价值或者比照同类或类似无形资产的市场价格，加上相关税费等计价。如无法采用上述方法计价的，应当按照名义金额计价，相关税费等计入其他支出，同时在备查簿中登记说明。

第三十一条 合作社的无形资产应当从使用之日起进行摊销，但以名义金额计价的无形资产除外。

合作社应当对无形资产在其使用寿命内采用年限平均法等合理方法进行摊销，并根据无形资产的受益对象计入相关资产成本或者当期损益。无形资产的摊销期自可供使用时开始至停止使用或出售时止，并应当符合有关法律法规规定或合同约定的使用年限。无形资产的使用寿命和摊销方法一经确定，不得随意变更。

第三十二条 合作社处置无形资产时，处置收入扣除其账面价值、相关税费等后的净额，应当计入其他收入或其他支出。

无形资产的账面价值，是指无形资产成本扣减累计摊销后的金额。

第三十三条 合作社对接受国家财政直接补助和他人捐赠形成的扶贫项目资产，还应当设置备查簿进行登记管理。

第三十四条 每年年度终了，合作社应当对应收款项、存货、对外投资、生物资产、固定资产、在建工程、无形资产等资产进行全面清查，对于已发生损失但尚未批准核销的相关资产，应当在财务报表附注中予以披露。

第三章 负 债

第三十五条 合作社的负债，是指合作社过去的交易或者事项形成的、预期会导致经济利益流出合作社的现时义务。

第三十六条 合作社的负债按照流动性可分为流动负债和非流动负债。

流动负债是指偿还期在1年内（含1年）的债务，包括短期借款、应付款项、应付工资、应付劳务费、应交税费、应付利息、应付盈余返还、应付剩余盈余等。

非流动负债是指偿还期在1年以上的债务，包括长期借款、专项应付款等。

第三十七条 合作社的负债按照实际发生额计价。

合作社应当在应付利息日，对借款按照借款本金和借款合同利率计提利息费用，计入财务费用。

合作社的应付款项包括与成员和非成员之间发生的各项应付及暂收款项。对发生因债权人特殊原因等确实无法支付的或者债权人对合作社债务豁免的应付款项，应当计入其他收入。

第三十八条 合作社的应付工资，是指合作社为获得管理人员、固定员工等职工提供的服务而应付给职工的各种形式的报酬以及其他相关支出。

合作社的应付劳务费，是指合作社为获得季节性用工等临时性工作人员提供的服务而应支付的各种形式的报酬以及其他相关支出。

第四章 所有者权益

第三十九条 合作社的所有者权益，是指合作社资产扣除负债后由成员享有的剩余权益。

合作社的所有者权益包括股金、专项基金、资本公积、盈余公积、未分配盈余等。

第四十条 合作社收到成员出资投入的资产，应当按照确定的成本计入相关资产，按照该成员应享有合作社成员出资总额的份额计算的金额计入股金，两者之间的差额计入资本公积。

合作社按照法定程序减少成员出资总额或成员退股时，应当减少股金。

第四十一条 合作社接受国家财政直接补助形成的生物资产、固定资产、无形资产等，以及接受他人捐赠、用途不受限制或已按约定使用的资产计入专项基金。

第四十二条 合作社可以按照章程规定或者成员大会决议，从本年盈余中提取公积金，计入盈余公积。

第五章 成本、收入和费用

第四十三条 合作社的生产成本，是指合作社直接组织生产或对外提供服务等活动所发生的各项生产费用和服务成本。

合作社直接组织生产产品的成本主要包括农产品生产成本、工业产品生产成本等。农产品生产成本包括直接材料费、直接人工费、其他直接费用和间接费用等。工业产品生产成本包括直接材料费、燃料和动力、直接人工费、其他直接费用和间接费用等。

合作社对外提供服务的成本包括提供服务的直接耗费及提供服务人员的培训费、工资福利、差旅费、保险费等。

第四十四条 合作社应当强化成本意识，加强成本核算。

第四十五条 合作社的收入，是指合作社在日常活动中形成的、会导致所有者权益增加的、与成员投入资本无关的经济利益的总流入。

第四十六条 合作社的收入包括经营收入和其他收入。经营收入包括合作社提供农业生产资料的购买、使用，农产品的生产、销售、加工、运输、贮藏以及与农业生产经营有关的技术、信息、设施建设运营等服务，开发经营农村民间工艺及制品、休闲农业和乡村旅游资源等，以及销售本社产品取得的收入。

其他收入包括盘盈收益、确实无法支付的应付款项等除经营收入以外的收入。

第四十七条 合作社的经营收入一般应当于产品物资已经发出，服务已经提供，同时收讫价款或取得收取价款的凭据时予以确认。

合作社的其他收入一般应当于收入实现时予以确认。

第四十八条 合作社应当按照从购买方已收或应收的合同或协议价款，确定收入金额。

第四十九条 合作社的费用，是指合作社在日常活动中发生的、会导致所有者权益减少的、与向成员分配盈余无关的经济利益的总流出。

第五十条 合作社的费用包括经营支出、税金及附加、管理费用、财务费用和其他支出等。

经营支出包括合作社提供农业生产资料的购买、使用，农产品的生产、销售、加工、运输、贮藏以及与农业生产经营有关的技术、信息、设施建设运营等服务，开发经营农村民间工艺及制品、休闲农业和乡村旅游资源等，以及销售本社产品发生的实际支出。

税金及附加包括合作社从事生产经营活动按照税法的有关规定应负担的消费税、城市维护建设税、资源税、房产税、土地使用税、车船税、印花税、教育费附加及地方教育附加等相关税费。

管理费用包括管理人员的工资、办公费、差旅费，业务招待费，管理用固定资产的折旧、无形资产摊销等为组织和管理生产经营活动发生的支出。

财务费用包括利息费用（减利息收入）、银行相关手续费等为筹集生产经营所需资金发生的支出。

其他支出包括生物资产的死亡毁损支出、损失，固定资产及产品物资等的盘亏、损失，防灾抢险支出，安全生产支出，环境保护支出，罚款支出，捐赠支出，确实无法收回的应收款项损失等。

第五十一条 合作社的费用一般应当在发生时按照其发生额计入当期损益。

第六章　盈余及盈余分配

第五十二条 合作社的盈余，是指合作社在一定会计期间的经营成果。

合作社的本年盈余按照下列公式计算：

本年盈余=经营收益+其他收入–其他支出–所得税费用

其中：

经营收益=经营收入+投资收益-经营支出-税金及附加-管理费用-财务费用

投资收益是指投资所取得的收益扣除发生的投资损失后的数额。投资所取得的收益包括对外投资分得的利润、盈余返还和盈余分配、现金股利和债券利息，以及对外投资到期收回或中途转让取得款项高于账面余额的差额等。投资损失包括对外投资到期收回或中途转让取得款项低于账面余额的差额等。

第五十三条 合作社应当按照税法有关规定计算的当期应纳税额，确认所得税费用。

合作社应当在盈余总额的基础上，按照税法有关规定进行纳税调整，计算出当期应纳税所得额，按照应纳税所得额与适用所得税税率为基础计算确定当期应纳税额。

第五十四条 合作社在弥补亏损、提取公积金后剩余的本年盈余为可分配盈余。合作社按照有关法律法规和合作社章程规定向成员进行盈余返还和盈余分配，或者将全部或部分可分配盈余转为成员对合作社的出资时，应当减少可分配盈余。

第七章 财务报表

第五十五条 财务报表是对合作社财务状况、经营成果等的结构性表述，包括会计报表及其附注。

第五十六条 合作社的会计报表包括资产负债表、盈余及盈余分配表、成员权益变动表等。

资产负债表，是指反映合作社在某一特定日期财务状况的报表。

盈余及盈余分配表，是指反映合作社在一定会计期间内盈余实现及其分配情况的报表。

成员权益变动表，是指反映合作社成员权益增减变动和在某一特定日期权益情况的报表。

第五十七条 合作社应当为每个成员设立成员账户。

成员账户是全面反映合作社成员对合作社的出资额、量化到该成员的公积金份额、本社接受国家财政直接补助形成的财产量化到该成员的份额、本社接受他人捐赠形成的财产量化到该成员的份额、该成员与本社的交易量（额）以及本社对该成员的盈余返还和剩余盈余分配的账户。

第五十八条　附注，是指对在资产负债表、盈余及盈余分配表、成员权益变动表等会计报表中列示项目的文字描述或明细资料，以及对未能在这些会计报表中列示项目的说明等。

附注应当按照下列顺序披露。

（一）遵循农民专业合作社会计制度的声明。

（二）合作社的基本情况。

（三）成员权益结构。

（四）会计报表重要项目的进一步说明。

（五）已发生损失但尚未批准核销的相关资产名称、金额等情况及说明。

（六）以名义金额计量的资产名称、数量等情况，以及以名义金额计量理由的说明。

（七）其他重要事项。

（八）对已在资产负债表、盈余及盈余分配表中列示项目与企业所得税法规定存在差异的纳税调整过程。

（九）根据国家有关法律法规等规定，需要在附注中说明的其他事项。

第五十九条　合作社对会计政策变更、会计估计变更和会计差错更正应当采用未来适用法进行会计处理。

会计政策，是指合作社在会计确认、计量和报告中所采用的原则、基础和会计处理方法。会计估计变更，是指由于资产和负债的当前状况及预期经济利益和义务发生了变化，从而对资产或负债的账面价值或者资产的定期消耗金额进行调整。前期差错包括计算错误、应用会计政策错误、应用会计估计错误等。未来适用法，是指将变更后的会计政策和会计估计应用于变更日及以后发生的交易或者事项，或者在会计差错发生或发现的当期更正差错的方法。

第八章　附　则

第六十条　合作社填制会计凭证、登记会计账簿、管理会计档案等，应当按照《会计基础工作规范》《会计档案管理办法》等规定执行。

第六十一条　本制度自2023年1月1日起施行。此前财政部印发的《农民专业合作社财务会计制度（试行）》（财会〔2007〕15号）与本制度规定不一致的，以本制度为准。

附录：合作社会计科目和财务报表

一、会计科目

本制度统一规定合作社会计科目的名称和编号，以便于填制会计凭证，登记会计账簿，查阅会计账目，实行会计信息化管理。合作社不存在的交易或者事项，可不设置相关会计科目；合作社在不违反本制度中确认、计量和报告规定的前提下，可以根据本社的实际情况自行增设必要的会计科目；对于明细科目，合作社可以比照本附录中的规定自行设置。

（一）会计科目名称和编号

顺序号	编号	会计科目名称	顺序号	编号	会计科目名称
		一、资产类科目	15	151	固定资产
1	101	库存现金	16	152	累计折旧
2	102	银行存款	17	153	在建工程
3	113	应收款	18	154	固定资产清理
4	114	成员往来	19	161	无形资产
5	121	产品物资	20	162	累计摊销
6	124	委托加工物资	21	171	长期待摊费用
7	125	委托代销商品	22	181	待处理财产损溢
8	127	受托代购商品			二、负债类科目
9	128	受托代销商品	23	201	短期借款
10	131	对外投资	24	211	应付款
11	141	消耗性生物资产	25	212	应付工资
12	142	生产性生物资产	26	213	应付劳务费
13	143	生产性生物资产累计折旧	27	214	应交税费
14	144	公益性生物资产	28	215	应付利息

续表

顺序号	编号	会计科目名称	顺序号	编号	会计科目名称
29	221	应付盈余返还			四、成本类科目
30	222	应付剩余盈余	39	401	生产成本
31	231	长期借款			五、损益类科目
32	235	专项应付款	40	501	经营收入
		三、所有者权益类科目	41	502	其他收入
33	301	股金	42	511	投资收益
34	311	专项基金	43	521	经营支出
35	321	资本公积	44	522	税金及附加
36	322	盈余公积	45	523	管理费用
37	331	本年盈余	46	524	财务费用
38	332	盈余分配	47	529	其他支出
			48	531	所得税费用

注：合作社在经营中涉及使用外埠存款、银行汇票存款、银行本票存款、信用卡存款、信用证保证金存款、尚未转入银行存款的支付宝或微信收付款等第三方支付平台账户余额等各种其他货币资金的，可增设"其他货币资金"科目（科目编号109）；合作社在经营中大量使用包装物，需要单独对其进行核算的，可增设"包装物"科目（科目编号122）。

（二）会计科目使用说明

资产类科目

101　库存现金

1.本科目核算合作社的库存现金。

2.合作社收到现金时，借记本科目，贷记有关科目；支出现金时，借记有关科目，贷记本科目。

3.合作社应当设置"库存现金日记账"，由出纳人员根据收付款凭证，按照业务发生顺序逐笔登记。每日终了，应当计算当日的现金收入合计额、现金支出合计额和结余额，将结余额与实际库存额核对，做到账款相符。

4.每日终了结算现金收支、财产清查等发现的有待查明原因的现金短缺或溢余，应当通过"待处理财产损溢"科目核算：属于现金短缺，按照实际短缺的金额，借记"待处理财产损溢——待处理流动资产损溢"科目，贷记本科目；属于现金溢余，按照实际溢余的金额，借记本科目，贷记"待处理财产损溢——待处理流动资产损溢"科目。

5.本科目期末借方余额，反映合作社实际持有的库存现金。

102　银行存款

1.本科目核算合作社存入银行、信用社或其他金融机构的款项。

2.合作社将款项存入银行、信用社或其他金融机构时，借记本科目，贷记有关科目；提取和支出存款时，借记有关科目，贷记本科目。

3.合作社应当按照开户银行、信用社和其他金融机构、存款种类等设置"银行存款日记账"，由出纳人员根据收付款凭证，按照业务的发生顺序逐笔登记。每日终了，应结出余额。

"银行存款日记账"应定期与"银行对账单"核对，至少每月核对一次。合作社银行存款账面余额与银行对账单余额之间如有差额，应编制"银行存款余额调节表"调节相符。

4.本科目应按照银行、信用社或其他金融机构的名称设置明细科目，进行明细核算。

5.本科目期末借方余额，反映合作社实际存在银行、信用社或其他金融机构的款项。

113　应收款

1.本科目核算合作社与非成员之间发生的各种应收及暂付款项，包括因销售产品物资、提供服务应收取的款项以及应收的各种赔款、罚款、利息等。

2.合作社与非成员之间发生各种应收及暂付款项时，借记本科目，贷记"库存现金""银行存款""经营收入"等科目。收回应收款时，借记"库存现金""银行存款"等科目，贷记本科目。取得用暂付款购得的产品物资、服务时，借记"产品物资"等科目，贷记本科目。

3.对确实无法收回的应收及暂付款项，按规定程序批准核销时，借记"其他支出"科目，贷记本科目。

4.本科目应按照发生应收及暂付款项的非成员单位和个人设置明细账，进行明细核算。

5.本科目期末借方余额，反映合作社尚未收回的应收及暂付款项。

114　成员往来

1.本科目核算合作社与成员之间发生的应收款项和应付款项等经济往来业务。

2.合作社与成员之间发生应收款项和偿还应付款项时,借记本科目,贷记"库存现金""银行存款""经营收入"等科目。收回应收款项和发生应付款项时,借记"库存现金""银行存款"等科目,贷记本科目。

3.为成员提供农业生产资料购买服务时,按照实际支付或应付的款项,借记本科目,贷记"库存现金""银行存款""应付款"等科目;按照为成员提供农业生产资料购买服务而应收取的服务费,借记本科目,贷记"经营收入"等科目;收到成员给付的农业生产资料购买款项和服务费时,借记"库存现金""银行存款"等科目,贷记本科目。

4.为成员提供农产品销售服务,收到成员交来的产品时,按照合同或协议约定的价格,借记"受托代销商品"等科目,贷记本科目;向成员给付代销商品款时,借记本科目,贷记"库存现金""银行存款"等科目。

5.本科目应按照合作社成员设置明细科目,进行明细核算。

6.本科目下属各明细科目的期末借方余额合计数反映成员欠合作社的款项总额;期末贷方余额合计数反映合作社欠成员的款项总额。各明细科目期末借方余额合计数应在资产负债表"应收款项"项目反映;期末贷方余额合计数应在资产负债表"应付款项"项目反映。

121　产品物资

1.本科目核算合作社库存的材料、燃料、机械零配件、低值易耗品、包装物、种子、化肥、农药、农产品、工业产成品等各种产品和物资。

合作社为本社成员服务取得的委托代销商品、受托代购商品、受托代销商品以及委托加工物资不在本科目核算。

2.购入并已验收入库的产品物资,按照实际成本,借记本科目,贷记"库存现金""银行存款""成员往来""应付款"等科目。

3.生产完工以及委托外单位加工完成并已验收入库的产品物资,按照实际成本,借记本科目,贷记"生产成本""委托加工物资"等科目。

4.取得成员出资投入的产品物资,按照确定的成本,借记本科目,按照成员应享有合作社成员出资总额的份额计算的金额,贷记"股金"科目,按照两者之间的差额，贷记或借记"资本公积"科目。

5.产品物资销售时，按照实现的销售收入，借记"库存现金""银行存款""应收款""成员往来"等科目，贷记"经营收入"科目；按照销售产品物资的实际成本，借记"经营支出"科目，贷记本科目。

6.产品物资领用时，借记"在建工程""生产成本""管理费用"等科目，贷记本科目。

7.发给外单位加工的产品物资，按照委托加工物资的实际成本，借记"委托加工物资"科目，贷记本科目。

8.清查盘点，发现盘盈、盘亏、毁损、报废的产品物资，按照实际成本（或估计价值），借记或贷记本科目，贷记或借记"待处理财产损溢——待处理流动资产损溢"科目。

9.本科目应按照产品物资品名设置明细科目，进行明细核算。

10.本科目期末借方余额，反映合作社库存产品物资的实际成本。

124　委托加工物资

1.本科目核算合作社委托外单位加工的各种物资的实际成本。

2.发给外单位加工的物资，按照委托加工物资的实际成本，借记本科目，贷记"产品物资"等科目。

按照合作社支付该项委托加工的全部费用（加工费、运杂费等），借记本科目，贷记"库存现金""银行存款"等科目。

3.加工完成验收入库的物资，按照加工收回物资的实际成本和剩余物资的实际成本，借记"产品物资"等科目，贷记本科目。

4.本科目应按照加工合同和受托加工单位等设置明细账，进行明细核算。

5.本科目期末借方余额，反映合作社委托外单位加工但尚未加工完成物资的实际成本。

125　委托代销商品

1.本科目核算合作社委托外单位销售的各种商品的实际成本。

2.发给外单位销售的商品，按照委托代销商品的实际成本，借记本科目，贷记"产品物资"等科目。

3.收到代销单位报来的代销清单时，按照应收金额，借记"应收款"科目，按照应确认的收入，贷记"经营收入"科目；按照应支付的手续费等，借记"经营支出"科目，贷记"应收款"科目；同时，按照代销商品的实际成本（或售价），借记"经营支出"等科目，贷记本科目。收到代销款时，借记"银行存款"等科目，贷记"应收款"科目。

4.本科目应按照代销商品或委托单位等设置明细账，进行明细核算。

5.本科目期末借方余额，反映合作社委托外单位销售但尚未收到代销商品款的商品的实际成本。

127　受托代购商品

1.本科目核算合作社接受委托代为采购商品的实际成本。

2.合作社收到受托代购商品款时，借记"库存现金""银行存款"等科目，贷记"成员往来""应付款"等科目。

3.受托采购商品时，按照采购商品的价款，借记本科目，贷记"库存现金""银行存款""应付款"等科目。

4.将受托代购商品交付给委托方时，按照收到的受托代购商品款，借记"成员往来""应付款"等科目，按照代购商品的实际成本，贷记本科目，差额借记或贷记"库存现金""银行存款"等科目；如果受托代购商品收取手续费，按照应收取的手续费，借记"成员往来""应收款"等科目，贷记"经营收入"科目。收到手续费时，借记"库存现金""银行存款"等科目，贷记"成员往来""应收款"等科目。

5.本科目应按照受托方设置明细账，进行明细核算。

6.本科目期末借方余额，反映合作社受托采购尚未交付商品的实际成本。

128　受托代销商品

1.本科目核算合作社接受委托代销商品的实际成本。

2.合作社收到受托代销商品时，按合同或协议约定的价格，借记本科目，贷记"成员往来"等科目。

3.售出受托代销商品时，按照实际收到的价款，借记"库存现金""银行存款"等科目，按照合同或协议约定的价格，贷记本科目，如果实际收到的价款大于合同或协议约定的价格，按照其差额，贷记"经营收入"等科目；如果实际收到的价款小于合同或协议约定的价格，按照其差额，借记"经营支出"等科目。

4.支付委托方代销商品款时，借记"成员往来"等科目，贷记"库存现金""银行存款"等科目。

5.本科目应按照委托代销方设置明细账,进行明细核算。

6.本科目期末借方余额,反映合作社尚未售出的受托代销商品的实际成本。

131　对外投资

1.本科目核算合作社持有的各种对外投资,包括依法出资设立或者加入联合社,以及采用货币资金、实物资产、无形资产等向其他单位的投资等。

2.合作社以现金、银行存款等货币资金方式对外投资时,按照实际支付的价款和相关税费,借记本科目,贷记"库存现金""银行存款"科目,按照应支付的相关税费,贷记"应交税费"等科目。

以实物资产、无形资产等非货币性资产方式对外投资时,按照评估确认或者合同、协议约定的价值和相关税费,借记本科目,按照已计提的累计折旧或摊销,借记"生产性生物资产累计折旧""累计折旧""累计摊销"科目,按照投出资产的原价(成本),贷记"消耗性生物资产""生产性生物资产""固定资产""无形资产"等科目,按照应支付的相关税费,贷记"应交税费"等科目,按照其差额,借记或贷记"资本公积"科目。

3.到期收回或中途转让对外投资时,按照实际收回的价款或价值,借记"库存现金""银行存款"等科目,按照对外投资的账面余额,贷记本科目,按照实际收回的价款或价值与账面余额的差额,借记或贷记"投资收益"科目。

4.被投资单位宣告分配现金股利或利润、联合社返还和分配盈余等时,借记"应收款"等科目,贷记"投资收益"科目;实际收到现金股利或利润、盈余返还、盈余分配等时,借记"库存现金""银行存款"等科目,贷记"应收款"科目;获得股票股利时,不作账务处理,但应在备查簿中登记所增加的股份。

5.对外投资发生损失时,按规定程序批准后,按照可收回的责任人和保险公司赔偿的金额,借记"应收款""成员往来"等科目,按照扣除由责任人和保险公司赔偿的金额后的净损失,借记"投资收益"科目,按照发生损失的对外投资账面余额,贷记本科目。

6.本科目应按照对外投资的种类设置明细科目,进行明细核算。

7.本科目期末借方余额，反映合作社对外投资的实际成本。

141　消耗性生物资产

1.本科目核算合作社持有的消耗性生物资产的实际成本。

2.消耗性生物资产应按照取得时的实际成本计价。合作社按照下列原则确定取得消耗性生物资产的实际成本，进行账务处理：

（1）购入的消耗性生物资产，按照应计入消耗性生物资产成本的金额，借记本科目，贷记"库存现金""银行存款""应付款"等科目。

（2）自行栽培的大田作物和蔬菜等，按照收获前发生的必要支出，借记本科目，贷记"库存现金""银行存款""产品物资""应付工资""应付劳务费"等科目。

自行营造的林木类消耗性生物资产（如非经济林木），按照郁闭前发生的必要支出，借记本科目，贷记"库存现金""银行存款""产品物资""应付工资""应付劳务费"等科目。

自行繁殖的育肥畜、水产养殖的鱼虾贝类等，按照出售或入库前发生的必要支出，借记本科目，贷记"库存现金""银行存款""产品物资""应付工资""应付劳务费"等科目。

（3）取得成员出资投入的消耗性生物资产，按照确定的成本，借记本科目，按照成员应享有合作社成员出资总额的份额计算的金额，贷记"股金"科目，按照两者之间的差额，贷记或借记"资本公积"科目。

（4）收到国家财政直接补助的消耗性生物资产（包括以前年度收到或形成但尚未入账）或者他人捐赠的消耗性生物资产，按照有关凭据注明的金额加上相关税费、运输费等，借记本科目，贷记"专项基金"等科目。没有相关凭据的，按照资产评估价值或者比照同类或类似消耗性生物资产的市场价格，加上相关税费、运输费等，借记本科目，贷记"专项基金"等科目。如无法采用上述方法计价的，应当按照名义金额，借记本科目，贷记"专项基金"科目，并设置备查簿进行登记和后续管理；按照实际发生的运输费和应支付的相关税费等，借记"其他支出"科目，贷记"库存现金""银行存款""应付款""应交税费"等科目。

（5）产畜或役畜淘汰转为育肥畜的，按照转群时的账面价值，借记本科目，按照已计提的累计折旧，借记"生产性生物资产累计折旧"科目，按照其账面余额，贷记"生产性生物资产"科目。

幼畜成龄转为产畜或役畜、育肥畜转为产畜或役畜的，按照其账面余额，借记"生产性生物资产"科目，贷记本科目。

（6）盘盈的消耗性生物资产，按照同类或类似消耗性生物资产的市场价格或评估价值，借记本科目，贷记"待处理财产损溢——待处理流动资产损溢"科目。

3.择伐、间伐或抚育更新性质采伐而补植林木类消耗性生物资产发生的后续支出，借记本科目，贷记"库存现金""银行存款""产品物资""应付工资""应付劳务费"等科目。

林木类消耗性生物资产达到郁闭后发生的管护费用等后续支出，借记"其他支出"科目，贷记"库存现金""银行存款""产品物资""应付工资""应付劳务费"等科目。

4.生产经营过程中发生的应归属于消耗性生物资产的费用，按照应分配的金额，借记本科目，贷记"生产成本"科目。

5.消耗性生物资产收获时，按照其账面余额，借记"产品物资"科目，贷记本科目。

6.出售消耗性生物资产时，按照实现的销售收入，借记"库存现金""银行存款""应收款"等科目，贷记"经营收入"等科目。按照其账面余额，借记"经营支出"等科目，贷记本科目。

7.以幼畜及育肥畜、消耗性林木资产等消耗性生物资产对外投资时，按照评估确认或者合同、协议约定的价值和相关税费，借记"对外投资"科目，按照消耗性生物资产的账面余额，贷记本科目，按照应支付的相关税费，贷记"应交税费"等科目，按照其差额，借记或贷记"资本公积"科目。

8.消耗性生物资产死亡毁损、盘亏时，按照其账面余额，借记"待处理财产损溢——待处理流动资产损溢"科目，贷记本科目。按规定程序批准后处理时，按照可收回的责任人和保险公司赔偿的金额，借记"应收款""成员往来"等科目，按照残料价值，借记"产品物资"等科目，按照"待处理财产损溢——待处理流动资产损溢"科目相应余额，贷记"待处理财产损溢——待处理流动资产损溢"科目，按照其差额，借记"其他支出"科目。

9.本科目应按照消耗性生物资产的种类、群别、是否属于扶贫项目资产等设置明细科目，进行明细核算。

10.本科目期末借方余额，反映合作社持有的消耗性生物资产的实际成本。

142　生产性生物资产

1.本科目核算合作社持有的生产性生物资产的原价（成本）。

2.生产性生物资产应按照取得时的实际成本计价。合作社按照下列原则确定取得生产性生物资产的实际成本，进行账务处理：

（1）购入的生产性生物资产，按照应计入生产性生物资产成本的金额，借记本科目，贷记"库存现金""银行存款""应付款"等科目。

（2）自行营造的林木类生产性生物资产、自行繁殖的产畜和役畜等，按照达到预定生产经营目的前发生的必要支出，借记本科目，贷记"库存现金""银行存款""产品物资""应付工资""应付劳务费"等科目。

（3）取得成员出资投入的生产性生物资产，按照确定的成本，借记本科目，按照成员应享有合作社成员出资总额的份额计算的金额，贷记"股金"科目，按照两者之间的差额，贷记或借记"资本公积"科目。

（4）收到国家财政直接补助的生产性生物资产（包括以前年度收到或形成但尚未入账的）或者他人捐赠的生产性生物资产，按照有关凭据注明的金额加上相关税费、运输费等，借记本科目，贷记"专项基金"等科目。没有相关凭据的，按照资产评估价值或者比照同类或类似生产性生物资产的市场价格，加上相关税费、运输费等，借记本科目，贷记"专项基金"等科目。如无法采用上述方法计价的，应当按照名义金额，借记本科目，贷记"专项基金"科目，并设置备查簿进行登记和后续管理；按照实际发生的运输费和应支付的相关税费等，借记"其他支出"科目，贷记"库存现金""银行存款""应付款""应交税费"等科目。

（5）幼畜成龄转为产畜或役畜、育肥畜转为产畜或役畜的，按照其账面余额，借记本科目，贷记"消耗性生物资产"科目。

产畜或役畜淘汰转为育肥畜的，按照转群时的账面价值，借记"消耗性生物资产"科目，按照已计提的累计折旧，借记"生产性生物资产累计折旧"科目，按照其账面余额，贷记本科目。

（6）盘盈的生产性生物资产，按照同类或类似生产性生物资产的市场价格或评估价值扣除按照该项生产性生物资产状况估计的折旧后的余额，借记本科目，贷记"待处理财产损溢——待处理非流动资产损溢"科目。

3.择伐、间伐或抚育更新等生产性采伐而补植林木类生产性生物资产发生的后续支出，借记本科目，贷记"库存现金""银行存款""产品物资""应付工资""应付劳务费"等科目。

生产性生物资产达到预定生产经营目的后发生的管护、饲养费用等后续支出，借记"经营支出"科目，贷记"库存现金""银行存款""产品物资""应付工资""应付劳务费"等科目。

4.出售生产性生物资产时，按照取得的价款，借记"库存现金""银行存款"等科目，按照已计提的累计折旧，借记"生产性生物资产累计折旧"科目，按照生产性生物资产原价（成本），贷记本科目，按照其差额，借记"其他支出"科目或贷记"其他收入"科目。

5.以生产性生物资产对外投资时，按照评估确认或者合同、协议约定的价值和相关税费，借记"对外投资"科目，按照已计提的累计折旧，借记"生产性生物资产累计折旧"科目，按照生产性生物资产原价（成本），贷记本科目，按照应支付的相关税费，贷记"应交税费"等科目，按照其差额，借记或贷记"资本公积"科目。

6.生产性生物资产死亡毁损、盘亏时，按照生产性生物资产账面价值，借记"待处理财产损溢——待处理非流动资产损溢"科目，按照已计提的累计折旧，借记"生产性生物资产累计折旧"科目，按照生产性生物资产原价（成本），贷记本科目。按规定程序批准后处理时，按照可收回的责任人和保险公司赔偿的金额，借记"应收款""成员往来"等科目，按照残料价值，借记"产品物资"等科目，按照"待处理财产损溢——待处理非流动资产损溢"科目相应余额，贷记"待处理财产损溢——待处理非流动资产损溢"科目，按照其差额，借记"其他支出"科目。

7.本科目应按照生产性生物资产的种类、群别、所属部门、是否属于扶贫项目资产等设置明细科目，进行明细核算。

8.本科目期末借方余额，反映合作社持有的生产性生物资产的原价（成本）。

143　生产性生物资产累计折旧

1.本科目核算合作社持有的达到预定生产经营目的的生产性生物资产的累计折旧。

2.达到预定生产经营目的的生产性生物资产计提的折旧，借记"生产成本""经营支出"等科目，贷记本科目。

因出售、对外投资、死亡毁损等原因处置生产性生物资产，还应同时结转生产性生物资产累计折旧。

3.本科目应按照生产性生物资产的种类、群别、所属部门、是否属于扶贫项目资产等设置明细科目，进行明细核算。

4.本科目期末贷方余额，反映合作社达到预定生产经营目的的生产性生物资产的累计折旧额。

144 公益性生物资产

1.本科目核算合作社持有的公益性生物资产的实际成本。

2.公益性生物资产应按照取得时的实际成本计价。合作社按照下列原则确定取得公益性生物资产的实际成本，进行账务处理：

（1）购入的公益性生物资产，按照应计入公益性生物资产成本的金额，借记本科目，贷记"库存现金""银行存款""应付款"等科目。

（2）自行营造的林木类公益性生物资产，按照郁闭前发生的必要支出，借记本科目，贷记"库存现金""银行存款""产品物资""应付工资""应付劳务费"等科目。

（3）取得成员出资投入的公益性生物资产，按照确定的成本，借记本科目，按照成员应享有合作社成员出资总额的份额计算的金额，贷记"股金"科目，按照两者之间的差额，贷记或借记"资本公积"科目。

（4）收到国家财政直接补助的公益性生物资产（包括以前年度收到或形成但尚未入账的）或者他人捐赠的公益性生物资产，按照有关凭据注明的金额加上相关税费、运输费等，借记本科目，贷记"专项基金"等科目。没有相关凭据的，按照资产评估价值或者比照同类或类似公益性生物资产的市场价格，加上相关税费、运输费等，借记本科目，贷记"专项基金"等科目。如无法采用上述方法计价的，应当按照名义金额，借记本科目，贷记"专项基金"科目，并设置备查簿进行登记和后续管理；按照实际发生的运输费和应支付的相关税费等，借记"其他支出"科目，贷记"库存现金""银行存款""应付款""应交税费"等科目。

（5）消耗性生物资产、生产性生物资产转为公益性生物资产的，按照其账面余额或账面价值，借记本科目，按照已计提的生产性生物资产累计折旧，借记"生产性生物资产累计折旧"科目，按照其账面余额，贷记"消耗性生物资产""生产性生物资产"等科目。

3.择伐、间伐或抚育更新等生产性采伐而补植林木类公益性生物资产发生的后续支出，借记本科目，贷记"库存现金""银行存款""产品物资""应付工资""应付劳务费"等科目。

林木类公益性生物资产郁闭后发生的管护费用等其他后续支出，借记"其他支出"科目，贷记"库存现金""银行存款""产品物资""应付工资""应付劳务费"等科目。

4.本科目应按照公益性生物资产的种类或项目、是否属于扶贫项目资产等设置明细科目，进行明细核算。

5.本科目期末借方余额，反映合作社持有的公益性生物资产的实际成本。

151 固定资产

1.本科目核算合作社固定资产的原价（成本）。

2.固定资产应按照取得时的实际成本计价。合作社按照下列原则确定取得固定资产的实际成本，进行账务处理：

（1）购入不需要安装的固定资产，按照购买价款和采购费、应支付的相关税费、包装费、运输费、装卸费、保险费以及外购过程发生的其他直接费用，借记本科目，贷记"库存现金""银行存款""应付款"等科目。购入需要安装的固定资产，先记入"在建工程"科目，待安装完毕交付使用时，按照其实际成本，借记本科目，贷记"在建工程"科目。

（2）自行建造完成交付使用的固定资产，按照建造该固定资产的实际成本，借记本科目，贷记"在建工程"科目。

（3）取得成员出资投入的固定资产，按照确定的成本，借记本科目，按照成员应享有合作社成员出资总额的份额计算的金额，贷记"股金"科目，按照两者之间的差额，贷记或借记"资本公积"科目。

（4）收到国家财政直接补助的固定资产（包括以前年度收到或形成但尚未入账的）或者他人捐赠的固定资产，按照有关凭据注明的金额加上相关税费、运输费等，借记本科目，贷记"专项基金"等科目。没有相关凭据的，按照资产评估价值或者比照同类或类似固定资产的市场价格，加上相关税费、运输费等,借记本科目,贷记"专项基金"等科目。如无法采用上述方法计价的,应当按照名义金额,借记本科目,贷记"专项基金"科目,并设置备查簿进行登记和后续管理;按照实际发生的运输费和应支付的相关税费等,借记"其他支出"科目,贷记"库存现金""银行存款""应付款""应交税费"等科目。

(5)盘盈的固定资产,按照同类或类似固定资产的市场价格或评估价值扣除按照该项固定资产新旧程度估计的折旧后的余额,借记本科目,贷记"待处理财产损溢——待处理非流动资产损溢"科目。

3.生产经营用的固定资产的修理费用,借记"经营支出"等科目,贷记"库存现金""银行存款"等科目;管理用的固定资产的修理费用,借记"管理费用"等科目,贷记"库存现金""银行存款"等科目;用于公益性用途的固定资产的修理费用,借记"其他支出"等科目,贷记"库存现金""银行存款"等科目。

4.对固定资产进行改建时,按照该项固定资产账面价值,借记"在建工程"科目,按照已计提的累计折旧,借记"累计折旧"科目,按照固定资产原价(成本),贷记本科目。改建完成交付使用时,按照确定的固定资产成本,借记本科目,贷记"在建工程"科目。

5.固定资产出售、报废和毁损等时,按照固定资产账面价值,借记"固定资产清理"科目,按照可收回的责任人和保险公司赔偿的金额,借记"应收款""成员往来"等科目,按照已计提的累计折旧,借记"累计折旧"科目,按照固定资产原价(成本),贷记本科目。

盘亏的固定资产,按照固定资产账面价值,借记"待处理财产损溢——待处理非流动资产损溢"科目,按照已计提的累计折旧,借记"累计折旧"科目,按照固定资产原价(成本),贷记本科目。

6.以固定资产对外投资时,按照评估确认或者合同、协议约定的价值和相关税费,借记"对外投资"科目,按照已计提的累计折旧,借记"累计折旧"科目,按照固定资产原价(成本),贷记本科目,按照应支付的相关税费,贷记"应交税费"等科目,按其差额,借记或贷记"资本公积"科目。

7.捐赠转出固定资产时,按照固定资产账面价值,转入"固定资产清理"

科目，应支付的相关税费及其他费用，也通过"固定资产清理"科目进行归集，捐赠项目完成后，按照"固定资产清理"科目的余额，借记"其他支出"科目，贷记"固定资产清理"科目。

8.合作社应当设置"固定资产登记簿"和"固定资产卡片"，按照固定资产类别和项目、是否属于扶贫项目资产等设置明细科目，进行明细核算。

9.本科目期末借方余额，反映合作社持有的固定资产的原价（成本）。

152　累计折旧

1.本科目核算合作社固定资产计提的累计折旧。

2.生产经营用的固定资产计提的折旧，借记"生产成本"等科目，贷记本科目；管理用的固定资产计提的折旧，借记"管理费用"科目，贷记本科目；用于公益性用途的固定资产计提的折旧，借记"其他支出"科目，贷记本科目。

3.对固定资产进行改建时，按照该项固定资产账面价值，借记"在建工程"科目，按照已计提的累计折旧，借记本科目，按照固定资产原价（成本），贷记"固定资产"科目。

4.固定资产出售、报废和毁损等时，按照固定资产账面价值，借记"固定资产清理"科目，按照可收回的责任人和保险公司赔偿的金额，借记"应收款""成员往来"等科目，按照已计提的累计折旧，借记本科目，按照固定资产原价（成本），贷记"固定资产"科目。

盘亏的固定资产，按照固定资产账面价值，借记"待处理财产损溢——待处理非流动资产损溢"科目，按照已计提的累计折旧，借记本科目，按照固定资产原价，贷记"固定资产"科目。

5.以固定资产对外投资时，按照评估确认或者合同、协议约定的价值和相关税费，借记"对外投资"科目，按照已计提的累计折旧，借记本科目，按照固定资产原价（成本），贷记"固定资产"科目，按照应支付的相关税费，贷记"应交税费"等科目，按照其差额，借记或贷记"资本公积"科目。

6.本科目应按照相应固定资产的类别和项目、是否属于扶贫项目资产等设置明细科目，进行明细核算。

7.本科目的期末贷方余额，反映合作社固定资产的累计折旧额。

153 在建工程

1.本科目核算合作社进行工程建设、设备安装、农业农村基础设施建造、固定资产改建等发生的实际支出。购入不需要安装的固定资产，不通过本科目核算。

2.购入需要安装的固定资产，按照购买价款和采购费、应支付的相关税费、包装费、运输费、装卸费、保险费以及外购过程发生的其他直接费用，借记本科目，贷记"库存现金""银行存款""应付款"等科目。

3.建造固定资产和兴建农业农村基础设施购买专用物资以及发生的相关费用，按照实际支出，借记本科目，贷记"库存现金""银行存款""产品物资"等科目。

发包工程建设，根据合同规定向承包企业预付工程款时，按照实际预付的价款，借记本科目，贷记"银行存款"等科目；以拨付材料抵作工程款的，按照材料的实际成本，借记本科目，贷记"产品物资"等科目；将需要安装的设备交付承包企业进行安装时，按照该设备的成本，借记本科目，贷记"产品物资"等科目。与承包企业办理工程价款结算时，补付的工程款，借记本科目，贷记"银行存款""应付款"等科目。

自营的工程，领用物资或产品时，按照领用物资或产品的实际成本，借记本科目，贷记"产品物资"等科目。工程应负担的员工工资、劳务费等人员费用，借记本科目，贷记"成员往来""应付工资""应付劳务费"等科目。

4.对固定资产进行改建时，按照该项固定资产账面价值，借记本科目，按照已计提的累计折旧，借记"累计折旧"科目，按照固定资产原价（成本），贷记"固定资产"科目。发生的改建支出，借记本科目，贷记"库存现金""银行存款""应付款""成员往来""应付工资""应付劳务费"等科目。改建完成交付使用时，按照确定的固定资产成本，借记"固定资产"科目，贷记本科目。

5.购建和安装工程完成并交付使用时，借记"固定资产"科目，贷记本科目。

6.工程完成未形成固定资产时，借记"其他支出"等科目，贷记本科目。

7.本科目应按照工程项目、是否属于扶贫项目资产等设置明细科目，进行明细核算。

8.本科目期末借方余额，反映合作社尚未交付使用的工程项目的实际支出。

154　固定资产清理

1.本科目核算合作社因出售、捐赠、报废和毁损等原因转入清理的固定资产的账面价值及其在清理过程中所发生的费用等。

2.出售、捐赠、报废和毁损的固定资产转入清理时，按照固定资产账面价值，借记本科目，按照已计提的累计折旧，借记"累计折旧"科目，按照固定资产原价（成本），贷记"固定资产"科目。

清理过程中发生的相关税费及其他费用，借记本科目，贷记"库存现金""银行存款""应交税费"等科目；收回出售固定资产的价款、残料价值和变价收入等，借记"银行存款""产品物资"等科目，贷记本科目；按照可收回的责任人和保险公司赔偿的金额，借记"应收款""成员往来"等科目，贷记本科目。

3.清理完毕后发生的净收益，借记本科目，贷记"其他收入"科目；清理完毕后发生的净损失，借记"其他支出"科目，贷记本科目。

4.本科目应按照被清理的固定资产、是否属于扶贫项目资产等设置明细科目，进行明细核算。

5.本科目期末借方余额，反映合作社尚未清理完毕的固定资产清理净损失；本科目期末贷方余额，反映合作社尚未清理完毕的固定资产清理净收益。

161　无形资产

1.本科目核算合作社持有的无形资产的成本。

2.无形资产应按照取得时的实际成本计价。合作社按照下列原则确定取得无形资产的实际成本，进行账务处理：

（1）购入的无形资产，按照购买价款、相关税费以及相关的其他直接费用，借记本科目，贷记"库存现金""银行存款""应付款"等科目。

（2）自行开发并按照法律程序申请取得的无形资产，按照依法取得时发生的注册费、律师费等实际支出，借记本科目，贷记"库存现金""银行存款"等科目。

（3）取得成员出资投入的无形资产，按照确定的成本，借记本科目，按照成员应享有合作社成员出资总额的份额计算的金额，贷记"股金"科目，按照两者之间的差额，贷记或借记"资本公积"科目。

（4）收到国家财政直接补助的无形资产（包括以前年度收到或形成但尚未入账的）或者他人捐赠的无形资产，按照有关凭据注明的金额加上相关税费等，借记本科目，贷记"专项基金"等科目。没有相关凭据的，按照资产评估价值或者比照同类或类似无形资产的市场价格，加上相关税费等，借记本科目，贷记"专项基金"等科目。如无法采用上述方法计价的，应当按照名义金额，借记本科目，贷记"专项基金"科目，并设置备查簿进行登记和后续管理；按照应支付的相关税费等，借记"其他支出"科目，贷记"库存现金""银行存款""应付款""应交税费"等科目。

3.因出售、报废等原因处置无形资产，按照取得的转让价款，借记"库存现金""银行存款"等科目，按照已计提的累计摊销，借记"累计摊销"科目，按照无形资产的成本，贷记本科目，按照应支付的相关税费及其他费用，贷记"应交税费""库存现金""银行存款"等科目，按照其差额，借记"其他支出"科目或贷记"其他收入"科目。

4.以无形资产对外投资时，按照评估确认或者合同、协议约定的价值和相关税费，借记"对外投资"科目，按照已计提的累计摊销，借记"累计摊销"科目，按照无形资产的成本，贷记本科目，按照应支付的相关税费，贷记"应交税费"等科目，按照其差额，借记或贷记"资本公积"科目。

5.本科目应按照无形资产类别、是否属于扶贫项目资产等设置明细科目，进行明细核算。

6.本科目期末借方余额，反映合作社持有的无形资产的成本。

162　累计摊销

1.本科目核算合作社对无形资产计提的累计摊销。

2.土地经营权、林权等生产经营类无形资产计提的摊销，借记"生产成本"等科目，贷记本科目；非生产经营类无形资产计提的摊销，借记"管理费用"等科目，贷记本科目。

3.出租无形资产所取得的租金收入，借记"银行存款"等科目，贷记"其他收入"等科目；结转出租无形资产的成本时，借记"其他支出"等科目，贷记本科目。

4.因出售、报废等原因处置无形资产，按照取得的转让价款，借记"库存现金""银行存款"等科目，按照已计提的累计摊销，借记本科目，按照无形资产的成本，贷记"无形资产"科目，按照应支付的相关税费及其他费用，贷记"应交税费""库存现金""银行存款"等科目，按照其差额，借记"其他支出"科目或贷记"其他收入"科目。

5.以无形资产对外投资时，按照评估确认或者合同、协议约定的价值和相关税费，借记"对外投资"科目，按照已计提的累计摊销，借记本科目，按照无形资产的成本，贷记"无形资产"科目，按照应支付的相关税费，贷记"应交税费"等科目，按照其差额，借记或贷记"资本公积"科目。

6.本科目应按照相应无形资产的类别、是否属于扶贫项目资产等设置明细科目，进行明细核算。

7.本科目的期末贷方余额，反映合作社计提的无形资产摊销累计数。

171　长期待摊费用

1.本科目核算合作社已提足折旧的固定资产的改建支出和其他长期待摊费用等。

2.合作社发生长期待摊费用时，借记本科目，贷记"库存现金""银行存款""产品物资"等科目。摊销长期待摊费用时，借记"生产成本""管理费用""其他支出"等科目，贷记本科目。

3.本科目应按照支出项目进行明细核算。

4.本科目期末借方余额，反映合作社尚未摊销完毕的长期待摊费用。

181　待处理财产损溢

1.本科目核算合作社在清查财产过程中查明的各种财产盘盈、盘亏和毁损的价值。

2.盘盈的各种产品物资、消耗性生物资产、现金等，按照同类或类似资产的市场价格或评估价值、实际溢余的金额，借记"产品物资""消耗性生物资产""库存现金"等科目，贷记本科目（待处理流动资产损溢）。盘亏、毁损、短缺的各种产品物资、消耗性生物资产、现金等，按照其账面余额、实际短缺的金额，借记本科目（待处理流动资产损溢），贷记"产品物资""消耗性生物资产""库存现金"等科目。

盘盈的固定资产、生产性生物资产，按照同类或类似资产的市场价格或评估价值扣除按照该项资产新旧程度或状况估计的折旧后的余额，借记"固定资产""生产性生物资产"科目，贷记本科目（待处理非流动资产损溢）。盘亏的固定资产以及盘亏、死亡毁损的生产性生物资产，按照其账面价值，借记本科目（待处理非流动资产损溢），按照已计提的累计折旧，借记"累计折旧""生产性生物资产累计折旧"科目，按照其原价（成本），贷记"固定资产""生产性生物资产"科目。

3.盘亏、毁损、报废的各项资产，按规定程序批准后处理时，按照残料价值，借记"产品物资"等科目，按照可收回的责任人和保险公司赔偿的金额，借记"应收款""成员往来"等科目，按照本科目余额，贷记本科目（待处理流动资产损溢、待处理非流动资产损溢），按照其差额，借记"其他支出"科目。

盘盈的各项资产，按规定程序批准后处理时，按照本科目余额，借记本科目（待处理流动资产损溢、待处理非流动资产损溢），贷记"其他收入"科目。

4.本科目应按照待处理流动资产损溢和待处理非流动资产损溢进行明细核算。

5.合作社的财产损溢，应当查明原因，在期末结账前处理完毕，处理后本科目应无余额。

负债类科目

201　短期借款

1.本科目核算合作社从银行、信用社或其他金融机构，以及外部单位和个人借入的期限在1年内（含1年）的各种借款。

2.合作社借入各种短期借款时，借记"库存现金""银行存款"科目，贷记本科目。

3.在应付利息日，按照借款本金和借款合同利率计算确定的利息费用，借记"财务费用"科目，贷记"应付利息"科目。

实际支付短期借款利息时，借记"应付利息"科目，贷记"库存现金""银行存款"科目。

4.偿还短期借款时，借记本科目，贷记"库存现金""银行存款"科目。

5.本科目应按照借款单位和个人设置明细科目，进行明细核算。

6.本科目期末贷方余额，反映合作社尚未偿还的短期借款本金。

211　应付款

1.本科目核算合作社与非成员之间发生的各种应付及暂收款项，包括因购买产品物资和接受服务等应付的款项以及应付的赔款等。

2.合作社与非成员之间发生各种应付及暂收款项时，借记"库存现金""银行存款""产品物资""经营支出""其他支出"等科目，贷记本科目。

3.偿还应付及暂收款项时，借记本科目，贷记"库存现金""银行存款"等科目。

4.因债权人特殊原因等确实无法支付的应付款或获得债权人的债务豁免时，按规定程序批准后，借记本科目，贷记"其他收入"科目。

5.本科目应按照发生应付及暂收款项的非成员单位和个人设置明细账，进行明细核算。

6.本科目期末贷方余额，反映合作社应付但尚未付给非成员的应付及暂收款项。

212　应付工资

1.本科目核算合作社应支付给管理人员、固定员工等职工的工资总额。包括在工资总额内的各种工资、奖金、津贴、补助、社会保险费等，不论是否在当月支付，都应通过本科目核算。

2.合作社应当按照劳动工资制度规定，编制"工资表"，计算各种工资，再将"工资表"进行汇总，编制"工资汇总表"。

3.提取工资时，根据人员岗位进行工资分配，借记"在建工程""生产成本""经营支出""管理费用"等科目，贷记本科目。

4.实际支付工资时，借记本科目，贷记"库存现金""银行存款"等科目。

5.合作社应当设置"应付工资明细账"，按照管理人员、固定员工等职工的姓名、类别以及应付工资的组成内容等，进行明细核算。

6.本科目期末一般应无余额，如有贷方余额，反映合作社已提取但尚未支付的工资额。

213　应付劳务费

1.本科目核算合作社应支付给季节性用工等临时性工作人员的劳务费总额。包括在劳务费总额内的各种劳务费、奖金、津贴、补助等，不论是否在当月支付，都应通过本科目核算。

2.提取劳务费时，根据人员岗位进行劳务费分配，借记"在建工程""生产成本""经营支出"等科目，贷记本科目。

3.实际支付劳务费时，借记本科目，贷记"库存现金""银行存款"等科目。

4.合作社应当设置"应付劳务费明细账"，按照临时性工作人员的姓名、类别以及应付劳务费的组成内容等，进行明细核算。

5.本科目期末一般应无余额，如有贷方余额，反映合作社已提取但尚未支付的劳务费金额。

214　应交税费

1.本科目核算合作社按照税法等规定计算应缴纳的各种税费，包括增值税、企业所得税、消费税、城市维护建设税、资源税、房产税、土地使用税、车船税、印花税、教育费附加及地方教育附加等。

合作社代扣代缴的个人所得税，也通过本科目核算。

2.应交增值税的主要账务处理。

合作社涉及增值税会计核算的相关业务，应按照国家统一的会计制度有关增值税会计处理的规定进行账务处理。

3.应交消费税、城市维护建设税、资源税、房产税、土地使用税、车船税、印花税、教育费附加及地方教育附加等的主要账务处理。

（1）按照税法等规定应缴纳的消费税、城市维护建设税、资源税、房产税、土地使用税、车船税、印花税、教育费附加及地方教育附加等，借记"税金及附加"等科目，贷记本科目（消费税、城市维护建设税、资源税、房产税、土地使用税、车船税、印花税、教育费附加、地方教育附加等）。

（2）缴纳的消费税、城市维护建设税、资源税、房产税、土地使用税、车船税、印花税、教育费附加及地方教育附加等，借记本科目（消费税、资源税、房产税、土地使用税、车船税、印花税、教育费附加、地方教育附加等），贷记"银行存款"科目。

4.应交企业所得税的主要账务处理。

（1）按照税法等规定应缴纳的企业所得税，借记"所得税费用"科目，贷记本科目（应交企业所得税）。

（2）缴纳的企业所得税，借记本科目（应交企业所得税），贷记"银行存款"科目。

5.应交个人所得税的主要账务处理。

（1）按照税法等规定应代扣代缴的个人所得税，借记"应付工资""应付劳务费"科目，贷记本科目（应交个人所得税）。

（2）缴纳的个人所得税，借记本科目（应交个人所得税），贷记"银行存款"科目。

6.本科目应按照应缴纳的税费项目等进行明细核算。

7.本科目期末贷方余额，反映合作社尚未缴纳的税费；期末如为借方余额，反映合作社多缴纳或尚未抵扣的税费。

215　应付利息

1.本科目核算合作社按照合同约定应支付的利息费用。

2.在应付利息日，按照借款本金和借款合同利率计算确定的利息费用，借记"财务费用"科目，贷记本科目。

3.实际支付利息时，借记本科目，贷记"库存现金""银行存款"科目。

4.本科目应按照借款单位和个人设置明细账，进行明细核算。

5.本科目期末贷方余额，反映合作社应付未付的利息费用。

221　应付盈余返还

1.本科目核算合作社根据有关法律法规和合作社章程规定，返还给成员的盈余。

2.合作社根据章程规定或者经成员（代表）大会决议确定的盈余分配方案，按照成员与本社的交易量（额）比例等提取返还盈余时，借记"盈余分配"科目，贷记本科目。实际支付时，借记本科目，贷记"库存现金""银行存款"等科目。

3.根据成员（代表）大会表决同意，将应支付的盈余返还转为成员对合作社出资的，借记本科目，贷记"股金"等科目。

4.本科目应按照成员设置明细账，进行明细核算。

5.本科目期末贷方余额，反映合作社尚未支付给成员的盈余返还。

222　应付剩余盈余

1.本科目核算合作社根据有关法律法规和合作社章程规定，分配给成员的剩余可分配盈余。

2.合作社提取返还盈余后，根据章程规定或者经成员（代表）大会决议确定的盈余分配方案，分配剩余盈余时，借记"盈余分配"科目，贷记本科目。实际支付时，借记本科目，贷记"库存现金""银行存款"等科目。

3.根据成员（代表）大会表决同意，将应支付的剩余盈余转为成员对合作社出资的，借记本科目，贷记"股金"等科目。

4.本科目应按照成员设置明细账，进行明细核算。

5.本科目期末贷方余额，反映合作社尚未支付给成员的剩余盈余。

231　长期借款

1.本科目核算合作社从银行等金融机构及外部单位和个人借入的期限在1年以上（不含1年）的各项借款。

2.合作社借入长期借款时，借记"银行存款"等科目，贷记本科目。

3.在应付利息日，按照借款本金和借款合同利率计算确定的利息费用，借记"财务费用"科目，贷记"应付利息"科目。

实际支付利息时，借记"应付利息"科目，贷记"银行存款"等科目。

4.偿还长期借款时，借记本科目，贷记"银行存款"等科目。

5.本科目应按照借款单位和个人设置明细账，进行明细核算。

6.本科目期末贷方余额，反映合作社尚未偿还的长期借款本金。

235　专项应付款

1.本科目核算合作社接受国家财政直接补助的资金。

2.合作社收到国家财政直接补助的资金时，借记"库存现金""银行存款"等科目，贷记本科目。

3.按照国家财政直接补助资金的项目用途，取得生物资产、固定资产、无形资产等非货币性资产，或用于兴建农业农村基础设施时，按照实际使用国家财政直接补助资金的数额，借记"消耗性生物资产""生产性生物资产""固定资产""无形资产""在建工程"等科目，贷记"库存现金""银行存款"等科目，同时借记本科目，贷记"专项基金"科目；用于开展信息、培训、农产品质量标准与认证、市场营销和技术推广等项目支出时，借记本科目，贷记"库存现金""银行存款"等科目。

4.取得生物资产、固定资产、无形资产等非货币性资产之后收到对应用途的国家财政直接补助资金的，按照收到的金额，借记"库存现金""银行存款"等科目，贷记本科目，同时按照实际使用国家财政直接补助资金的数额，借记本科目，贷记"专项基金"科目；发生信息、培训、农产品质量标准与认证、市场营销和技术推广等项目支出之后收到对应用途的国家财政直接补助资金的，按照收到的金额，借记"库存现金""银行存款"等科目，贷记本科目，同时按照实际使用国家财政直接补助资金的数额，借记本科目，贷记"经营支出""管理费用"等科目。

5.因有结余等情况而退回国家财政直接补助资金时，借记本科目，贷记"库存现金""银行存款"等科目。

6.本科目应按照国家财政直接补助资金项目设置明细科目，进行明细核算。

7.本科目期末贷方余额，反映合作社尚未使用和结转的国家财政直接补助资金数额。

所有者权益类科目

301 股 金

1.本科目核算合作社通过成员投资入股、公积金转增、可分配盈余转增等所形成的股金。

2.合作社收到成员投资入股的货币资金，按照实际收到的金额，借记"库存现金""银行存款"科目，按照成员应享有合作社成员出资总额的份额计算的金额，贷记本科目，按照两者之间的差额，贷记"资本公积"科目。

3.收到成员投资入股的非货币性资产，按照确定的成本，借记"产品物资""消耗性生物资产""生产性生物资产""固定资产""无形资产"等科目，按照成员应享有合作社成员出资总额的份额计算的金额，贷记本科目，按照两者之间的差额，贷记或借记"资本公积"科目。

4.用资本公积或盈余公积转增股金时，借记"资本公积""盈余公积"等科目，贷记本科目。

5.根据成员（代表）大会表决同意，将可分配盈余转为成员对合作社出资的，借记"应付盈余返还""应付剩余盈余""盈余分配"科目，贷记本科目。

6.按照法定程序减少成员出资总额或成员退股时，借记本科目等，贷记"库存现金""银行存款""产品物资""固定资产"等科目，并在有关明细账及备查簿中详细记录股金发生的变动情况。

7.成员按照规定转让出资的，应在成员账户和有关明细账及备查簿中记录受让方。

8.本科目应按照成员设置明细科目，进行明细核算。

9.本科目期末贷方余额，反映合作社实有的股金数额。

311　专项基金

1.本科目核算合作社接受国家财政直接补助和他人捐赠形成的专项基金。

2.合作社使用已收到的国家财政直接补助资金取得生物资产、固定资产、无形资产等非货币性资产，或用于兴建农业农村基础设施时，按照实际使用国家财政直接补助资金的数额，借记"消耗性生物资产""生产性生物资产""固定资产""无形资产""在建工程"等科目，贷记"库存现金""银行存款"等科目，同时借记"专项应付款"科目，贷记本科目。

3.取得生物资产、固定资产、无形资产等非货币性资产之后收到对应用途的国家财政直接补助资金的，按照收到的金额，借记"库存现金""银行存款"等科目，贷记"专项应付款"科目，同时按照实际使用国家财政直接补助资金的数额，借记"专项应付款"科目，贷记本科目。

4.实际收到他人捐赠的货币资金时，借记"库存现金""银行存款"科目，贷记本科目。

5.收到国家财政直接补助的生物资产、固定资产、无形资产等非货币性资产（包括以前年度收到或形成但尚未入账的）或者他人捐赠的非货币性资产时，按照有关凭据注明的金额加上相关税费等，借记"消耗性生物资产""生产性生物资产""固定资产""无形资产"等科目，贷记本科目等。没有相关凭据的，按照资产评估价值或者比照同类或类似资产的市场价格，加上相关税费等，借记"消耗性生物资产""生产性生物资产""固定资产""无形资产"等科目，贷记本科目等。如无法采用上述方法计价的，应当按照名义金额，借记"消耗性生物资产""生产性生物资产""固定资产""无形资产"等科目，贷记本科目，并设置备查簿进行登记和后续管理；按照应支付的相关税费等，借记"其他支出"科目，贷记"库存现金""银行存款""应付款""应交税费"等科目。

6.本科目应按照专项基金的来源设置明细科目，进行明细核算。

7.本科目期末贷方余额，反映合作社实有的专项基金数额。

321　资本公积

1.本科目核算合作社形成的资本公积。

2.合作社收到成员投资入股的货币资金，按照实际收到的金额，借记"库存现金""银行存款"科目，按照成员应享有合作社成员出资总额的份额计算的金额，贷记"股金"科目，按照两者之间的差额，贷记本科目。

3.收到成员投资入股的非货币性资产，按照确定的成本，借记"产品物资""消耗性生物资产""生产性生物资产""固定资产""无形资产"等科目，按照成员应享有合作社成员出资总额的份额计算的金额，贷记"股金"科目，按照两者之间的差额，贷记或借记本科目。

4.以实物资产、无形资产等非货币性资产方式对外投资时，按照评估确认或者合同、协议约定的价值和相关税费，借记"对外投资"科目，按照已计提的累计折旧或摊销，借记"生产性生物资产累计折旧""累计折旧""累计摊销"科目，按照投出资产的原价（成本），贷记"消耗性生物资产""生产性生物资产""固定资产""无形资产"等科目，按照应支付的相关税费，贷记"应交税费"等科目，按照其差额，借记或贷记本科目。

5.用资本公积转增股金时，借记本科目，贷记"股金"科目。

6.本科目应按照资本公积的来源设置明细科目，进行明细核算。

7.本科目期末贷方余额，反映合作社实有的资本公积数额。

322　盈余公积

1.本科目核算合作社从当年盈余中提取的盈余公积。

2.合作社提取盈余公积时，借记"盈余分配"科目，贷记本科目。

3.用盈余公积转增股金或弥补亏损等时，借记本科目，贷记"股金""盈余分配"等科目。

4.本科目应按照用途设置明细科目，进行明细核算。

5.本科目期末贷方余额，反映合作社实有的盈余公积数额。

331　本年盈余

1.本科目核算合作社当期实现的盈余。

2.会计期末结转盈余时，应将"经营收入""其他收入"科目的余额转入本科目的贷方，借记"经营收入""其他收入"科目，贷记本科目；同时将"经营支出""税金及附加""管理费用""财务费用""其他支出""所得税费用"科目的余额转入本科目的借方，借记本科目，贷记"经营支出""税金及附加""管理费用""财务费用""其他支出""所得税费用"科目。应将"投资收益"科目的贷方余额转入本科目的贷方，借记"投资收益"科目，贷记本科目；如为投资净损失，应将"投资收益"科目的借方余额转入本科目的借方，借记本科目，贷记"投资收益"科目。

3.年度终了，应将本年收入和支出相抵后结出的本年实现的净盈余，转入"盈余分配"科目，借记本科目，贷记"盈余分配——未分配盈余"科目；如为净亏损，作相反会计分录。结转后本科目应无余额。

332　盈余分配

1.本科目核算合作社当年盈余的分配（或亏损的弥补）和历年分配后的结存余额。本科目设置"各项分配"和"未分配盈余"两个二级科目。

2.合作社用盈余公积弥补亏损时，借记"盈余公积"科目，贷记本科目（未分配盈余）。

3.按照规定提取盈余公积时，借记本科目（各项分配），贷记"盈余公积"科目。

4.根据章程规定或者经成员（代表）大会决议确定的盈余分配方案，提取返还盈余时，借记本科目（各项分配），贷记"应付盈余返还"科目。

5.根据章程规定或者经成员（代表）大会决议确定的盈余分配方案，分配剩余盈余时，借记本科目（各项分配），贷记"应付剩余盈余"科目。

6.根据成员（代表）大会表决同意，将可分配盈余转为成员对合作社出资的，借记"应付盈余返还""应付剩余盈余"、本科目（各项分配），贷记"股金"等科目。

7.年度终了，合作社应将全年实现的盈余总额，自"本年盈余"科目转入本科目，借记"本年盈余"科目，贷记本科目（未分配盈余）；如为净亏损，作相反会计分录。同时，将本科目下的"各项分配"明细科目的余额转入本科目"未分配盈余"明细科目，借记本科目（未分配盈余），贷记本科目（各项分配）。年度终了，本科目的"各项分配"明细科目应无余额，"未分配盈余"明细科目的贷方余额表示未分配的盈余，借方余额表示未弥补的亏损。

8.本科目应按照盈余的用途设置明细科目，进行明细核算。

9.本科目余额为合作社历年积存的未分配盈余（或未弥补亏损）。

成本类科目

401　生产成本

1.本科目核算合作社直接组织生产或提供服务等活动所发生的各项生产费用和服务成本。

2.合作社发生各项生产费用和服务成本时，应当按照成本核算对象和成本项目分别归集，借记本科目，贷记"库存现金""银行存款""成员往来""产品物资""累计折旧""生产性生物资产累计折旧""累计摊销""长期待摊费用""应付款""应付工资""应付劳务费"等科目。

3.会计期间终了，合作社已经生产完成并已验收入库的产成品，按照实际成本，借记"产品物资"科目，贷记本科目。

4.提供服务实现销售时，借记"经营支出"科目，贷记本科目。

5.本科目应按照生产费用和服务成本种类设置明细科目，进行明细核算。

6.本科目期末借方余额，反映合作社尚未生产完成的各项在产品和尚未完成的服务成本。

损益类科目

501　经营收入

1.本科目核算合作社提供农业生产资料的购买、使用，农产品的生产、销售、加工、运输、贮藏以及与农业生产经营有关的技术、信息、设施建设运营等服务，开发经营农村民间工艺及制品、休闲农业和乡村旅游资源等，以及销售本社产品取得的收入。

2.合作社实现经营收入时，按照实际收到或应收的价款，借记"库存现金""银行存款""应收款""成员往来"等科目，贷记本科目。

3.本科目应按照经营项目设置明细科目，进行明细核算。

4.期末，应将本科目的余额转入"本年盈余"科目的贷方，结转后本科目应无余额。

502 其他收入

1.本科目核算合作社的固定资产及产品物资等的盘盈、无法支付的应付款项等除经营收入以外的收入。

2.合作社发生其他收入时，借记"库存现金""银行存款""固定资产清理""待处理财产损溢"等科目，贷记本科目。

3.本科目应按照其他收入的来源设置明细科目，进行明细核算。

4.期末，应将本科目的余额转入"本年盈余"科目的贷方，结转后本科目应无余额。

511 投资收益

1.本科目核算合作社对外投资取得的收益或发生的损失。

2.被投资单位宣告分配现金股利或利润、联合社返还和分配盈余等时，借记"应收款"等科目，贷记本科目；获得股票股利时，不作账务处理，但应在备查簿中登记所增加的股份。

3.到期收回或中途转让对外投资时，按照实际收回的价款或价值，借记"库存现金""银行存款"等科目，按照对外投资的账面余额，贷记"对外投资"科目，按照实际收回的价款或价值与账面余额的差额，借记或贷记本科目。

4.本科目应按照投资项目设置明细科目，进行明细核算。

5.期末，应将本科目的贷方余额转入"本年盈余"科目贷方；如为投资净损失，应将本科目的借方余额转入"本年盈余"科目借方。结转后本科目应无余额。

521 经营支出

1.本科目核算合作社提供农业生产资料的购买、使用，农产品的生产、销售、加工、运输、贮藏以及与农业生产经营有关的技术、信息、设施建设运营等服务，开发经营农村民间工艺及制品、休闲农业和乡村旅游资源等，以及销售本社产品发生的实际支出。

2.合作社发生经营支出时，借记本科目，贷记"成员往来""产品物资""消耗性生物资产""应付款""应付工资""应付劳务费""生产成本"等科目。

3.本科目应按照经营项目设置明细科目，进行明细核算。

4.期末，应将本科目的余额转入"本年盈余"科目的借方，结转后本科目应无余额。

522　税金及附加

1.本科目核算合作社从事生产经营活动按照税法的有关规定应负担的消费税、城市维护建设税、资源税、房产税、土地使用税、车船税、印花税、教育费附加及地方教育附加等相关税费。

2.合作社按照规定计算确定的相关税费，借记本科目，贷记"应交税费"等科目。

3.本科目应按税费种类设置明细科目，进行明细核算。

4.期末，应将本科目的余额转入"本年盈余"科目的借方，结转后本科目应无余额。

523　管理费用

1.本科目核算合作社为组织和管理生产经营活动而发生的各项支出，包括管理人员的工资、办公费、差旅费、业务招待费，管理用固定资产的折旧、无形资产摊销等。

2.合作社发生管理费用时，借记本科目，贷记"库存现金""银行存款""产品物资""累计折旧""累计摊销""长期待摊费用""应付工资"等科目。

3.本科目应按管理费用的项目设置明细科目，进行明细核算。

4.期末，应将本科目的余额转入"本年盈余"科目的借方，结转后本科目应无余额。

524　财务费用

1.本科目核算合作社为筹集生产经营所需资金发生的各项支出，包括利息费用（减利息收入）、银行相关手续费等。

2.合作社发生的利息费用、银行相关手续费等，借记本科目，贷记"应付利息""库存现金""银行存款"等科目。

3.发生的应冲减财务费用的利息收入等,借记"库存现金""银行存款"等科目,贷记本科目。

4.本科目应按财务费用的项目设置明细科目,进行明细核算。

5.期末,应将本科目的余额转入"本年盈余"科目的借方,结转后本科目应无余额。

529　其他支出

1.本科目核算合作社发生的除"经营支出""税金及附加""管理费用""财务费用"以外的其他各项支出,如生物资产死亡毁损支出、损失,固定资产及产品物资的盘亏、损失,防灾抢险支出,安全生产支出,环境保护支出,罚款支出,捐赠支出,无法收回的应收款项损失等。

2.合作社发生其他支出时,借记本科目,贷记"库存现金""银行存款""应收款""累计折旧""在建工程""固定资产清理""累计摊销""长期待摊费用""待处理财产损溢""应付款"等科目。

3.本科目应按其他支出的项目设置明细科目,进行明细核算。

4.期末,应将本科目的余额转入"本年盈余"科目的借方,结转后本科目应无余额。

531　所得税费用

1.本科目核算合作社根据企业所得税法规定应从盈余总额中扣除的所得税费用。

2.合作社期末按照企业所得税法规定计算确定的当期应交所得税税额,借记本科目,贷记"应交税费——应交企业所得税"科目。

3.期末,应将本科目的余额转入"本年盈余"科目的借方,结转后本科目应无余额。

二、财务报表

合作社应当根据本制度有关财务报表的编制基础、编制依据、编制原则和方法的要求,提供真实、完整的财务报表,不得随意改变财务报表的编制基础、编制依据、编制原则和方法,不得随意改变本制度规定的财务报表有关数据的会计口径。

（一）合作社资产负债表格式及编制说明

资产负债表

_____年___月___日

会农社01表

编制单位：   单位：元

资产	行次	期末余额	年初余额	负债和所有者权益	行次	期末余额	年初余额
流动资产：				流动负债：			
货币资金	1			短期借款	23		
应收款项	2			应付款项	24		
存货	3			应付工资	25		
消耗性生物资产	4			应付劳务费	26		
流动资产合计	5			应交税费	27		
非流动资产：				应付利息	28		
对外投资	6			应付盈余返还	29		
生产性生物资产原值	7			应付剩余盈余	30		
减：生产性生物资产累计折旧	8			流动负债合计	31		
生产性生物资产净值	9			非流动负债：			
固定资产原值	10			长期借款	32		
减：累计折旧	11			专项应付款	33		
固定资产净值	12			非流动负债合计	34		
在建工程	13			负债合计	35		
固定资产清理	14						
固定资产小计	15			所有者权益：			
无形资产原值	16			股金	36		
减：累计摊销	17			专项基金	37		
无形资产净值	18			资本公积	38		
公益性生物资产	19			盈余公积	39		
长期待摊费用	20			未分配盈余	40		
非流动资产合计	21			所有者权益合计	41		
资产总计	22			负债和所有者权益总计	42		

资产负债表编制说明。

1.本表反映合作社一定日期全部资产、负债和所有者权益状况。

2.本表"年初余额"栏各项目数字，应根据上年年末资产负债表"期末余额"栏内所列数字填列。如果本会计期间资产负债表规定的各个项目的名称和内容同上一会计期间不相一致,应对上年末资产负债表各项目的名称和数字按照本会计期间的规定进行调整,填入本表"年初余额"栏内,并加以书面说明。

3.本表"期末余额"栏各项目的内容及其填列方法:

(1)"货币资金"项目,反映合作社库存现金、银行结算账户存款等货币资金的合计数。本项目应根据"库存现金""银行存款"等科目的期末余额合计填列。

(2)"应收款项"项目,反映合作社应收而未收回及暂付的各种款项。本项目应根据"应收款"科目期末余额和"成员往来"各明细科目期末借方余额合计数合计填列。

(3)"存货"项目,反映合作社期末在库、在途和在加工中的各项存货的价值,包括材料、农产品、工业产成品、低值易耗品、包装物等产品物资,在产品,受托代销商品、受托代购商品、委托代销商品和委托加工物资等。本项目应根据"产品物资""委托加工物资""委托代销商品""受托代购商品""受托代销商品""生产成本"等科目的期末余额合计填列。

(4)"消耗性生物资产"项目,反映合作社各种消耗性生物资产的账面余额。本项目应根据"消耗性生物资产"科目的期末余额填列。

(5)"流动资产合计"项目,反映合作社期末流动资产的合计数。本项目应根据本表中"货币资金""应收款项""存货""消耗性生物资产"项目金额的合计数填列。

(6)"对外投资"项目,反映合作社各种对外投资的账面余额。本项目应根据"对外投资"科目的期末余额填列。

(7)"生产性生物资产原值"项目、"生产性生物资产累计折旧"项目和"生产性生物资产净值"项目,反映合作社各种生产性生物资产的原价(成本)、累计折旧及账面价值。这三个项目应根据"生产性生物资产"科目和"生产性生物资产累计折旧"科目的期末余额分析填列。

(8)"固定资产原值"项目、"累计折旧"项目和"固定资产净值"项目,反映合作社各种固定资产的原价(成本)、累计折旧及账面价值。这三个项目应根据"固定资产"科目和"累计折旧"科目的期末余额分析填列。

(9)"在建工程"项目,反映合作社各项尚未完工的工程项目实际成本。

本项目应根据"在建工程"科目的期末余额填列。

（10）"固定资产清理"项目，反映合作社因出售、报废、毁损等原因转入清理但尚未清理完毕的固定资产的账面价值，以及固定资产清理过程中所发生的费用等。本项目应根据"固定资产清理"科目的期末借方余额填列；如为贷方余额，本项目数字以"-"填列。

（11）"固定资产小计"项目，反映合作社期末固定资产、在建工程、转入清理但尚未清理完毕的固定资产的小计数。本项目应根据本表中"固定资产净值""在建工程""固定资产清理"项目金额的合计数填列。

（12）"无形资产原值"项目、"累计摊销"项目和"无形资产净值"项目，反映合作社各种无形资产的成本、累计摊销及账面价值。这三个项目应根据"无形资产"科目和"累计摊销"科目的期末余额分析填列。

（13）"公益性生物资产"项目反映合作社各种公益性生物资产的账面余额。本项目应根据"公益性生物资产"科目的期末余额填列。

（14）"长期待摊费用"项目，反映合作社尚未摊销完毕的长期待摊费用。本项目应根据"长期待摊费用"科目的期末余额填列。

（15）"非流动资产合计"项目，反映合作社期末非流动资产的合计数。本项目应根据本表中"对外投资""生产性生物资产净值""固定资产小计""无形资产净值""公益性生物资产""长期待摊费用"项目金额的合计数填列。

（16）"资产总计"项目，反映合作社期末资产的合计数。本项目应根据本表中"流动资产合计"和"非流动资产合计"项目金额的合计数填列。

（17）"短期借款"项目，反映合作社借入的期限在1年以下（含1年）、尚未偿还的借款。本项目应根据"短期借款"科目的期末余额填列。

（18）"应付款项"项目，反映合作社应付而未付及暂收的各种款项。本项目应根据"应付款"科目期末余额和"成员往来"各明细科目期末贷方余额合计数合计填列。

（19）"应付工资"项目，反映合作社已提取但尚未支付的管理人员、固定员工等职工的工资。本项目应根据"应付工资"科目的期末余额填列。

（20）"应付劳务费"项目，反映合作社已提取但尚未支付的季节性用工等临时性工作人员的劳务费。本项目应根据"应付劳务费"科目的期末余额填列。

（21）"应交税费"项目，反映合作社期末未缴纳、多缴纳或未抵扣的各种税费。本项目应根据"应交税费"科目的期末贷方余额填列；如为借方余额，本项目数字以"-"填列。

（22）"应付利息"项目，反映合作社已提取但尚未支付的利息费用。本项目应根据"应付利息"科目的期末余额填列。

（23）"应付盈余返还"项目，反映合作社应支付但尚未支付给成员的盈余返还。本项目应根据"应付盈余返还"科目的期末余额填列。

（24）"应付剩余盈余"项目，反映合作社应支付但尚未支付给成员的剩余盈余。本项目应根据"应付剩余盈余"科目的期末余额填列。

（25）"流动负债合计"项目，反映合作社期末流动负债的合计数。本项目应根据本表中"短期借款""应付款项""应付工资""应付劳务费""应交税费""应付利息""应付盈余返还""应付剩余盈余"项目金额的合计数填列。

（26）"长期借款"项目，反映合作社借入的期限在1年以上、尚未偿还的借款。本项目应根据"长期借款"科目的期末余额填列。

（27）"专项应付款"项目，反映合作社实际收到国家财政直接补助资金而尚未使用和结转的资金数额。本项目应根据"专项应付款"科目的期末余额填列。

（28）"非流动负债合计"项目，反映合作社期末非流动负债的合计数。本项目应根据本表中"长期借款"和"专项应付款"项目金额的合计数填列。

（29）"负债合计"项目，反映合作社期末负债的合计数。本项目应根据本表中"流动负债合计"和"非流动负债合计"项目金额的合计数填列。

（30）"股金"项目，反映合作社实际收到成员投入的股金总额。本项目应根据"股金"科目的期末余额填列。

（31）"专项基金"项目，反映合作社接受国家财政直接补助转入和他人捐赠形成的专项基金总额。本项目应根据"专项基金"科目的期末余额填列。

（32）"资本公积"项目，反映合作社资本公积的账面余额。本项目应根据"资本公积"科目的期末余额填列。

（33）"盈余公积"项目，反映合作社盈余公积的账面余额。本项目应根据"盈余公积"科目的期末余额填列。

（34）"未分配盈余"项目，反映合作社尚未分配的历年累计盈余。本项目应根据"本年盈余"科目和"盈余分配"科目的期末余额计算填列；如为未弥补的亏损，本项目数字以"-"填列。

（35）"所有者权益合计"项目，反映合作社期末所有者权益的合计数。本项目应根据本表中"股金""专项基金""资本公积""盈余公积""未分配盈余"项目金额的合计数填列。

（36）"负债和所有者权益总计"项目，反映合作社期末负债和所有者权益的合计数。本项目应根据本表中"负债合计"和"所有者权益合计"项目金额的合计数填列。

（二）合作社盈余及盈余分配表格式及编制说明

盈余及盈余分配表

编制合作社：＿＿＿＿＿＿年度

会农社02表
单位：元

项目	行次	本年金额	上年金额
一、经营收入	1		
加：投资收益	2		
减：经营支出	3		
税金及附加	4		
管理费用	5		
财务费用	6		
二、经营收益	7		
加：其他收入	8		
减：其他支出	9		
三、盈余总额	10		
减：所得税费用	11		
四、本年盈余	12		
加：年初未分配盈余	13		
其他转入	14		
减：提取盈余公积	15		
五、可分配盈余	16		
减：盈余返还	17		
剩余盈余分配	18		
转为成员出资	19		
六、年末未分配盈余	20		

盈余及盈余分配表编制说明。

1. 本表反映合作社一定会计期间内盈余实现及其分配的实际情况。

2. 本表"上年金额"栏各项目数字，应根据上年度盈余及盈余分配表"本年金额"栏内各对应项目数字填列。

3. 本表"本年金额"栏各项目的内容及其填列方法：

（1）"经营收入"项目，反映合作社进行生产、销售、服务等主要生产经营活动取得的收入总额。本项目应根据"经营收入"科目的发生额分析填列。

（2）"投资收益"项目，反映合作社以各种方式对外投资所取得的收益。本项目应根据"投资收益"科目的发生额分析填列。如为投资损失，本项目数字以"-"填列。

（3）"经营支出"项目，反映合作社进行生产、销售、服务等主要生产经营活动发生的支出。本项目应根据"经营支出"科目的发生额分析填列。

（4）"税金及附加"项目，反映合作社从事生产经营活动按照税法的有关规定应负担的消费税、城市维护建设税、资源税、房产税、土地使用税、车船税、印花税、教育费附加及地方教育附加等相关税费。本项目应根据"税金及附加"科目的发生额分析填列。

（5）"管理费用"项目，反映合作社为组织和管理生产经营活动而发生的费用。本项目应根据"管理费用"科目的发生额分析填列。

（6）"财务费用"项目，反映合作社为筹集生产经营所需资金发生的支出。本项目应根据"财务费用"科目的发生额分析填列。

（7）"经营收益"项目，反映合作社当期通过生产经营活动实现的收益。本项目应根据本表中"经营收入""投资收益"项目金额之和减去"经营支出""税金及附加""管理费用""财务费用"项目金额后的余额填列。如为经营亏损，本项目数字以"-"填列。

（8）"其他收入"项目和"其他支出"项目，分别反映合作社除生产经营活动以外而取得的收入和发生的支出。这两个项目应分别根据"其他收入"科目和"其他支出"科目的发生额分析填列。

（9）"盈余总额"项目，反映合作社当期实现的盈余总额。本项目应根据本表中"经营收益""其他收入"项目金额之和减去"其他支出"项目金额后的余额填列。如为亏损总额，本项目数字以"-"填列。

（10）"所得税费用"项目，反映合作社根据企业所得税法规定应从盈余总额中扣除的所得税费用。本项目应根据"所得税费用"科目的发生额分析填列。

（11）"本年盈余"项目，反映合作社本年实现的净盈余。本项目应根据本表中"盈余总额"项目金额减去"所得税费用"项目金额后的余额填列。如为净亏损，本项目数字以"-"填列。

（12）"年初未分配盈余"项目，反映合作社上年末累计未分配的盈余。本项目应根据上年度盈余及盈余分配表中"年末未分配盈余"项目的金额填列。

（13）"其他转入"项目，反映合作社按规定用公积金弥补亏损等转入的数额。本项目应根据实际转入的公积金数额填列。

（14）"提取盈余公积"项目，反映合作社按规定提取的盈余公积数额。本项目应根据实际提取的盈余公积数额填列。

（15）"可分配盈余"项目，反映合作社年末可供成员分配的盈余。本项目应根据本表中"本年盈余""年初未分配盈余""其他转入"项目金额之和减去"提取盈余公积"项目金额后的余额填列。

（16）"盈余返还"项目，反映合作社按规定返还给成员的盈余。本项目应根据"盈余分配"科目和"应付盈余返还"科目的相关发生额分析填列。

（17）"剩余盈余分配"项目，反映合作社按规定分配给成员的剩余可分配盈余。本项目应根据"盈余分配"科目和"应付剩余盈余"科目的相关发生额分析填列。

（18）"转为成员出资"项目，反映经成员（代表）大会表决同意，转为成员出资的可分配盈余数额。本项目应根据实际转为成员出资的可分配盈余数额分析填列。

（19）"年末未分配盈余"项目，反映合作社本年末累计未分配的盈余。本项目应根据本表中"可分配盈余"项目金额减去"盈余返还""剩余盈余分配""转为成员出资"项目金额后的余额填列。如为未弥补的亏损，本项目数字以"-"填列。

（三）合作社成员权益变动表格式及编制说明

成员权益变动表

会农社03表

编制合作社：_____　　　　　年　　　　　　　　　　单位：元

项目	股金		专项基金		资本公积		盈余公积		未分配盈余		合计
年初余额											
本年增加数											
	其中：		其中：		其中：		其中：		其中：		
	资本公积转增		接受国家财政直接补助形成		股金溢价		从盈余中提取		本年盈余		
	盈余公积转增		接受他人捐赠形成		资产评估增值				其他转入		
	成员增加出资										
本年减少数											
	其中：				其中：		其中：		其中：		
	成员减少出资				转为成员出资		转为成员出资		提取盈余公积		
					弥补亏损				盈余返还		
									剩余盈余分配		
									转为成员出资		
年末余额											

成员权益变动表编制说明。

1.本表反映报告年度成员权益的增减变动和年末情况。

2.本表"年初余额"栏各项目数字，应根据上年度成员权益变动表"年末余额"栏内各对应项目数字填列。

3.本表"本年增加数""本年减少数"栏各项目应根据"股金""专项基金""资本公积""盈余公积""盈余分配"等科目的发生额分析填列。

成员账户

_____年度

成员姓名（名称）：　　　　　　　联系地址：　　　　　　　　　　　　　　　第　　页

编号	日期	摘要	成员出资		公积金份额	接受国家财政直接补助形成财产量化份额	接受他人捐赠形成财产量化份额	交易量		交易额		盈余返还金额	剩余盈余分配金额
			来源于到户类扶贫项目资产的出资额	其他来源的出资额				产品1	产品2	产品1	产品2		
年初余额													
1													
2													
3													
4													
5													
…													
年末余额/总额													

成员账户编制说明。

1.本表反映成员对合作社的出资额（包括来源于到户类扶贫项目资产的出资额、其他来源的出资额）、量化到该成员的公积金份额、接受国家财政直接补助形成的财产量化到该成员的份额、接受他人捐赠形成的财产量化到该成员的份额、该成员与本社的交易量（额）、本社对该成员的盈余返还和剩余盈余分配金额。

2.本表"年初金额"栏各项目数字，应根据上年度成员账户"年末余额/总额"栏内所列数字填列。

3.本年发生变化时，按本表中各项目的实际发生变化数填列调整。"接受国家财政直接补助形成财产量化份额""接受他人捐赠形成财产量化份额"在年度终了，或合作社进行剩余盈余分配时，根据实际发生情况或变化情况计算填列调整。

4.成员与合作社发生经济业务往来时，"交易量（额）"按实际发生数填列。

（四）附注及编制说明

附注是财务报表的重要组成部分。合作社应当在附注中按照下列顺序至少披露以下内容。

1.遵循农民专业合作社会计制度的声明。

合作社应当声明编制的财务报表符合农民专业合作社会计制度的要求，真实、完整地反映了合作社的财务状况、经营成果等有关信息。

2.合作社的基本情况，包括：合作社的股金总额、成员总数、农民成员数及所占的比例、主要服务对象、主要经营项目等情况。

3.成员权益结构，包括：

（1）理事长、理事、执行监事、监事会名单及变动情况；

（2）各成员的出资额，量化到各成员的公积金份额，以及成员入社和退社情况；

（3）企业、事业单位或者社会组织成员个数及所占的比例；

（4）成员权益变动情况。

4.会计报表重要项目的进一步说明，包括其主要构成、增减变动情况等。

5.已发生损失但尚未批准核销的相关资产名称、金额等情况及说明，包括：

（1）确实无法收回的应收款项；

（2）无法收回的对外投资；

（3）毁损和报废的固定资产；

（4）毁损和报废的在建工程；

（5）注销和无效的无形资产；

（6）已发生损失但尚未批准核销的其他资产。

6.以名义金额计量的资产名称、数量等情况，以及以名义金额计量理由的说明。

7.其他重要事项，包括：

（1）变更主要生产经营项目；

（2）从事的进出口贸易；

（3）重大财产处理、大额举债、对外投资和担保；

（4）接受捐赠；

（5）国家财政支持和税收优惠；

（6）与成员的交易量（额）和与利用其提供的服务的非成员的交易量（额）；

（7）提取盈余公积的比例；

（8）盈余分配方案、亏损处理方案；

（9）未决诉讼、仲裁等。

8.对已在资产负债表、盈余及盈余分配表中列示项目与企业所得税法规定存在差异的纳税调整过程。

9.根据国家有关法律法规等规定，需要在附注中说明的其他事项。

附件2
农民专业合作社新旧会计制度有关衔接问题的处理规定

农民专业合作社新旧会计制度有关衔接问题的处理规定

我部对《农民专业合作社财务会计制度（试行）》（财会〔2007〕15号，以下称"原制度"）进行了修订，于2021年12月30日发布了《农民专业合作社会计制度》（财会〔2021〕37号，以下简称"新制度"），自2023年1月1日起施行。为了确保新旧会计制度顺利过渡，现对农民专业合作社和农民专业合作社联合社（以下统称"合作社"）执行新制度有关衔接问题规定如下。

一、新旧制度衔接总要求

（一）自2023年1月1日起，合作社应当严格按照新制度进行会计核算、编报财务报表。

（二）合作社应当按照本规定做好新旧会计制度衔接相关工作，主要包括以下几个方面：

（1）根据原账编制2022年12月31日的科目余额表。

（2）按照新制度设立2023年1月1日的新账。

（3）按照本规定要求，登记新账的科目余额，包括将原账科目余额转入新账会计科目（新旧制度会计科目对照见附件）、将未入账事项登记新账科目、对相关新账科目余额进行调整等。原账科目是指按照原制度规定设置的会计科目。

（4）按照登记及调整后新账的各会计科目余额，编制2023年1月1日的科目余额表，作为新账各会计科目的期初余额。

（5）根据新账各会计科目期初余额，按照新制度编制2023年1月1日资产负债表。

（三）合作社应当对资产进行清查盘点，进一步清理核实和归类统计存货、生物资产、固定资产、无形资产等资产数据。

二、将原账会计科目余额转入新账

（一）资产类

1."牲畜（禽）资产"科目

新制度设置了"消耗性生物资产""生产性生物资产"科目。合作社应当按照新制度有关规定，根据牲畜（禽）资产的形态、价值以及产生经济利益的方式等，对原制度下的牲畜（禽）资产进行合理分析判断，重新分类为消耗性生物资产、生产性生物资产等生物资产。

转账时，合作社应当根据相关资产台账或明细账，对原账的"牲畜（禽）资产"科目余额进行分析：

（1）对于为出售而持有的，或在将来收获为农产品的牲畜（禽）资产，例如幼畜及育肥畜等，应当将相应余额转入新账的"消耗性生物资产"科目。

（2）对于为产出农产品、提供劳务或出租等目的而持有的牲畜（禽）资产，例如产畜和役畜等，应当将相应余额转入新账的"生产性生物资产"科目。

2."林木资产"科目

新制度设置了"消耗性生物资产""生产性生物资产""公益性生物资

产"科目。合作社应当按照新制度有关规定，根据林木资产的形态、价值以及产生经济利益的方式等，对原制度下的林木资产进行合理分析判断，重新分类为消耗性生物资产、生产性生物资产、公益性生物资产等生物资产。

转账时，合作社应当根据相关资产台账或明细账，对原账的"林木资产"科目余额进行分析：

（1）对于为出售而持有的、或在将来收获为农产品的林木资产，例如用材林等非经济林木，应当将相应余额转入新账的"消耗性生物资产"科目。

（2）对于为产出农产品、提供劳务或出租等目的而持有的林木资产，例如经济林、薪炭林等经济林木，应当将相应余额转入新账的"生产性生物资产"科目。

（3）对于以防护、环境保护为主要目的的林木资产，例如防风固沙林、水土保持林和水源涵养林等，应当将相应余额转入新账的"公益性生物资产"科目。

3."无形资产"科目

新制度设置了"无形资产""累计摊销"科目。转账时，合作社应当将原账的"无形资产"科目余额转入新账的"无形资产"科目。

4."库存现金""银行存款""应收款""产品物资""委托加工物资""委托代销商品""受托代购商品""受托代销商品""对外投资""固定资产""累计折旧""在建工程""固定资产清理"科目

新制度设置了"库存现金""银行存款""应收款""产品物资""委托加工物资""委托代销商品""受托代购商品""受托代销商品""对外投资""固定资产""累计折旧""在建工程""固定资产清理"科目，其核算内容与原账的上述相应科目的核算内容基本相同。转账时，合作社应当将原账的上述科目余额直接转入新账的相应科目。

5."成员往来"科目

新制度设置了"成员往来"科目，其核算内容与原账的相应科目的核算内容基本相同。转账时，合作社应当将原账的"成员往来"科目及下属各明细科目借方和贷方余额分别转入新账的"成员往来"科目及下属各明细科目借方和贷方。

（二）负债类

1. "应付款"科目

新制度设置了"应付款""应付劳务费""应交税费""应付利息"科目。转账时，合作社应当结合交易或者事项的经济实质，对原账的"应付款"科目余额进行分析：

（1）将符合新制度规定的应付劳务费性质的相应余额转入新账的"应付劳务费"科目。

（2）将符合新制度规定的应交税费性质的相应余额转入新账的"应交税费"科目。

（3）将符合新制度规定的应付利息性质的相应余额转入新账的"应付利息"科目。

（4）将剩余余额转入新账的"应付款"科目。

2. "短期借款""应付工资""应付盈余返还""应付剩余盈余""长期借款""专项应付款"科目

新制度设置了"短期借款""应付工资""应付盈余返还""应付剩余盈余""长期借款""专项应付款"科目，其核算内容与原账的上述相应科目的核算内容基本相同。转账时，合作社应当将原账的上述科目余额直接转入新账的相应科目。

（三）所有者权益类和成本类

新制度设置了"股金""专项基金""资本公积""盈余公积""本年盈余""盈余分配"等所有者权益类科目和"生产成本"科目，其核算内容与原账的上述相应科目的核算内容基本相同。转账时，合作社应当将原账的上述科目余额直接转入新账的相应科目。

（四）损益类

由于原账中损益类科目年末无余额，无须进行转账处理。自2023年1月1日起，应当按照新制度设置损益类科目并进行账务处理。

（五）其他要求

合作社存在其他本规定未列举的原账科目余额的，应当比照本规定转入新账的相应科目。新账的科目设有明细科目的，应将原账的相应科目余额加以分析，分别转入新账中相应科目的相关明细科目。

合作社在进行新旧衔接的转账时，应当编制转账工作底稿，并将转入新账的对应原科目余额及分拆原科目余额的依据作为原始凭证。

三、将原未入账事项登记新账

（一）资产类

合作社在新旧制度转换时，应当将2022年12月31日前未入账的资产按照新制度规定记入新账。登记新账时，按照确定的资产及其成本，分别借记相关资产类科目，贷记相关所有者权益类科目。

（二）负债类

合作社在新旧制度转换时，应当将2022年12月31日前未入账的负债按照新制度规定记入新账。登记新账时，按照确定的负债金额，借记"盈余分配——未分配盈余"科目，贷记相关负债类科目。

（三）其他事项

合作社存在2022年12月31日前未入账的其他事项的，应当比照本规定登记新账的相应科目。

合作社对新账的会计科目补记未入账事项时，应当编制记账凭证，并将补充登记事项的确认依据作为原始凭证。

四、对新账的相关会计科目余额进行调整

（一）补提折旧

新制度设置了"生产性生物资产累计折旧"科目，核算合作社对生产性

生物资产计提的累计折旧。合作社对尚未核销、已经按原制度分期摊销并直接冲减账面价值的产役畜、经济林木等，应当按照截至2022年12月31日累计摊销的金额，借记"生产性生物资产"科目，贷记"生产性生物资产累计折旧"科目。

（二）补提摊销

新制度设置了"累计摊销"科目，核算合作社对无形资产计提的累计摊销。合作社对尚未核销、已经按原制度分期摊销并直接冲减账面价值的无形资产，应当按照截至2022年12月31日累计摊销的金额，借记"无形资产"科目，贷记"累计摊销"科目。

合作社对新账的相关会计科目期初余额进行调整时，应当编制记账凭证，并将调整事项的确认依据作为原始凭证。

五、财务报表新旧衔接

（一）编制2023年1月1日资产负债表

合作社应当根据2023年1月1日新账的会计科目余额，按照新制度编制2023年1月1日资产负债表（仅要求填列各项目"年初余额"）。

（二）编制2023年1月1日成员账户

合作社应当根据2022年12月31日成员账户的年末余额或总额，按照新制度编制2023年1月1日成员账户（仅要求填列各项目"年初余额"）。

（三）2023年度财务报表的编制

合作社应当按照新制度编制2023年财务报表。在编制2023年度盈余及盈余分配表时，不要求填列上年比较数。

附：新旧制度会计科目对照表

附

新旧制度会计科目对照表

序号	新制度会计科目		原制度会计科目	
	编号	名称	编号	名称
一、资产类科目				
1	101	库存现金	101	库存现金
2	102	银行存款	102	银行存款
3	113	应收款	113	应收款
4	114	成员往来	114	成员往来
5	121	产品物资	121	产品物资
6	124	委托加工物资	124	委托加工物资
7	125	委托代销商品	125	委托代销商品
8	127	受托代购商品	127	受托代购商品
9	128	受托代销商品	128	受托代销商品
10	131	对外投资	131	对外投资
11	141	消耗性生物资产	141	牲畜（禽）资产
12	142	生产性生物资产	142	林木资产
13	143	生产性生物资产累计折旧		
14	144	公益性生物资产		
15	151	固定资产	151	固定资产
16	152	累计折旧	152	累计折旧
17	153	在建工程	153	在建工程
18	154	固定资产清理	154	固定资产清理
19	161	无形资产	161	无形资产
20	162	累计摊销		
21	171	长期待摊费用		
22	181	待处理财产损溢		

续表

序号	新制度会计科目		原制度会计科目	
	编号	名称	编号	名称
二、负债类科目				
23	201	短期借款	201	短期借款
24	211	应付款	211	应付款
25	213	应付劳务费		
26	214	应交税费		
27	215	应付利息		
28	212	应付工资	212	应付工资
29	221	应付盈余返还	221	应付盈余返还
30	222	应付剩余盈余	222	应付剩余盈余
31	231	长期借款	231	长期借款
32	235	专项应付款	235	专项应付款
三、所有者权益类科目				
33	301	股金	301	股金
34	311	专项基金	311	专项基金
35	321	资本公积	321	资本公积
36	322	盈余公积	322	盈余公积
37	331	本年盈余	331	本年盈余
38	332	盈余分配	332	盈余分配
四、成本类科目				
39	401	生产成本	401	生产成本
40	501	经营收入	501	经营收入
五、损益类科目				
41	502	其他收入	502	其他收入
42	511	投资收益	511	投资收益
43	521	经营支出	521	经营支出
44	522	税金及附加		
45	523	管理费用	522	管理费用
46	524	财务费用	529	其他支出
47	529	其他支出		
48	531	所得税费用		

反侵权盗版声明

中国财政经济出版社依法对本作品享有专有出版权。任何未经权利人书面许可，复制、销售或通过信息网络传播本作品的行为，歪曲、篡改、剽窃本作品的行为，均违反《中华人民共和国著作权法》，其行为人应承担相应的民事责任和行政责任，构成犯罪的，将被依法追究刑事责任。

为了维护市场秩序，保护权利人的合法权益，我社将依法查处和打击侵权盗版的单位和个人。欢迎社会各界人士积极举报侵权盗版行为，本社将奖励举报有功人员，并保证举报人的信息不被泄露。

举报电话：（010）88190744

（010）88191661

QQ：2242791300

通信地址：北京市海淀区阜成路甲28号新知大厦

中国财政经济出版社总编室

邮　　编：100142